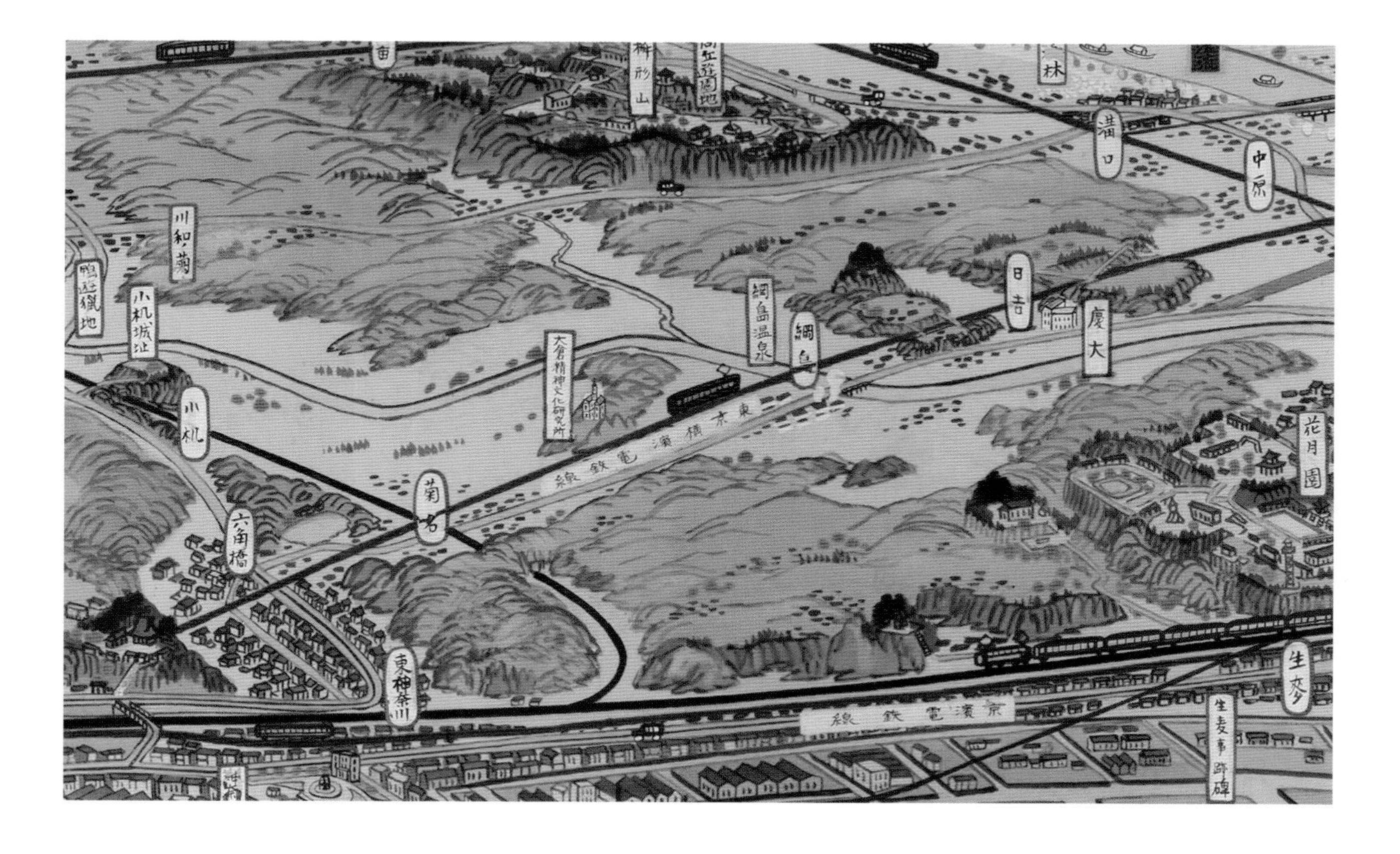

東京横濱電鉄線
京濱電鉄線
小机城址
小机
六角橋
菊名
東神奈川
大倉精神文化研究所
綱島温泉
綱島
日吉
慶大
花月園
生麦
生麦事件碑
溝口
中原

口絵「神奈川県鳥瞰図」の港北区部分（神奈川県立歴史博物館所蔵、富士ゼロックス株式会社画像提供）の解説

昭和七年（一九三二）、神奈川県観光連合会は、関東大震災から復興を遂げた神奈川県の宣伝をしようと「神奈川県観光図絵」の出版を企画します。そして原図の作成を、〝大正広重〟と呼ばれた鳥瞰図絵師の吉田初三郎に依頼しました。吉田初三郎は、「神奈川県鳥瞰図」と題して、縦八〇センチ×横四二〇センチ程もある大画面に神奈川県全域を描きました。大胆なデフォルメで、絵の端には関門海峡の下関、門司まで書き込んであります。

口絵に紹介したのは、その港北区域部分です。まず目に付くのは、東京横浜電鉄線（東急）と横浜線の日吉・綱島・菊名・小机の五駅です。観光地としてアピールしているのは四ヵ所、慶大、綱島温泉、大倉精神文化研究所、小机城址です。名前は書かれていませんが、菊名池も描かれています。

小机城址は江戸時代からの名所ですから当然でしょう。綱島温泉も有名になりつつありましたが、この時期はまだ、最初に開発された鶴見川の南側（本書二七九頁参照）が旅館街の中心でしたので、樽町交差点辺りに湯けむりを描いています。

特徴的な塔屋を持つ建物が描かれた大倉精神文化研究所はこの年オープンしたばかりですし、慶應義塾大学にいたっては昭和四年に進出が決まっていましたが、日吉に移転開校するのは二年後の昭和九年です。なぜか未来も描かれています。

神奈川県立歴史博物館の武田周一郎学芸員によると、吉田初三郎は京都に工房を構えていたが、調査員を派遣して、計画も含めた最新の情報を調べて、神奈川県観光連合会が観光地としてこれから宣伝したい場所を書き込んでいるとのことでした。（二〇二〇年七月、「大好き！大倉山」第五一回より）

わがまち港北3

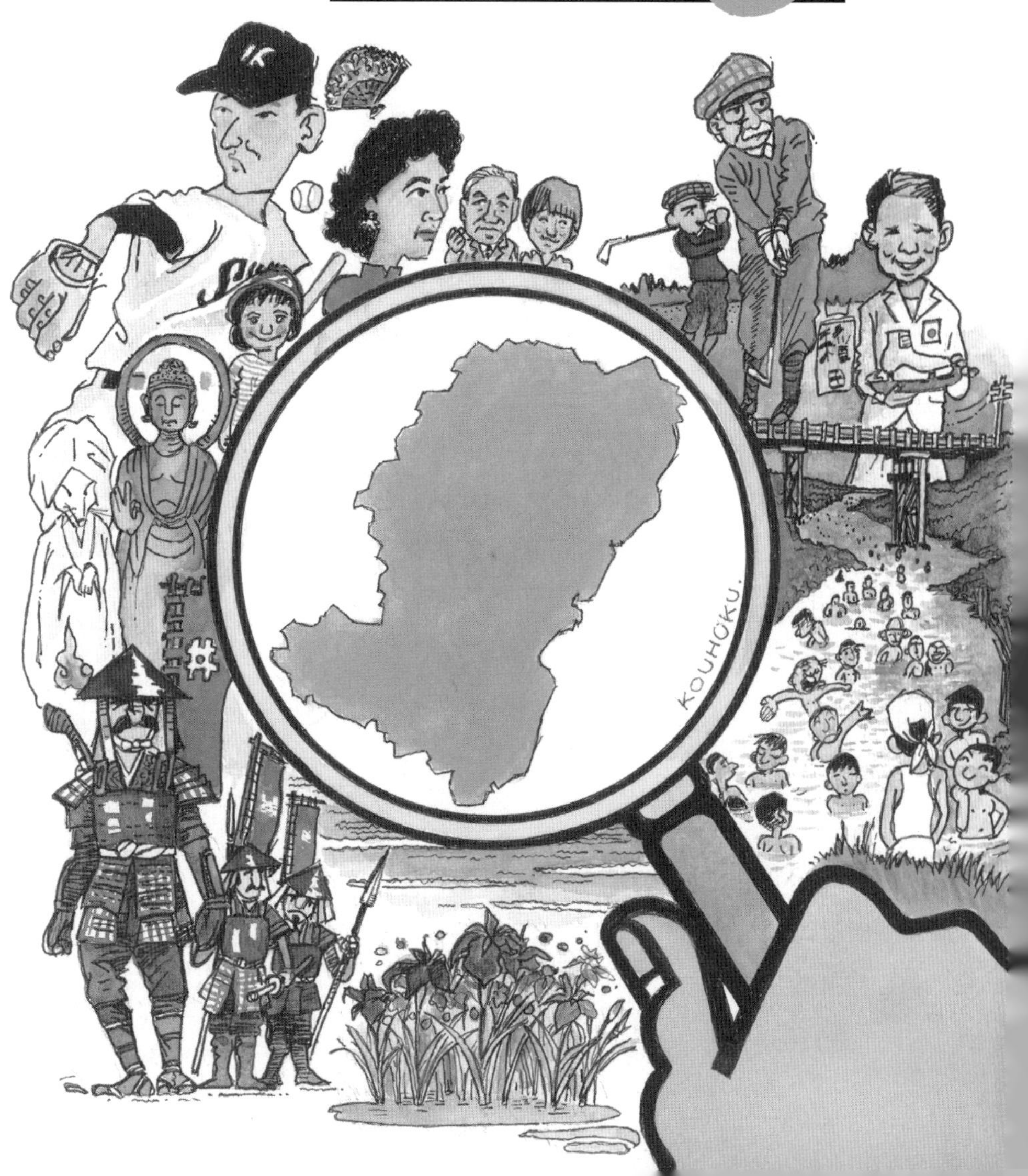

表紙の題字「わがまち」は、大崎春哉さんに染筆していただきました。

イラストは、金子郁夫さんにお願いして、ショウブの花、足軽、お薬師さま、野球の金田正一投手、昔のゴルファー、スケートの稲田悦子選手など、本書の内容にちなんだ絵を描いていただきました。著者二人と、港北区の中央を流れる鶴見川や昔そこで泳いだ子ども達も描かれていますよ。

自序

皆さまのお手元に、『わがまち港北 3』をやっとお届けすることができました。お読みいただき、有り難うございます。感謝の気持ちでいっぱいです。

実は、本書は昨年出版する予定で準備を進めており、以下のような序文も書いていました。

『わがまち港北』の第一冊目を刊行したのは、一〇年前のことでした。その時の経緯は、同書のあとがきをご覧下さい。二冊目は五年前です。そのあとがきで、「細かいところでは、今回もやり残したことがいくつもあります。それは、『わがまち港北 3』への宿題にしたいと思います」と書きました。そこで、宿題を果たすことにしました。（中略）

令和元年（二〇一九）九月二十八日、六十三歳の誕生日に記す。

平井 誠二

ところが、公私共に様々なことが重なり、初稿ゲラを手にしたまま年を越し、ついに春から夏になってしまいました。さすがにこのままではマズいので、仕切り直しました。

しかし、ただ何もしないで立ち止まっていたわけではありません。悩みに悩んでいた年表の作り方を決めました。「大好き！大倉山」の連載も、当初予定していた第四〇回までの掲載を、第五〇回まで追加しました。さらには、「大好き！大倉山」第五一回の原稿は、口絵とその解説に使いました。

そして何よりも、内務省復興局が作成した大正十五年（一九二六）の地形図二八枚を新たに追加しました。皆さまには、これが本書で一番役に立つ情報かも知れません。

一年間お待たせした分、一〇〇頁以上増量して内容は充実したと思います。

著者の思い入れから、巻頭に変な自序を書いてしまいましたが、前冊の「はじめに」で、野田久代さんが「どうぞ関心のあるところからお読みください」と書いてくださっています。今回も同じです。まずは、ご自身の興味のあるテーマから、気になる話題から紐解（ひもと）いてみてください。ほぼ一話完結ですから、どこからでもお楽しみいただけます。

そして、前冊の「お読みください」で、大崎春哉さんが「これを読んで、少しでも多くの人が〝港北ファン〟になってくださることを、願っている」と書いてくださいました。その想いは本書でもまったく変わっていません。港北区域の歴史や文化に関する二人の著者のこだわりを、心ゆくまで楽しんでいただければ幸いです。

令和二年（二〇二〇）九月二十八日、六十四歳の誕生日に記す。

著者を代表して　平井　誠二

わがまち港北 3

目次

目　次

港北区の町名地図

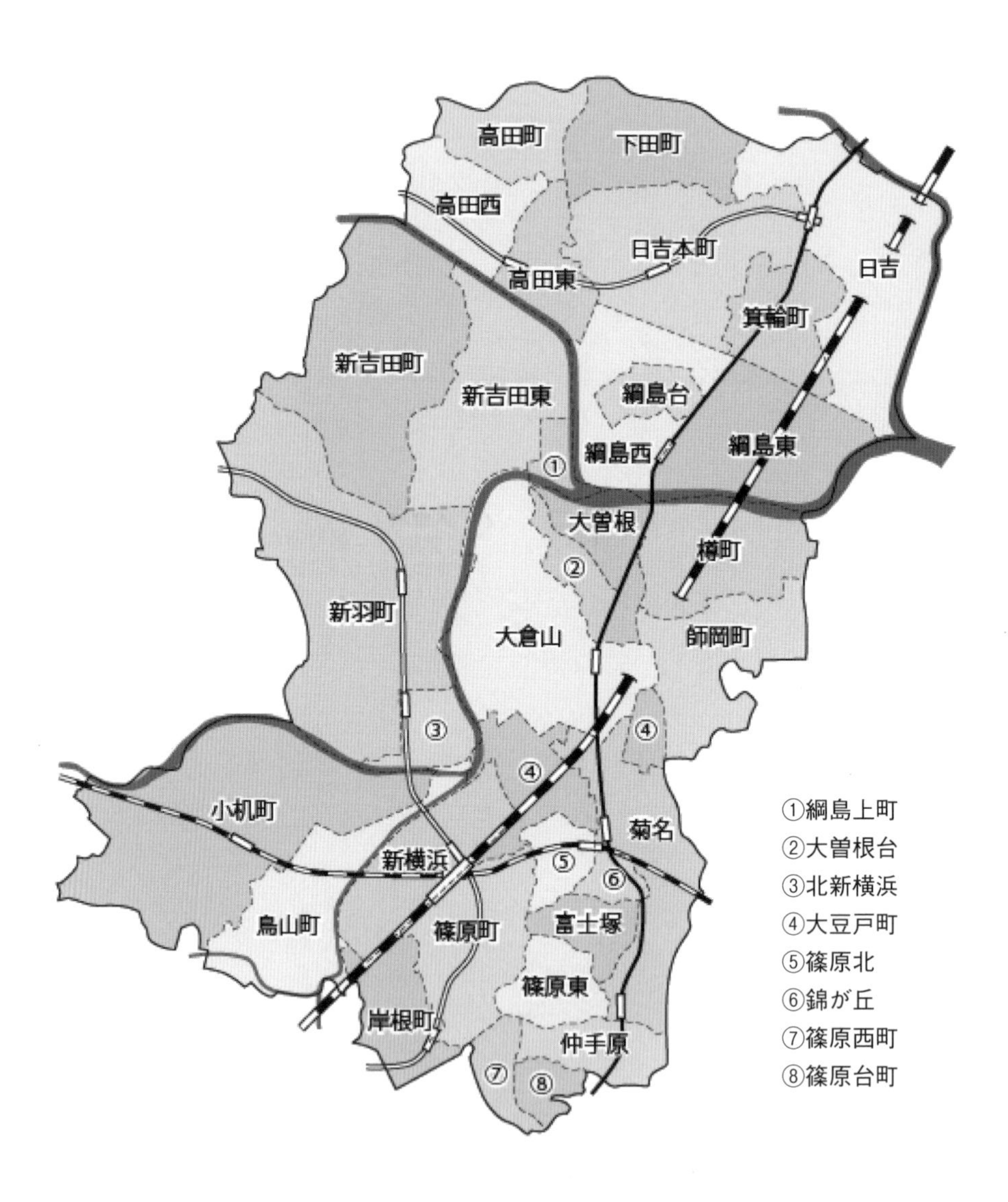
高田町
下田町
高田西
日吉本町
高田東
日吉
箕輪町
新吉田町
新吉田東
綱島台
綱島西
綱島東
①
大曽根
②
樽町
新羽町
大倉山
師岡町
③
④
④
小机町
菊名
新横浜
⑤
⑥
鳥山町
篠原町
富士塚
篠原東
岸根町
仲手原
⑦
⑧
①綱島上町
②大曽根台
③北新横浜
④大豆戸町
⑤篠原北
⑥錦が丘
⑦篠原西町
⑧篠原台町

港北区の地区連合町内会エリア図

情報紙『楽・遊・学』連載

シリーズ

わがまち港北

凡例

一、本章は、情報紙『楽・遊・学』に連載していた「シリーズわがまち港北」第一八一回（第二二六号、平成二十六年一月）から第二三二回（第二七七号、平成三十年四月）までをまとめたものである。

二、第一八四回、一八八回、一八九回、一九五回、一九六回、二〇〇回、二〇四回、二〇六回、二〇八回、二一一二〜二一四回、二二四回、二二五回は林宏美が執筆し、その他の回は平井誠二が執筆した。

三、文章はほぼ連載時のままであるが、明らかな誤りや、読みづらい表記等は訂正した。

四、文末（ ）内の年月は、『楽・遊・学』の発行年月である。

五、発行年月の前にある付記は掲載時の追加情報であり、発行年月の後にある付記は後年の修正情報を記したものである。

六、さし絵は、金子郁夫さんに新たに描いていただきました。写真や図版は、本書のために追加したものです。快く掲載を許可してくださいました左記の方々に、篤く御礼申し上げます。

安藤亜矢、大倉山ハイム三号棟〜八号棟住宅管理組合、神奈川県立歴史博物館、川崎市幸区役所、黒川紀男、公益財団法人大倉精神文化研究所、国立公文書館、国立国会図書館、寒川文書館、新横浜町内会、東急株式会社、冨川薫、武相中学校・高等学校、横浜市立新羽小学校（敬称略、五十音順）

第一八一回　区内散歩　―『広報よこはま』を読む―

明けましておめでとうございます。昨年は「大倉山さんぽみち」を紹介しましたので、散歩つながりで、新春第一弾は、「区内散歩」を紹介しましょう。

港北区には、古くからの言い伝えや、名所・旧跡がたくさんあります。今月からこのシリーズでは、これらの中からいくつかを紹介していきます。これを機会に、みなさんも休日に家族連れで散策など楽しんでみませんか。

これは、昭和五十五年（一九八〇）一月の『広報よこはま港北区版』の「新シリーズ　区内の名所・旧跡」に掲載されたあいさつ文です。今から三四年前の文章ですが、今でも通用しますね。「新シリーズ」とあるように、その前は「町名の由来」というシリーズを一二回（一九七九年一月〜十二月）にわたって連載していました。

新春の第一回は、菊名蓮勝寺（きくなれんしょうじ）の石猿（いしざる）と走大黒（はしりだいこく）（どちらも非公開）を取り上げています。石猿の話とは、石で出来た小さな猿の置物の、口元がなぜかいつも湿っていて、乾いたときには天変地異が起こるというものです。大正十二年（一九二三）の関東大震災も予知したという不思議な猿で、昭和五十一年（一九七六）に刊行された『港北百話』にも掲載されている話なのですが、猿が蓮勝寺にやってきた経緯が異なっていま

区内散歩のロゴマーク

す。走大黒は、右足を少し前に出して走り出しそうな形をした木彫りの大黒様です。家に置くといろいろと忙しくなり、災いを招くといわれています。江戸時代末期のこと、江戸のある寺の門前にあった寿司屋がこの大黒をまつったところ、店は大忙しとなり病気で倒れる人が続出し、困った店主が金一封を添えてお寺に奉納しました。その寺の住職が、後に蓮勝寺に移るとき大黒様を持ってきたと伝えられています。この話、『港北百話』には採録されていません。

ごく一部の記名原稿を除いて、シリーズの著者は不明ですが、関係者から聞き取りをしたり、『港北百話』に無い話を採録したりしていて、興味深い内容です。港北区役所では昭和五十三年から六十一年（一九七八～八六）にかけて『港北区史』の編纂をしていましたので、何か関連があるのかも知れません。広報は、市民が必要とする市政情報を、分かりやすく正確・確実に伝えることを目的として発行されていますが、地域のことが分かる、このような楽しい記事もあります。

港北区役所では、昭和五十七年（一九八二）十月の『広報』で、わが子に残したい昔話を募集しました。その応募作は、翌年一月から九月にかけて、六話が掲載されました。その第二回は、蓮勝寺の石猿について書いた「石のさる」。作者は、当時樽町に住んでいた新井恵美子さんでした。現在、新井さんは作家として活躍されています。ちなみに、菊名駅前のポラーノ書林で昨年（二〇一三）七月から不定期で開催されている「大人のおはなし会」でも、「石のさる」を取り上げようと計画中とか…。

閑話休題、新シリーズは名称を募集して、昭和五十五年（一九八〇）三月の第三回からは「区内散歩」と名付けられました。前ページ右上のロゴは、連載当時のものです。「区内散歩」は、こうして昭和六十年（一九八五）七月の第六〇回辺りまではほぼ毎月のように連載されていましたが、その後は飛び飛びとなり、平成二年（一九九〇）十一月の第七七回（正しくは七八回目）「川のない橋（その三）―太尾町の太尾上橋―」で終了しました。

川のない橋は、八杉神社の神橋（大豆戸町）と、金蔵寺の石橋（日吉本町）が紹介され、（その三）として、太尾町の西部（現大倉山七丁目）にある太尾上橋を紹介しています。太尾上橋については、「わがまち港北」でも第一七五回、一七八回で紹介しました。記事の最後は、「今ではこの橋も役目は終えていますが、構造は地中にそのまま残っています」と結んでいます。こうして一一年に及ぶ長期連載は終わりましたが、連載の成果は私たち読者の中にそのまま残っています。

当時の港北区は、平成六年（一九九四）の分区の前で、現在の都筑区の辺りを含んでいました。全七八回の内、現在の港北区域を扱っている記事がなんと六六回もありますから、現港北区域には伝承や名所・旧跡がとても多いことが分かります。「これを機会に、みなさんも休日に家族連れで散策など楽しんでみませんか（第一回挨拶より）。」

さて、連載も終わりに近づいた第七四回（一九九〇年一月）は、「小机と村岡平吉」のタイトルで、興味深い人物を紹介しています。三月三十一日から始まる二〇一四年度前期のＮＨＫ連続テレビ小説『花子とアン』に深くつながる、その人物の話は次回に。

（二〇一四年一月号）

第一八二回　小机が生んだ印刷王　―バイブルの村岡さん―

グリン・ゲイブルス、アボンリー、プリンス・エドワード島といえば、『赤毛のアン』の舞台として有名ですが、アン・シリーズを始めとするモンゴメリーの数々の著作を日本に紹介した翻訳家が村岡花子です。その村岡花子を主人公としたＮＨＫ連続テレビ小説『花子とアン』が、三月三十一日から始まります。花子は、山梨出身で、大田区に住んでいたので、横浜とは縁がなさそうですが、実は横浜に本籍がありました。横浜市立図書館で、村岡花子で検索すると、なんと二一九冊もヒットします。

村岡花子は小机と縁があり、晩年まで夫妻で度々訪れていました。前回ご紹介したように、平成二年（一九九〇）一月の広報の「区内散歩」は、第七四回「小机と村岡平吉」ですが、花子は、平吉の息子の嫁でした。今では村岡花子の方が有名ですが、かつては「バイブルの村岡さん」と呼ばれた義父村岡平吉の方が著名人でした。

村岡平吉は、嘉永五年（一八五二）に橘樹郡小机村で生まれました。父は平左衛門、母はヤヱ子です。平吉は、明治の初年に東京へ出て印刷業の職工として修業をし、その後、横浜に戻り、フランス系の新聞社に勤めました。その頃キリスト教に接し、明治十六年（一八八三）に横浜指路教会（当時は横浜住吉教会といいました）で受洗します。横浜指路教会は、福音主義（プロテスタント）の教会です。

明治二十年（一八八七）に平吉は上海に渡りました。一年間欧文印刷の技術を学んだようです。帰国後は、横浜製紙分社という出版社に一〇年間勤め、明治三十一年（一八九八）に独立して、中区山下町に福音印刷合資会社を創立します。福音印刷の社名は、福音主義から名付けたものと思われ、信仰と仕事が一体となっていたことが分かります。平吉は、聖書や賛美歌の本などキリスト教関係の書物をたくさん印刷しましたが、国内は素より、インド・中国・フィリピンなどアジア諸国の聖書も一手に扱い、「バイブルの村岡さん」と呼ばれたのです。

福音印刷は、明治から大正期の印刷業界で確固たる地位を築きました。社長の村岡平吉は、明治四十三年（一九一〇）に出版された『開港五十年紀念横浜成功名誉鑑』で「印刷業の巨擘（指導的立場の人物）」の一人として顔写真入りで取り上げられています。

キリスト教徒としての平吉は、明治三十年（一八九七）から横浜指路教会の長老となっています。指路教会は、ヘボン式ローマ字で有名なヘボン博士の塾で学んだ青年たちが中心となり設立した教会です。そのヘボン博士が明治四十四年（一九一一）にアメリカの自宅で亡くなったとき、指路教会では追悼会を開き、長

横濱成功名譽鑑

以て其人物の如何を知るに足らん、

印刷業の巨擘

東京印刷株式會社横濱分社（太田町六丁目九〇 電話四七番）

明治初年澁澤男爵等の發起に係る王子製紙會社は明治廿九年東京印刷株式會社と改まれり、其當時より横濱分社と稱して繼續せる當支店は、馬場敬三郎氏支配人として盡力せしが、卅七年病歿せられたれば廣瀬安七君其後を襲ふて主事となれり、君は東京の人、明治八年入社以來勤勉衆に抽んで、資性寛嚴宜しきに適ひ平生公平を持して誤まらず、常に會社に夙勤して數百の職工を使役し、數十の事務員を董督し、庶務を整理し營業を擴張し市内にて高等の大印刷物を請負ふもの分社の右に出るものなき盛況に達せり、君の住宅は神奈川桐畑四百五十番地にあり、本年五十八歳の壯齢なり、

福音印刷合資會社

村岡平吉君（山下町八十一番地 電話八五番）

村岡平吉君

福音印刷合資會社主村岡平吉君は印刷製本業に於て最古の經歴を有せらる、嘉永五年縣下橘樹郡小机村に生れ、明治初年より歐字新聞の一職工として初めて手を染むることゝなりし君は、熱心に忠實に其職務に勵勉し

七〇〇

明治廿年佛蘭西新報の上海に轉ずるや、君又從ひて行き留まる一年、歸朝して製紙分社に入り、工場取締として工務を總攬すること十ヶ年、明治卅一年辭して福音印刷合資會社を創立し、自から主幹となる、君聖書印刷に至功あり、最初我國にて行はるゝ基督教印刷物に其署名を見ざるは稀に、又熱心なる信者なり、故に其業務に於ても少しも間然する處なく、外人の信用特に篤し、今や業務尨大となり、歐文物及び高等印刷物は其特長として認めらるゝに至りしは、全く君が熟練なる賜なりと云ふべきなり、

金洪社石版印刷所

松本貞吉君（尾上町四丁目六五 電話五八一番）

横濱寫眞の元祖下岡蓮杖師は又寫眞石版の元祖にして、米國人ピジンといふものを紹介して本國より器械を取り寄せさせて傳習を受け、家康公の像を刷出して大評判を取りしことあり、其後明治六七年の頃靜岡縣人松本儀太郎といふ人石版印刷術を開業せり、是れ今の金洪舍主の先代にして中興の祖ともいふべきものなり、君其箕裘を繼ぎ、一層努力奮勵して業務を擴張し、技術更らに緻巧を極め、常に數多の職工を董督し、石版銅版を始め一般印刷の需に應じつゝあり、横濱活版石版印刷業組合員に列し、同業者中嶄然頭角を現せり、

孔雀印 印刷用墨汁製造元

諸星千代吉君（尾上町四丁目六六 電話長五一九番）

七〇一

『開港五十年紀念横浜成功名誉鑑』（大倉精神文化研究所所蔵）

老村岡平吉が祈祷をしています。

村岡平吉は、中区太田町に自宅を構えていましたが、生まれ育った小机との縁も続いていました。平吉は、大正十一年（一九二二）に亡くなりますが、仏教の一三回忌に相当する昭和九年（一九三四）五月二十日、「村岡平吉氏十三週年記念会」が小机で開催されています。その時の挨拶が『指路教会六十年史』に掲載されています。

福音印刷の事業は順次拡大し、銀座と神戸に支社を設けるまでになります。やがて、五男斉が横浜本社を、三男儆三が東京本社の経営を引き継ぎました。株式会社としては東京が本社となります。村岡儆三は、出版社勤務の安中はな（後の村岡花子）と営業活動中に知り合い、大正八年（一九一九）に結婚しました。実は、村岡花子はペンネームで、本名は「村岡はな」です。花子が儆三と結婚したとき、義父平吉はすでに七〇近い老人でした

が、平吉と結婚したと間違えられました。なんと、平吉の奥さん（花子の義母、結婚前に死去）の名も「村岡はな（ハナ子とも書く）」、同じ名前だったのです。

ちょっとややこしくも幸せな村岡家でしたが、平吉が大正十一年（一九二二）に亡くなり、翌大正十二年の関東大震災では横浜本社が倒壊し、村岡斉や多くの社員が死亡しました。東京本社にいた儆三は、幸いにして生き延びましたが、東京本社の社屋は震災後の大火で類焼しました。「京浜間印刷界に於ける最有力者の一つ」（『指路教会六十年史』）とまで言われた福音印刷は、こうして壊滅しました。もし震災が無ければ…。人生の歯車を狂わされた村岡儆三でしたが、やがて新しい会社を設立し、妻の花子は翻訳家として『赤毛のアン』を三笠書房から出版することになります。その話は、ＮＨＫの朝ドラ「花子とアン」に任せましょう。

小机と村岡平吉、村岡花子については、篠原東の峯岸英雄さんが、「「花子とアン」と小机を応援する会」を作って、調査研究と広報活動を続けています。五月二十五日には港北図書館で講演会も予定されており、今から楽しみです。

（二〇一四年二月号）

第一八三回　小机の旧家村岡家　―広重の袋戸絵―

一月に、小机の本法寺に大勢集まっていただきまして、昔のことを伺いました。その中で、神奈川区の西川喜代子さんが、「子供の頃、ラジオに〝村岡のおばちゃん〟が出る時間には、ちゃんと家に帰って、よく聞いていました、イイお声でやさしいおばちゃんという感じでしたよ」と教えてくださいました。今でこそ村岡花子は『赤毛のアン』の翻訳家として有名ですが、戦前は、午後六時から始まるラジオ番組『子供の時間』の中で、「子供の新聞」というコーナーを一九三二年から四一年まで担当していました。その頃は、全国の子供たちから「ラジオのおばさん」といわれた人気者だったのです。西川さんは、当時聞いた村岡花子さんのラジオ放送のことを鮮明に覚えておられました。

その村岡花子の義父、村岡平吉ですが、平吉の生まれた小机の家は、屋号を「元紺屋（もとごや）」といいます。「屋号」とは、家に付けられた通称で、家のある場所や、生業（職業）、先祖名、親族関係などから付けられました。港北区内各地域の屋号を記した資料は第一二七回で紹介しましたが、小机についてはこれまで記録が見つかりませんでした。今回、樽町の吉川英男さんが、日下部幸男『小机城の歴史』平成十三年版に、「明治三十年頃の小机村」という屋号を記した地図が付されているのを教えてくださいました。ちなみに同書の平成十七年版には、この付図がありません。日下部さんには『四月十五日の小机空襲』という著作もあります（全て三月二十五日から再開館する港北図書館でどうぞ）。

小机には、村岡平吉の生まれた「元紺屋」とは別に、もう一軒「紺屋（こうや）」と呼ばれる村岡家があります。「元紺屋」と「紺屋」、二軒の村岡家はいずれも泉谷寺の檀家です。遠い昔には一族だったのかも知れませんが、その関係は現在ではもう分かりません。

両村岡家の菩提寺である泉谷寺は、広重の杉戸絵（県指定文化財、第一〇六回参照）で有名ですが、「紺屋」の村岡家にも広重が描いた袋戸絵四枚がありました。

伝統的な日本家屋では、床の間の床脇に、袋棚と呼ばれる比較的小さな収納棚を造りますが、袋戸とはその袋棚の引き違い戸のことです。この袋戸絵については、郷土史家の石井光太郎が、昭和二十四年（一九四九）に「広重と小机」と題した論文で詳しく紹介しており、『港北区史』にも全文が転載されています。

> 大作ではないが小机には外に、紺屋を営む村岡愛作氏方に遺作があることが知られてゐる。これは袋戸棚に貼られた花鳥三、風景一の四枚の小品であるが、兄弟合作であるところに、広重の小机来訪の記念として見のがすことが出来ないものである。

この袋戸絵の存在は長い間知られていませんでしたが、昭和三年（一九二八）の泉谷寺の杉戸絵発見に続いて、昭和四年三月二十八日の『東京朝日新聞』で初めて大きく報道されました。当時所有者であった村岡愛作は、記者のインタビューに、「私の家は三〇〇年来小机で染物屋を営んでゐるのです」と答えています。

余談ですが、愛作の父親は重太郎といい、橘樹郡会議員をしていました。愛作は、小机が横浜市に編入される直前、橘樹郡城郷村だったときの最後の村会議員でした。

紺屋（またはこんや）とは、藍染をする染め物屋のことです。村岡家（紺屋）は、屋号が示すとおり、藍

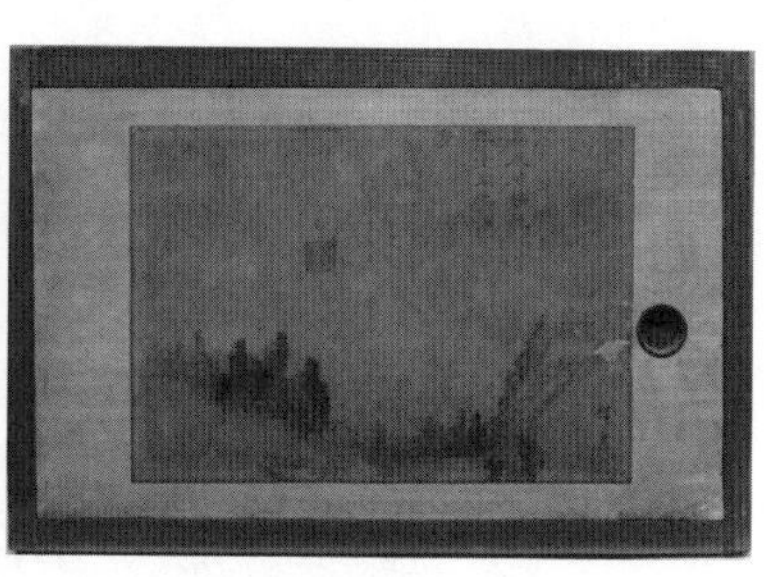

広重の袋戸絵（神奈川県立歴史博物館所所蔵）

染めの作業場を持ち、横浜上麻生線道路の脇で製造と販売をしていました。工場には藍甕（あいがめ）があり、洗い張りなどもしていましたが、愛作の死後、昭和四十年代半ばには製造を終えました。販売店は平成の初め頃まで営業していたので、まだご存じの方も多いことでしょう。

村岡平吉の家は「元紺屋」といいますので、やはり遠い昔は紺屋を営んでいたのではないかと思うのですが、家にはそのような伝承は伝わっていないようで、屋号の由来は不明です。

さて、天保九年（一八三八）作といわれている村岡家（紺屋）の袋戸絵は、以前は見学に来られる方も多かったようですが、母屋を建て直す際に、末長く保存するため、愛作の息子豊（ゆたか）氏が神奈川県立博物館（現、神奈川県立歴史博物館）に寄贈されました。『港北区史』に写真が掲載されています。

石井光太郎は、「広重と小机」の中で、広重が残した第三の作品についても触れています。昭和二十三年（一九四八）のことでしょうか、雨上りの十月十七日に小机城址の麓に旧家沼上左右氏を訪ねた石井は、六歌仙の大幅を見つけますが、それが広重の作品であり、村岡家（紺屋）の袋戸絵と同じ落款が押されていたのだそうです。沼上家は、小机城代笠原氏の家人（あるいは家老）をしていた沼上出羽守の子孫で、『新編武蔵風土記稿』にも記されている旧家です。小机の歴史は奥が深いです。

付記　本書では訂正済みですが、連載時の誤りは第一九一回に訂正記事を掲載しています。

（二〇一四年三月号）

第一八四回　悲劇の横綱　武蔵山　―その一―

三月八日、九日は第二六回大倉山観梅会でした。昨年（二〇一三）に続いて今年も天候に恵まれ、梅林は大勢の人で溢れかえっていました。この賑わいを見ているだけで楽しい気分になります。九日の日曜日、筆者にはもう一つ楽しみなことがありました。大相撲三月場所の初日です。近年、悪し様に風聞されることの多い角界ですが、土俵に立つ力士たちは、本場所で一つでも多く勝ちたいと日々稽古に励んでいます。三月場所は三月二十三日で千秋楽を迎えてしまいましたが、筆者は早くも次の五月場所が待ち遠しいです。

港北区には現在、綱島小学校、新羽小学校、太尾下町子供の遊び場の三ヶ所に土俵が設けられています。

三つの土俵では毎年相撲大会が開催され、熱い戦いが繰り広げられています。港北区は比較的相撲の盛んな地域といえるでしょう。しかし、残念ながら、神奈川県出身の現役力士一七人の中に、港北区出身の力士は一人もいません。

さて、「シリーズわがまち港北」では、相撲に関する話題として、第三六回と第三八回で、第三三代横綱武蔵山について書いています。今から約一二年前のことです。その間に三人の横綱が新たに誕生し、日馬富士で七〇代目となりました。日吉村駒林（現、日吉本町）出身の武蔵山は今でも神奈川県出身唯一の横綱です。そして、三月場所七日目にあたる三月十五日は、武蔵山こと横山武が亡くなってから、ちょうど四五年目を迎える日でもありました。一二年の間に武蔵山に関する雑誌の記事などがいくつか見つかりましたので、この機会に少しご紹介します。

武蔵山は、利き腕である右腕の怪我に悩まされ、横綱在位わずか八場所（うち皆勤は一場所）、弱冠二九歳五ヶ月で引退を余儀なくされた「悲劇の横綱」として知られています。しかし、武蔵山は現役時代から母親思いの孝行息子としても知られる力士でした。『日曜報知』第二二一号（昭和十年六月）掲載の「新横綱武蔵山関」によると、入門当時、武蔵山の師匠である出羽ノ海親方が、なぜ力士になりたいのか尋ねたところ、武蔵山は「お母さんを幸福にしてあげたいからです」と答えたと言います。また、武蔵山は巡業先から必ず母親宛に手紙やお土産を送り、本場所終了後に与えられる一日の休みには、日吉村の生家に帰って家族と語り合うのを楽しみしていたそうです。さらには「日吉台の揺籃の地に彼れが母のためにと建てた新築の家も亦彼れが孝心の閃き」であったと書かれています。武蔵山がいかに母親思いであったかがよくわかります。

『婦人倶楽部』昭和10年７月特大号（大倉精神文化研究所所蔵）

『婦人倶楽部』昭和十年七月特大号には、「天晴れ若き新横綱　武蔵山の母子愛涙話」と題する記事が掲載されています。これは、武蔵山の少年時代から横綱に昇進するまでの道のりを書いたものです。記事は事実そのものというよりも、ノンフィクション小説といった色合いですが、横綱武蔵山の誕生における母親と故郷の存在の大きさが感じられる内容となっています。話は、日吉台小学校の川田融校長に働きぶりを褒められるところから始まっています。また、当時の日吉村について「今でこそ東横電車が通じたり慶應義塾が移ったりして幾らか賑かになったが、その頃（大正十五年頃）の日吉村と云へば、武蔵野特有の林や谷や小山に繞まれた草深い田舎だった」と描写しています。祖母のキンさん、母のすずさんらと写した家族写真には、頭一つ飛び出した武蔵山の姿もあります。

金蔵寺の武蔵山遺愛の松（2014年3月9日撮影）

また、昭和十三年の『相撲』一月号に、当時の横綱四名と大関二名による座談会の内容が掲載されています。その中で、信仰について問われた武蔵山は「私は、守本尊がお不動さまですから、不動さまを信仰します」と話しています。武蔵山に限らず、力士には不動尊信仰が多かったそうですが、武蔵山の場合、彼が酉年生まれで、干支の守り本尊が不動明王だったことがその一因かも知れません。また、武蔵山の菩提寺で、生家の隣にある金蔵寺の本尊は大聖不動明王で、日吉不動尊とも呼ばれています。これも彼の信仰に何らかの影響を与えていたかも知れません。なお、第三八回で紹介したように、金蔵寺の本堂右脇には、武蔵山遺愛の松があり、今もいい枝振りを見せています。

余談ですが、金蔵寺から日吉駅に向かって普通部通りを歩いてくると、高砂（たかさご）部屋所属力士で、弓取りの名手として知られた大田山（おおたやま）が開いた料理店、その名も「大田山」があります。ここで高砂部屋の味を引き継ぐ濃いめのみそ味ちゃんこに舌鼓（したつづみ）を打つのもいいかも知れません。

話を武蔵山に戻します。YouTubeで、武蔵山が横綱として唯一皆勤した昭和十三年（一九三八）五月場所の千秋楽、男女ノ川（みなのがわ）との取組映像を見ることが出来ました。筋肉質で細身のソップ型力士である武蔵山が、投げを打つ姿は今見ても興奮を覚えます。他に、ＮＨＫアーカイブスでは、『相撲　国技館スケッチ「武蔵山対朝潮（あさしお）」』というラジオ番組が保存されており、ＮＨＫ横浜放送局で聞くことが出来ます。

（二〇一四年四月号）

付記一　二〇二〇年現在の角界には、港北区出身の現役力士として鳩岡良祐さん（平成二十八年三月場所初土俵、木瀬部屋所属）がいます。

付記二　大田山は二〇一九年に閉店しました。

第一八五回　大倉山地区　―地域の成り立ち、その一―

港北区域が一三地区に分けられることは第一七四回で紹介しました。各地区の様子は均一ではなく、歴史を踏まえた個性があり、地区のまとまりがあります。そこで、今回から一三地区の歴史と特徴を、五〇音順で順番に紹介していきます。五〇音順なら第一回は大曽根地区になるはずでしたが、今年（二〇一四）四月一日付けで、太尾地区が大倉山地区に改称されましたので、大倉山地区（大倉山一丁目から七丁目）から始めましょう。

地区名が改称された理由は、町名変更を受けたものです。現在の大倉山一丁目から七丁目は、元は太尾町といい、平成十九年から二十一年（二〇〇七～〇九）にかけて町名変更されました。太尾町は、昭和二年（一九二七）に横浜市へ編入されるまでは大綱村大字太尾、明治二十二年（一八八九）に大綱村が出来る以前は、江戸時代から橘樹郡太尾村と呼ばれていました。

「太尾」の地名は、地形から名付けられた歴史の古い地名です。師岡方面から鶴見川の手前まで続く丘陵部分が、動物の太い尾のような形に見えたことから「太尾」と名付けられたといわれています。丘の上からは、弥生時代の遺跡が発見されていますし、字（地域の名前）として残っている「市ノ坪」（大倉山一丁目と三丁目の一部）、「五丁前」（二丁目の一部と五丁目）などの地名は、律令時代の条里制の名残といわれています。

「大倉山」の地名は、大倉邦彦が大倉精神文化研究所を建設していた昭和七年（一九三二）に、東急電鉄が太尾駅を大倉山駅に改称したことに始まります（第四二回参照）。その後、駅周辺の地域を大倉山と呼ぶようになり、商店街の名前にもなりました。こうして八〇年近くが過ぎ、広く認知され、住居表示の実施に合わせて、町名となりました。

大倉山地区は港北区域のほぼ中央に位置しています。北東は丘で大曽根台と接し、南側に平地が開けて、大豆戸、菊名と接しています。東部には綱島街道、新幹線、東横線が走り、西は鶴見川に接しています。

治水対策が施される以前の鶴見川は、氾濫を繰り返していました。そのため、昔は山裾に沿って、微高地に農家が点在するだけでした。水没しやすい平地部分に家は無く、農地が広がるのみで、小机まで見渡せたといいます。鶴見川は水害を引き起こしましたが、同時に上流から肥沃な土壌ももたらしました。太尾堤緑道（元は鳥山川）と鶴見川との間の土地（堤外地）は、「八反野」と呼ばれ、とても肥沃な畑地でした。この辺りでは、「狐火」や「狐の嫁入り」を見たという話も残されています（第九五回参照）。

太尾村は細長い村で、東南から北西へ向けて上・中・下の三地域に分けられていました。『新編武蔵風土記稿』によると、二〇〇年程前の家数は、上が一三軒、中が一六軒、下が三七軒の計六六軒でした。下地区に家が多いのは、鶴見川の太尾河岸があり、交通の要衝として栄えていたことによります。法令などを公示する高札場も下にありました。バス停の「下町会館前」、公園の「太尾下町子供の遊び場」などに、その名残を見ることが出来ます。地域の古老の方々の間では、今でも「上の方」とか「下の方」という言い方が残っています。

下町会館前バス停（2019年5月3日撮影）

地域が変化した切っ掛けは、東横線の開通と綱島街道の整備により、人と物の流れが変わったことによります。昭和十四年（一九三九）に池内精工と林ねぢ工場（後に自動車ねぢ工業株式会社）が進出しましたが、工場が増えて社宅が次々に建てられるようになるのは、昭和三十年代（一九五五～六四）以降です。やがて農地や工場跡地の宅地化が進み、現在では、港北区内でも大規模集合住宅の多い地区の一つになっています。明治五年（一八七二）に九二戸、五四五人だった大倉山地区の人口は、今年（二〇一四）三月三十一日現在で一一、七七七世帯、二四、九三八人となっています。数え方が少し違うのですが、一四〇年ほどの間に家数で一二八倍、人口で四六倍程に増えています。

水害が多かった大倉山地区は、東横線沿線の中では最も開発が遅れた地域の一つでした。しかし、昭和五十三年（一九七八）に区役所総合庁舎が菊名から現在地（大豆戸町二六-一）に移転したことから、大倉山駅がその最寄り駅となりました。狭い道路は拡幅され、昭和五十九年（一九八四）に東口の商店街がレモンロードとなり、昭和六十三年（一九八八）に西口商店街がエルム通りへと改装されて、近代的な商店街、高級住宅地へと急速に変貌しました。

新しい街作りで、象徴として位置づけられたのが大倉山記念館です。大倉精神文化研究所本館は、昭和五十六年（一九八一）に横浜市へ寄贈され、昭和五十九年より市民利用施設の大倉山記念館となり、今年（二〇一四）秋で三〇周年を迎えます。港北の文化のシンボルとなった記念館を中心とした大倉山公園は、観梅会が有名ですが、その後のサクラもきれいですし、ハナミズキが咲く今の季節も憩いの場として賑わっています。

（二〇一四年五月号）

第一八六回　菊名池

菊名池（きくないけ）について問い合わせを受けましたので、今回はその話をしましょう。先月より始めた「地域の成り立ち」シリーズは、不定期連載として、ゆっくり進めます。

さて、菊名池について『港北百話』は、平安時代の昔より灌漑（かんがい）用水として付近の農民に寄与したことと、一三〇〇年以上も前から大龍神が鎮座（ちんざ）し、里人（さとびと）は菊名池大明神とあがめ奉ってその守護を得ていたとの伝承を記しています。ダイダラ坊伝説があることは第五七回で紹介しました。

菊名池の水は、大豆戸村（菊名村も一部含む）の農地を潤す主要な用水となっており、池の北端から、鶴見川へ向かって用水路が流れ出ていました。大豆戸村の農家を中心として水利組合も作られていました。

この用水路は、かつて大豆戸菊名用水路とか、大豆戸根川などと呼ばれていました。現在は暗渠となっていて、幻の菊名川などと呼ぶ人もいますが、本当の菊名川は三浦半島にあり、その辺りから菊名一族が港北の地に移り住み、菊名の地名が出来たとの説があります

さて、都市化の進展に伴い、菊名池の農業用水は役目を終え、水利権は組合から市へ売却されました。用水路は、現在は下水として港北土木事務所が管理しており、正式には川としての名称は無くなっています。「だいちゃんマップ」で検索すると公共下水道台帳図が見られます。とても詳しくて、一見の価値あり！

話を菊名池に戻しましょう。昭和六～八年（一九三一～三三、菊名池辺りは三三年）に野毛浄水場（後に西谷浄水場）から鶴見配水池まで送水管（第一鶴見高区線）が敷設されました。神奈川区片倉から鶴見までは、その上が横浜市主要地方道八五号鶴見駅三ツ沢線となり、水道道の愛称で呼ばれています。この水道道が菊名池の中央を横切り、菊名橋（一九三五年十一月竣工）が架けられました。『われらの港北 三〇年の歩み』によると、「水溜りのような池」には立派すぎる橋で、当時の堀江水道局長があまりに立派な橋を造りすぎたことの責任をとらされ、クビになったとの話がありました。余談ですが、港北消防団は昭和二十三

年（一九四八）一月に結団され、最初の出初め式は菊名橋の上で挙行されました。

昭和七年（一九三二）に東横線が全線開通して、妙蓮寺駅から水道道沿いは急速に高級住宅地化していきました。貸しボート屋の営業で菊名池はデートスポットとなり、昭和二十四年頃には、鯉を養殖して釣堀にもしていました。しかし、昭和二十九年（一九五四）発行の『われらの港北 一五年の歩ミと現勢』には、「コバルトの空をうつして、さながらエメラルド・ポンド（池）の観があったのはずっと昔の話だそうで、天然の菊名池もヒョウタン形は昔のままなれど、いまは悲しい汚水をそのヒョウタンにたたえている」と記されています。

宅地化が進むにつれ、家庭雑排水で池はどんどん汚れていきました。『港北 都市化の波の中で』（一九七一年）によると、菊名池には、周辺の下水管七本が流れ込んでおり、特に夏場の悪臭が酷かったようです。そこで、市は池への下水放流を止めて、下水処理場を造り処理することにして、昭和四十三年（一九六八）十一月より菊名下水処理場（仮称）の建設に着手しました。

そうした中で、昭和四十五年（一九七〇）に菊名池歴史風土研究会が開かれました。緑区の相澤雅雄さんからいただいた資料によると、竹内治利・佐久間道夫の共著『鶴見川誌』刊行の内祝いとして、菊名池の畔にあった竹内宅に、有島生馬（有島武郎の弟、画家）、大仏次郎（作家）、藤山愛一郎（政治家）、石川武靖（師岡熊野神社先代宮司）、佐久間道夫が集まりました。たまたま話が信濃、武蔵の古地誌から菊名池に及ぶと、「石神井（しゃくじい）、井之頭（いのがしら）、深大寺（じんだいじ）、洗足池（せんぞくいけ）など、武蔵野の代表的名池（めいち）とかつてはその名を等（ひと）しくせる菊名池の現状との比較となり、その歴史に於（お）いて、その龍神鎮座（りゅうじんちんざ）の伝承（でんしょう）に於（お）いては全く同一なのにと、池の衰退（すいたい）をなげかれた」と記しています。武蔵の古地誌とは約二〇〇年前に編纂された『新編武蔵風土記稿』のことでしょうか。この本には、当時の港北区域に一三ヵ所（もっと古くは一五ヵ所）の溜井（ためい）があると記されています。溜井とは、灌漑用のため池のことです。菊名池もその一つですが、一三ヵ所の内で池の名前が記されているのは菊名池と、箕輪村（みのわむら）（現箕輪町）の大池（おおいけ）だけです。

菊名下水処理場（仮称）は、昭和四十七年（一九七二）十二月に港北下水処理場（現港北水再生センター）として完成しました。下水の流入が止まった菊名池は干上がることが心配されたので、水道道の北側だけを池として残し、南側にはプール（一九七三年七月オープン）を造り、現在の姿になりました。

大池は、港北消防署日吉消防出張所の南側辺りにありました。箕輪池とか箕輪大池とも呼ばれていましたが、農業用溜井としての役割を終えた昭和四十二年（一九六七）に売却され、埋め立てられました。売却益で、防火貯水槽と諏訪神社社務所兼公会堂が造られました。その経緯は『箕輪のあゆみ』に詳しく記されています。

（二〇一四年六月号）

付記一　本書では訂正済みですが、連載時の誤りは第一九一回に訂正記事を掲載しています。

付記二　『新編武蔵風土記稿』（献上本）に記された港北区内の池（片仮名を平仮名に改めた）

駒林村　溜井……三ヶ所あり、一ヶ所は坊谷にあり、広さ五畝余、一ヶ所は檜入にあり、広さ三畝計、

樽村　溜井……村の坤の境にあり、広さ五畝許、此水を引て、当村及大曽根村の用水とす、流末はほどなく師岡村の境に至て止る、

箕輪村　溜井……村の乾の方字池の谷と云所にあり、広三段一畝十五歩許、又大池とも云、古は三ヶ所ありしが、二所は廃れて今は此一所のみ残れり、

師岡村　溜井……二ヶ所、其一ヶ所は字南谷にあり、広一段二畝許、一ヶ所は獅子谷村境にあり、共に常は水かれかれにて水田へそゝぐに足らざれば、専ら天水を待ちて用水に遣ふと云、

菊名村　溜井……西南の隅にあり、広二丁一段一畝余、土人菊名池と呼、当村及大豆戸村の用水となせり、

太尾村　溜井……村の東の方にあり、広五畝許、是を以て用水とす、

篠原村　溜井……小名会下谷にあり、村内の用水となれり、

鳥山村　溜井……小名道斉にあり、段別二段余、これは菅田村の用水に引用る所なり、当村の用水は下菅田村より引沃く、

小机村　溜井……村の北の方字野の池と云所にあり、其広さ一段ばかりの地なり、

溜井……字土井谷戸池と云所にて、村の南の方なり、広さ五畝許の地なり、爰より纔かなる堀

を通して所々の水田へ沃く、

第一八七回　大曽根地区　―地域の成り立ち、その二―

地域の成り立ち第二回は、大曽根地区です。大曽根地区は、昭和五十七年（一九八二）に住居表示（第一〇八回参照）が実施されてから、町名が大曽根一丁目～三丁目と大曽根台に分かれました。それ以前は昭和二年（一九二七）の横浜市編入の時から大曽根町でした。さらにその前は大綱村大字大曽根、明治二十二年（一八八九）以前は、橘樹郡大曽根村と呼ばれていました。

大曽根の地名の由来はよく分かりませんが、土地の形や性質から名付けられたようです。曽根とは、河川氾濫で浸食を受けながら残った丘、あるいは自然堤防、石が多く痩せた土地といった意味があります。大は、その程度が甚だしいことを表す接頭語です。かつては、鶴見川の水害を受け続けた地域だったことが分かります。

地名の初出は、一七世紀半ばに幕府が編纂した『武蔵田園簿』で、この時の村高は二一八石余でした。その後、鶴見川の土手の外に堤外耕地を開発しましたが、明治の初めでも二五〇石程でした。

大曽根地区の形は逆三角形をしており、北は鶴見川に接し、南西には大倉山丘陵を挟んで大倉山一丁目、二丁目、六丁目と接し、東には東急東横線、綱島街道（東京丸子横浜線）が走り、樽町に接しています。

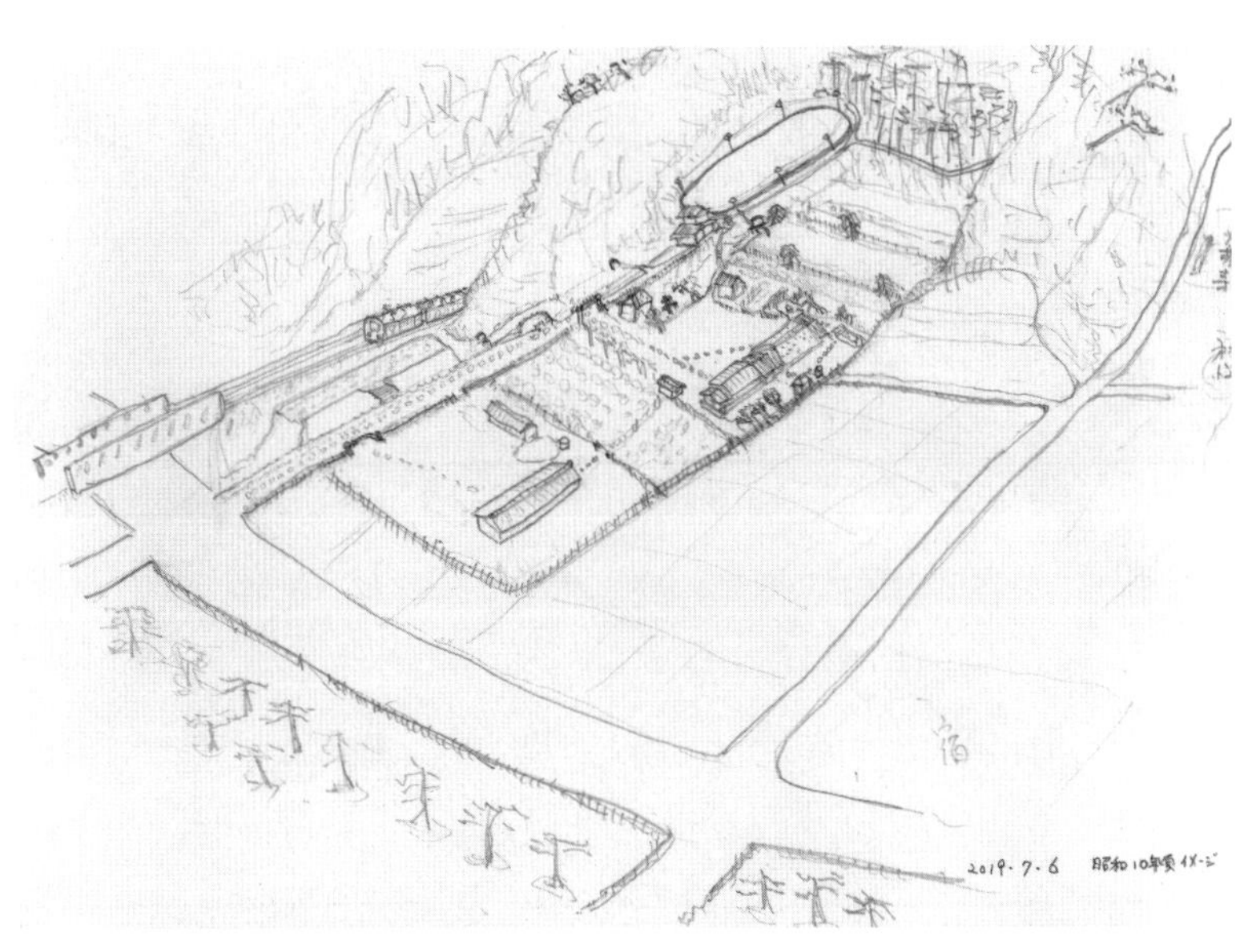

昭和10年頃の冨川家と大倉山天然スケート場（冨川薫氏画）

大曽根地区は、大倉山丘陵の北側斜面に谷戸（谷間地形）が並んでいます。東横線付近から、武田谷戸（大谷戸）、大乗寺谷戸、中谷戸（中の谷戸）、殿谷戸、稲荷谷戸と続いて、北西の端に突き当たります。

殿谷戸に住む冨川家の伝承によると、小机城代の笠原越前守信為の息子能登守康勝の弟、笠原平六義為が文明十年（一四七八）に小机城中で生まれ、明応九年（一五〇〇）に大曽根台の殿谷戸に砦を築き小机城の出城としたといいます。『新編武蔵風土記稿』にも同様の記述があります。冨川家は笠原義為の子孫になります。

大倉山丘陵の北側斜面で日当たりの悪い土地では、明治以降、天然氷の生産が盛んでした。大正十二年（一九二三）の関東大震災以降、天然氷の生産が下火になると、大乗寺谷戸の冨川善三さんは氷場を天然リンクに改装して、昭和三年（一九二八）から約二〇年間、大倉山天然スケート場を営業していました（第八五回参照）。

丘陵から離れた平地部は、かつて水はけの悪い湿地でしたが、用水路や悪水堀を作って水はけを良くし、地面を掘り下げた「ほりあい田」、その土を盛って高くした「ほり上げ畑」を作り、農業を行いました。そら豆や梨は大曽根の特産でした。平地部は、東から八幡（はちまん）耕地、榎戸（えのきど）耕地、根崎（ねざき）耕地などと呼ばれていました。

主要な道路としては、山裾（やますそ）に沿った根道（ねみち）、平地の中央を走る大海道（おおなみち）、鶴見川沿いの堤防道路がありますが、北西の角は丘陵が鶴見川に迫っているので道路は一本に集約されます。東側ではいずれの道も東横線の下を潜（くぐ）らなくてはならず、大型車の通行に難があります。道路事情のためか工場進出はほとんど無く、バス路線も綱島街道沿いを走るだけです。

大曽根地区の人口は、今年（二〇一四）五月三十一日現在で五、三一三世帯、一〇、八五〇人となっています。

かつての大曽根村の人口は、江戸時代を通じて余り変わらず、家数四〇余戸、人口二〇〇人余りでした。度重なる水害に悩まされたので、昔の家は山裾の微高地に並んでいるだけで、平地部に家はありませんでした。

しかし、明治四十三年（一九一〇）の大水害の後、現在の場所に堤防が築かれました（大正堤）。その後昭和十三年（一九三八）にまた大水害があり、昭和二十七年（一九五二）には現在の高さまで土盛りがなされました。

この頃から平地部で公営や民営の住宅開発が進み、人口が急増します。昭和二十三年（一九四八）には一、五七七人だった人口は、昭和四十五年（一九七〇）頃までには六倍以上も増加し、現在とほぼ同じになりました。現在、地域の大半は第一種低層住居専用地域に指定されています。工場や大規模集合住宅が少なく、戸建て住宅が多い、落ち着いた住環境を形成しています。港北区内では比較的高齢化率が高く、早くから高齢者福祉を中心に福祉活動が盛んな地域でもあります。

大曽根の鎮守である大曽根八幡神社は、これまで近隣から神輿（みこし）を借りて、隔年に例祭をしていました。平成二十三年（二〇一一）に大曽根神輿の会を立ち上げ、地域の皆さんからの寄付により、昨年ついに自前の神輿を購入しました。そろいの袢纏（はんてん）で神輿を担いで町内を練り歩き、地域のコミュニケーションを広げています。

（二〇一四年七月号）

第一八八回　日吉台地下壕の現在・過去・未来　―終戦秘話その一七―

今年（二〇一四）で終戦から六九年目を迎えます。港北区内には戦争中に日本軍が使用した施設が数ヵ所あり、これまでにもご紹介してきました。その中でも著名なものは、日吉の慶應義塾大学敷地内に造られた連合艦隊司令部地下壕でしょう。軽巡洋艦大淀(おおよど)に設置されていた連合艦隊司令部は、昭和十九年（一九四四）九月に日吉へ移転しました。レイテ沖海戦や沖縄での菊水作戦、戦艦大和の海上特攻命令などが日吉から下されたことは以前に書きました（第二〇回参照）。

この日吉台地下壕は、昨年（二〇一三）三月、民有地部分にあった出入口が宅地開発によって破壊されてしまいました。貴重な遺構の一部が突如始まった工事によって失われた事は新聞各紙やテレビ番組等でも報道され、注目を集めました。残っていた四つの出入口のうち、一つは擁壁によってふさがれてしまいましたが、その後の工事は進んでおらず、残り三つは現状を留めているようです。戦争を後世に伝える手段が、人から物へと移行しつつある中で起こったこの問題は、近代の戦争遺跡を保存する難しさを私たちに改めて突きつけました。一度失われたものは二度と元に戻すことが出来ません。戦争遺跡を文化財として保護する動きは遅々として進んでいませんが、これ以上の破壊が進まないよう、日吉台地下壕以外の戦争遺跡を含め、全国で保存措置を早急に進めていくことが望まれます。

日吉台地下壕に関する話題としていまひとつ紹介しておきたいのが、慶應義塾大学の安藤広道先生を中心に進められた戦争遺跡に関する研究プロジェクトです。このプロジェクトは、慶應の日吉キャンパス一帯の戦争遺跡に関する調査、研究とその成果の活用に向けた基盤づくりを目的としたものです。平成二十三年度から二十五年度の三ヵ年計画で進められ、今年三月に研究成果報告書『慶應義塾大学日吉キャンパス一帯の戦争遺跡の研究』が刊行されました。

プロジェクトでは、日吉キャンパス内にある連合艦隊司令部地下壕を中心とする地下壕群、箕輪町(みのわちょう)にある艦政本部地下壕、その他日吉付近の小規模地下壕のうち、入ることが出来る地下壕や現存する遺構等を全て測量調査しています。地下壕の中には現在は入れない個所や、破壊、撤去されてしまった個所もありますが、過去の調査成果等も踏まえて可能な限りその全体像を提示しています。地下壕に入ったことがない方は、報告書に掲載された調査写真を通して戦争末期の海軍中枢機関が活動していたのが一体どのような場所だったのかを見るだけでも価値があると思います。

そして報告書には、過去に行われた関係者の聞き取り調査や執筆した手記の概要、掲載紙などをまとめたリストも掲載されています。このリストが今後の新たな研究成果と過去の研究成果の蓄積を結ぶ架け橋になることでしょう。報告書は港北図書館や、大倉精神文化研究所附属図書館にありますので、是非ご覧下さい。

ちなみに、筆者も報告書からひとつ発見をしました。第一七〇回で、慶應義塾大学の日吉キャンパスで撮影された映画「あいつと私」をご紹介しました。昭和三十六年(一九六一)に公開されたこの映画には、当時の日吉キャンパスの銀杏(いちょう)並木や校舎などの施設が随所に写っており、ストーリー以外の部分でも興味深い所が多いのですが、映像の中には地下壕の付属施設であるキノコ形の竪坑(たてこう)が二基写っています。竪坑は現在、テニスコートの脇に連合艦隊司令部地下壕のものが一基だけ残っており、実際に見ることが出来ます。筆者は映画の中に写っている二基の竪坑は、現存の竪坑と同じもので、どちらか一基が過去に撤去されたのだと思っていました。しかし、報告書を見ていくと、テニスコート脇の竪坑はもともと一基しかなく、その一方で連合艦隊司令部地下壕に隣接する航空本部地下壕の竪坑が二基並んで存在していたことがわかりました。この場所は東海道新幹線の日吉トンネルの真上で、現在は慶應の自動車部練習場になっています。二基の竪坑は昭和五十年(一九七五)に行われた地上構造物撤去工事で失われてしまいました。その存在が確認出来る映画の映像は、今となっては非常に貴重なものといえるでしょう。

連合艦隊司令部地下壕の竪坑(2011年8月8日撮影)

さらに日吉に関する話を続けます。中目黒にある防衛省防衛研究所には、陸海軍人の戦争中の日記や、戦後に記した手記などが多数所蔵されています。その中には、日吉の地下壕で活動していた軍人の手に拠る記録も含まれており、連合艦隊司令部が日吉に移転した際に司令長官だった豊田副武(そえむ)の日記などもあります。

豊田は昭和十九年五月三日から翌年五月二十九日まで連合艦隊司令長官を務めました。彼がその任を離れ、日吉を後にした日は奇しくも横浜大空襲当日にあたります。豊田の日記には司令部の日吉移転や横浜方面の空襲に関する記載もありますので、次回はそのご紹介をしましょう。

（二〇一四年八月号）

第一八九回　日誌が語る日吉の連合艦隊司令部 ―終戦秘話その一八―

前回の続きです。防衛省防衛研究所の戦史研究センターでは、連合艦隊司令部が木更津沖に停泊していた軽巡洋艦大淀（おおよど）から日吉の丘に移転してきた際の司令長官、豊田副武（とよだそえむ）の日誌四冊（うち一冊は戦後に作成された摘録（てきろく））を見ることができます。日誌は、個人的な感情をあまり交えず、遂行中の作戦の状況や敵機の来襲、参加した会合や基地の視察など、その日の出来事を箇条書きで記したものですが、記載が一日一ページ以上に及ぶ日もあり、多くの情報を知ることができます。

連合艦隊司令部の日吉移転に関わる記述が豊田の日誌に初めて登場するのは、昭和十九年（一九四四）八月十五日のことです。そこには「ＧＦ（連合艦隊）司令部陸上施設至急研究」とあります。八月二十日、二十四日には、移転に関する打ち合わせが行われたこともわかります。また、日吉の陸上施設への移転に関して否定的な空気があったことも窺えますが、具体的な内容について書かれていないのが残念です。但し、問題はすぐに解決し、着々と準備は進められたようです。九月二十五日には、「首席参謀東京より帰艦、（中

豊田副武（国立国会図書館提供）

略）GF司令部陸上移転問題に関し、省部（海軍省と軍令部）上司の了解を得たる旨報告あり」と書いています。

そして、九月二十七日に、「荷物大部分を日吉に送出」し、翌二十八日は大淀での最後の会合を終え、二十九日には日吉への移転を完了します。

ちなみに、日吉への移転直前の九月二十七日の日誌の冒頭には、「朝初雪の富嶽（富士山）を見る」と書かれています。甲府地方気象台のホームページを見ると、昭和十九年の富士山の初冠雪は確かに九月二十七日になっていました。豊田は司令部が置かれていた大淀の艦上から、毎日富士山を眺めていたのかも知れません。

また、昭和二十年（一九四五）二月九日には、七面鳥が一羽孵化、十日には三羽孵化したことが書かれています。日吉の司令部では、執務場所として使用していた慶應義塾大学の寄宿舎の横で七面鳥を飼っていました。豊田は七面鳥を可愛がっていたそうですので、雛が孵ったことが嬉しかったのでしょう。これらの記述からは豊田の人柄が垣間見える気がします。

次は横浜の空襲に関わる記述を見ていきましょう。昭和十九年十一月一日に、「1325（一三時二五分、日誌中の時間表記は四桁の数字で書かれています）空襲警報、B-29×1、日吉南方を南西方に行くを見る、白煙を吐きつゝあり、関東地区来襲の嚆矢乎（始まりか）」という記述が見られます。日吉へのB-29来襲が日誌に登場するのはこれが最初です。また、十二月八日、十日、十一日、翌二十年三月四日には、空襲警報の発令や、敵機の来襲に際し、地下壕へ避難したことが書かれています。

昭和二十年四月四日の日吉への空襲については、「0100頃、B-29×約90機、京浜地区に来襲、新宿、渋谷方面、川崎、横浜方面、焼夷弾爆弾混用爆撃す、日吉司令所兵舎、酒保倉庫全焼、庁舎硝子破損多数」と、司令部が被った損害が記されています。日吉では四月十五日、十六日に大規模な空襲がありましたが、その時、豊田は鹿児島県の鹿屋基地にいたためか、日誌に記述はありません。

豊田は終戦まで連合艦隊司令長官の任にあった訳ではなく、終戦を迎える約二ヶ月半前、軍令部総長へと転任しています。それに伴い、豊田は五月二十九日に日吉の地を離れます。奇しくも横浜大空襲当日のことでした。その日の日誌には次のように書かれています。「0830頃より敵戦爆連合大編隊京浜地区に来襲、0935迄に駿河湾より侵入せるものB-29×425、P-38×20、P-51×約40なり、攻撃目標横浜川崎方面、爆弾及焼夷弾混用す、1030頃概ね南東方に脱去す、（中略）1400補軍令部総長　1600小澤新長官着任、儀礼例の如し。1645日吉司令部退隊（後略）」

同じ五月二十九日のことを書いた日誌をもう一つ紹介します。当時、連合艦隊司令部の通信参謀だった元海軍中佐、市来崎秀丸はこの日を次のように書いています。「敵大編隊、横浜方面を空襲、市内の大半がやられたらしい。横浜方面の黒煙濛々たる内に長官の交代行事を実施する。一層厳粛悲壮の感がある。」

今回紹介した五月二十九日の二つの日誌からは、多くの犠牲を生んだ激しい空襲と、通常どおり粛々と進められた静かな儀礼との対比が浮かび上がります。

「わがまち港北」では、これまでにも、横浜大空襲当日の日誌や、戦争体験の記録をいくつか紹介してきました（第三二回、第三三回、第一四〇回、第一六四回参照）。同じ日のことを書いた記録であっても、内容はどれ一つとして同じではありません。そこには一人一人異なる戦争が描き出されています。その全てをこの場で紹介することは到底出来ませんが、今後も可能な限り、港北区域の戦争に関する記録を取り上げていきたいと思います。

（二〇一四年九月号）

第一九〇回　新幹線と第三京浜　―港北区域の変貌―

今から五〇年前、昭和三十九年（一九六四）十月一日に東海道新幹線が開通し、横浜線との交点に新横浜駅が開業しました。それまで、横浜線の菊名駅と小机駅の間には駅がありませんでした。現在の新横浜駅周辺は、鶴見川の氾濫原で、アシの茂る湿地でした。

神奈川区菅田町にお住まいだった斎藤虎松氏（一九〇〇～一九九一年）は、著書『採卵随想（第六集）』

倖せの青い鳥は鶏だった』で、次のように書いています。「新幹線新横浜駅周辺は私ども子供の頃は低湿地。毎年近くの鶴見川氾濫で作物が駄目、持主は無収入ゆえ、地元の人はだれも相手にしなかった土地。当時、周旋屋（ブローカー）が冬の乾期によそ者を連れてきて見せる。安値に惚れて持ってみたものの、毎年の洪水で水が退かず、米は取れず小作米も入らず、飽きて損して捨て売り。次々と、何人も乾期にだまされては買い、損して売り、しまいには芦原と化し、蛇が多く棲んでいたので「蛇袋」と言う名の地。それが新幹線建設、そして新横浜駅。最後にだまされて持ち続けた人が、坪五万円と夢のような高値に売れ…」。オフィスビルが林立する現在の様子とは隔世の感があります。

新横浜駅建設の頃から今日までの変貌の様子については、間もなく新横浜町内会から出版される『新横浜50年の軌跡』をご覧ください。

一方、第三京浜道路（国道四六六号線）は、東京横浜間を結ぶ第一京浜道路（国道一五号線）・第二京浜道路（国道一号線）の混雑緩和策として計画されました。これは、昭和三十三年から三十四年（一九五八〜五九）にかけて、「京浜間で特に道路の幅員が狭く交通混雑」（『第三京浜道路工事報告』）していた菊名町付近に、東京丸子横浜線（通称中原街道、綱島街道）のバイパスを通す案が検討されたことを発端とします。この案に代わって、昭和三十五年十二月に新道建設の事業計画が明らかになると、地元には何ら利益をもたらさないのに、逆に広大な潰れ地（道路用地に取得され耕作などが出来なくなった土地）が生じることは、

第三京浜道路港北インター（黒川紀男氏提供）

営農上の死活問題になると考えられ、沿線地域では対策協議会を設置し、県へ反対の陳情などを始めました。しかし、昭和三十六年十二月に国の事業許可が下りると、反対運動はしだいに条件闘争へと移行していきました。こうして、新幹線建設に続き、広大な土地が道路用地として買収されることになりました。

土地買収は、まず宅地、田、畑、山林などの地目毎に指数を決め、それに単価を掛けて微調整して金額を決める方法で進められました。港北区域の工事は、第二工事事務所が担当していました。昭和三十八年に土地買収問題が妥結すると、翌三十九年四月から工事が始まりました。それと並行して家屋、工作物、竹木等の移転や伐採などの補償交渉が進められました。神奈川区の『交渉記録第三京浜開通顛末』を見ると、その中に肥料溜（ひりょうだめ）という項目があることが注目されます。当時はまだ下肥（しもごえ）（人糞）が重要な肥料であり、各地に沢山の肥料溜があったのです。港北区も同様だったはずです。

この第三京浜道路も、新幹線と同様に東京オリンピックに間に合わせることを目標としていましたが、若干遅れて昭和四十年（一九六五）十二月に開通しました。

戦後の高度経済成長の波は、静かな農村だった港北区域にも押し寄せつつありましたが、当時はまだ駅前や幹線道路沿いだけでした。しかし、新しい鉄道や道路の敷設では、低湿地でも、道路の無い山の中でも、崖地のような土地でも用地買収の対象とされましたので、札束を積まれた地主（大半は農家）の中には心を動かされるものもおりました。新幹線の用地買収は昭和三十六年（一九六一）に行われましたが、事前に情報を入手した民間会社が用地買収するという、いわゆる日本開発事件もありました。

環状二号線道路は、新横浜駅開業に合わせて、駅前から東側が開通しました。翌年には第三京浜道路の開通。横浜線も、長年懸案であった複線化の計画が進展し、東神奈川―小机駅間が昭和四十三年（一九六八）に複線化されました。

昭和三十年代後半から四十年代にかけて、交通事情がよくなると、多数の工場が進出し、住宅や商業施設も増え、港北区域は農村から近代都市へと大きく変貌していきました。

鶴見川中流域に位置する港北区域の農地は、水害もたくさん受けましたが、肥沃な土壌で横浜市の穀倉としての役割を果たしました。やがて高度な蔬菜（そさい）園芸や花卉（かき）園芸を経営する、都市近郊農業のモデル的存在となっていきました。都市化が進む中で、昭和四十三年（一九六八）、いわゆる新都市計画法が施行され、市街化区域と市街化調整区域の線引きと宅地並み課税が実施されました。これにより、港北区域の農家は都市農業へとさらなる変革を迫られます。その話はいずれ。

（二〇一四年十月号）

第一九一回　後日談いろいろ　―その四―

例によって、過去記事の訂正と、追加情報等です。

第一八二回で紹介した村岡平吉は、NHKの連続テレビ小説「花子とアン」では平祐という役名になっていました。

ドラマの平祐は関東大震災を生き延びましたが、実在した村岡平吉は、震災の前年に病没しました。平吉が長老を務めていた横浜指路教会では、会報『指路』第一一二号（大正十一年五月二十日）に「長老　村岡平吉氏逝く」と題して長文の訃報記事を掲載しました。それによると、平吉は晩年に喘息を患い、小机の別宅に住み療養していました。平吉が経営する福音印刷の社屋を会場として、指路教会の理事会が開かれたとき、小机にいた平吉は病を押して出席し、その後中区太田町の本宅に帰りますが、体調を崩して帰らぬ人となりました。YOUテレビの金子由佳さんからご教示いただきましたが、YOUテレビでは九月に、横浜ミストリー「花子とバイブルの村岡 ～小机が生んだ印刷王の物語～」を制作、放送しました。

『土地宝典』を見ると、後に村岡花子の別荘となる小机の土地は、平吉の所有地と記されています。平吉が晩年に療養していた別宅を、平吉の三男で、花子の夫である儆三が相続し、後に花子夫妻の別荘として使ったものと思われます。ちなみに、『土地宝典』とは、土地の公図と土地台帳から編集した住宅地図のようなもので、明治期から昭和にかけて各地で出版されました。県立図書館や市中央図書館で閲覧出来ます。

花子の夫儆三は、『横浜今昔（こんじゃく）』（毎日新聞横浜支局、一九五七年）に「チャブヤのはしり」と題して、福音印刷のことを書いています。それによると、福音印刷では二〇台の印刷機械がフル回転し、五〇〇人くらいの工員が働いていました。福音印刷は、当時としては画期的な八時間労働を「ハマ」で一番早く実施しました。これは若き日の儆三が父平吉を再三説得してようやく実現したもので、各新聞で大きく取り上げられて、人一倍嬉しかったとの思い出を記しています。

第一八三回「小机の旧家村岡家」で紹介した日下部幸男（くさかべゆきお）さんの著作『小机の歴史』は、『小机城の歴史』の誤りでした。また「明治十三年頃の小机村」という付図は、藤井廣作氏作図の「明治三十年頃の小机村」です。日下部幸男さんからご教示いただきました（本書では訂正済みです）。

日下部さんからは、第九三回で紹介した謎の新聞『小机タイムス』についてもヒントをいただきました。調査の結果、金沢区在住の竹生英久（たけおひでひさ）さんが、五〇年ほど前、高校生の頃に『小机タイムス』の配達をされていたことが分かりました。編集は境野（さかいの）勝久氏で、新聞には六人程が係わっていたこと、小机の港和印刷株式会社で印刷していたらしいことも分かってきました。

第一八六回「菊名池」では、箕輪大池（みのわおおいけ）の跡地が社務所兼公会堂になったと書きましたが、正しくは、箕輪

記念館坂のサクラの伐採（2014年6月13日撮影）

大池の売却益で社務所兼公会堂を建設し、町会へ寄付したものです。箕輪大池があった場所は、綱島街道沿いの港北消防署日吉消防出張所の南側辺りでした。日吉の酒井富美子さんからご教示いただきました（本書では訂正済み）。

さて、大倉山駅から大倉山記念館へ向かう記念館坂には、線路際に桜並木があります。この並木、いつ誰が植えたものか問い合わせを受けましたので、調べてみました。大倉山の吉原昭彦さんによると、昭和二十一年（一九四六）頃、西山藤三郎（とうざぶろう）氏が発起人となり、戦地から復員してきた若者を集めて「青年同志会」という名称の青年団を結成し、戦争で荒れ果てた郷里を復興しようとしました（第二二五回参照）。その活動の一環として、坂道に桜を植えたもので、吉原さんも手伝ったそうです。樹齢七〇年近い古木は大倉山の名物となっていますが、残念なことに、今年木を腐らせるキノコが生えたために二本を切り倒しました。植樹をされた皆さんの想いをここに書き記しておきたいと思います。

大豆戸町（まめどちょう）の武田信治（のぶはる）さんからは、アンパンマンの作者やなせたかし氏（柳瀬嵩、一九一九～二〇一三年）が大倉山に住んでいたのではないかと、尋ねられました。やなせたかし氏は、『アンパンマンの遺書』（岩波書店、一九九五年）と『人生なんて夢だけど』（フレーベル館、二〇〇五年）の二冊の自伝を書いています。その中に、大倉山に住んだことがあると書かれていましたので、本当なのか調べてみました。その成果は、港北図書館友の会の会報『本の虫』第五号に書きましたので、港北図書館でご覧ください（本書の「おまけ」に転載）。

情報を提供くださいました皆さまにお礼申し上げます。

（二〇一四年十一月号）

第一九二回　菊名地区（一）　―地域の成り立ち、その三―

地域の成り立ち第三回は、菊名（きくな）地区です。町名の菊名と同一地域と思われそうですが、菊名一～七丁目と菊名地区では範囲が異なります。

菊名一～七丁目は南北に細長い形をしており、南端に東横線の妙蓮寺（みょうれんじ）駅があり、北は菊名駅を越えて港北郵便局の先までです。区域はほぼ東横線の東側になります。古くは橘樹郡大綱村大字菊名（たちばなぐんおおつなむらおおあざ）でしたが、昭和二年（一九二七）に横浜市へ編入され、神奈川区菊名町となりました。港北区になったのは昭和十四年（一九三九）です。菊名駅前の郵便局が「神奈川菊名郵便局」と呼ばれているのは、神奈川区時代に開業したからです。昭和五十五年（一九八〇）に住居表示（第一〇八回参照）が実施されてから、町名が菊名一～七丁目に分かれました。

菊名の地名の由来には、①相模国三浦郡菊名邑の菊名一族が移住してきて開発したから、②蓮勝寺の山号「菊名山」から名付けられたとの説があります。③「キク」は、「クク（包み込む）」「クキ（山の峰）」から転じたとの説もあり、菊名とは、丘がせり出し谷戸が入り込んだ地形から名付けられたとも考えられています。

一方、菊名地区は、菊名駅の周辺から新横浜駅北側のエリアになります。町名でいうと、菊名四～七丁目、大豆戸町、錦が丘、篠原北一、二丁目、新横浜一～三丁目を指します。

大豆戸町は、菊名町と同じく昭和二年（一九二七）に横浜市に編入されました。それ以前は大綱村大字大豆戸、明治二十二年（一八八九）以前は橘樹郡大豆戸村でした。戦国期まで遡ると、武蔵国久良岐郡に属しており、「大豆津村」と書かれていたようです。地名の由来には、①師岡熊野神社に大豆を献上した、②埼玉の大豆戸（埼玉県比企郡鳩山町）に住んでいた金子一族が移住してきて開発した、③崖のある地形を意味する「ママド」「マミド」が変化したもので漢字は当て字にすぎない、などの説がありますがよく分かりません。二〇〇年前に編纂された『新編武蔵風土記稿』の大豆戸村の項にも、「村名の由て起る所を詳にせず」と記されています。

大豆戸町は菊名を挟んで東西の二地区に分かれています。これは、江戸時代に、助郷（すけごう）の人馬負担を軽減するために耕地の部分を菊名村に分けたことによるとの話を聞いたことがありますが、筆者は未確認です。将来住居表示が実施されると二地区の町名はどうなるのでしょうか。

大豆戸町には、区役所、公会堂、保健所、消防署、警察署、神奈川税務署などの官公署が集中しており、行政の中心となっています。また、港北スポーツセンターもあります。

錦が丘は、かつては篠原村の字表谷（あざおもてや）の一部でしたが、東横線開通の頃に菊名分譲地として造成・販売された場所です。今上（きんじょう）天皇（現、上皇）が皇太子として生まれたのを記念して、昭和九年（一九三四）に区域の道路に桜三三五本（三三四本との説もあります）と楓（かえで）一〇〇本を植えて、「錦ヶ丘」と自称するようになり、昭和四十六年（一九七一）に正式な町名となりました。

港北区域は、かつては農村地帯でしたが、菊名駅周辺を端緒にして、東横線の各駅周辺から宅地化が進みました。横浜線は明治四十一年（一九〇八）に開通しましたが、当時菊名に駅はありませんでした。東横線は大正十五年（一九二六）に開業しますが、そのときに横浜線の下へ線路を通し、その交差する接点に作られたのが菊名駅です。

菊名分譲地など早くから宅地化が進み、昭和十四年（一九三九）に港北区が誕生するとき、区の名称を

「菊名区」とする案もありました。仮庁舎も最初の庁舎も菊名駅周辺に作られています（第一二四回参照）。大倉精神文化研究所も、菊名駅西側の山の上が建設候補地になったことがあると聞きました。

菊名地区は、早くから開発が進んだためにまとまった緑が少なくなっていますが、篠原城址緑地は歴史的にも価値のある緑として、「篠原城と緑を守る会」が結成されるなど、大切にされています。

菊名駅周辺は、駅のすぐ近くまで丘がせり出し、駅前に平地が少なく、開発が難しい場所でした。駅はすり鉢の底の様な一番低い位置に作られましたので、昭和四十七年（一九七二）に改修が完了して線路をかさ上げするまでは、少しの雨でも水が出て、東横線は線路が度々水没して不通になりました。平成三年（一九九一）までは駅の渋谷寄りに折り返し運転用の仮設ホームも残っていました。

昔のJR菊名駅（2010年9月13日撮影）

菊名駅は、今年四月から平成二十九年度（二〇一七年度）までの予定で改良工事が始まりました。長年の懸案であったバリアフリー化や、ＪＲ駅舎の橋上化、横浜線と東横線の連絡通路の新設など、完成が楽しみです。この工事により、駅西口側が大きく変わるかも知れません（大好き！大倉山第二四回参照）。

紙面が尽きました。菊名地区の中でも、新横浜地域は他地域とは異なる成り立ちを持ち、都心としての新たな位置づけがなされつつありますので、次回に。

（二〇一四年十二月号）

付記　ＪＲ駅舎の改修工事は、二〇一九年三月に竣工しました。東急の駅構内改良工事は、現在も続いています。

第一九三回　菊名地区（二）　―地域の成り立ち、その四―

明けましておめでとうございます。新たな年を迎えて、今年の飛躍を誓われた方も多いかと思います。菊名地区には、新たな町名を付けて大躍進を遂げた地域があります。新横浜です。みなさま、新横浜町内会発行の『新横浜50年の軌跡』はもうご覧になりましたか。軌跡というより、奇跡と言いたくなるような五〇年間の変貌ぶりを、数多くの写真と解説で解き明かしています。

新横浜地域の歴史は、昭和三十九年（一九六四）の国鉄（現ＪＲ）新横浜駅の開業から始まりました。駅周辺地域の字（あざ）を勝負田（しょうぶだ）といいます。地名の由緒は、古戦場趾だからとも、ショウブが自生するような低湿地だからともいわれます。その先、セントラルアベニューの周辺が字蛇袋（あざじゃぶくろ）。七巻き半しても尾が余るほどの大蛇が住み着いていたとの伝説があります。かつてはそのような土地でした。

新横浜の町名も駅名から付けられました。しかし、駅そのものは実は篠原町（しのはらちょう）にあり、新横浜の町内では

『新横浜50年の軌跡』

ありません。ちなみに、菊名駅の横浜線ホームの大半は、篠原北二丁目です。

新横浜に無い新横浜駅ですが、開業当初は一日にこだま二八本しか停車しなかったのが、やがてひかりが停まるようになり、平成二十年（二〇〇八）からは、のぞみも含めて全ての列車が停車するようになりました。この時、駅ビル「新横浜中央ビル」も完成し、キュービックプラザ新横浜がオープンしました。

新横浜駅の辺りは、篠原町、岸根町（きしねちょう）、鳥山町（とりやまちょう）、大豆戸町（まめどちょう）、新羽町（にっぱちょう）の五町が区域を接した場所でした。駅開業を切っ掛けとして、新幹線北側地域の区画整理事業が実施され、五町が接する辺りを切り離して、昭和五十年（一九七五）十一月に新横浜一～三丁目が誕生しました。ですから、新横浜の歴史は、これら五町の歴史ともいえるのです。

この辺りが地区の境であったことを物語る逸話があります。

小机（こづくえ）方面から東向きに流れてきた鶴見川は、横浜アリーナの北側辺りで鳥山川（とりやまがわ）と合流し、北へと直角に流れを変えます。地域の人々はここを大曲（おおまがり）と呼びます。鶴見川は、昔はこの辺りからよく氾濫しました。篠原・大豆戸・新羽などの村々が境を接していたのですが、昔は堤防が無く、氾濫した鶴見川は度々流路を変えるために、人々は村境が分からなくなり困りました。『港北百話』によると、この時に目印として植えられたのが一本の榎（えのき）で、巨木に育ち境榎（さかいえのき）と呼ばれました。その根本には、オサキ稲荷とか再会堂とか呼ばれる祠（ほこら）があったそうです。樹齢三〇〇年ともいわれたこの榎を、戦後河川改修のために切り倒そうとしたところ怪我人が出て、祟りだといわれたこともあります。現在は、二代目榎が三〇〇メートルほど上流側に移植されて街を見守っています。

新横浜一～三丁目は、新幹線、横浜上麻生線道路、鳥山川、太尾新道に囲まれた長方形の地区です。人口は今年十一月三十日現在で一〇、五四五人ですが、街が誕生した直後の昭和五十一年十月は三四一人でした。

街が発展した大きな要因は交通網の整備にあります。昭和四十年（一九六五）の第三京浜道路の開通、昭和四十五年（一九七〇）の環状二号線道路の延伸。そして昭和六十年（一九八五）には、市営地下鉄（ブルーライン）が横浜から新横浜まで開通しました。この年五月に新横浜町内会が誕生し、この頃から新横浜が急速に変貌していきます。オフィスビルやビジネスホテルの建設ラッシュが始まり、様々な施設も造られました。

平成元年（一九八九）横浜市政一〇〇周年を記念して、横浜アリーナがオープンしました。柿落（こけらおと）しは、松任谷由実のコンサートでした。これは当初から計画されていたものであり、美空ひばりの公演を予定していたのが病状悪化で中止になり、ユーミンはその代役を務めたとの風説は誤りだと関係者の方から聞きました。

鳥山川の北側には、日産スタジアム、リハビリテーションセンター、ラポール等があり新横浜の発展と大きく係わっていますが、日産スタジアムが、最寄り駅は小机駅と宣伝しているように、これらの施設の住所は小机町ですので、城郷地区で取り上げましょう。

平成三年（一九九一）には新横浜パフォーマンスが始まります。一町内会が主催しているとは想像も出来ないほどの規模と賑わいを見せる、地域最大のイベントに成長しています。

平成六年（一九九四）にオープンした新横浜ラーメン博物館は、全国にフードテーマパークのブームを巻き起こしました。最近では世界を視野に外国人客への売り込みを強化するなど、今も進化し続けています。

何もなかった場所から交通の要衝となり、都市機能の整備と自然を取り入れた景観の整備が進み、横浜市全域の中でも「新横浜都心」の中核と位置づけられてますます期待が増しています。新横浜地域は、港北区域で最も元気な街であり、全国の新幹線駅の中でも一番大きく変貌した場所といえるでしょう。

（二〇一五年一月号）

第一九四回　篠原地区　―地域の成り立ち、その五―

篠原(しのはら)地区は、港北区の最も南部に位置し神奈川区と接しています。地区の東部には東急東横線が、北部にはＪＲ横浜線が通っています。地下に目を向けると、西部に市営地下鉄ブルーライン、南部には東海道貨物線も通っています。

現在の篠原地区は、菊名（一～三丁目）・篠原町・篠原東（一～三丁目）・富士塚（一・二丁目）・仲手原(なかてはら)（一・二丁目）・篠原台町・篠原西町から成り立っていますが、菊名を除く各町はかつて橘樹郡(たちばなぐん)篠原村だった地域です。昭和二年に（一九二七）に横浜市へ編入され篠原町となり、昭和四十五・四十六年（一九七〇・七一）に港北区域としては最初に住居表示（第一〇八回参照）が実施されて、多くの町に分かれました。

篠原の地名の由来については、土地の植生や地形から、篠竹(しのだけ)が群生する地であったとか、「しの」は湿地を指す、あるいは「しな（浅い皿状の盆地）」が「しの」に変化したなどの説があります。また、源平の合戦で加賀国(かがのくに)（石川県）篠原から落武者が移住したとする説（第六一回参照）もあります。富士塚の地名は、昔本当に富士塚があったから名付けられたものです。仲手原はダイダラ坊伝説（第五七回参照）から生まれた地名と言われています。

ちなみに、妙蓮寺(みょうれんじ)は、地名ではありません。もともと寺の名前であり、後に駅の名前にもなりました。

妙蓮寺がある場所には、江戸時代初期から浄寿山蓮光寺という日蓮宗の寺がありましたが、檀家が少なく経営難に陥っていました。そこへ、神奈川町（現神奈川区）の妙泉寺が明治四十一年（一九〇八）に移転・合併し、両寺の名前から一字ずつ取って妙蓮寺としました。その後、境内地に東横線が通り、大正十五年（一九二六）に妙蓮寺前駅が開業します。「前」の字が取れて現在の駅名になったのは、昭和六年（一九三一）一月一日のことです。昭和十一年には、歌人の斎藤茂吉が、曼珠沙華の咲き誇る郊外の風景を求めて妙蓮寺駅に降り立ったこともあります（第七八回参照）。

農村地帯だった港北区域は、東横線の駅前から市街化が進みますが、妙蓮寺駅周辺は、港北区域で最も早くから高級住宅地として開発された地域です。開発は菊名池周辺から始まり、篠原八幡神社が鎮座する八幡山の上に向かって宅地化されていきました。現在でも丘陵地には閑静な住宅地が広がっています。そうした経緯を踏まえて、地域の大半が第一種低層住宅専用地域となっています。住民の高齢化率が比較的高く、土地に愛着を持って長く住み続けている方が多いようです。ただし、起伏に富んだ地形と、早くから開発が進んだことから、曲がりくねった狭い道路が多いことが特徴で、道路整備や防災対策、高齢者福祉などが求められています。また、新横浜駅南側の新横浜都心地域は、未だに土地利用方針が検討中であり、下水道など都市基盤整備の遅れが課題となっています。

東横線が開通した一九二〇年代（大正から昭和初期）頃、全国で、和風住宅の玄関脇に小さな洋館（洋間・洋室）がついた建物を建築することが流行りました。これを洋館付き住宅といい、港北区域では、妙蓮寺駅から菊名駅にかけての地域に、洋館付き住宅が数多く建てられました。現存する建物もあり、港北オープンヘリテイジで見学された方も多いかと思います。

『横浜文化名鑑』（横浜市教育委員会、一九五三年）の「文化関係者名簿」を見ると、港北区（現在の緑・青葉・都筑区を含む）在住者は六六人ですが、その内のなんと四二％に当たる二八人が篠原町に住んでいました。たとえば、武相学園を創立した石野瑛（一八八九～一九六二年）もその一人です。石野は、考古学者・歴史学者として数多くの著作を残しましたが、その一方で教育者として青少年教育に尽力し、篠原町に旧制武相中学校を創立しました。現在は中高一貫教育の学校法人武相学園となっています。石野自身も篠原町に住んでいました。

関東大震災の後、横浜や東京の市街地からは、文化関係者だけでなく、政界・財界・官界の有力者や著名人も数多く移り住みました。こうした人達が、当時最先端の洋館付き住宅を建設したのです。

戦後、改正選挙法が公布され婦人参政権が認められました。その最初の統一地方選挙で、横浜市にも初の女性市議会議員が二人誕生しました。その内の一人が篠原町（現富士塚）在住の石橋志うです。横浜市史資料室が発行した写真集『昭和の横浜』には、妙蓮寺駅前でマイク片手に選挙演説をしている石橋志うの写真が掲載されています。私のお気に入りの一枚です。石橋志う（一八九三～一九七七年）は元女医で、昭和二

縣下新住宅地十佳選

確定した縣下新住宅地十佳選及その得票數は左の如くであるが、第十位は得票數偶然にも一致し審査會に於て二箇所とも十位に入選せしむることに決定したので「橋本驛附近」及「瀬谷驛附近」は同時に十佳選第十位たることに決定した

四三〇、七二五票　神奈川　白幡丘住宅地
三七一、二〇三票　相模線神中線 小田急線　厚木
三五〇、八三五票　東海道戸塚町　東明住宅地
三三〇、三七六票　横濱線　上溝町横山
三二一、八一〇票　神奈川　妙蓮寺前
三一四、〇九二票　東海道　茅ヶ崎海岸
三一二、五六九票　戸塚町在　秋葉住宅地
三〇六、五三五票　東海道　平塚海岸
二九四、六一七票　小田急線　鶴巻溫泉
二七〇、一六七票　横濱線　橋本驛附近
二七〇、一六七票　神中線　瀬谷驛附近

縣下新住宅地選外特選

十佳選に入選し得なかつた地方で、しかも投票二十万を越えた各地に對してはその當初よりの[illegible]に[illegible]るため十佳選の[illegible]に[illegible]ぐものとして本社はこれを選外特選とすることに決定し此等に對してはその住宅地としての[illegible]なる紹介を紙上に[illegible]の建設を行ふ事の計畫を樹てつゝある、選外特選に入れる住宅地は左の如くである

二六七、七五三票　南武線玉川線　高津溝之口
二六一、一八九票　東京横濱電鐵線　綱島
二五〇、四六九票　湘南線市内大久保町　湘南住宅地
二一二、九九七票　藤澤町　鵠沼

昭和5年5月17日付『横浜貿易新報』

十二年（一九四七）から市議を四期務めますが、戦争未亡人や母子家庭などへの社会福祉に長年貢献し、第二二回横浜文化賞（一九七三年）を受賞しています。

（二〇一五年二月号）

付記　昭和五年四月、横浜貿易新報社は、新聞購読者に「県下新住宅地十佳選投票」を呼びかけました。一ヶ月にわたる投票戦の末に、妙蓮寺前の住宅地は第五位に入選しました。また、第十三位に入った綱島は「選外特選」に選ばれました。

第一九五回　港北区ゆかりの俳人 ―秋元不死男―

先日、大倉精神文化研究所附属図書館の未整理本の中から、『神奈川県俳人録』（昭和七年）という本が見つかりました。当時の神奈川県下の俳人の情報を集めたこの本は、岩田田爐（いわたでんろ）（一九〇四～一九八九年）の編纂（へんさん）で、図書館から発見されたのは本人からの寄贈本でした。岩田田爐は昭和十年（一九三五）に、神奈川県の他、東京や埼玉までを含めた俳人一覧『武相俳句大観』も編纂しています。岩田田爐は岸根町の出身で、本名を岩田太郎といいます。『城郷（しろさと）青年団史附城郷村史』（昭和五年）の編輯（へんしゅう）者であり、戦後には、横浜市会議員や横浜北農業協同組合の第二代組合長なども務めた人物です。ちなみに綱島出身の俳画家飯田九一（いいだくいち）は、岩田田爐の叔父にあたり、『神奈川県俳人録』の表紙の絵は九一が描いたものでした。岩田は九一が主宰した『海市（かいし）』にも参加しており、その手ほどきも受けていたと思われます。

飯田九一が、横浜文化賞の第一回受賞者であることは、わがまち港北の第一〇七回で書いていますが、横浜文化賞を受賞した俳人で、港北区にゆかりのある人物がもう一人います。第二〇回（昭和四十六年度）受賞者の秋元不死男（あきもとふじお）です。

秋元不死男（一九〇一～一九七七年）は、横浜市中区元町の出身で、長く横浜に居住し、昭和三十一年（一九五六）の横浜俳話会創立に際しては、発起人の一人として名前を連ねるとともに、最初の幹事長となっています。しかし、翌三十二年に東京都杉並区へ移住したことから、一年で幹事長の職を辞して顧問となりました。その後、昭和四十三年（一九六八）に、不死男は東京から再び横浜へ戻ってきますが、その時に新居を構えたのが港北区下田町、下田山真福寺（下田地蔵尊）のほど近くでした。不死男は自身が丑年で夫人が午年であったことから、自宅を「牛午山房」と名づけ、庭にはその碑を立てていたそうです。下田町への転居を前書きとする句を一つご紹介します。

　書けぬ日の　蟻蜂は尻　見せにくる

句集『甘露集』には、自宅である「牛午山房」や、そこから約一キロメートル程の距離にある日吉本町の金蔵寺を詠んだ句もあります。

秋元不死男の自宅の近くには、不死男に師事した鷹羽狩行さんが現在も住んでおられます。鷹羽さんには、自身の句集をはじめ、多くの編著がありますが、近刊には住み慣れた地名から題を取ったという『日吉閑話』（平成二十五年、ふらんす堂）があり、その中で「不死男先生と私とは、横浜・日吉の丘の上、慶大の野球場をへだてて住んでいた。」と書いています。鷹羽さんのエッセイ集『胡桃の部屋』（一九九一年、ふらんす堂）から一つエピソードを引用します。

　この不死男新居のある日吉に、私も新居を建てた。氷海二十周年記念の功労者として表彰するから、何が欲しいかときかれ「牛午山房」のような新居の命名がほしいと言った。即座に「鶏頭山房」はどう

真福寺の秋元不死男句碑（2015年2月16日撮影）

かね、と先生。ポカンとしている私に向かって「ケイトウとなるもギューゴとなるなかれ……」。とにかくユーモアたっぷりで、人を楽しませてくれる師であった。

『氷海』は不死男が昭和二十四年（一九四九）に創刊した俳誌です。『日吉閑話』によると、この新居名の話は結局まとまらなかったそうですが、秋元不死男の人柄、鷹羽さんとの仲睦まじい師弟関係が窺えます。ちなみに鷹羽さんは、『とうよこ沿線』の一号と七号で、日吉住民として似顔絵付きで紹介されており、その名前は、わがまち港北の第七九回でも登場しています。

秋元不死男は、昭和五十二年（一九七七）七月二十五日に七六歳で亡くなり、葬儀は真福寺で行われました。真福寺の境内、本堂を背にして正面左側には、今も「けふありて 銀河をくゞり わかれけり」という不死男の句碑があります。碑の裏側には「昭和五十五年七月二十五日　秋元不死男門下有志建之」と刻まれており、三度目の祥月命日に、亡き師を偲んで建てられたものであることがわかります。

秋元不死男と終戦直後から交流があり、第三二回（昭和五十八年度）横浜文化賞を受賞した俳人の古沢太穂（一九一三〜二〇〇〇年）は、主宰した俳誌『道標』（一九九三年九月号）で、不死男の句碑のことを書いています。不死男の十七回忌に際して書かれたこの随想によると、太穂は、その年のゴールデンウィークのよく晴れた一日に、日吉駅からバスに乗って真福寺を訪れ、句碑との語らいの後、冷えびえとした本堂に座って、不死男の葬儀の日を回想し、「低き碑も 冷えの日名残り 白椿」という句を書き留めています。

地元の方によると、真福寺は「椿のお寺」とも言われているそうです。筆者が訪れた日にも、境内では、赤・白・ピンクとさまざまな椿が咲いていました。また、句碑の向かいでは、横浜市の名木古木に指定されたシダレウメが白い花をつけていました。

情趣ある寺院の境内で、地域ゆかりの偉大な俳人の句碑を前にしながら、俳句を詠む素養も度胸もなかったことが、ちょっとだけ悔やまれました。

（二〇一五年三月号）

第一九六回　球春到来!!　―港北区と野球の関係・その一―

港北区には、横浜F・マリノスのホームスタジアムの日産スタジアムがありますので、近年はサッカーの街というイメージが強くなりました。しかし、港北区はサッカーだけでなく、実は野球ともつながりがあります。

東京六大学野球連盟に所属する慶應義塾体育会野球部の野球場と合宿所は下田町にあります。場所は日吉駅からバスに乗って一〇分弱、下田仲町のバス停を降りるとすぐ目の前です。

野球場と合宿所は、もともと東急多摩川線の武蔵新田駅（東京都大田区）付近にありましたが、昭和十五年（一九四〇）に下田町へ野球場がつくられ、翌年にはその近くに新しい合宿所も完成し、野球部の拠点は武蔵新田から移転します。但し、その時の合宿所は、野球場がある下田町ではなく、日吉本町の慶応ネッスルハウス（外国人教員用宿舎）が建っている場所にありました。

移転から間もない昭和十六年（一九四一）十二月、太平洋戦争が始まります。昭和十八年（一九四三）四月には文部省からリーグ戦禁止と連盟の解散が通達されました。九月には文科系学生に対する徴兵猶予が停止され、学徒出陣が始まります。学生たちの入営が始まる二ヶ月前、十月十六日に行われた出陣学徒壮行早慶戦（最後の早慶戦）は、戦争中に行われたアマチュア野球最後の試合となりました。その後、部員たちの多くが戦地へ向かい、下田町の野球場は芋畑へと変わりました。

戦争が終わると、野球部員たちも徐々に戦地から戻り、昭和二十一年（一九四六）春に東京六大学野球リーグも復活しました。しかし、野球場はまだ芋畑のままで使用出来なかったため、練習は日吉キャンパス

慶應義塾体育会野球部下田グラウンド（2020年7月16日撮影）

にある陸上競技場のトラックの中で行われていたそうです。

『慶應義塾野球部史』（一九六〇年）、『慶應義塾野球部百年史』（上・下巻、一九八九年）には、関係者の回想が多数掲載されています。昭和二十一年度秋季主将の大島信雄さんの回想には、「リーグ戦復活というのに日吉は芋畑となっていた。農場から牛を拝借、集まった手不足な人数で畑地をならした」とあります。昭和二十二、二十三年（一九四七、四八）に監督をしていた上野清三さんは、「私が毎日通った時分には未だ内野に多少の起伏があり戦争時の芋畑だった名残りをとどめていた」と当時を振り返ります。

昭和二十三年度卒業の松尾俊治（しゅんじ）さんは、終戦直後の合宿所はひどい荒れようで、ノミの猛攻やねずみ退治に苦労したこと、合宿所は水の便が悪かったために風呂がなく、新丸子や綱島温泉まで出掛けたことなどを述べています。

また、その頃の回想に共通して書かれているのは、戦後の物資難の厳しさです。食糧にも野球道具にも事欠いた合宿生活は、練習とは違う苦しみとして、忘れがたい思い出となっていたことがわかります。

戦前・戦後の部員たちが暮らした合宿所は、昭和四十六年（一九七一）八月に建て替えられ、場所も日吉本町から下田町の現在地へ移転しました。慶應が同年秋と翌四十七年春・秋のリーグ戦で優勝し、慶應野球部史上初の三連覇を成し遂げたのは、こうした環境の変化も理由の一つかも知れません。

この三連覇に貢献し、かつ新旧の合宿生活を経験している部員の一人に、山下大輔さんがいます。在学時に「慶應のプリンス」と呼ばれた山下さんは現在（二〇一五）、横浜ＤｅＮＡ（ディーエヌエー）ベイスターズのファーム（二軍）監督を務めています。山下さんは百年史の中で、日吉本町にあった合宿所のことを、「グラウンドまで歩いて五分位の日吉本町の小高い丘の上に、まさしく旧兵舎そのものといった感じの合宿所があり」「四方を見渡せるかわりに台風でもきたらすぐ倒れそうな古い建物」だったと書いています。

野球場と合宿所が武蔵新田から日吉へ移転した際、それを追って移転したお店もあります。平成二年（一九九〇）まで慶應の日吉キャンパス内で営業していた梅寿司です。大の慶應ファンだった梅寿司のご主人は、海苔（のり）巻きを神棚（かみだな）に上げて、慶應の応援歌である「若き血」を聞かせてから野球部に渡していたとか。

日吉の慶應ファンは、梅寿司のご主人だけではありません。また、野球部にいるのもスター選手ばかりではありません。昭和六十年度主将の遠藤靖さんは、ユニホームを着て脚光を浴びている選手もそうでない者も、同様に世話をしてくれたのが日吉や下田の街の方々で、日頃目立たないところで応援してくれた、こうした蔭の人たちこそ忘れてはならないものではないかと述べています。

現在の野球部合宿所は、平成二十年（二〇〇八）に建て替えられたもので、野球場は一昨年に人工芝が貼り替えられました。外野の緑がまぶしい野球場では、応援歌然りと若き血に燃えて練習に励む野球部員の姿が見られます。今はオープン戦の最中ですが、それが終わるといよいよ四月十一日から、明治神宮野球場を舞台に春季リーグ戦が始まります。リーグ戦最終週に満を持して行われる慶早戦は、今も昔も大学野球の花形です。果たして陸の王者慶應は今季リーグ戦の王者となれるか否か、勝負の行方が楽しみです。

（二〇一五年四月号）

第一九七回　城郷地区　—地域の成り立ち、その六—

城郷地区は港北区の南西部に位置し、神奈川区・緑区・都筑区と接しています。

現在の城郷地区は、小机町、鳥山町、岸根町から成り立っています。かつては橘樹郡小机村、鳥山村、岸根村と呼ばれていた地域です。明治二十二年（一八八九）の市町村制施行に伴い、この三か村に、下菅田・羽沢・三枚橋・片倉・六角橋・神大寺の六か村が加わり、新しい行政区域として小机村を名乗りましたが、小机以外の村々から異論があり、明治二十五年（一八九二）に城郷村と改称しました。城郷村は昭和二年（一九二七）に横浜市へ編入され、神奈川区の一部となりましたが、昭和十四年（一九三九）に港北区が誕生するとき、小机・鳥山・岸根の三町だけが港北区に分けられました。しかし、今でも神奈川区と深いつながりがある地区です。

地区の北部には広大な新横浜公園があり、鶴見川に接しています。新横浜公園は、鶴見川の氾濫を防ぐための遊水地に作られた公園です。遊水地としては平成十五年（二〇〇三）から運用を開始し、これまでに鶴見川の水を一五回も流入させて、下流の水位を下げています。公園としては今年三月でほぼ整備が終わりました。公園内にある日産スタジアムは、国内最大の七二、三二七席を有し、サッカーのみならず大規模な各種イベントが開催されています。国際的にも、平成十四年（二〇〇二）ＦＩＦＡワールドカップの決勝戦会場になりましたし、二〇二〇年の東京オリンピック会場にも予定されるなど注目されています。

地区の中央部には東西に横浜線が走り、小机駅があります。三月に発表された「横浜市都市計画マスタープラン　港北区プラン」では、小机駅から新横浜公園や日産スタジアムへの歩行者動線の確保や、周辺環境の基盤整備が課題とされています。

横浜線の南側は丘陵地帯で、南東の端にあるのが岸根公園（第一五二回参照）です。

小机の地名は、城山（小机城址のある丘）が丘陵部から鶴見川へ向けて机のように張り出していることから名付けられたといわれています。

鳥山は、水田の間に陸地が島のようにある地形から、島の旧字「嶋」を分解したとする説や、鎌倉時代初期にこの地を領有していた佐々木高綱が目代（役人）として鳥山左衛門を置いたことから名付けられたとする説があります。

岸根の地名は、かつてこの辺り一帯には沼が広がっており、その岸に沿った根（丘陵の裾野）であることから名付けられたといわれています。

歴史の古い地区で、『吾妻鏡』の延応元年（一二三九）二月十四日条には、佐々木泰綱へ「小机郷鳥山等」の荒れ地の水田開発を命じた記事があります。小机城の築城は鎌倉期とも室町期ともいわれています。文明十年（一四七八）には矢野兵庫助が立て籠もる小机城を太田道灌が攻め落としています（第二三一回参照）。戦国期には小田原北条氏の重要な出城でしたが、北条氏の滅亡により廃城となりました（第二三二回参照）。しかし、小机は江戸時代も栄えており、江戸後期の狂歌師・戯作者として有名な大田南畝が訪れていますし（第七八回参照）、泉谷寺には浮世絵師初代安藤広重が滞在し、杉戸絵を描き残しています（第一〇六回参照）。

このように歴史の古い地区ですから、鎌倉道に架かる岸根の琵琶橋を源頼朝が渡った話とか、貧しい村人を助けた三会寺の鼻取観音、どこからともなく飛んできて佐々木高綱の守り本尊となったお地蔵さま（将軍地蔵）、雲松院の龍蛇塚など、伝説や昔話も数多く残されています。ちょっと余談ですが、区内の昔

紙芝居「岸根の琵琶橋」

話や伝説を題材にした紙芝居を作る、港北区生涯学級「紙芝居で地域の魅力を発信」が昨年から始まっています。子供たちに地域の文化を楽しく伝える試みとして注目されます。

閑話休題、この辺りは、民謡「岸根情緒」で「三隅耕地（みすみこうち）に稲穂（いなほ）はおもく」と謳（うた）われた穀倉地帯でしたが、東海道新幹線の敷設（ふせつ）、第三京浜道路や横浜上麻生線道路の整備などにより、昭和四十年代より宅地化が進み、大きく変貌していきました。明治五年（一八七二）に二五二戸、一、三八四人だった人口は、今年三月末現在で一一、〇三九世帯、二三、七四七人となっています。

地区を流れる鶴見川・鳥山川・砂田川（すなだがわ）には緑道や親水公園があり、付近を散策する方が多く、丘陵部には比較的まとまった樹林地も残されています。小机城址市民の森、新横浜公園、岸根公園といった広い公園もあります。

そのためでしょうか、住み続ける理由として、緑が多いことや、子育てや教育環境の良さをあげる住民が多く、〇歳から一四歳までの年少人口の比率が区平均より高いのが特徴です。

（二〇一五年五月号）

第一九八回　公園と植物と愛護会

最近、公園や植物に関する話題が四つ、目に止まりました。

一つ。下田町（しもだちょう）四丁目公園鳥の広場にある「ＢＩＲＤ」や、松の川緑道の「爬虫類（はちゅうるい）」などの彫刻で馴染みの深い彫刻家、田辺光彰（たなべみつあき）さんが三月に亡くなられました。光彰さんは野生稲自生地の保全運動でも著名な方でした。昨年十一月に日吉の森庭園美術館をオープンされたので、美術館のコンセプトの一つである「野生植物の保護」について改めてお話を伺いたいと思っていた矢先でした。合掌。

二つ。第一二三回で「小机（こづくえ）」という名前のサクラソウを紹介しましたが、その記事を読まれた金沢区の座間泰雄（ざまやすお）さんが、「小机」の鉢植えをくださいました。筆者は初めて現物を目にしました。サクラソウは花の色と形に変化が多いのですが、「小机」は濃い桜色の花で、その名の通り桜の花びらのような花弁を付けており、横浜緋桜（ひざくら）（第七五回参照）を連想しました。ＴＲネットの臼井義幸（うすいよしゆき）さんのご尽力により、小机にある鶴見川流域センターで展示をしていただきました。

大倉山公園愛護会の活動（2019年3月25日撮影）

三つ。大倉山駅から梅林へ向かう記念館坂に植えられている桜並木について第一九一回で紹介しましたが、幹に付けられた掲示によると「幹に腐朽部分が見られ、強風等で、倒木の恐れがあるため」、今月中に伐採されるようです。昭和二十一年（一九四六）から今日まで大倉山の発展を見守りつづけ、憩いを与えてくれた桜たちに感謝です。

四つ。大倉山公園では、地域の方々が集まって年に二回花壇の花植えをしています。次回は、今月二十三日を予定していますが、その大倉山公園で今年二月に公園愛護会が発足し、筆者も会員になりました。

そこで、公園とその愛護会について調べてみました。

現在、港北区内には緑道を含めて一六六の公園があります。その内の四ヵ所（岸根公園、新横浜公園、大倉山公園、菊名桜山公園）は北部公園緑地事務所（神奈川区の三ツ沢公園内）の管理で、その他の公園は「身近な公園」として港北土木事務所（大倉山七丁目）が管理しています。かつては、北部公園緑地事務所がすべての公園を管理していましたが、大半の公園は平成十七年（二〇〇五）に港北土木事務所へ移管されました。

五〇年程前の港北区域は農地・樹林地が約九〇％を占めていましたが、最近ではわずか一三・八％（二〇〇八年）まで減少しています。横浜市全体では一五・四％ですから、いつの間にか市内でも緑が少ない区になってしまったのです。そうした中で、公園は貴重な緑地です。地元の公園はいつもキレイで生活に潤いを与えてくれます。誰がキレイにしてくれているのでしょうか。それは市の職員の方々と公園愛護会の皆さんです。

そこで、港北土木事務所で教わり、『港北公園愛護会ニュース パルケ』を見ました。「パルケ（parque）」とは、スペイン語で「公園」という意味です。『パルケ』を見ると区内の各公園のこと、愛護会の活動、わくわくKサポーター養成講座、公園愛護のつどい等の記事がありました。ちなみに、Kサポーターの「K」は、「港北区を公園から幸福にする」という活動目的の頭文字をとったものだそうです。

四月発行の最新第二五号には「港北区の公園愛護会 あれこれ」と題して、様々なデータがまとめられています。全一六六公園の内、公園愛護会が結成されている公園は一五六。結成率九六％は市の平均約九〇％を上回っています。通常は一公園に一愛護会ですが、新田緑道だけはブロック毎に八愛護会が結成されているとか、複数の愛護会長を兼任している方が二二名もおられるとか、興味深いです。『パルケ』はインターネットでも閲覧出来ます。

公園愛護会は、公園の清掃活動や花植えだけではなく多彩な活動をしています。たとえば、カーボン山桜まつりは菊名桜山公園愛護会が主催しています。カーボン山は菊名桜山公園の通称です。綱島桜まつりは、綱島公園愛護会が後援しています。新羽丘陵公園では、花の里づくりの会・新羽町連合町内会・新羽丘陵公園愛護会が、新羽小学校の卒業記念として植樹祭をしています。新羽丘陵公園愛護会は、五月三十日に「みどりの愛護」功労者国土交通大臣表彰を受けました。

近所の公園でどんな活動がなされているか、調べてみると楽しいかもしれませんね。

港北区内で一番新しい愛護会は、今年三月に結成された師岡町（もろおかちょう）公園愛護会です。では、最も古くから活動している愛護会はどこなのでしょうか。横浜市の公園愛護会制度は、全国に先駆けて昭和三十六年（一九六一）にスタートしましたので、その頃に結成された愛護会があるかと探しましたが、筆者には分かりませんでした。ご存じの方がおられましたら教えてください。

（二〇一五年六月号）

第一九九回　新吉田・新吉田あすなろ地区　―地域の成り立ち、その七―

新吉田（しんよしだ）・新吉田あすなろ地区は港北区の北西部に位置し、東南から北にかけては鶴見川とその支流である早渕川（はやぶちがわ）に面しています。南は新羽町（にっぱちょう）に接し、西は第三京浜道路の辺りで都筑区（つづきく）に接しています。

新吉田地区と新吉田あすなろ地区が二つに分かれてから、今年でちょうど二五周年になります。二つを合わせた地域は、新吉田町の範囲とほぼ一致します。そこで、ここでは両地区をまとめてお話しします。

新吉田町は、古くは武蔵国都筑郡（明治以降は神奈川県都筑郡）吉田村と呼ばれていました。明治二十二年（一八八九）吉田村は新羽村・高田村と合併して新田村となり、新田村大字吉田と呼ばれました。横浜市に編入された昭和十四年（一九三九）に新羽・高田と分かれて、新吉田町となりました。「新」が付けられたのは、横浜市中区にすでに吉田町があったからです。

明治二年（一八六九）の吉田村は戸数一七四戸、人口は九九五人でした。戦後の高度経済成長期に地区の東部は農地から住宅地への転換が進み、南部には工場が進出しました。平成七年（一九九五）の第三京浜道路都筑インターチェンジの完成、平成二十年（二〇〇八）三月の市営地下鉄グリーンラインの開通などで交通アクセスが向上したことにより、人口が急速に増加し、今年五月末現在で一二、六二一世帯、二八、三〇四人となっています。

こうした状況を受けて、地区の東半分は平成十五年から十七年（二〇〇三～〇五）にかけて住居表示が実施され、新吉田東一～八丁目となりました。

宮内新横浜線道路は、平成十四年（二〇〇二）に新吉田南交差点以南が開通しました。その沿道で人口増加が続いていますので、宮内新横浜線道路の全線開通や、新吉田線道路の開通などが実現すると人口がさらに増加する可能性があります。

地区の東側は平地で第一種低層住居専用地域が多く、地区の西側は丘陵地帯で大半が市街化調整区域になっています。そのためでしょうか？　持家率が区内一高く、借家や集合住宅は少なく、高齢者の人口比率が比較的高い地区です。平成二十四年度港北区区民意識調査報告書によると、交通や買い物の利便性を指摘する割合は低くても、住んでいる場所に愛着を感じている人が多いという特徴が見られます。

港北区内でもまとまった緑地が多く残されている地域ですので、今後も緑地を保全し、起伏に富んだ地形や豊かな自然環境を生かしたまちづくりを進めていくことが求められています。

新吉田・新吉田あすなろ地区は、長い歴史と豊かな伝説に彩られた地域でもあります。

昔は武蔵国都筑郡吉田村と呼ばれていたと書きましたが、この辺りには、武蔵国の都筑・橘樹（たちばな）・久良岐（くらき）の三郡の内で唯一式内社（しきないしゃ）（第五一回参照）に列し、平安時代の京都で名前が知られていた神社が一社ありました。杉山神社です。杉山神社は後年数多くに分社されたため、どれが元の式内社か分からなくなりましたが、新吉田の杉山神社はその有力候補の一つとされており、杉山神社がある辺りを字（あざ）杉山といいます（附録★参照）。

字杉山の北側、新吉田第二小学校周辺地域を字御霊（ごりょう）といいます。鎌倉権五郎景政（ごんごろうかげまさ）が一六歳で後三年の役（ごさんねんのえき）（一〇八三～八七年）に出陣し、片目を射られて帰参する途中で亡くなったとされる場所です。建武（けんむ）三年

神隠バス停（2015年5月27日撮影）

（一三三六）に景政を祀る御霊堂が立てられたことから、やがて地名となりました。

字宮之原は、元弘三年（一三三三）鎌倉攻めの途上、旱魃に苦しんだ新田義貞が雨乞いをした若雷神社が鎮座する台地です。吉田村は、その当時は葦田村と書いていましたが、「葦」の字は「あし」とも読み「悪し」に通じます。そこで、新田義貞が、「葦」ではなく「吉」だと言って、以来「吉」の字を書くようになったとの伝説があります。

都筑インターの南側を字神隠といいます。神隠の由来には諸説ありますが、お姫様がさらわれたとか、大きな館の住人の死を「神がお隠れになった」と表現したとか、武田信玄の家臣山本勘助が守り本尊を隠した場所ともいわれています。

キレイに整備された倉部谷戸遊歩道、一見ごく普通の公園のようですが、実は暗渠になった百目鬼堀が流れています。百目鬼とは何でしょう？　獅子ケ鼻、雪見塚、御所ケ谷、裏土腐（どぶ）、具々田（ぐぐた）などといった珍しい地名もあります。由来を尋ねて散策するのも楽しいでしょう。

（二〇一五年七月号）

第二〇〇回　大倉山への資料疎開よもやま話 ―終戦秘話その一九―

終戦から七〇年を迎えるこの八月、「シリーズ　わがまち港北」は奇（く）しくも連載二〇〇回を迎えました。連載開始以来、八月号ではほぼ毎年、戦争に関する話題を「終戦秘話」として取り上げてきました。今回は一九回目です。こちらもキリよく二〇回となればよかったのですが、そう偶然は重なりませんね。

さて、海軍気象部第五分室が大倉精神文化研究所本館（現、横浜市大倉山記念館）の建物を借用して業務を行っていたこと（第四四、六九、一六四回）、海軍の水路部が研究所本館に資料を疎開（そかい）していたこと（第一六五回）は、これまでの終戦秘話でお伝えしてきました。しかし、研究所に資料の疎開を依頼した機関が実は他にもあります。外務省と神奈川税務署です。

外務省による大倉山への資料疎開については、『外務省図書疎開略記』（昭和十九年六月作成、外務省外交史料館所蔵）から、その詳細を知ることができます。外務省では、昭和十九年（一九四四）一月十八日から資料疎開の具体的な検討を始め、疎開先についても、職員が各地へ出張して調査を行いました。その結果、当初は長野県立図書館を有力候補地としました。しかし、この頃、東京では大規模な民間疎開が始まり、疎開のための資材入手や輸送に支障が生じていました。外務省は、安全な遠隔地への疎開をあきらめて、隣県（りんけん）の適当な場所に疎開することとします。そこで候補地となったのが、研究所本館でした。

外務省から研究所への依頼は、昭和十九年（一九四四）三月三十一日付けで送られてきました。その内容は、外務省が所蔵する図書雑誌の中で、戦争中、安全に保管する必要のある貴重図書の一部、約一五、〇〇〇冊を研究所内の書庫で保管して欲しいというものでした。依頼を受けた研究所では四月四日付けで承諾の回答を送ります。

研究所からの回答を受けた外務省は、早速図書の搬入を始めます。搬入は四月六日と十八日の二回行われました。一回目の搬入では、外務省の職員九人が弁当持参で大倉山へやってきました。そして、石炭箱一七〇個分、約二、五〇〇冊の図書がトラックで運ばれ、研究所の門前で図書の入った石炭箱を下ろしました。門前は、記念館坂を上って大倉山記念館へ向かう階段の下、横浜市指定有形文化財の標柱が立っているあたりだと思われます。下ろした箱は、三〇段程の石段を「手送り」で「丘上（きゅうじょう）」に上げました。さらに書庫入口までの約一〇〇メートルをリヤカーで運び、そこで図書を箱から出し、地下書庫の鋼鉄製書架に収めたそうです。二回目の搬入もほぼ同様の手順で行われ、研究所本館の地下書庫に図書約四、五〇〇冊が収められました。

ところが、図書の搬入はこの二回で打ち切りとなります。研究所本館の一部が「軍の或（ある）目的のため」に使用されることになったからです。この「或目的」は、おそらく海軍気象部の大倉山移転を指すのでしょう。その後、研究所に運ぶことができなかった残りの図書は、埼玉県大里郡八基村（現、深谷市）の農業会倉庫に収められました。

研究所へ搬入された外務省の図書は終戦まで保管されました。研究所の日誌を見ると、昭和二十一年（一九四六）十月十五、十六、二十一日の三回、外務省の職員が研究所へ図書の整理・引き取りのために来所しています。その後十一月七日には、外務省の井上文書課長が図書保管のお礼に来ています。

続いて、神奈川税務署による資料疎開の話です。

昭和十九年三月三日、税務署員二名が来所して、重要簿書の疎開と、庁舎が万一罹災した場合の移転受け入れを依頼し、研究所側は快諾したようです。その後、八月に改めて一部簿書の疎開について依頼があり、その約一ヶ月後の九月十一日、一六箱分の書類が研究所に搬入されました。当日は松江章人税務署長も挨拶に来ています。その後、終戦まで保管された書類は、昭和二十年（一九四五）一一月八日に引き取られています。ちなみにこの日は、中央気象台（気象庁の前身）も、海軍気象部から引き継いだ荷物を研究所へ取りに来ました。

研究所の図書館書庫では、今でも、海軍気象部や水路部のものと思われる資料が発見されることがあります。近い将来、書庫の片隅に眠っていた外務省や税務署の資料も見つかるかも知れません。

終戦から七〇年の節目に際して、新聞やテレビでは、年頭から戦争に関する話題を積極的に取り上げています。しかし、最近では太平洋戦争を知らない子どもたちもいると聞きます。それだけ過去の戦争について学ぶ機会が減っているということでしょう。

今年は戦争をテーマとした展示会、講演会などの催しも数多く行われています。願わくは、これらを今年限りの記念行事とせず、平和について考える永続的な取り組みにつなげたいものです。

（二〇一五年八月号）

第二〇一回　歓成院裏山の防空壕　—終戦秘話その二〇—

戦争中はどの家でも、敵の航空機による空襲から避難するために、地面を掘って待避所を作りました。これを防空壕（ぼうくうごう）といいます。港北区域でも、山の斜面などに数多くの防空壕が掘られました。

建築家として世界的に著名な隈研吾（くまけんご）さんが、大倉山に掘られていた防空壕について、著書の中で紹介しています。隈さんは、大倉山に生まれ育ちました。著書『僕の場所』（大和書房、二〇一四年）の中で、「大倉山の山裾（やますそ）に、農家が一列にずっと並んで」いて、その一軒の「ジュンコちゃんち」では、「山に向かって深く掘られた防空壕」があり、「この孔（あな）がとてつもなく暗く、深かった。ガマガエルも、ムカデも棲（す）んでいた。怖く、恐ろしくて、僕はこの防空壕の終点を確かめることができませんでした」と書いています。

歓成院の裏山（丸印の辺りに防空壕、2019年9月8日撮影）

大倉山の山裾、「ジュンコちゃんち」の並びには、歓成院（かんじょういん）があり、その裏山にも防空壕が掘られていました。歓成院名誉住職摩尼之法（まにしほう）さん（七五歳）から、つい最近興味深い話を伺いましたので、以下に要約して御紹介いたします。

①戦争中、歓成院の裏山にいくつか防空壕が掘られていた。その中で一番大きい防空壕を海軍が使っていた。他の小さな防空壕が入り口から水平に掘られていたのに対して、海軍のは少し上へ傾斜して掘られていて、そこへトロッコが敷設（ふせつ）されていた。少し入った突き当たりからは、右へ、大倉山駅方面へ横穴が掘ってあったが、未完成だった。

②この防空壕は確か素掘りだったと思う（筆者注：海軍の日吉台地下壕はコンクリートで補強されている）。他の防空壕に比べて、特に立派で、地元の人たちは「海軍、海軍」と呼んでいた。

③戦後、防空壕の中は空っぽだった。防空壕から水が出

始めたので、水道がまだ無かった頃は、鉄管を敷いて摩尼家の水道にしていた。その後、落盤が発生したり、昭和三十二年（一九五七）頃には斜面の崩落も起きた。そこで、平成四年（一九九二）に県が擁壁を作って入り口を塞いだ。しかし、穴を埋め戻してはいないので、今でも水が出ていて、「大倉山の名水」と自称している。

さて、歓成院の裏山の上は、大倉山公園の「ピクニック園地」で、その先には大倉山記念館があります。戦争中、記念館の中には海軍気象部の分室が疎開していました（第四四回参照）。歓成院裏山の防空壕は、これと関係がありそうです。

海軍気象部の中心人物だった大田香苗元海軍大佐の『海軍勤務回想』には、「大倉山の中腹に隧道を掘り壕内で作業可能の如くする（防空壕は気象部従業員の手を以って掘り、昭和二十年七月二十七日までにはH字形水平壕の内約三分の二の百十五米を掘っていた）」と書かれています。この記述から後に『気象百年史』の文章（第六九回参照）が執筆されました。

大倉精神文化研究所の『日誌』には、昭和二十年四月十五日条に「海軍気象部ヨリノ依頼ニヨリ、同部防空壕建設ノ鍬入式ヲ岡田・小森両所員ニテ奉仕ス」と書かれています。鍬入式とは、工事の安全を祈願する儀式です。地鎮祭の一部として実施されたり、地鎮祭と同じ意味で鍬入式といわれることもあります。

二つの資料は、いずれも歓成院裏山の防空壕のことを記述しているものと思われます。

摩尼之法さんによると、防空壕の出入り口は一ヵ所で、山の上に出入り口は無かったそうです。山の上から防空壕の入り口に下りてくる整備された道もありませんでした。しかし、斜面にはちょっとした小道があったとのことですので、利用に問題は無かったのでしょう。

一〇数年前のことですが、「大倉山公園のどこかに海軍の掘った防空壕が残っているらしいが、場所を知りたい」と横浜市の担当者から問い合わせを受けたことがあります。筆者は当時回答できませんでしたが、歓成院裏山の防空壕がそれでしょう。

戦争中に掘られた防空壕の穴は今でも各所に残っていますが、大半はもろくて非常に危険です。山の急斜面など、港北区内には大雨による崖崩れ等が心配される場所が各地にあります。危険箇所は、「港北区土砂災害ハザードマップ」（平成二十六年十二月作成）に記されています。普段生活している地域に危険な場所がないか、確認しておきたいものです。

（二〇一五年九月号）

第二〇二回　高田地区　―地域の成り立ち、その八―

高田（たかた）地区は港北区の北西部に位置し、東は下田町（しもだちょう）・日吉本町（ひよしほんちょう）・綱島西（つなしまにし）に接し、西は都筑区（つづきく）、南は早渕川（はやぶちがわ）を挟んで新吉田町（しんよしだちょう）・新吉田西、北は川崎市に接しています。江戸時代には武蔵国都筑郡（むさしのくにつづきぐん）（明治以降は神奈川県都筑郡）高田村と呼ばれていた地域です。

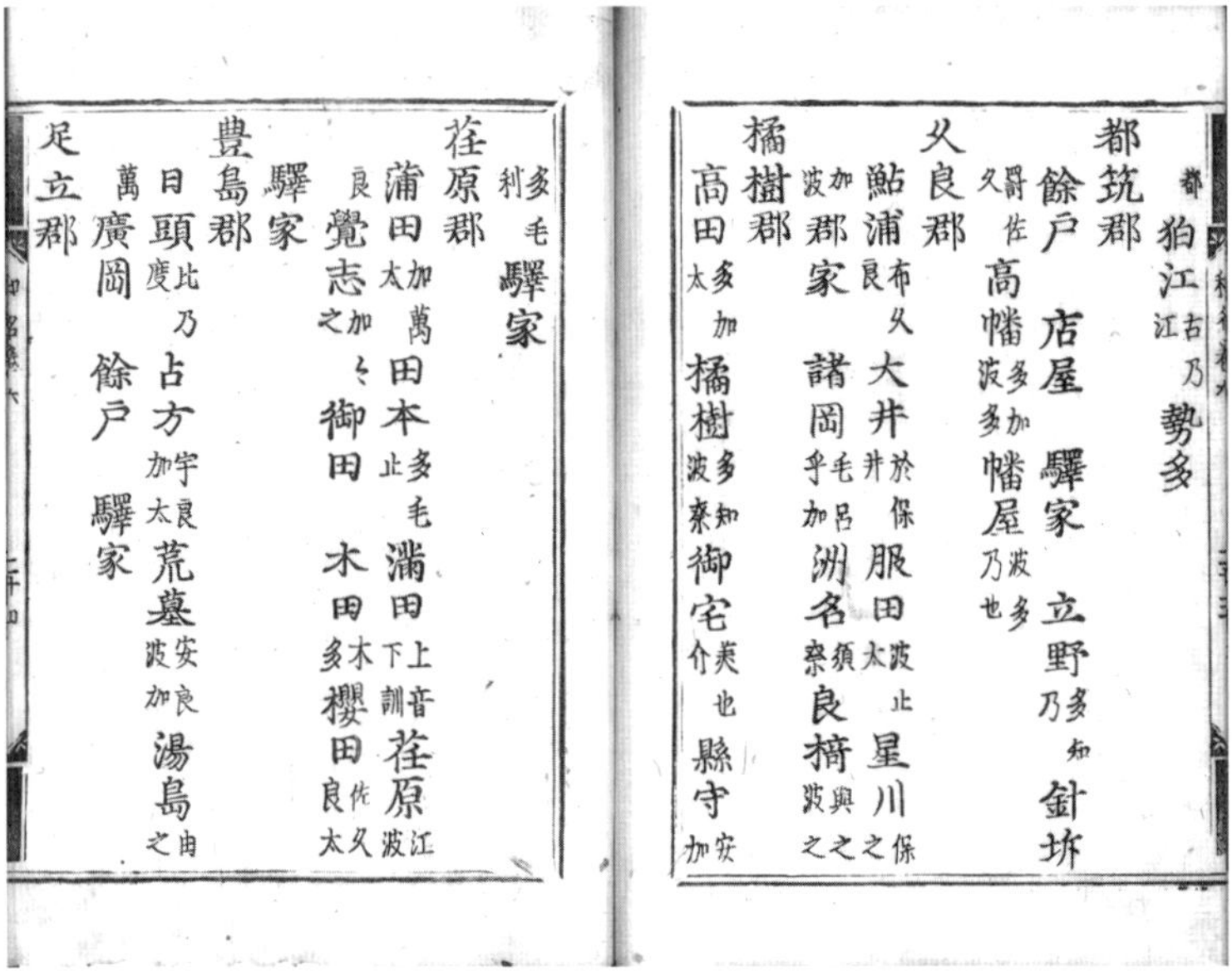
都 狛江 古乃江 勢多
都筑郡
餘戸 店屋 驛家 立野 多知乃 針圻
高幡 多加波多 幡屋 波多乃也
久良郡
鮎浦 布久良 大井 於保井 服田 波止太 星川 保之之
郡家 諸岡 毛呂加乎 洲名 須衆 良椅 與之波之
橘樹郡
高田 多加太 橘樹 多知波衆 御宅 美也介 縣守 安加
荏原郡
多毛利 驛家
蒲田 加万太 田本 多止 満田 上音下訓 荏原 江波
覺志 加々之 御田 木田 美多 櫻田 佐久良太
驛家
豊島郡
日頭 比乃度 占方 宇良加太 荒墓 安良加波 湯島 由之
廣岡 餘戸 驛家
足立郡

『和名類聚抄』（大倉精神文化研究所所蔵）

高田は古い歴史と伝説を持つ地域です。この辺りは都筑郡と橘樹郡の郡境に位置しており、さらに古い時代には高田村も橘樹郡に属していました。平安時代の承平年間（九三一〜三八年）に成立した百科事典である『和名類聚抄』では、橘樹郡の地名が五ヵ所だけ記されていますが、その筆頭に高田が書かれています。当時、政治や文化の中心であった京都にも高田の地名が知られていたことが分かります。

高田四丁目にある塩谷寺は、寺伝によると文徳天皇（在位八五〇〜八五八年）の時代、慈覚大師円仁（七九四〜八六四年）が高田の地に湧き出る霊泉（塩水）を献上したところ、皇后の病が癒え、懸案だった世継ぎの選定もできたそうです。喜んだ天皇は慈覚大師に命じて、霊泉の湧いていた場所にお寺を建立させました。それが、仁寿元年（八五一）に薬師如来を本尊として創建されたと伝えられる塩谷寺です。『愁思・雅楽の韻律・高田』（港北区役所市民課社会教育係、一九八五年）所収の田中俊一郎「高田聞き書き」によると、霊泉は塩谷寺の「薬師堂に向かって左側の山根」から湧き出ていたそうです。薬王山光明院塩谷寺の名は、この伝承から名付けられたものです。ちなみに、本尊は江戸時代以降馬頭観音に変わっています。

塩谷寺の近くにある興禅寺は、同じく慈覚大師が仁寿三年（八五三）に創建したと伝えられています。前述の『愁思・雅楽の韻律・高田』には、「興禅寺雅楽（無形民俗文化財）の由来」という文章もあり、興禅寺住職興国亮渕師の弟子だった小形為蔵少年が、明治二十七、二十八年（一八九四、九五）頃に東京から来た楽人に芸を伝承されたことが雅楽会の始まりであったことを伝えています。地元の古老は、塩谷寺を「上の寺」、興禅寺を「下の寺」と呼んだりします。この辺りは、春になると桜がきれいです。

さて、明治三年（一八七〇）の高田村は、戸数九八戸、人口は五六一人でした。明治二十二年（一八八九）、高田村は新羽村・吉田村と合併して新田村となり、新田村大字高田と呼ばれるようになりました。そして、横浜市に編入された昭和十四年（一九三九）に新羽・新吉田と分かれて、高田町となりました。

高田地区の北部はなだらかな丘陵地帯となっており、西原、東原、南原と呼ばれていました。現在、この辺りは農業振興地域に指定されており、農地が集中しています。高田の地名の由来は、高いところにある田、という意味だといわれています。この場合、田は水田に限定されず、耕作地と解釈されるようです。今でもそうした由来を彷彿(ほうふつ)とさせる風景が広がっています。サクラとしては横浜の名が付いた唯一の品種である「横浜緋桜(ひざくら)」も、ここで生まれました(第七五回参照)。

地区の中央部は南西向きの斜面となっています。港北区内から横浜の市街地まで一望できる、見晴らしの良いところが多くあります。特に、高田天満宮(第一四五回参照)の鳥居や石段からの眺望は有名です。

早渕川に沿った南部地域は、かつては水田地帯となっており、上流側から上耕地(かみこうち)、下耕地(しもこうち)と呼ばれていました。水源としては、早渕川と、御霊橋(ごりょうばし)辺りで早渕川から分水した新川(しんかわ)という用水路を使用していました。

この水田地帯は、高度経済成長期に戸建て住宅や工場が建てられるようになります。上耕地では、早渕川と県道荏田綱島線(都市計画道路日吉元石川線)に挟まれた地域が準工業地域に指定されて工場が立ち並び、県道の北側はおもに第一種低層住居専用地域になりました。下耕地にも住宅が多数建設されました。

こうした状況を受けて、高田地区の南部は平成十一年(一九九九)に住居表示が実施され高田東一~四丁目、高田西一~五丁目となりました。高田西四丁目には、未就学児とその保護者を対象とした、横浜市親子のつどいの広場事業「たかたんのおうち」があります。

平成二十年(二〇〇八)三月、市営地下鉄グリーンライン高田駅が開業しました。交通の利便性が向上したことにより、近年は駅を中心として住宅や商業施設が増えつつあります。高田地区の人口は、今年(二〇一五）八月末現在で八、五〇五世帯、一八、一八七人となっています。港北区内では、高齢化率の高い地区であり、高田地域ケアプラザや地区内にある八つの自治会町内会では、要援護者支援の取り組みを強化するなど、高齢者福祉の課題に取り組んでいます。

（二〇一五年十月号）

第二〇三回　雷鳴石と神威石

今回は、八幡宮（はちまんぐう）の不思議な霊石（れいせき）の話を二つしましょう。

綱島公園がある丘を御殿山（ごてんやま）といいますが、その東斜面に浄土真宗綱島山長福寺（つなしまさんちょうふくじ）があります。『横浜の伝説と口碑（こうひ）』（横浜郷土史研究会、一九三〇年）によると、綱島十八騎（つなしまじゅうはっき）（第九八回参照）と呼ばれた武士たちの一人が長福寺を建てた時に、御殿山の福讃台（ふくさんだい）という所に八幡宮も建立（こんりゅう）したと伝えています。福讃台の場所は、現在の綱島公園の中らしいのですが、筆者には確認出来ませんでした。ご存じの方がおられましたらご教示下さい。

この本によると、八幡宮の神前には雷鳴石（らいめいせき）という霊石が一個ありました。ある時、綱島某（なにがし）という者が、自分の家の庭石にしようと、その石を勝手に持ち帰ったところ、毎夜この石が光を発するので、祟（たた）りを恐れてお詫びをして神前に返しました。実はこの雷鳴石、大昔に雷神が天上から誤って落としたもので、雷神もこの綱島だけは危険区域と思ってか避（よ）けて通るので、綱島の地はいまだ雷が落ちたことが無いそうであると書かれています。

ところが、江戸時代に編纂された『新編武蔵風土記稿』を読むと、長福寺は寛永元年（一六二四）十一月七日、雷火のために、本堂や旧記などを焼失したと記しています。そうしてみると、綱島にも一度は落雷があったようですね。これは雷鳴石が持ち出されていた時のことなのでしょうか？

長福寺は、寺伝によると、綱島十八騎の一人児島賀典（後に改姓して佐々木となる）が文禄元年（一五九二）に開いたと伝えられています。『新編武蔵風土記稿』では、綱島十八騎の頭近藤五郎右衛門正次を開基と記しています。『横浜市史稿』では、創建年代は不明で、文禄元年に児島が近藤の助力を得て中興したと記しています。このように、古いことが分からなくなっているのは、雷火により旧記を焼失したためと思われます。

余談ですが、前述した『横浜の伝説と口碑』では、「近江の長福寺を菩提寺として移して来た」と記しています。近江国（滋賀県）には長福寺村（現、近江八幡市長福寺町）という所がありましたので問い合わせましたが、村の中に長福寺というお寺があるわけでもなく、地名の由来は全く不詳とのことでした。何か関係があると面白いのですが。

さて、長福寺は、お寺の敷地内を東横線が通っています。お寺を参詣するには、線路の下を潜って、階段を上ります。山門を入ると、正面に本堂、左手には太子堂があります。太子堂の左奥に「八幡宮のいわれ」

と題した看板が立てられており、その足下に、「八幡宮」と彫られた高さ九六センチメートルの石が安置されています。この石を「神威石(しんいせき)」といいます。

神威石にも、不思議な伝説があります。『港北百話』に詳しく書かれていますので、要約してご紹介しましょう。

昔、長福寺の檀家で、江戸に住んでいる山田左衛門宗慶(さえもんそうけい)という人がいました。この人は、近江源氏(おうみげんじ)佐々木氏の末流で、八幡宮を篤(あつ)く崇敬(すうけい)していました。ある時日光東照宮を参詣した帰りに、珍しい石を見つけたので江戸へ持ち帰り、八幡宮の文字を彫刻し、ずっと大切に自宅へ安置していました。

八幡宮の神威石（2015年10月2日撮影）

元禄(げんろく)六年（一六九三）九月十四日の夜のことです。長福寺第五世住職典栄(てんえい)は、不思議な夢を見ました。三人の菩薩(ぼさつ)が馬に乗って長福寺にやって来て、お堂の中に入ったのです。するとその翌日、江戸の山田左衛門宗慶が、八幡宮の社殿、神威石、三社(さんじゃ)の託宣(たくせん)（天照大神(あまてらすおおみかみ)・八幡大菩薩(はちまんだいぼさつ)・春日大(かすがだい)

明神（みょうじん）のお告げを一枚の掛け軸に書いたもの）一幅（いっぷく）を舟に乗せて、鶴見川を遡り長福寺にやって来ました。典栄は、あたかも現実と符合するかのような夢のお告げに驚くと共に、寺域の中にこれらを安置しました。

明治になり、神仏分離に伴う廃仏毀釈（はいぶつきしゃく）の運動がおこり、神威石は南綱島村名主の池谷家（いけのやけ）に引き取られましたが、戦後は綱島公園の八幡宮跡地に戻され、吉原家と小島家により守られてきました。しかし、不信心者がいたずらをすることがあり、昭和五十九年（一九八四）六月より長福寺内に移されて現在に至っています。

一方、雷鳴石はというと、『横浜の伝説と口碑』が出版された八五年前にはすでに所在不明になっていました。雷神が天上に持ち帰ったのでしょうか。

（二〇一五年十一月号）

第二〇四回　青山学院大学綱島総合グラウンド ―港北区と野球の関係・その二―

プロ野球は十月に福岡ソフトバンクホークスの日本一で幕を閉じましたが、今年（二〇一五）は十一月に世界野球WBSCプレミア12が開催されました。これはWBSC（世界野球ソフトボール連盟）が主催する野球の国際大会です。ここで日本代表を率いたのは元福岡ソフトバンクホークスの小久保裕紀（こくぼひろき）監督です。小久保さんは、青山学院大学の硬式野球部を経て、平成六年（一九九四）にプロの道へ進みました。この小久保さんが大学時代に硬式野球部で練習していた場所、それは綱島でした。

鶴見川と早渕川の合流点の西側に位置する綱島上町(つなしまかみちょう)には、昭和三十六年（一九六一）から平成十三年（二〇〇一）まで青山学院大学の綱島総合グラウンドがあり、敷地内には野球場、ラグビー場、馬場、四〇〇メートルトラック、陸上競技場、サッカー場、軟式庭球場、硬式庭球場などが整備されていました。小久保さんは『青山学院野球部一二〇年の歩み』に寄せた回顧の中で、自身の野球の原点は、綱島での生活にあり、青学野球の伝統ともいわれる綱島での自主練習が自分を作ってくれたと述べています。

綱島にグラウンドが出来る以前は、世田谷区の桜新町に造成した玉川総合グラウンドを使用していました。しかし十分な広さがなく、野球の打球が民家の窓ガラスを割ることもあったため、昭和三十三年（一九五八）、綱島上町に玉川総合グラウンドの約二倍にあたる一万九千坪の土地を購入しました。造成工事は翌年から始まり、昭和三十六年に綱島総合グラウンドが完成しました。

グラウンドが出来た頃は、土が粘土質だったために水捌(みずは)けが悪く、雨が降った後はスポンジで水を吸い取りながらの練習だったそうです。昭和四十一年（一九六六）には、木造平屋建ての野球部合宿所が野球場に隣接して建てられ、それまで下宿先や実家から通っていた部員達が日夜野球に専念出来る環境が整えられました。さらに昭和五十三年（一九七八）には、青山学院創立一〇〇周年記念事業の一つとして、鉄筋コンクリート四階建の体育寮「マクレイ・ハウス」が野球場の東側の区画に建設され、綱島総合グラウンドを練習場所とする体育会各部員の生活拠点となりました。

この頃の合宿所に伝わる歌として、昭和五十三年度卒業の平手太郎さんが一二〇年の歩みの中にこんな歌を記しています。歌詞からは、綱島が温泉街だった頃の賑わいや、それと対照をなす野球部での厳しい生活が垣間見えますので、一部を引用します。

窓を空ければ綱島の赤いネオンが目に染みる
可愛いあの娘が手招して、出るにでられぬ合宿所
人里離れた綱島に野球地獄があるという
やるだけやるぞこの俺はどうせ渡れぬ涙橋

綱島で大学時代を過ごし、プロへ進んだ硬式野球部ＯＢの方は沢山いますが、今も現役で活躍する選手の一人に井口資仁（いぐちただひと）さんがいます。ちなみに小久保さんは平成二年（一九九〇）入学、井口さんは平成五年（一九九三）の入学で、二人は大学で一年だけ一緒にプレーをしています。綱島の野球場と小久保さん・井口さんにまつわるエピソードが、昭和六十三年（一九八八）から昨年まで青学の硬式野球部監督を務めた河原井（かわらい）正雄さんの著書『感涙（かんるい）の闘将（とうしょう）』に書かれています。

著書に拠（よ）れば、小久保さんが入学すると、あまりにもその打球がネットを越えていくので、近隣住民から苦情が来るようになったそうです。そこで学校側は急遽（きゅうきょ）ネットの改修工事を行います。しかし、井口さんが入学すると、その打球は再び外野のネットを軽々と越えていくようになりました。ネットは程なく二度目

の改修工事が行われ、年々高く建て直されるネットはいつしか「小久保・井口ネット」と呼ばれるようになったそうです。

綱島総合グラウンドは、青山学院大学の厚木キャンパス閉鎖と相模原の新キャンパスへの移転に伴って閉鎖され、新キャンパス周辺に整備された新しいグラウンドへ移転しました。平成十三年六月二十三日には、地元の方や少年野球チームなども集まって、グラウンドの閉所式が行われました。硬式野球部の野球場は現在、相模原キャンパス内にあります。

ポプラストリート（2019年11月21日撮影）

グラウンド跡地は現在、総戸数九四五戸全一九棟という大規模マンション、グリーンサラウンドシティとなっています。マンション群の中央を南北に突っ切るポプラストリートは、青学グラウンド時代のポプラ並木をそのまま残したものだそうです。敷地内は一番街から五番街まで五つの区画に分かれています。野球場があったのは南西の角の五番街にあたる場所で、今そこには六つの棟が建ち並んでいます。

さて、綱島総合グラウンドがあった場所は、かつて三歩野耕地（さんぶやこうち）

と呼ばれていました。この地名についても興味深い話があります。また、青山学院大学と同様に、かつて港北区内に練習拠点を置いていた大学野球部が他にもありますので、これらの話はまた来年に。皆さまどうぞ良いお年を。

（二〇一五年十二月号）

第二〇五回　樽町地区　―地域の成り立ち、その九―

樽町地区は港北区の東部に位置し、東は鶴見区駒岡に接し、西は東横線や綱島街道（東京丸子横浜線）のあたりで大曽根に接しています。南側には権現山や天神山があり、熊野神社市民の森となっており師岡町に接しています。地形は北に行くほど低地となり、鶴見川を挟んで綱島東に接しています。江戸時代に、武蔵国橘樹郡（明治以降は神奈川県橘樹郡）樽村と呼ばれていた地域とほぼ同じです。

樽の地名の語源には、①師岡熊野神社に御神酒を入れた樽を奉納したから、②鶴見川が氾濫すると樽に水を張ったようにいつまでも水が退かないから、③南側の丘陵が切り立っており、そこから滝のようなわき水が出る地形から「タル（垂）」の音に樽の字を当てたなど諸説あります。

鶴見川対岸に位置する綱島は、かつて綱島温泉として有名でしたが、実は温泉が最初に発見された場所は樽村で、大正三年（一九一四）のことでした（第六二～六五回参照）。ですから、「ラヂウム霊泉湧出記念碑」は大綱橋の南側の樽町二丁目にあります。

温泉施設は、まず樽村に造られ始めました。しかし、大正十五年（一九二六）、鶴見川の対岸である綱島に駅が造られ、綱島温泉の名で駅周辺の開発が進みます。東急電鉄は、樽町側も発展させようと、昭和八年（一九三三）から樽町に綱島菖蒲園（つなしましょうぶえん）を開設しました。樽町にあっても綱島の名が付けられました。

これまで『港北区史』等の記述から、菖蒲園はわずか三年で閉園したといわれてきましたが、東急電鉄の社内報『清和（せいわ）』によると、昭和十二年（一九三七）も開園していますので、昭和十三年六月の大洪水（第六六回参照）の被害で閉園したものと思われます。いずれにしても短期間の開設でしたが、樽町の人たちの心に深く刻まれたようです。今でも交差点やバス停の名に菖蒲園前としてその名を留めています。ちなみに、樽町しょうぶ公園があるのは樽町一丁目ですが、綱島菖蒲園があった場所は道を挟んだ北側の樽町二丁目でした。

樽町しょうぶ公園には公園愛護会があり、植栽管理や清掃活動、記念植樹などをしていますが、三渓園からしょうぶを株分けしてもらうなどして、何度かしょうぶの花を育てようとしたこともあります。そうした熱心な活動により、平成十九年度横浜市公園愛護会表彰を受けています。

昭和四十九年（一九七四）に開校した市立樽町中学校は、菖蒲園にちなんで校章に菖蒲の花をかたどっています。そこからヒントを得て、「しょうぶちゃん」が作られ、「しょうぶちゃん」が「たる坊」の上に乗っかり、樽町地区キャラクター「たる坊としょうぶちゃん」になりました。ちなみに、名前はその後「たる坊」だけになりましたが、頭にしょうぶちゃんが乗ったデザインは変わっていません。

このように、今でも菖蒲園は樽町に影響を与え続けています。

余談ですが、菖蒲園前から東へ向かうと次のバス停が「札の下」、江戸時代に高札場があった北側という意味です。さらに、「樽町」「駒岡」と続きます。駒岡は鶴見区の地名ですが、駒岡のバス停がある場所はまだ樽町です。

綱島菖蒲園（『清和』1936年5月号より、提供：東急㈱）

さて、明治五年（一八七二）の樽村は、戸数五一戸、人口三〇七人でした。明治二十二年（一八八九）、樽村は大豆戸村、篠原村、菊名村、大曽根村、太尾村、南綱島村、北綱島村と合併して大綱村となり、大綱村大字樽と呼ばれるようになりました。そして、横浜市に編入された昭和二年（一九二七）に樽町となりました。その後、昭和五十七年（一九八二）に住居表示が施行され、現在は樽町一丁目～四丁目となっています。一・二丁目と三・四丁目の境には、高架の東海道新幹線が通っています。

鶴見川は暴れ川でしたので、地区の北側低地に造られた砂地の田畑は、洪水や旱魃の被害を度々受けていました。『港北区史』によると、江戸時代後期の五四年間に（一七八九～一八四二年）に水損九回、旱損八回、風損（そん）一回の計一八回、なんと三年に一度は何らかの被害を受けていたことになります。近代になると稲作の他にタマネギ、ナシ、ビワなど野菜や果樹栽培に着手し、中でも「おい蕪（かぶ）」の生産は有名でした。

水害の影響を受けやすかった低地部は、大半が準工業地域か工業地域に指定されて、様々な工場が進出しました。しかし、治水対策の進展に伴い、マンションなどの大規模集合住宅や大型商業施設も目立つようになり、生活に便利な地域へと変貌（へんぼう）して、人口は、今年十一月三十日現在で七、八五二世帯、一七、〇六一人に増加しています。区内でも人口増加率が高く、〇歳から一四歳の年少人口比率も高い、若い街となっています。子育て世代には、「子連れおでかけマップ」がありますので、樽町地域ケアプラザや区役所などで手に取ってみて下さい。

（二〇一六年一月号）

付記　おい蕪とは、覆（おお）い蕪のことで、ヨシズを張って霜よけにして成長を早める栽培方法で育てた蕪のことです。

第二〇六回　芝浦工業大学野球場と国鉄スワローズ合宿所 ―港北区と野球の関係・その三―

大倉山にはかつて芝浦工業大学硬式野球部の合宿所と野球場がありました。合宿所はエルム通りを西へ進んだ歓成院の先、現在のライフ大倉山店近くにありました。野球場は合宿所から少し離れており、太尾新道と鶴見川の間の八反野（はったんの）と呼ばれる地域、太尾郵便局前の交差点を鶴見川方面に曲がったあたりでした。

この場所は昭和十五年（一九四〇）に、芝浦工大の前身である東京高等工学校の後援会が総合運動場のための敷地として購入した土地で、『東都大学野球連盟七〇年史』によれば、野球場は昭和二十六年（一九五一）に野球部の選手たち自身が整備したとのことです。芝浦工大は同じ年に東都大学野球連盟に加盟しました。加盟から一〇年後の昭和三十六年（一九六一）には、秋季リーグで悲願の一部初優勝を遂げています。その時には神宮球場から大学のある港区芝浦まで優勝を祝う提灯行列が行われました。野球部の提灯行列は合宿所のある大倉山でも行われたようですが、その時期は判然としません。ご記憶の方がいらっしゃいましたら、お知らせ下さい。

大倉山を拠点としていた芝浦工大野球部ですが、昭和四十一年（一九六六）の大宮校舎竣功とともに拠点を大宮へ移しました。大倉山の野球部合宿所はその後、大学の学生寮として昭和五十年頃まで使用されたようです。また、野球部合宿所が大倉山にあった頃には、東横学園大倉山高等学校（現、インプレスト大倉山）の近くにも学生寮がありました。

さて、芝浦工大の野球場ですが、ここで練習をしていたのは野球部の学生だけではありません。昭和三十六年四月二十八日、この野球場の西側に国鉄スワローズ（現、東京ヤクルトスワローズ）の合宿所が完成し、世田谷区の池尻にあった旧合宿所から選手たちが引っ越してきます。練習場所は芝浦工大野球場でした。

国鉄スワローズといえば、四〇〇勝投手金田正一（かねだまさいち）さんの活躍が有名です。確認は取れていませんが、金田さんも大倉山で練習していたことがあるらしいと噂で聞いています。

『ベースボールマガジン』昭和三十六年五月号に出来たばかりの合宿所の紹介記事がありましたので、一部ご紹介します。

横浜行の急行は大倉山駅には止まらぬ。渋谷から鈍行で三十分はかかる。…おまけに大倉山駅からテクテクと歩かねばならぬ。大倉山図書館の古風な建物を右に眺めて、ここは神奈川県だ。くわしくは横浜市港北区太尾町字八反町という新開地。田んぼからカエルの声が聞こえ、ワラブキ屋根の点綴（てんてい）するなかを芝浦工大グラウンドを目指して歩く。ひどいぬかるみ道である。…合宿の右手に土手があってここに鶴見川が流れており、横浜の山の手といったところ。太尾堤下と駅の間にバスが通っているが一時間一台とあっては利用価値はゼロに近い。「遠いところなので、出る気がしない」とみんなアキラメ顔のようだ。

記事の中には、練習を「となりの芝浦工大球場でやるものの、グランドがとてもやわらかで雨が降るとダメです」という選手のコメントもあります。あまりいいことが書かれていないのがちょっと残念ですが、合宿所の建物は「お化け屋敷一歩手前のオンボロ合宿」と記者が評した古い日本家屋から、大倉山ではウス青色の二階建てでモダンなホテル構えとなり、場所は不便なものの静かでよく眠れるという利点もあったようです。

合宿所と野球場があったのは、鳥山川（現在は太尾堤緑道となっている部分）と鶴見川とに挟まれた低地で、大雨が降ると水が出やすい場所でした。昭和三十八年（一九六三）六月には台風二号による浸水被害が出ています。この時、合宿所では風呂のたき口が三尺（約九〇センチメートル）浸水し、選手たちは「水防団に早がわり、砂を運んだり、ボロで詰めたりの大奮闘」（『ベースボールマガジン』昭和三十八年七月号）、野球場は当然水浸しで、周辺では自動車が半分水没したところもあったそうです。

しかし、大倉山にプロ野球選手の合宿所があったのは一〇年にも満たない短い間でした。国鉄スワローズは昭和四十年（一九六五）五月に国鉄からサンケイに譲渡され、昭和四十三年（一九六八）一月には練習場が横須賀の京急所有地に新設された武山球場へ移転しています。昭和四十四年（一九六九）にはヤクルトが球団オーナーとなり、昭和五十二年（一九七七）に埼玉県戸田市の荒川河川敷に新しい練習場がつくられ、今に至ります。

『大綱今昔（おおつなこんじゃく）』には、芝浦工大・国鉄スワローズが去った後の昭和四十三年二月に撮影された野球場跡地の写真が載っています。野球場は中央部を除いて草が茂り、子供たちのいい遊び場となっていたようです。バッタやコオロギも沢山いたとか。それから程なくして跡地にはいすゞ自動車の独身寮が建ちました。現在ではそれもなくなり、マンションが建ち並んでいます。

（二〇一六年二月号）

第二〇七回　綱島地区　―地域の成り立ち、その一〇―

港北区域の課題は何か、港北区はどのように形成され、これからどう変わろうとしているのか、そんな疑問は、毎年一月号の『広報よこはま』港北区版が分かりやすく答えてくれます。今年の一月号では、「港北区初夢 夢あふれる港北の未来」と題して、様々な計画が紹介されています。

その中で、〝新たな施設の整備・企業の進出〟として四件紹介されていますが、なんと綱島地区に三件も集中しています。①二〇一六年三月下旬地域子育て支援拠点サテライトがオープン、②二〇一八年「Tsunashimaサスティナブル・スマートタウンの整備、③二〇一九年～二〇二〇年（仮称）新綱島駅の開業と区民文化センターの整備です。綱島は今、大きく変貌しようとしているのです。

綱島地区は港北区の北部に位置し、東から北西にかけては日吉、箕輪町、日吉本町に接し、西は高田東、早渕川、新吉田東に接しています。南側には鶴見川が流れ、川を挟んで大曽根や樽町と接しています。

かつて、武蔵国橘樹郡綱島村と呼ばれていた地域とほぼ同じです。綱島村は、江戸時代中期に南綱島村と北綱島村に分かれました。南綱島村の名主が池谷家で、明治の末から昭和前期に地域で桃栽培を奨励しました。北綱島村の名主は飯田家で、明治から大正期に天然氷の生産を奨励しました。共に港北区域の経済発展に大きく尽力したことで知られています。

さて、明治五年（一八七二）の綱島地区は、南北両村合わせて戸数一五五戸、人口九〇六人でした。明治二十二年（一八八九）、南北綱島村は大豆戸（まめど）村、篠原（しのはら）村、菊名（きくな）村、大曽根村、太尾（ふとお）村、樽村と合併して大綱（おおつな）村（むら）となり、大綱村大字（おおあざ）南綱島・北綱島と呼ばれるようになりました。そして、横浜市に編入された昭和二年（一九二七）に南綱島町・北綱島町となりました。その後、昭和二十二年（一九四七）の耕地整理事業により早渕川の西側が綱島上町（つなしまかみちょう）となりました。昭和四十八年（一九七三）には住居表示が施行されて、綱島公園や綱島市民の森がある台地が綱島台（つなしまだい）となり、東横線の線路を境として綱島東一丁目～六丁目、綱島西一丁目～六丁目となりました。鉄道が、地域の結びつきを南北から東西へと変えたのです。今年（二〇一六）一月三十一日現在の人口は、二〇、四五四世帯、四一、七一四人となっています。

綱島の地名の語源は、①鶴見川と早渕川の合流点に位置し洪水になりやすい地形から、湿地に浮かぶ島、津の島が転じたとする説が有力ですが、この他に、②かつてこの地を支配していた綱島三郎信照（つなしまさぶろうのぶてる）の姓から名づけたとする説、③かつて馬を生産していたので馬に関係のある地名だろうとする説などもあります。

綱島の地名の初出は鎌倉初期の承元（じょうげん）三年（一二〇九）と古く、室町時代の応永（おうえい）十二年（一四〇五）には交通の利便のために、綱島に橋を架けた記録もあります。橋の場所は、大綱橋の少し下流、旧綱島街道（稲毛道（いなげみち））にかつて架けられていた綱島橋の辺りと思われます。綱島橋のたもとには、鶴見川舟運の河岸（かし）もありましたので、古くから水陸の交通の要衝（ようしょう）として栄えていたことが窺われます。この辺りを鎌倉街道が通っていたとの説もあります。綱島は温泉の発見と東横線開通により栄えたと思われがちですが、実は中世から地域の拠点であったのです。

さて、昨年五月に営業を休止した東京園の北側から、綱島駅の下を通り、東照寺(とうしょうじ)の前から三歩野橋へ抜ける道路があります。その道路の、東京園辺りから綱島小学校南側辺りまでと、鶴見川に挟まれた地域、そこに温泉旅館や商業施設が数多く造られたことから、やがて綱島温泉町、綱島温泉中町という字名(あざな)が付きました。現在、温泉は廃れましたが、綱島温泉町自治会の名称などにその名を留めています。この辺りが、現在商業地域に指定されている場所です。

温泉旅館等の跡地は敷地面積が広いことから、昭和四十年代以降、綱島温泉が衰退すると、賃貸マンションや大規模商業施設が多数建設されました。港北区は市内でも民間の借家に住む世帯の比率が特に高い区ですが、その中でも綱島地区の借家率が最も高いのは、そうした理由からです。

開発が早かったことから、現在でも綱島駅発着のバスが一九路線もあるなど、交通の利便性が高いのですが、その一方で、道路が狭く、歩道整備の遅れや駐輪場不足、老朽化した建物等が長年の課題でした。二〇一九年の相鉄・東急直通線新綱島駅(仮称)の開業に合わせて、こうした課題を解決しようと、綱島の新たなまちづくりが始まっています。

(二〇一六年三月号)

付記　新綱島駅の開業は、二〇二二年度後半に延期されました。

第二〇八回　まちのシンボル　―綱島の象徴―

三月十三日、綱島桃まつりが綱島市民の森桃の里広場で開催されました。当日は曇り空でしたが、幸い雨に見舞われることはなく、会場である桃の里広場は多くの人で賑わっていました。親から子へと継いでいけるようなお祭りが欲しいとの願いから、平成九年（一九九七）に始まった桃まつりは今年（二〇一六）で二〇回の節目を迎えました。綱島の桃は、戦前には岡山を抜いて日本一の収穫量を誇ったこともありましたが、現在桃農家は綱島東の池谷（いけのや）家のみとなっています。そして桃畑のすぐそばでは、相鉄東急直通線の新綱島駅（仮称）の工事が進んでいます。

池谷さんが開会式のご挨拶の中で、これから進んで行く綱島の新しいまちづくりに触れながら「桃作り・桃の文化は、これに共感してくれる方の協力がないと続けていくことが出来ないものであり、これが新しいまちのエッセンスになるはずだと確信している」との主旨のお話をされたのが、筆者にはとても印象的でした。

桃は綱島の歴史的なシンボルとして、今もまちづくりや地域振興に活かされています。また鶴見川や温泉なども同様に、綱島地域の歴史と切っても切り離せないまちの象徴といえるでしょう。

さて、綱島には文化のシンボルとして地域から新たに生み出されたものがあります。それは彫刻です。綱島の商店街は「水と花と彫刻文化のある街」をコンセプトとして掲げています。自然の象徴である水と花に対して、彫刻は綱島の文化の象徴として、まちの重要な要素となっているようです。綱島の彫刻はパデュ通りがあるモール商店街を中心として、一二点が設置されています。

綱島モール商店街周辺は、かつて温泉旅館街でした。しかし交通網の発達に自動車の普及、レジャーの多様化などもあり、旅館街は衰退の道を辿っていきます。その後、旅館街は地域生活に密着した商業地区を目指す新しいまちづくりの中で、モール商店街として生まれ変わることとなりました。モールは、遊歩道や、歩行者専用区域を設けた商店の通りという意味です。

この新しいモールの建設にあたって、再開発協議会や商店会では昭和五十五年（一九八〇）に、シンボルとして彫刻を設置することを決めます。その後、地元役員や専門家、横浜市職員らをメンバーとする「綱島彫刻設置委員会」が組織されます。「綱島に文化の香りと息吹を」を合言葉に彫刻についての勉強や市内外への野外彫刻の視察なども行い、この場所にふさわしい彫刻はどういうものか、真剣に討議が重ねられました。そしてその結果、昭和五十七年（一九八二）十二月に、一色邦彦氏に作品の制作を依頼することとなります。それから彫刻名称の募集や制作者の一色邦彦氏の作品展等の催しを経た後、昭和五十八年（一九八三）十月八日、彫刻の除幕式が行われました。イトーヨーカドーの正面、パデュ中央広場に設置されている「舞い降りた愛の神話」がその彫刻です。

舞い降りた愛の神話（2016年3月12日撮影）

この彫刻設置と台座の制作に携わった建築家の三沢浩氏は、彫刻が置かれた中央広場を「楽しく歩け、坐れ、語れる」、直線上の長いモールの核というべきものと述べています。また、当時の横浜市の都市計画局長佐藤安平氏は「綱島に設置された彫刻のまわりに人びとが集い、語らい、そして綱島の誇りとなり、多くの人々に末永く愛され、すばらしい文化が育つことを願うものであります」と記しています。現在そのまわりには人ではなく自転車が並んでいるのがちょっと残念ですが、関係者のそうした熱い思いの中で誕生した広場と彫刻であることを、心に留めて置きたいものです。

現在、彫刻は一二点設置されていますが、全ての彫刻が一度に置かれた訳ではありません。そのうちの四点は第三回横浜彫刻展（ヨコハマビエンナーレ'93）で奨励賞を受賞した作品です。横浜彫刻展は横浜市が「文化的環境づくり」「魅力のある街づくり」の一環として実施した野外彫刻展です。あらかじめ設置する地域を決めて作品を募集し、優秀な作品を市内各所に設置しました。第三回横浜彫刻展は設置地域を鶴見区として作品を募集しており、入選作品一五点のうち、一一点は鶴見区に設置されましたが、奨励賞の四点は綱島モール商店会が購入して設置したそうです。

野外彫刻は、横浜彫刻展のように行政が進めるまちづくりの一環として設置されたケースもありますが、綱島の彫刻設置は地域が主体となって進められたことも一つの特色となっています。

綱島では、四月二日に綱島公園桜まつり、九日には鶴見川の河川敷で菜の花まつりがあります。お祭りへ向かう道すがらや帰り道、ちょっと寄り道して綱島の彫刻文化に触れてみてはいかがでしょうか。


（二〇一六年四月号）

第二〇九回　早渕川の改修

先日、早渕川（はやぶちがわ）の散策をしました。満開の菜の花に桜吹雪が降り注ぎ、暖かい日差しの中で水面（みなも）が輝いていました。

早渕川は青葉区美しが丘西に源を発し、都筑区（つづきく）を横断し、高田（たかた）と新吉田（しんよしだ）の間を流れて綱島まで延長一三・七キロメートル、鶴見川の支流の一つです。高低差が少ない早渕川は、かつては細かく蛇行（だこう）していた上に、上流から下流まで川幅が狭いままだったことから、洪水が多発して、鶴見川と同様に暴れ川といわれていました。

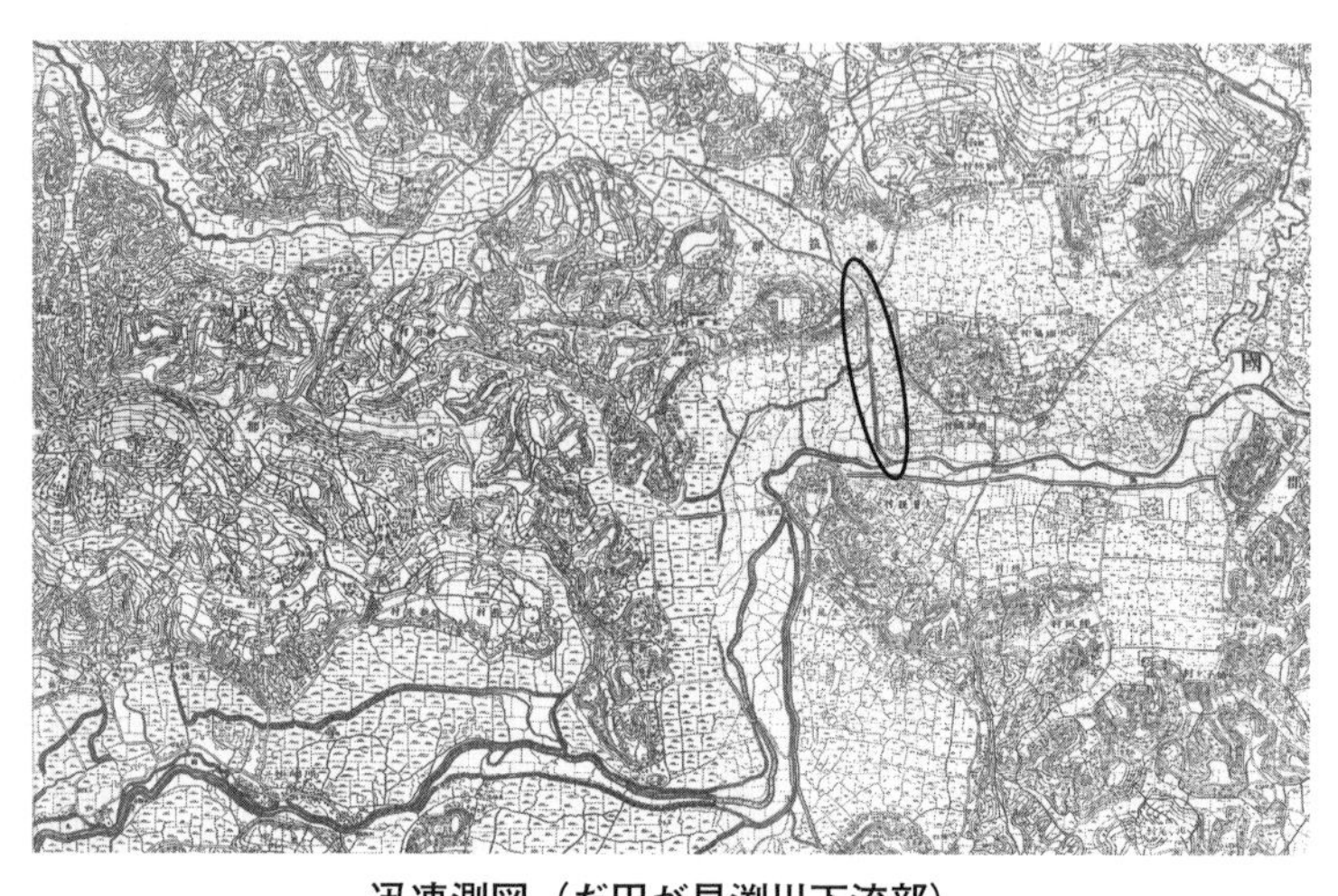

迅速測図（だ円が早渕川下流部）

港北区域の詳しい地形が初めて地図に描かれたのは、明治十四年（一八八一）に陸軍が測量した迅速測図です。それを見ると、鶴見川や矢上川が細かく蛇行しているのに対して、早渕川はすでに流路がほぼ直線になっています。鶴見川が昭和二十年代、矢上川が大正年間の改修工事で流路が直線化されるのに対して、早渕川は江戸時代に改修されていたのです。工事しやすい地形だったのでしょうが、緊急性も高かったのでしょう。

ちなみに、迅速測図は、関東平野迅速測図、歴史的農業環境閲覧システムなどのWebサイトで閲覧出来ます。これらのサイトでは、現在の地図情報と重ね合わせた図も見られます。調べてみると、早渕川は峰大橋の辺りから鶴見川合流点まで、明治期も現在も、幅こそ違え同じ場所を流れていることが分かります。

早渕川の改修は流域村々の悲願でした。江戸時代から近代まで度々請願が行われていますが、筆者が調べた限りでは、港北区域におれる大きな改修は、これまでに三度実現しています。

最初の改修は、『吉田沿革史』によると、享保十七年（一七三二）のことです。幕府の御普請により、堀浚（浚渫）、瀬違い（流路変更）、川幅の切り拡げなどの工事が行われています。この享保の瀬違いより前の流路は分かりません。しかし、現在の綱島西四丁目の一部は、かつて「川向」と呼ばれた新吉田の飛び地でした。新吉田あすなろ地区の一部が早渕川の対岸綱島側に張り出しているのはその名残です。その下流側では、逆に新吉田側の「三歩野耕地」が綱島上町になっています。瀬違いで流路が変り、対岸に取り残された場所と思われます。

二回目の改修は、昭和十二～十四年（一九三七～三九）の耕地整理です。『港北百話』によると、京浜工業地帯の発展に伴い、工業用地の確保と農業生産性の向上を目的として、早渕川流域の中川（都筑区）、高田、新吉田、日吉本町、箕輪、南北綱島の七地区五四五町歩の耕地整理を実施したとのことです。これにより、新たに御霊橋が架けられ、峰大橋までの流路が現在と同じ場所になり、両側の耕地が短冊型にそろえられました。

最後の改修は、港北ニュータウン開発にそなえた昭和四十二～五十七年（一九六七～八二）の拡幅と護岸工事です。この時、御霊橋より上流の流路も直線になりました。この工事では、それまであった堤防の内側（街の側が堤内です）に大規模な堤防を新設し、その後で古い堤防を取り壊して川幅を拡げました。こうし

三歩野橋（2015年12月14日撮影）

て早渕川は、ほぼ現在の姿になりました。

現在、早渕川の港北区域部分には、上流側から御霊橋、稲坂橋（いなさかばし）、中里橋（なかざとばし）、高田橋、峰大橋、吉田橋、新川橋（しんかわばし）、三歩野橋（さんぶのばし）と八つの橋が架かっていますが、これらはいずれも昭和四十八～五十七年（一九七三～八二）に架けられたものです。ちなみに、「三歩野」は、橋の名は「さんぶの」ですが、地名は「さんぶや」と読みます。

迅速測図を見ると、明治前期までは二つの橋しかなかったようです。峰大橋と、もう一つが今は無き念仏橋です。峰大橋は日吉や綱島方面と新吉田、念仏橋は高田方面と新吉田を結んでいました。

念仏橋は、耕地整理によって、その役割を御霊橋に譲り、撤去されました。以前に、国土地理院の空中写真閲覧サービスの試験公開を紹介しましたが（第八〇回参照）、現在は地図・空中写真閲覧サービスとなり、たくさんの空中写真が手軽に見られるようになりました。その中に、陸軍が撮影した「整理番号C31、コース番号C3、写真番号36」という空中写真があります。新吉田東の小股昭（こまたあきら）さんに教えていただきました。撮影年月日不詳ですが、耕地整理が進んでいる状況や、御霊橋がまだ架けられていないこと、御霊谷戸から高田側の倉田屋前に抜ける古い道が残っていることなどから、昭和十三、十四年頃の撮影と思われます。耕地整理で撤去されるこの古い道が早渕川を横切っている場所、現在の稲坂橋のすぐ上流側の所に、江戸時代から架けられていた念仏橋が写っています。

（二〇一六年五月号）

第二一〇回　校章を考証すると…

前回、早渕川（はやぶちがわ）について調べていた時のことです。新吉田（しんよしだ）第二小学校の校章が、遠望出来る富士山と、校庭脇を流れる早渕川でよく見かける白鷺（しらさぎ）をモチーフにしていることを知りました。児童が、富士のごとく大地にどっしりと根をおろして成長し、未来に向かって大きく羽ばたくことを願って制定したとのことです。

第一三九回で小学校の校歌を分析しましたが、今回は校章について調べてみました。

戦前に開校した小学校は五校ですが、古くからの校章を使い続けている学校と、変更した学校があります。

明治七年（一八七四）開校の高田（たかた）小学校では、大正十四年（一九二五）に新校舎落成を記念して校旗を寄贈することになり、学問の神様菅原道真（すがわらのみちざね）を祀（まつ）る高田天満宮にちなんで梅の花をかたどった校章を定めました。明治三十三年（一九〇〇）開校の城郷（しろさと）小学校では、開校時に訓導（くんどう）小野寺福蔵先生の考案による桜の花をかたどった校章が作られたようです。両校の校章は、現在も使われています。

一方、明治六年（一八七三）開校の日吉台（ひよしだい）小学校は、校歌第三節の「正しく・強くやさしきに」から、剣・鷹（たか）・桜を図案化した校章を作りましたが、戦後になり剣を外しました。明治三十三年（一九〇〇）開校の大綱（おおつな）小学校は、大正十年（一九二一）より以前に八咫鏡（やたのかがみ）と綱をデザインした校章が作られていましたが、やはり戦後に作り直されたようです。昭和三十三年（一九五八）に作られた校旗では、鏡が無くなり、「大綱」の文字を綱で囲った現在の校章が刺繍されています。

明治二十六年（一八九三）開校の新田（にった）小学校だけはよく分かりませんでした。ご存じの方は教えてください。

戦後に開校した二〇校で校章を変更したところはありませんが、菊名小学校や綱島東小学校の校章は微妙にデザインの修正が行われています。

校章のデザインには、①校名や地名の文字を図案化したもの、②動植物を使ったもの、③地理的環境をデザインしたもの、②と③を併せたものなどがあります。大半の校章は、各学校のホームページから見られます。

①には、「大」の字を使った大曽根（おおそね）小学校、校名の周りを綱の絵で囲んだ大綱（おおつな）小学校と北綱島小学校、菊の葉で囲んだ菊名小学校、「港北」の二文字を図案化した港北小学校、「しのはら西」の五文字をならべた篠

原西小学校、矢のイラストで周りを囲んだ矢上小学校の校章があります。

②の校章は多くて、小机城代笠原氏の家紋である柏を使った小机小学校、風渡る緑の林を颯爽と駆ける若駒をデザインした駒林小学校、篠竹（笹）の葉を図案化した篠原小学校、昔の地名である橘樹郡の橘と円形校舎を図案化した下田小学校、地域の名産だった桃の花を取り入れた綱島小学校と綱島東小学校、地域の街路樹であり校庭を囲んでいる銀杏の葉を用いた日吉南小学校、大倉山の梅を使った大豆戸小学校があります。前述した城郷小学校、高田小学校、日吉台小学校も②に分けられます。

③には、外輪で鶴見川・内輪で早渕川をあらわした新吉田小学校、緑の丘に朝日が昇る様を図案にした高田東小学校の校章があります。

②と③を組み合わせたのが、最初に紹介した新吉田第二小学校、鶴見川と竹林をデザインした新羽小学校、鶴見川と梅をデザインした太尾小学校です。

師岡小学校だけは、いずれにも当てはまらず、本とペンのイラストを組み合わせて羽ばたく鳥を表しています。

考証してみると、どの校章にも、教育目標や、児童のすこやかな成長、児童・教師・保護者の結びつき、母校や地域の発展などの願いが込められていました。また、戦後に開校した小学校の中には、最初の卒業式に間に合わせようと、関係者が公募や選定に奔走したことや、その忙しさの中でも色や形、文字の書体など細部にまでこだわって、熱い想いを子供達や未来へ伝えようとしたことが語り継がれている学校がいくつもありました。

紙面が尽きましたので、小学校以外の校章についてはまた別の機会に紹介しましょう。

昭和五十八年（一九八三）に小机小学校が開校して以降、区内では三〇年以上も新設校がありませんでした。しかし、昨年十一月に閉店したアピタ日吉店周辺地域の再開発の中で、日吉台小学校第二方面校（仮称）を二〇二〇年に開校する計画が進められています。どのような願いを託した校章・校歌が作られるのでしょうか、今から楽しみです。

（二〇一六年六月号）

第二一回　新羽地区　―地域の成り立ち、その一一―

新羽（にっぱ）地区は港北区の西部に位置し、南側から東側へ鶴見川が流れ、川を挟んで小机町（こづくえちょう）、鳥山町（とりやまちょう）、大豆戸町（まめどちょう）、大倉山（おおくらやま）と接しています。北は新吉田（しんよしだ）、西側は区境で都筑区（つづきく）に接しています。かつて武蔵国都筑郡（むさしのくにつづきぐん）新羽村と呼ばれていた地域とほぼ同じです。

地区の東半分は平地で、現在は大半が準工業地域に指定されており、工場やマンションが林立していますが、かつては水田が広がっていました。

地区の西半分は、丘陵が南北に延びていて、亀甲橋（かめのこばし）のたもと、鶴見川岸まで突き出ています。市街化調整区域に指定されており、畑地や果樹園、新羽丘陵公園など豊かな自然が残されています。

明治五年（一八七二）の新羽村は、戸数一七四戸、人口一、〇一三人でした。明治二十二年（一八八九）、新羽村は吉田村、高田村と合併して新田村となり、新田村大字新羽と呼ばれるようになりました。そして、横浜市に編入された昭和十四年（一九三九）に新吉田・高田と分かれて、新羽町となりました。

昭和五十二年（一九七七）に開校した新羽小学校の校章は、周囲の三本線で地域のシンボル鶴見川を表し、下部の笹の葉は学校周辺にある美しい竹林を表しています。鶴見川と丘陵部の豊かな自然環境をデザインに取り込んでいます。

新羽の地名の初出は古く、正応三年（一二九〇）の鶴岡八幡宮文書といわれています。地名の語源は、①鶴見川の舟運で荷物を揚げ下ろしする荷場が転じたもの、②「新」は開墾地、「羽」は端で山の端、丘が鶴見川に向かって突き出ている地形から、丘陵の端に開墾した土地との説があります。どちらにしても、鶴見川に縁がある地名でしょう。

新羽小学校の校章

新羽地区は、長い間にわたって鶴見川から恩恵と被害を受けてきました。

水害多発地帯だった新羽地区は、「新羽と太尾には嫁をやるな、蛙の小便でも水が出る」といわれたほどでした。その一方で、洪水は上流から栄養豊かな土をもたらしました。新羽から新吉田にかけて広がっていた農地を三隅耕地といいますが、横浜を代表する穀倉地帯で、多くの米が穫れました。水害が無い年は豊かな実りがあり、新羽村の生産高は周辺地域の中で最も高く、「新羽千石（せんごく）」という言葉も残っています。

昭和初期から盛んになった丘陵部での花卉（かき）栽培は洪水の被害を受けないので、農家に生活の安定をもたらし、現在でも新羽地区の地場産業として定着しています。花の里づくりの会もあります。

一方で、水害を無くすために、昭和二十二年から二十七年（一九四七～五二）にかけて鶴見川の改修を行い、曲がりくねった流路を直線に直しました。その工事をしていた昭和二十四年（一九四九）に土地改良法が施行されたのを受けて、土地改良組合が組織され、農業の生産性を高めて合理化を図るために耕地整理事業が始まりました。しかし、時代は戦後復興から高度経済成長へと転換します。昭和三十三年（一九五八）に鶴見川沿いの平野部は準工業地帯に指定され、昭和三十六年（一九六一）には米の生産調整も始まります。第三京浜道路の建設が始まると、工場進出が一気に進み、農地は工業地帯へと変貌していきました。用水路は役目を終えて排水路になりますが、下水道が普及するとそれも不要となりました。水路は埋め立てられ昭和六十一年（一九八六）から新田緑道（にったりょくどう）として順次整備・公開が始まり、平成二十二年（二〇一〇）に一四ブロック約一・八キロメートルの全区間が完成しました。周囲には今も多くの工場が建ち並んでおり、緑道には、それらの工場から寄贈された古い機械や部品がオブジェとして飾られています。

さらに、平成五年（一九九三）に市営地下鉄ブルーライン、平成七年（一九九五）に宮内新横浜線道路

（新羽駅以南）が開通すると、宅地化が進み、新羽地区は大きく変貌を遂げました。各駅周辺や幹線道路沿いにマンションが建設され、若者世代の増加が目立つようになり、今年（二〇一六）五月三十一日現在の人口は、六、三六五世帯、一三、一一七人となっています。

旧長島地区にある北新横浜駅は、開業当初は新横浜北駅でしたが、新横浜駅と勘違いされることが多く、平成十一年（一九九九）に駅名を変更し、地名も北新横浜に改めました。駅周辺は、当初は空き地が広がっていましたが、最近では商業施設やマンション、オフィスビルが立ち並んでいます。

開発が進む平地と昔の面影を伝える丘陵部、その境には神奈川県道一三号横浜生田線が走っていますが、その道路際には蔵が数多く建ち並んでいます。地場産業だった寒中（かんちゅう）そうめんを貯蔵していた蔵もあります。

また、伝統行事としては、中（なか）之久保（のくぼ）地区の注連引き（しめひき）百万遍（ひゃくまんべん）、三谷戸（さんやと）地区（中井根（なかいね）、向谷（むかいやと）、久保谷（くぼやと））の廻り地蔵講が横浜市の無形民俗文化財に指定されています。

（二〇一六年七月号）

新羽千石の記念碑

付記　鶴見川舟運復活プロジェクトより、『鶴見川の舟運文化と夢見る仲間たち』が刊行されました。新羽地区と鶴見川の関係がよく分かる本です。

第二二回　石野瑛(いしのあきら)と武相中学校　―終戦秘話その二―

終戦秘話も今回で二一回目となりました。「シリーズわがまち港北」最初の終戦秘話（第八回）では、大倉精神文化研究所創立者の大倉邦彦が、昭和十八年（一九四三）の開校を目指して設立準備を進めていた旧制神奈川高等学校のことを書いています。この計画は戦局の悪化によって幻に終わりましたが、大倉邦彦が高校をつくろうとしていたのとほぼ同じ頃、港北区に旧制中学校をつくろうとしていた人物がいました。石野瑛(いしのあきら)氏（一八八九〜一九六二年）がその人です。

石野瑛氏は、歴史学者・考古学者として広くその名が知られていますが、仲手原(なかてはら)にある武相(ぶそう)中学校・高等学校の創立者でもあります。もともと石野氏は、明治三十八年（一九〇五）、一六歳の時に三浦郡尋常第二葉山小学校（現、葉山町立葉山小学校の前身）の準訓導(じゅんくんどう)となってから、小学校の訓導、校長、実業補習学校の校長を務めた後、捜真(そうしん)女学校や関東学院、横浜第二中学校（現、神奈川県立横浜翠嵐(すいらん)高等学校）などで教鞭(きょうべん)を取り、長く教育の道を歩んで来た人でもありました。郷土史研究を志す一方で、石野氏にとって自身の教育的理想を実現する学校をつくることは、教育者として長年の夢だったのです。

石野氏が学校設立に向けて動き出したのは、昭和十七年（一九四二）のことです。この頃、石野氏は妻と死別し、さらに教育者としても研究者としてもさまざまな問題に直面していました。しかし、これを一つの機運とみた石野氏は、かねてからの念願であった学校設立に専念することにします。

石野瑛先生像（2016年7月21日撮影）

石野氏は当時、神奈川区岡野町（現、西区岡野）に住んでいましたが、新しい学校は当時区内に一校も中学校がなかった港北区につくることを決めます。学校には広い敷地と校舎が必要です。校舎を建てるにはお金もかかります。そこで昭和十七年二月二日、石野氏は横浜二中の同僚で、当時小机に住んでいた小松祐茂氏に港北区内で空いている大きな建物がないか尋ねます。その時、小松氏から教えられたのが旧大綱小学校篠原分校の校舎でした。この建物は、昭和十四年（一九三九）四月一日に港北区が出来た時の区役所仮庁舎でしたが、区役所は菊名に新庁舎を造って、昭和十七年（一九四二）一月十五日に移転し（第一二四回参照）、空き家となっていました。石野氏はこの建物を入手するべく東奔西走（とうほんせいそう）し、同年二月二十七日付けで建物払い下げの認可を得ます。

石野氏は新しい学校を武相中学校と名づけました。かつての武蔵国・相模国の山野が一望出来る丘の上の学校の名として、美しい丘陵の自然と長い歴史を持つ郷土に育つ青少年たちの教育の殿堂の名として、自然に生じたものだったと石野氏は言います。武相中学校の設立認可申請書は、昭和十七年二月二十五日に神奈川県知事宛に提出され、同年三月八日には認可申請中として生徒の募集を開始しました。四月二日には岡野小学校の講堂に応募者約八〇〇人を集めて入学試験が行われます。

そして四月十八日、試験に合格した第一期生二二〇名に対して、払い下げの建物を転用した富士塚校舎（刀鍬舎）への集合がかけられました。この日はアメリカ軍の日本本土に対する初めての空襲（ドーリットル空襲）が行われたのと同じ日です。この空襲のために登校出来なかった生徒もいました。学校に集まった生徒たちの真上には、丸に星の印をつけたB-25爆撃機が飛んでいきました。その高度は兵士の顔が見える程低かったそうです。生徒たちは当初、日本軍の飛行機だと思い、手を振って喜んでいましたが、それと気づいて地に伏せて事なきを得ました。この日、石野氏は県庁に行っており、学校にはいませんでしたが、その自伝の中で、生徒たちは丘の上の菜の花畑に立って少年らしいさざめきを立てたが、矢作教嘱が生徒たちを校庭の木蔭にすくませたと書いています。

この矢作教嘱とは、富士塚校舎が建つ場所の地主であった矢作乙五郎氏と思われます。篠原町に住んでいた矢作氏は、武相中学校創立時には監事であり、昭和十八年から二十八年（一九五三）まで先生でもありました。

矢作氏は、昭和四年（一九二九）に少年団日本連盟（現、ボーイスカウト日本連盟）に登録された、神奈川愛道健児団の代表者としてその名前が確認できます。また、少年団日本連盟の機関誌『少年団研究』への寄稿もあり、そこから上海でも少年団を指導していたことがわかります。地域内外の青少年教育に携わる身として、矢作氏と石野氏が共鳴したところは大きかったのでしょう。

さて、生徒たちの学校生活は、昭和十七年四月から始まりましたが、学校の設立認可はまだ下りていませんでした。しかも同年五月十八日、校地の狭さと丘続きの地形が学校用地として妥当でないとして再考を求められ、認可は先送りとなります。もし認可が半年以上遅れれば、生徒たちはその学年を修了できない事態に陥ります。もはや一刻の猶予もならないこの状況を石野氏はどう打開したのでしょうか。続きはまた次回に。

（二〇一六年八月号）

付記　執筆にあたって、武相学園の中田仁校長（二〇一六年当時）には、貴重な資料を借用させて頂くとともに、雨の降る中、校内をご案内頂きました。ここに記して感謝申し上げます。

第二一三回　武相中学校と戦争　―終戦秘話その二一―

昭和十七年（一九四二）四月に神奈川県への設立認可申請中のまま、富士塚校舎（刀鍬舎）で授業を開始した武相中学校は、五月十八日に至って県から校地の再考と認可の先送りが伝えられました。創立者の石野瑛氏は千仞の谷に落ちたような絶望的な気持ちになりましたが、これは青少年教育に最善の場所を見つけるようにという天の意であると受け止め、理想の学校を創ることを改めて心に誓います。夜は地図を眺めて思案し、昼は校地を探して駆け回った結果、五日後の五月二十三日、富士塚から南西へおよそ一キロメートル離れた篠原町（現、仲手原）の丘の上に好適地を見つけます。この丘は当時、松風台（嘯風台）と呼ばれていましたが、後に武相台と呼ばれるようになります。

この場所は、東京市芝区白金台町に住んでいた実業家松岡清次郎氏の所有地でした。石野氏は、すぐに所有者の松岡氏を訪ね、以後折衝を重ねます。そして六月十日までに二万余坪の土地を学校用地とすることの承諾を得ました。これを受けて、石野氏は夜を徹して新しい計画書を作成し、翌十一日には神奈川県へ設立認可申請書を再提出します。早速視察にやって来た県の職員も、学校敷地としてこれ以上ない場所だとお墨付きを与えます。そして六月二十四日、学校はようやく設立が認可されました。

それから一週間後の七月二日、午前一〇時から富士塚校舎で開校式が行われ、午後には新校地での地鎮祭が行われました。生徒たちも新しい校舎が建つことを大変喜びました。しかし、新校地は背丈以上の五、六尺（約一・五〜一・八メートル）のカヤが生い茂る原野だったため、こんな所に学校が建つのかと思った生徒もいたようです。地ならしは、先生・生徒・父母らも協力して作業をしました。カヤの他にも背の高いススキが茂り、芋のように太い根っこに鍬やスコップの柄が折れることもたびたびだったとか。

校舎の建築は、横浜市内で多くの学校建築を手がけていた渡辺愛次郎氏に委嘱されます。物資不足のため、建築が制限されていた時代ですが、県から資材割当を受け、翌十八年（一九四三）四月十四日に新しい校舎が竣工しました。

しかし、時は戦争の真っ只中です。校舎が完成し、学校設備も拡充していきましたが、あまり授業を行うことは出来ませんでした。生徒たちの多くは、工場への勤労動員、働き手を失った農家への援農にと駆り出されます。学校の留守を預かった一部の生徒たちも、学校警備や夜間の宿直、校地に作った約一万坪の農園で食糧増産のために農作業をしたり、鍬を持っての防空壕掘りに追われる毎日を送ります。

昭和二十年（一九四五）に入ると空襲は日に日に激しくなっていきました。学校始まりの地である富士塚校舎は、武相台の新校舎完成後、東アジアの国々の言語や文化を教える東亜科の教室として使う予定でしたが、この頃には食糧営団に貸し出し、食料（主に缶詰）保管庫として使用されていました。しかし四月十五日の空襲で灰燼と化します。空襲は校舎のみならず、保管されていた食料も、石野氏の長年にわたる研究

建学の碑（2016年7月21日撮影）

成果と資料も全て焼き尽くしました。五月二十四日の空襲では武相台の校庭と農園が火の海になりました。五月二十九日の横浜大空襲では、家を失った生徒も多く、石野氏もこの時に岡野町の自宅を失いますが、幸いにして武相台の校舎は戦禍を免れます。

そして迎えた八月十五日、学校には四〇～五〇人の生徒が集まり、用務員室のラジオを外に出して終戦の詔勅を聞きました。終戦後は神奈川県内の中学校がしばらく休校する中、武相中学校は八月十八日頃からいち早く授業を再開しました。

社会の大きな変化に戸惑いながらも、学校は新しい時代に向けて歩み出しました。時代の変化は、校章の改定にも表れています。開校時の校章は、八稜鏡に邪念を断つ刀と勤労愛好・不言実行を表す鍬を交差させた「刀鍬章」でしたが、昭和二十年十二月十五日、建学の精神で

刀鍬章

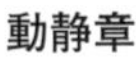

ある道義昂揚（どうぎこうよう）・個性伸張（こせいしんちょう）・実行徹底（じっこうてってい）をそれぞれ紫・青・丹（に）（赤）の三色と二つの正方形の重なりで表した「動静章（どうせいしょう）」に改められました。

旧制中学としてスタートした武相中学校は、戦後の学制改革を受けて、昭和二十二年（一九四七）四月一日に新制中学校となり、翌年三月には新制の武相高等学校設置が認可されます。その後の総合学園としての発展、スポーツでの活躍、研究者としての石野氏の人物像など、伝えたい話は山ほどありますが、誌面が尽きましたので、また別稿に譲ります。

学校が出来てから今年で七四年が経ちました。校内には、建学の精神が刻まれた碑と石野氏の銅像が並んで置かれています。武相台の丘の上には住宅が建ち並び、子供たちを取り巻く環境も大きく変わりましたが、石野氏のその温（あたた）かな眼差（まなざ）しの先には今も昔も、次代を担う生徒たちが建学の精神の下、学校生活を送る姿があります。

（二〇一六年九月号）

第二一四回　芝浦工業大学の大倉山運動場と幻の太尾校舎―終戦秘話その二三―

かつて大倉山に、芝浦工業大学の野球場があったことを第二〇六回で紹介しました。その時、大学へ問い合わせたところ、野球場が出来た昭和二十六年（一九五一）よりも前、昭和二十二年（一九四七）頃の資料があることを教えて頂きました。その中には、実現しなかった「太尾校舎」の建設計画も書かれていると伺い、先日、芝浦工業大学の豊洲キャンパスへ行き、その資料を拝見しました。その内容は、戦中・戦後の運動場がたどった歴史や、当時の混乱した社会状況がよくわかるものでしたので、以下にご紹介します。

資料によると、野球場だった場所は、昭和十五年（一九四〇）に芝浦工業大学の前身である東京高等工学校が運動場の敷地として購入したものでした。場所は港北区太尾町八反野二〇〇二番地（現、大倉山七丁目）、その広さは八、一八三坪（約二万七千平方メートル）でした。運動場は基礎工事完了後、陸上競技トラック・野球場・サッカー場・テニス場・バスケットコートの設営と合宿所の建築が行われ、同年十月に完成します。「大倉山運動場」と名づけられ、体育の授業や部活動に使用されました。

しかし、戦争が激しくなってくると、学生たちは戦力増強のために工場へ動員され、学業どころではなくなります。さらに戦況が厳しくなり、本土空襲が始まると、食糧事情はどんどん悪化していきました。

昭和十九年（一九四四）三月には、運動場近くに駐屯していた綱島部隊から学校に対して「食糧自給のために運動場の土地を借用したい」と申し入れがあります。学校がこれを承諾すると、すぐに耕作が始まり、運動場は農地へと変貌しました。

　戦争が終わると、綱島部隊は解散し、運動場の土地は学校に返されました。しかし、綱島部隊の耕作跡を耕作したいと許可を申し出る人や、学校の了解を得ずに耕作する人もいました。戦後、この辺りには戦争で家を失い都市部から移住してきた人や、疎開してきた人も多く、戦中同様に食糧不足は深刻な問題でした。

　当時、学校運営の母体であった財団法人芝浦学園（現、学校法人芝浦工業大学）は、戦災で校舎の一部を失っていました。残された校舎で授業は再開したものの、元の運動場復活はまだ遠い夢のような話でした。

　そこで学園側は、短かい期間に限って運動場での耕作を認め、代わりに耕作者からは、土地の返還を求めた場合には直ちに返還する旨の誓約書を取りました。

　学園側は、戦後の混乱が落ち着いた段階で、この場所に運動場と空襲で焼けてしまった芝浦の校舎に代わる太尾校舎を建築する計画を考えていました。計画書を見ると、校舎は木造二階建て、延べ坪一、七八四坪で、一般教室が三〇室、特別教室が五室、事務室と教務室が各一室の三七室を持つものでした。計画書には青焼きの敷地配置図も付いており、鶴見川を背にして東側が開口した逆コの字型の校舎が描かれています。

　運動場と校舎の復興計画は、昭和二十二年（一九四七）になり、ようやく動き出します。学園側はこの辺りの農地管理を担っていた太尾農地委員会へ、復興計画と自作農創設特別措置法による買収からの除外指定を申請をします。自作農創設特別措置法は、地主が所有する小作地(こさくち)を国が買い取り、小作人に安く売り渡すことで自作農の創設を進めたものです。戦時中には、運動場などの学校用地が農地に使用されたケースも多く、それらの土地が措置法で買収されることもありました。

学園側の申請に対して、太尾農地委員会の上部機関と見られる港北区農地委員会は、申請の却下を通知します。さらにそれから程なくして、この土地の買収計画が公表されました。学園と耕作者が地主と小作人の関係にあり、この場所は小作地だと判断したのです。学園側としては恩情が仇(あだ)となったようなもので、買収計画は当然受け入れられません。学園側は買収計画に異議を申し立てますが、港北区農地委員会は、学園の計画が運動場と校舎のどちらを作りたいのかはっきりしないこと、この場所は鶴見川の洪水(こうずい)の被害を受けやすく、校地には向かないことなどを理由に申し立てを却下しました。

納得できない学園側は、さらに神奈川県に買収計画の取り消しを訴えます。港北区農地委員会の言い分に対しては、大学の運動場用地はこの場所だけであり、まずは運動場を元に戻す予定であること、運動場ならば水害が起きても大した被害はなく、すぐに復旧が可能であること、鶴見川の河川(かせん)改修(一九四七～五二)が終了すれば、校地にふさわしい場所になるはずなので、それを待って校舎を建設する予定であることなどを主張しました。そして昭和二十三年(一九四八)九月、県から運動場としての保有が認められます。

その後、この場所は大学の野球場となりますが、残念ながら太尾校舎は建設されませんでした。土地の保有が認められて以降のことは資料がなく、校舎の計画が立ち消えになった正確な理由はわかりません。しかし、もし太尾校舎が出来ていたら、きっと大倉山の町の歴史は大きく変わっていたでしょう。運動場跡地近くの港北高校や太尾小学校のあたりは、いずれ大学キャンパスとなり、大倉山駅から鶴見川に向かうエルム通りには、ギリシャ風の建物とは趣(おもむき)の異なる学生向けの飲食店が立ち並び、今とはまた違う賑わいを見せていたかも知れません。想像は膨(ふく)らみます。

（二〇一六年十月号）

第二一五回　港北の歴史大ロマン

先日、港北区民ミュージカルVol. 14「CONNECT(コネクト)」（港北芸術祭参加）を見ました。今年のテーマは綱島の再開発と住民の絆（コネクト＝つながること）でした。綱島温泉や日月桃(じつげっとう)が重要なキーワードになっています。以前には、天然氷製造やスケート場経営の話、大倉山記念館を造った大倉邦彦をモチーフにした作品もありました。潤(じゅん)一郎氏の脚本は、毎年港北区内の歴史や文化をモチーフにしていますが、毎回その豊かな想像力から紡(つむ)ぎ出された不思議な世界と魅惑のストーリー、出演者の熱演に魅了されます。その興奮冷めやらぬ中で、この連載もいつもの手堅い（？）内容から、今回は少し想像の翼を広げてみることにしました。

港北区域の歴史をたどっていくと、日本史を左右しそうな大きな出来事がいくつかあります。

一つは杉山神社です（第五一～五三回参照）。古代の都筑郡にあった杉山神社は、強い霊験があり、横浜市域で唯一京都にまでその名が知られ、一〇世紀の延喜式に記載された式内社でした。杉山神社を祀っていた氏子達は、京都の朝廷と縁が深い一族だったようです。

この杉山神社は、江戸時代には七三社にまで増え、どこが本社（式内社）か分からなくなりました。一説には、『古語拾遺』や、茅ヶ崎（現都筑区、以前は港北区）の杉山神社に伝わる社伝や系図等を論拠として、阿波（徳島県）から安房（千葉県）に移り住んでいた忌部氏が、東京湾を渡り鶴見川を遡上し、杉山神社を勧請したと考え、式内社は茅ヶ崎にあった可能性が高いともいわれています。しかし、安房に忌部氏が定住していたことについて、専門家はその確証を発見出来ていません。もし、忌部氏が都筑郡に居たことが論証出来れば、安房に忌部氏が定住していたことの傍証となり、日本の古代史における大発見となります（本書付録3参照）。

古代の律令制がくずれて荘園制に移行していくと、在地領主や武士団が勢力を張るようになり、やがて中世の鎌倉時代を迎えます。それから一五〇年程後、鎌倉幕府に終止符を打つのに功績があったのが、新吉田の若雷神社だという伝説があります（第一六一回参照）。

一三三三年、新田義貞は護良親王を奉じ、上野国新田荘（群馬県）で挙兵すると、鎌倉を目指して進軍しました。しかし新田軍は、日照りによる水不足で、新吉田の辺りで動けなくなりました。その時、神雨を降らせて新田軍を救ったのが若雷神社の神様でした（伝説ですが）。若雷神社の霊験が無ければ、新田軍は鎌倉幕府を滅ぼすことが出来ず、室町幕府の成立は遅れ、日本の歴史は変わっていたでしょう。

それから一六〇年後、室町幕府の力が衰えると、下克上の戦国時代になります。通常、戦国時代は一四六七年の応仁の乱または一四九三年の明応の政変に始まると言われていますが、下山治久『横浜の戦国武士たち』（有隣新書）には「横浜の戦国時代は、太田道灌が小机城を攻めた文明十年（一四七八）から始まるとも言われている」と書かれています。

歴史に「もしも」とか「たら」「れば」はありませんが、もしも忌部氏が港北の地に移住していたら…、若雷神社の神雨が降らなかったら…、太田道灌が小机を攻めなかったら…、想像の翼を広げると、歴史を学ぶのがより楽しくなります。

最後に真面目な話を一つ。

戸倉英太郎（『早渕川の流れは永遠に』より）

港北の実証的な歴史研究は、石野瑛氏（第二一二回参照）や戸倉英太郎氏に始まります。戸倉英太郎氏は、明治十五年（一八八二）に福岡県で生まれました。余談ですが、その二ヵ月後、隣の佐賀県で大倉邦彦が生まれます。

戸倉氏は、学校教員を経て、大正七年（一九一八）頃から浦賀造船所（横須賀市）の社員となり、川崎や横浜に住むようになりました。戦後、還暦を過ぎてから歴史研究に目覚めます。横浜北部地域で丹念な現地調査を重ねて、その研究成果を『度会久志本の奥椁』（一九五三年）から、『権現堂山』（一九六一年）まで、さつき叢書八冊にまとめました。戸倉氏は、これらの本を全て自費出版し、港北文化会等の協力を得て、関係者や歴史に関心を持つ人達に無償で配りました。

当時の横浜市では、開港一〇〇年を記念して昭和二十九年（一九五四）から『横浜市史』の編纂を開始していましたが、北部地域の歴史研究は手薄でしたので、さつき叢書は貴重な研究成果となりました。中でも、第五編となる『杉山神社考』（一九五六年）は、式内社杉山神社に関する初めての本格的な研究として『横浜市史』に全面的に取り入れられ、現在でも杉山神社研究の基本文献であり続けています。

戸倉氏は昭和四十一年（一九六六）八四歳で没しました。今年（二〇一六）は、『杉山神社考』刊行六〇年、没後五〇年の記念の年です。

（二〇一六年十一月）

第二一六回　日吉地区　―地域の成り立ち、その一二―

日吉地区は港北区の北東部に位置し、北側は丘陵部となっており、尾根の向こうは川崎市です。東端には矢上川が流れ、川を挟んで川崎市と接しています。南側は綱島地区、西側は高田地区に接しています。

日吉の地名は、明治二十二年（一八八九）に生まれた比較的新しい地名です。かつてこの地域が武蔵国橘樹郡と呼ばれていた頃には、駒ヶ橋村、駒林村、箕輪村、矢上村、南加瀬村、鹿島田村、小倉村などの村々がありました。明治二十二年、それら七ヵ村が合併して日吉村となりました。地名の由来は、駒林村（日吉本町）の金蔵寺境内にある日吉山王権現にちなんで付けられたとする説が有名ですが、『神奈川県橘樹郡案内記』は、かつてこの地域にあったとされる日吉丸の古蹟にちなむとする説を紹介しています。

　この橘樹郡日吉村に、大正十五年（一九二六）日吉駅が開業し、昭和九年（一九三四）には駅東口に慶應義塾大学のキャンパスが出来ました（第五五回参照）。その頃から、横浜市と川崎市は日吉村を市域に編入しようと張り合い、村議会も大騒ぎとなりました。結局、昭和十二年（一九三七）に、村の中央を南北に流れる矢上川を境として村は二分割され、それぞれ横浜市神奈川区と川崎市に編入されました。横浜市に入ったのは、矢上川の西側に位置している駒ヶ橋（下田町）、駒林（日吉本町）、箕輪（箕輪町）と、矢上の大部分（日吉）で、これがほぼ現在の日吉地区になっています。昭和十四年（一九三九）に港北区が成立すると共に、日吉地区も港北区となりました。

　一方、矢上川の東側は川崎市に入りました。川崎市幸区の一部が、同じ様に「日吉地区」と呼ばれていたり、昭和七年（一九三二）に開校した日吉小学校が川崎市側にあるのは、そのためです。

　さて、日吉地区の中央には北東から南西にかけて、綱島街道（東京丸子横浜線道路）と東急東横線が併走しており、日吉駅があります。

日吉山王権現（2018年5月11日撮影）

日吉駅西側は、かつて東急が分譲地（田園都市）として開発した地域で、駅を起点に北から浜銀通り、中央通り、普通部通りが放射状に伸び、現在では商店街を形成しています。

そのさらに西側は、閑静な住宅街となっていますが、昔は農地が広がっていました。かつてその中を流れていた松の川は、高田天満宮がある丘の下辺りに源を発し、駒ヶ橋から矢上の耕地を潤し、矢上川に注いでいました。昭和三十二年（一九五七）に日吉団地（下田公団住宅、現サンヴァリエ日吉）が作られた頃から、宅地化が進みます。やがて松の川は農業用水としての役目を終え、暗渠（あんきょ）とされましたが、公園整備が進められ、平成十一年（一九九九）三月には松の川緑道が完成しました。松の川緑道まつりは、今年（二〇一六）で二二回を数えます。緑道の近くには、日吉の森庭園美術館（下田町三丁目）もあり、地域の自然や歴史を活かした憩いの場となっています。

一方、日吉駅周辺には、慶應に続いていくつもの学校が進出し、若者の街となりました。若者の街らしく、地域インターネット新聞の横浜日吉新聞（二〇一五年七月～）が、詳しい情報を精力的に発信し続けています。ゲームソフトの開発で有名なコーエーテクモゲームスの本社もあります（箕輪町、移転計画あり）。

日吉駅が開業して、今年（二〇一六）で九〇年になります。その間に地下鉄等の相互直通運転が始まり、日吉駅から都心各方面へ直接出られるようになりました。平成二十年（二〇〇八）には、緑区の中山駅を起点として日吉本町駅を通り、日吉駅を終点とする市営地下鉄グリーンラインも開通しました。

日吉地区の人口は、昭和二十三年（一九四八）で一、五〇五世帯、六、九四〇人でしたが、今年（二〇一六）十月末で三五、四二三世帯、七一、六八〇人に増えています。近年は高級住宅地として人気の高い港北区域ですが、その中でも日吉本町一丁目付近は住宅地価格（基準地価）が一番高い事で知られています。日吉地区は大きく変貌しましたが、今も更なる開発が進みつつあります。

箕輪町にあったアピタ日吉店（元サンテラス日吉、一九七七〜二〇一五年十一月）などの跡地約五．六ヘクタールでは、現在、大規模集合住宅と日吉台小学校第二方面校（仮称、二〇二〇年四月開校予定）が作られる計画が進んでいます。

さらに、新横浜駅から綱島街道の下を通って日吉駅の地下まで、相鉄東急直通線の工事も進んでおり、二〇二二年度後半頃に開通する予定です。地下鉄グリーンラインは乗客が増え続けていますし、鶴見駅へ延伸する計画もあります（事業化は未定）。今後、鉄道網の整備が進んでいくと、ターミナルとしての日吉駅はますます重要性を増し、地域の様子も大きく変化していくことでしょう。

（二〇一六年十二月号）

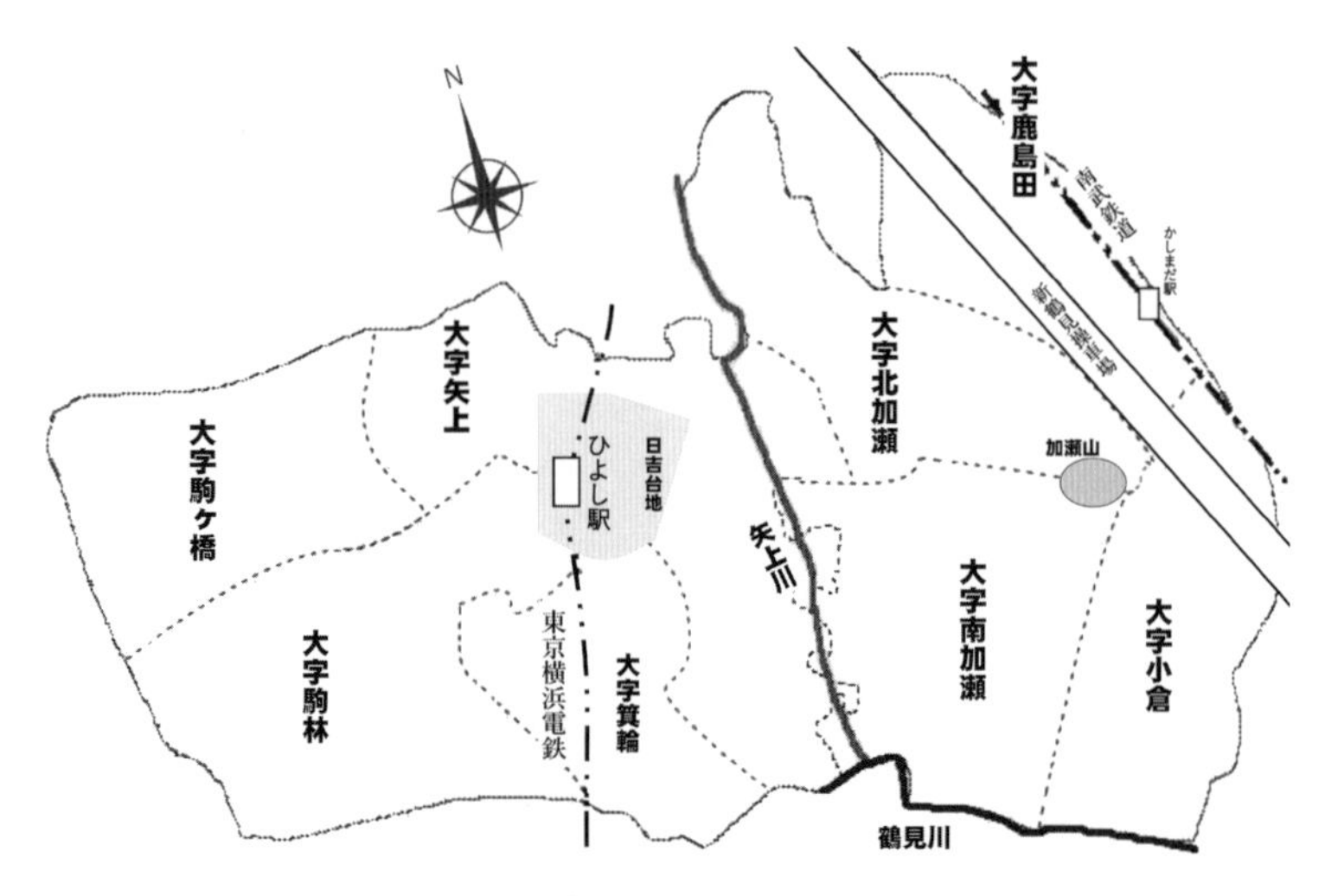

昭和八年（1933）の日吉村図
（川崎市幸区のホームページ内、「日吉地区とは」を参照）

日吉地区の変遷

江戸時代	明治 22 年〜	昭和 12 年〜	昭和 14 年〜
	橘樹郡**日吉村**	横浜市	
駒ヶ橋村	大字（おおあざ）駒ヶ橋	神奈川区下田町	港北区下田町
駒林村	大字駒林	神奈川区日吉本町	港北区日吉本町
箕輪村	大字箕輪	神奈川区箕輪町	港北区箕輪町
矢上村	大字矢上	神奈川区日吉町 （矢上のごく一部が川崎市へ）	港北区日吉町
南加瀬村	大字南加瀬	川崎市 （南加瀬のごく一部が横浜市へ）	
小倉村	大字小倉	川崎市	
鹿島田村	大字鹿島田	川崎市	
	大正 14 年〜日吉村に北加瀬が加わり、昭和 12 年〜川崎市北加瀬		

ごく大雑把な表であり、地区境の細かい変更等は省略した

第二一七回　東京オリンピックで日吉ゴルフコース

明けましておめでとうございます。新年ですので、初夢のようなお話を一つ。

東京オリンピック開催の影響で、日吉に一八ホールのゴルフコースが造られるという話です。

平成二十五年（二〇一三）九月、二度目の東京オリンピックを二〇二〇年に開催することが決まりました。港北区域では日産スタジアムがサッカーの予選会場に予定されていますが、昨年（二〇一六）秋からは横浜アリーナがバレーボールの競技会場になるか否かが大きな話題になりました。

最初の東京オリンピックは、昭和三十九年（一九六四）に開催されましたが、実は、昭和十五年（一九四〇）にも東京大会の開催計画があったことを第一三一回で紹介しました。その頃の話です。以前に、東急電鉄の社内報『清和（せいわ）』を調査していて見つけました。

現在の駒沢オリンピック公園総合運動場は、昭和三十九年の東京オリンピックに合わせて整備されたもので、五輪後は体育館にメモリアルギャラリーも開設されて、今でもオリンピックの聖地となっています。二〇二〇年には、各国代表チームの練習会場として使われる予定です。

実はこの場所、幻に終わった昭和十五年の東京大会でも、メイン会場として整備される予定でした。『清和』昭和十三年七月号（以下、カッコ内は引用文）によると、その土地には、大正三年（一九一四）から東京ゴルフ倶楽部(クラブ)が駒沢ゴルフコースを造っていました。これは、「日本人の手によって造られ、日本人の経営の下に、日本人のゴルファーによって占められた」「日本に於(お)けるゴルフの草分け」といえるコースでした。

昭和七年(一九三二)、東京ゴルフ倶楽部が埼玉県の朝霞(あさか)へ移転すると、駒沢ゴルフコースは東急(当時は目黒蒲田電鉄)が経営を引き継ぎ、パブリックコースとして解放したことにより、ゴルフの大衆化が進みました。

しかし、昭和十五年の東京オリンピック開催が決まり、駒沢にメイン会場が作られることになりました。駒沢ゴルフコースは閉鎖せざるを得なくなり、その代替え地として、なんと日吉が選定されたのです!

日吉の新コースは、面積一八万坪(五九万四、〇〇〇平方メートル)の広大な土地に、一八ホールを備える計画でした。『清和』によると、場所は「日吉の慶應大学と反対側の高地一帯であって、会社のイチゴ園の少々先の方であり、駅から数町といふ(う)所である」と説明しています。つまり、日吉駅の西側になります。駅から日吉地区センターがある辺りまでは、既に分譲地として開発されていましたから、そのさらに西側ということになります。未確認なのですが、現在の慶應義塾大学のグラウンドからサンヴァリエ日吉(元日本住宅公団日吉団地)がある辺りを開発しようとしていたと思われます。

東急電鉄は、株式会社日吉ゴルフ倶楽部を昭和十三年(一九三八)七月二十七日に設立し、この日吉ゴルフコースを所属として、翌年七月頃に完成させる計画を立てます。

表向き、東急電鉄は「第二の駒沢として、従来よりも優秀なコースを造って駒沢を永遠に復活させ、更に引続いてゴルフ界に貢献しよう」との考えを示していますが、実は「兎角停頓し勝ちであった日吉付近発展の口火を切り、これを基礎として、日吉住宅地開発を促進しようとする意図」を持っていました。つまり、売れ行きが悪かった日吉の分譲地の、販売対策として計画されたものでした（第五五回参照）。

ところが、昭和十二年（一九三七）に始まっていた日中戦争の暗い影がすぐ近くまで迫っていました。事態は急転します。『清和』七月号が発行された直後の昭和十三年七月十六日、挙国一致で戦争に臨もうとする政府の意向を受けたオリンピック委員会は、東京オリンピックの開催返上を発表しました。なんと、日吉ゴルフ倶楽部設立総会のわずか一一日前のことです。さらに、戦費調達を目的として、昭和十二年九月に施行されていた臨時資金調整法が十三年八月に改正強化され、設備資金の供給も抑えられてしまいました。

オリンピックの中止により、一転して駒沢ゴルフコースの存続が決まり、日吉ゴルフコースの造成は中止されました。『清和』昭和十四年（一九三九）三月号によると、すでに募集登録していた日吉ゴルフ倶楽部の会員七〇〇人には、駒沢ゴルフコースを使用させることとし、ほとんど九分通り売買契約が纏まっていた日吉の土地は、「資金調整法が解けた時、直に建設工事に着手する予定」と記しています。

しかしその一方で、慶應義塾大学は昭和十三年九月二十日に下田の土地一九、八〇〇坪余の購入を決め、昭和十五年に野球場を開設します（第一九六回参照）。これは、夢に終わったゴルフコースの跡地開発だったのでしょうか？　この謎解きが筆者の夢です。

（二〇一七年一月号）

付記　詳しくは、本書の「おまけⅥ」をご覧下さい。筆者の予想は外れていました。

第二一八回　祝！ＢＥＬＣＡ（ベルカ）賞受賞

正月早々、大豆戸町（まめどちょう）の中島志郎さんから、とても目出度いニュースを教えていただきました。大倉山ハイム三号棟～八号棟住宅が、昨年（二〇一六）五月十六日、第二五回ＢＥＬＣＡ（ベルカ）賞ロングライフ部門を受賞したというものです。

ＢＥＬＣＡ賞とは、主催者である公益社団法人ロングライフビル推進協会（Building and Equipment Long-life Cycle Association）がその頭文字を取って名付けた賞です。ビルのロングライフ化に寄与することを目的として、既存の建築物を表彰する制度で、平成三年（一九九一）に創設されました。ロングライフ部門と、ベストリフォーム部門があります。

ロングライフ部門とは、「長期使用を考慮した設計のもとで建設されるとともに、長年にわたり適切に維持保全され、さらに、今後、相当の期間にわたって維持保全されることが計画されている、模範的な建築物」に授与される賞です。公共施設や学校、宗教関係の建築物等が受賞することが多く、集合住宅が受賞することは、とても珍しいことです。

　大倉山ハイム三号棟～八号棟は昭和五十四年（一九七九）に竣工しました（ちなみに、一、二号棟の竣工は昭和四十八年）。大倉山ハイムにお住まいの中島さんからは、今でも大切に保存されている入居募集のパンフレットを見せていただきました。表紙をめくると「大倉山で暮らしませんか」のフレーズが目に入ります。最寄り駅が大倉山駅ということで大倉山ハイムと名付けられたようですが、住所は大豆戸町です。六棟六三六戸からなる大規模分譲住宅で、大倉山駅から南西へ徒歩一〇分程度の住宅街に位置しています。

　大倉山ハイムは、一つの団地の土地全体を一つの敷地とみなして建築規制を緩和する制度（一団地認定）と、横浜市環境設計制度の総合的開発を利用して、建物を一〇階建て（一部九階建て）に高層化することで、約七〇パーセント空き地を生み出し、広い公園スペースを確保しました。また、インフラ設備を地下に埋設し、電柱やケーブルの無いすっきりした景観を生み出しています。竣工時に三〇年間の長期修繕計画を策定し、その後も二〇年間の修繕計画を

表彰状

大倉山ハイム三号棟～八号棟住宅

建物所有者

大倉山ハイム三号棟～八号棟住宅管理組合殿

右建物は長年にわたり適切に維持保全された模範的な建築物であると評価され第二十五回BELCA賞ロングライフ部門に選ばれましたここに賞状をおくり表彰いたします

平成二十八年五月十六日

公益社団法人ロングライフビル推進協会

会長　山内隆司

BELCA賞の表彰状（2017年1月11日撮影）

実施しています。こうした点が評価され、今回の受賞に至りました。

中島さんは、各種公共施設や新幹線の新横浜駅に近いことが魅力で購入を決めたそうです。この辺りは、かつて字八反野（あざはったんの）と呼ばれた畑地でした。入居当初は、周辺にまだ農地が点在しており、通勤する中島さんは、釣り堀「新横浜養魚」や、梅林のある小さな公園、ナシ畑などの脇を通って大倉山駅まで通っていたそうです。

ヨークマート大倉山店は昭和五十九年（一九八四）の開業ですからまだ無くて、奥様は大倉山駅前のサンコー（一九六九年開業、現マルエツ）へ買い物に行っていました。

中島さんからは、もう一つ情報を教えていただきました。「横浜市大倉山記念館が第六回ＢＥＬＣＡ賞ベストリフォーム部門を受賞している」というものです。恥ずかしながら、筆者は知りませんでした。

ベストリフォーム部門とは、「社会的・物理的な状況の変化に対応して、今後の長期的使用のビジョンを持って、蘇生させる、もしくは飛躍的な価値向上等をさせるリフォームがなされた、模範的な建築物」を選ぶ賞です。

大倉精神文化研究所の本館として建てられた大倉山記念館は、市民利用施設として新たな役割を付加するため昭和五十九年に改修され、平成三年に横浜市指定有形文化財に指定されました。ＢＥＬＣＡ賞を受賞したのは、平成八年（一九九六）のことです。受賞理由についてロングライフビル推進協会に問い合わせたところ、『ＢＥＬＣＡ ＮＥＷＳ』六〇号に、改修工事で外観や内装のデザイン等を損なわないように配慮されたことと、日常の利用状況が「建物や周辺環境に対して、横浜市指定文化財として愛情の込められた日常運営が行われていることが推察され、当建物の昭和初期に於ける建設意図を越えてこのように熱意のある市当局・記念館管理者と市民の手によって活用されている事実は、当賞に相応しい建築と認められた」と説明されていることを教えていただきました。

昨今は、地球環境への配慮や、ものを大切にすること、伝統や文化を継承することなどがこれまで以上に強く求められています。そのような時代に、港北区内で二ヵ所、それもすぐ近くにある建築物が、関係者の継続的な努力によって、ＢＥＬＣＡ賞の二部門をそれぞれ受賞していることを知り、嬉しい正月となりました。

（二〇一七年二月号）

第二一九回　十二年に一度の霊場巡り　―その七、都筑橘樹酉歳地蔵1―

港北地域には霊場巡りがいくつもありますが、その多くは、十二支に合わせて一二年に一度の御開帳です。この連載でも、これまでに子歳（ねどし）御開帳の旧小机領三十三所観音霊場（第一一二～一一四回参照）、寅歳（とらどし）の稲毛七薬師（いなげしちやくし）霊場、都筑橘樹（つづきたちばな）十二薬師霊場、武南（ぶなん）十二薬師霊場（第一三五～一三七回参照）を紹介してきました。

平成二十六年（二〇一四）の午歳には、准秩父三十四札所観音菩薩霊場の御開帳がありました。筆者も区内一一ヵ所の札所の参拝と調査をしたのですが、その紹介は都合により次回の御開帳がある二〇二六年にさせていただきます。

さて、今年は酉歳で、都筑橘樹酉歳地蔵菩薩霊場と武相不動尊霊場の御開帳がありますので、紹介します。何度か書いてきましたが、寺社等は信仰の場ですから、参拝される時はマナーに気をつけて下さい。

都筑橘樹地蔵菩薩霊場

お地蔵さまは、正式には地蔵菩薩といいます。仏教の教えでは、お釈迦様（釈尊）が死亡（入滅）した後は、五六億七〇〇〇万年後に弥勒菩薩が仏として出現するまでの間、現世に仏が不在となります。そのため、地蔵菩薩が六道（地獄道・餓鬼道・畜生道・修羅道・人道・天道）を繰り返し生まれ変わり（輪廻）、苦しむ衆生を救うといわれています。

この地蔵菩薩を参拝する都筑橘樹酉歳地蔵の始まりは、江戸時代中期に遡るようです。飢饉や洪水により世情が不安定となり、苦しめられた庶民が、札所を巡り念仏や御詠歌を唱え、現世利益と来世の安楽を祈念したことがその始まりいわれています。

地蔵の縁日である二十四日にちなみ、当初の札所は二四ヵ所の札所でした。しかし、近代になり番外の一ヵ所が加わり、前回御開帳の辺りから番外と呼ぶのを改めて、現在は二五ヵ所になっています。名称のごとく昔の都筑郡と橘樹郡に分布しています（横浜市青葉区・都筑区・港北区、川崎市中原区・高津区・宮前区）。

今回の御開帳は、四月十六日（日）～五月八日（月）の九時から一七時です。では、港北区内にある札所を順に紹介していきましょう。

北新羽地蔵堂

六番札所　**北新羽地蔵堂**（高野山真言宗）

御詠歌　極楽と　心さだめて　詣るべし　地蔵菩薩の　つなに　ひかれて

新羽町内、字新田谷、北ノ谷、真間門谷、海老ヶ谷を北新羽といいます。北ノ谷の綱引山地蔵堂は、江戸時代に、村内の光明寺の境外仏堂として創建されました。戦後、故あって土地は国有となりましたが、今でも光明寺の住職が法会を行っています。本尊の厄除延命地蔵の立像は、北ノ谷の女性二〇人が宝永四年（一七〇七）に造立したものです。現在のお堂は、昭和三十九年（一九六四）に北ノ谷の方々が再建したものですが、昨平成二十八年（二〇一六）に一度曳き家をして基礎から改築しました。北新羽会館の前にあります。

七番札所　**神隠堂**

御詠歌　小車の　まわる輪廻は　神かくし　あらはしたまへ　むねの御仏

因果の小車といいます。原因と結果は小さな車が廻るようにすぐに巡ってくるという意味の諺です。神隠は新吉田町の字の一つです。地名の由来については、いずれ回を改めてご紹介しましょう。本尊の延命地蔵菩薩は、甲斐武田の家臣山本勘助の守り本尊だったとの伝説があります。神隠堂があった場所は、中町のバス停付近で、浄流寺の飛地境内となっていましたが、前回平成十七年（二〇〇五）の御開帳のすぐ後に、浄流寺へ移されました。それを記念して、お堂の詳細を記した、相澤雅雄著『都筑橘樹酉歳地蔵菩薩霊場第七番札所神隠地蔵堂縁起』が発行されました。

浄流寺内にある榎堂と神隠堂

八番札所　**浄流寺**（浄土宗）

御詠歌　むつの字の　契はかりを　力草　罪の衆生も　たのみあるかな

むつの字とは、「南無阿弥陀仏」の六字名号のことです。力草とは、力になるものと頼みにすることで、下の句の「たのみ」と掛けてあります。

新吉田町の浄流寺は、小机の泉谷寺末で、天正十二年（一五八四）真誉伝公（一五九八年寂）が開山し、境内左手の地蔵堂もその時に建立されたと伝えられています。八番札所の延命地蔵は、元文三年（一七三八）大仏師高橋大学作で、現在は本堂に安置されています。

地蔵堂は、昭和四十年（一九六五）と平成二十五年（二〇一三）に再建されて、名を榎堂神隠堂と改称し、七番札所と九番札所の二体の地蔵が安置されています。

九番札所　**榎堂**

御詠歌　よしあしも　ともに吉田の榎堂　大悲の功徳　あらはれにけり

「よしあし」は、「善し悪し」ですが、吉田の地名の由来とも掛けてあるのでしょうか（第一六一回参照）。大悲とは、地蔵菩薩が衆生の苦しみを救う大きな慈悲のことです。

榎堂は、かつて新田農協（現在のＪＡ横浜新田支店とは別の場所）の脇にあり、字宮ノ下・四ツ家の講中により信仰されてきましたが、百目鬼川の改修に伴い、昭和四十年（一九六五）に八番札所の浄流寺に移転しました。

『新田むかしむかし』第一号によると、この延命地蔵は、妹地蔵といい、対になる姉地蔵は下田にあって、かつては両方を御参りしたそうですが、今では忘れられた伝承のようです。

（二〇一七年三月号）

第二二〇回　十二年に一度の霊場巡り　―その八、都筑橘樹酉歳地蔵2―

一〇番札所　**興禅寺**（天台宗）

御詠歌　道しばを　ふみわけきつる
愛宕山　またも新たに　おがむ御仏

興禅寺

高田町の円瀧山光明院興禅寺は、仁寿三年（八五三）慈覚大師円仁の開山と伝える古刹です。現在の興禅寺は南側に参道がありますが、かつては東側斜面に山門、参道があり、芝草に覆われた境内を抜けて、斜面を登り切った辺りに地蔵堂と愛宕社がありました。江戸時代の『新編武蔵風土記稿』によると、地蔵堂は文化十一年（一八一四）に一度焼失したと記されています。その後再建されましたが、高田小学校前の道路を整備した時に取り壊されました。延命地蔵は、現在本堂本堂に祀られています。

一一番札所　**真福寺**（曹洞宗）

御詠歌　苦竟山　子安地蔵と　あほぐべし　あまねく慈

悲の　尽ぬなりけり

下田町の下田山真福寺は、一七世紀中頃に欄室関牛が開山しました。山号は、古くは駒橋山と号していました。下田地蔵尊の名でも知られています。御開帳の子育延命地蔵は、御詠歌にあるように、かつては「子安地蔵」とか「子安延命地蔵」と呼ばれていました。子安地蔵は、四月から七月まで江戸やその周辺を一夜ずつ宿を取りながら廻ったことから「一夜地蔵」とも呼ばれていました。自宅に一夜預かって念仏をすると子宝に恵まれるといわれ、男の子が欲しい時は白色、女の子の時は赤色ののぼりを寺から借りて帰り、子供が生まれると二本にして返したそうです。

真福寺

一二番札所　**保福寺**（曹洞宗）

御詠歌　六道の　辻のまよひ
も　導きて　我等を助け　救ひた

まへや
日吉四丁目の谷上山保福寺は、小田原北条氏の家臣中田加賀守が開基となり、一六世紀後半に小机の雲松院の末寺として開山しました。
山門を入ると、右手に昭和五十九年（一九八四）建立の地蔵堂があります。堂内の子育延命地蔵は、延宝五年（一六七七）に造立された身の丈約五尺（約一・五メートル）の石像です。自分の体の悪いところと同じ部分を撫でると病が治るとの評判から、別名「おさすり地蔵」とも呼ばれています。

保福寺

余談ですが、〝廻り地蔵〟の話をしておきましょう。
一体の地蔵を厨子と呼ばれる木の箱に入れて、信者の家から家へと順に持ち廻る民俗行事を、〝廻り地蔵〟といいます。
真福寺には、厨子が二つ現存します。地蔵は三体が安置されています。前述した一夜地蔵は、巡行地蔵ともいわれ、本堂の左脇陣に安置されています。常にお寺にいる秘仏の地蔵は、留守番地蔵と呼ばれて、本尊如意輪観世音菩薩の左側に安置されています。もう一体、小さい地蔵が巡行地蔵の右脇に安置されています。かなり痛みがありますから、かつてはこの地蔵も巡行地蔵だったかも知れません。

寛延三年（一七五〇）頃に始まった真福寺の廻り地蔵は、昭和四十二年（一九六七）まで続いていました。

現在、新羽町の西方寺に安置されている百万遍念仏の地蔵は、平成八年（一九九六）まで中之久保地区で廻り地蔵の本尊として使われていたもので、背負い紐の付いた厨子に収められています。

廻り地蔵は全国各地で行われていましたが、その多くは先の大戦前後に中断しました。しかし、横浜には現在も続く廻り地蔵があります。

平成二十五年（二〇一三）、鶴見川流域の廻り地蔵（港北区、緑区、都筑区）と、下飯田の廻り地蔵（泉区）が横浜市の無形民俗文化財に指定されました。

鶴見川流域では、港北区、緑区、都筑区の三ヵ所で廻り地蔵が続けられています。

港北区の保存団体は、新羽町三谷戸廻り地蔵講です。三谷戸とは、新羽駅の西側に位置する中井根、向谷、久保谷の三つの谷戸です。

地蔵を預かった家では、毎朝お茶、ご飯、線香を供えます。預かる期間は定まっておらず、短ければ一週間、長い時は三年にも及ぶそうです。次の家に運ぶ時はお賽銭を添えて、家の主人が厨子を背負って歩いて運びます。三谷戸の廻り地蔵は、特定の寺に帰ることはありません。

新羽町付近は、一九九〇年代に横浜市営地下鉄ブルーラインと宮内(みやうち)新横浜線道路が開通して、急速に市街地化が進みましたが、港北区域の中では旧家の蔵や、地域の伝統行事などが比較的よく残されている地区です（第二一一回参照）。

（二〇一七年四月号）

第二三一回　一二年に一度の霊場巡り　―その九、武相不動尊―

酉歳(とりどし)には、前回ご紹介した都筑橘樹(つづきたちばな)酉歳地蔵霊場(じぞうれいじょう)に加えて、もう一つ武相不動尊(ぶそうふどうそん)霊場の御開帳(おかいちょう)があります。会期は五月一日から二十八日の午前九時から午後五時までです。

この霊場は、昭和四十三年（一九六八）に、神奈川県川崎市・横浜市から東京都大田区・日野市に分布する二八ヵ寺が集まって結成されました。翌昭和四十四年（一九六九）が酉歳で、最初の御開帳が催されました。港北区域で御開帳をしている霊場としては、最も新しいものです。会の発起人は身代り不動尊（二番札所）でした。一般に、発起人が一番札所を務めることが多いのですが、川崎大師に譲ったのだそうです。札所が二八ヵ所なのは、不動尊の縁日が二十八日であることにちなんでおり、二八番札所は高幡不動です。武相の名を冠していますが、全ての寺院が武蔵国(むさしのくに)にあり、相模国(さがみのくに)には分布していません。ちなみに、武相学園の校名の由来は、第二一二回をご覧下さい。

一二年に一度の酉歳御開帳なので、今年で五回目になるのかと思っていましたが、西方寺(さいほうじ)の伊藤増見(ぞうけん)住職のお話では、一二年間隔では長いので、その中間にあたる卯歳に「中開帳」をしたことが一、二度あるそうです。

毎回バスツアーが企画されますが、札所が川崎市から日野市まで広範囲に分布していることから、日帰り二日のコースとなっています。

興禅寺

では、港北区内にある札所を順に紹介していきましょう。

七番札所　**興禅寺**（天台宗）

高田町の興禅寺については、前回ご紹介しました。御開帳の善立不動尊は、江戸時代高田村にあった善立寺の本尊でしたが、後に廃寺となり興禅寺に移されたものです。五月一日から八日の間に参拝すると、地蔵菩薩と不動明王の二つの御開帳を一度に体験出来ます。

八番札所　**金蔵寺**（天台宗）

御詠歌　くもりなく　不動の鏡　あらたけく
　　法の光は　代々を照らさん

日吉本町の清林山仏乗院金蔵寺は、貞観年間（八五九～八七七年）に天台宗第五代座主智証大師円珍が開基し、本尊の大聖不動明王も円

金蔵寺

珍作と伝えられています。

武相不動尊霊場はまだ新しいので、前回平成十七年（二〇〇五）御開帳時の納経帳に御詠歌が記されていたのは一一ヵ所のみ、区内では金蔵寺だけでした。

九番札所　**西方寺**（真言宗単立）

新羽町の普陀洛山西方寺は、明応年間（一四九二〜一五〇一年）に鎌倉から現在地に移転してきました。日切不動尊の「日切」とは、約束の日限を守って願いを叶えてくれるということです。

西方寺には、旧小机領三十三所子歳観音霊場の十一面観音立像があります。平安時代、一二世紀の作と推定されるこの観音立像は、平成二十三年（二〇一一）の東日本大震災で破損したため、朝日新聞文化財団の文化財保護助成を受けて、修理保存事業を実施し、今年三月十五日に開眼供養が行われました。

一四番札所　**三会寺**（高野山真言宗）

鳥山町の瑞雲山本覚院三会寺は、源頼朝が佐々木高綱に奉行を命じて建立したと伝えられるお寺です。本尊は弥勒菩薩ですが、『新編武蔵風土記稿』には「本尊は不動の木像にて長二尺三寸許（約七〇センチメートル）立像なり、行基菩薩の作なりといひ伝ふ」と書かれていますので、江戸時代には厄除不動尊が

西方寺

三会寺

本尊だった時期があるようです。

二六番札所　光明寺（高野山真言宗）

新羽町の遍照山光明寺は、明応五年（一四九六）に継伝僧都が鳥山町三会寺の末寺として開創しました。御開帳の大聖不動明王像は、髙野檜の一木造りで、両脇侍の矜羯羅童子、制多迦童子と共に、総本山の高野山金剛峯寺より勧請されたものです。

さて、お寺を参詣すると、不動尊の手からは五色の糸（善の綱）がお堂の外まで張られており、供養塔で五色の長い布切れとなって下げられています。この善の綱に触れることで不動明王と縁を結び功徳をいただける（善処に導かれる）とされます。

お茶やお菓子のご接待を用意してくださっていることもあります。お断りしないのがマナーだそうです。お茶をご馳走になりながら、様々な方々との出逢いを楽しむのも札所巡りの味わいです。

（二〇一七年五月号）

光明寺

第二三二回　地域資料の保存と公開

地域では、日々様々な刊行物が生み出されています。それらを収集し公開することは、地域図書館の重要な使命の一つです。しかし、図書館員が全ての情報を集めて、独自に収集することには限界があります。自費出版の本その他、お持ちの資料があれば、図書館へ寄贈していただけると助かります。図書館で既に所蔵していても、利用が多い本は傷むのも早いので、副本が欲しいことがあります。

横浜市立図書館では、下記のお願いをしています。

次に挙げる本をお持ちの場合や、新しく出版された場合は、ぜひ図書館へご寄贈ください。

◎横浜市や神奈川県について書かれた郷土資料

◎横浜市に関係のある学校史、社史、町内会史、記念誌各区にある図書館では、特にその区内の資料を重点的に集めています。港北図書館では、港北区内で刊行された本を集めています。

先日、下田町の寺田貞治さんより、所蔵資料の一部を港北図書館、日吉台地下壕保存の会、大倉精神文化研究所の三者にご寄贈いただきました。

寺田さんは、日吉にある慶應義塾高等学校の地学科教諭を昭和三十三年から平成十年（一九五八～九八）まで務められました。その勤務のかたわら、キャンパスの地下に掘られた海軍の地下壕を調査し、平成元年（一九八九）三月に日吉台地下壕保存の会を立ち上げ、事務局長として長い間会を支えてきました。現在、地下壕の存在は多くの区民の知るところとなり、戦争遺跡としての保存が図られていますが、それは寺田さん達が始めた活動によるものです。

寺田貞治さん（2002年3月16日撮影）

また、お子さんが通われた下田小学校や日吉台西中学校のPTA役員となり、委員として記念誌発行にも携わりました。地域では、昭和六十二年（一九八七）に下田町自治会に文化部を創設し、平成十一年（一九九九）にNPO法人横浜の自然と歴史を守る会、平成十五年（二〇〇三）に港北郷土史会を設立するなど、地域の自然や歴史・文化を学び、次世代に伝えていく活動を長く続けられました。

こうした活動をする中で集めた資料は膨大な量になりますが、丁寧に整理し保存してこられました。最近、活動の第一線を引かれたことから、ご家族の方と相談して、その貴重な資料の一部、港北区域に係わるものを前記三団体に寄贈されたわけです。

日吉台地下壕保存の会には、会の発足初期の貴重な資料を沢山寄贈されました。港北図書館と大倉精神文化研究所では、その他の地域資料を分けて受贈いたしました。その中には、これまで存在が知られていなかった資料が沢山含まれていました。

たとえば、慶應義塾高等学校は、昭和二十三年（一九四八）四月に慶應義塾第一高等学校、慶應義塾第二高等学校として麻布新堀町（あざぶしんぼりちょう）（港区）で開校し、翌昭和二十四年四月に統合して誕生しました。同年十月一日、GHQに接収されていた慶應義塾大学日吉キャンパスが返還されると、高等学校が日吉に移転することとなり、十月十一日より授業が始まりました。

その後同校では、学校誌を十年毎に編纂してきましたが、これまで市の図書館には『六十年』しか所蔵されていませんでした。今回、全て（『十年』『二十年』『三十年』『四十年』『五十年』『六十年』）を寄贈していただきました。また、硬式野球部が、平成二十年（二〇〇八）春の第八〇回選抜高等学校野球大会と、同年夏の第九〇回全国高等学校野球選手権記念大会に出場したときの記念誌も寄贈していただきました。いずれ詳しくご紹介しましょう。

地域の学校誌も沢山いただきましたが、新出資料としては、駒林(こまばやし)小学校の『創立十周年記念誌』、日吉台西中学校が昭和五十二年（一九七七）四月に開校するまでの経緯を記した『日吉台西中学校の誕生』と創立十周年記念誌『伸びゆくもの』、樽町(たるまち)中学校の創立十周年記念誌『しょうぶ』が目を引きました。

下田町には、サンヴァリエ日吉という大きな団地があります。このサンヴァリエ日吉は、昭和三十二年（一九五七）に日本住宅公団の日吉団地として建設されたものです。昭和三十七年（一九六二）に設立された自治会は、様々な活動を展開して、港北地域に大きな影響を与えてきました。市の図書館には、自治会が発行した入居三〇周年記念誌『ひよし三〇年の足音』が所蔵されていますが、今回新たに、『ひよし二〇年の思い出』『入居四〇周年記念誌』が寄贈されました。日吉団地とその自治会の歴史についても、いずれ回を改めて詳しくご紹介しましょう。

皆様も一度書棚を確かめてみてください。地域にとってのお宝が眠っているかも知れませんよ。

（二〇一七年六月号）

付記　サンヴァリエとは、フランス語のsain（健康、英語のsun：太陽とも掛けている）とvarier（変わる）を組み合わせた造語だそうです。全棟の立て替えが完了したのを受けて平成六年（一九九四）にサンヴァリエ日吉として再スタートしました。

第二二三回　師岡地区　―地域の成り立ち、その一三―

師岡地区は、港北区の中央部東側に位置しています。北は熊野神社市民の森の権現山や天神山の尾根を境として樽町と接し、西は北側から大曽根、大倉山、大豆戸の各地区に接し、東から南にかけては鶴見区と接しています。地区の中央部には、北東から南西にかけて、環状二号線道路が走っています。かつて橘樹郡師岡村と呼ばれていた地域とほぼ同じです。

師岡村は、明治二十二年（一八八九）の市町村制施行により、駒岡村、獅子ヶ谷村、北寺尾村、馬場村、上末吉村、下末吉村など（全て鶴見区域）と合併して旭村大字師岡となりました。昭和二年（一九二七）に横浜市へ編入されたときに神奈川区師岡町となり、昭和十四年（一九三九）の港北区成立と共に港北区師岡町となりましたが、今でも鶴見区方面との結びつきが強い地域です。

師岡の地名は、平安時代の承平年間（九三一～九三八年）に成立した百科事典『和名類聚抄』に「諸岡」と表記されており、諸々の丘が並んでいる地形から名付けられたといわれています。この諸岡の表記は、奈良県明日香村の石神遺跡から発見された木簡に「諸岡五十戸」の文字が記されていたことから、七世紀後半にはすでに使われていたと考えられます。

長い歴史を持つ師岡地区には、数多くの伝説があります。たとえば、地区の北西に鎮座する師岡熊野神社は、権現山（熊野山）に生えていた梛の木の洞に住んでいた全寿という老人が、神亀元年（七二四）に大和国から熊野権現を背負って連れてきて、お祀りしたのが始まりとの社伝があります。その時に、いの池の片目鯉の伝説も生まれました（第一二一回参照）。

平成六年（一九九四）に市の無形民俗文化財に指定された筒粥神事は、のの池の神水や神木梛の葉、鶴見川の葭などを使って毎年一月十四日に実施されますが、今年（二〇一七）で一、〇六八回を数えました。筒粥では、大麦・小麦から粟・稗・大豆など二三種類の農作物の作況を占いますが、これはかつて師岡地区が農村地帯だった頃の代表的な農作物と思われます。明治の末頃にはイチゴの栽培も盛んでした。

師岡村の人口は、明治五年（一八七二）に五五戸三五一人でしたが、戦後の昭和二十五年（一九五〇）になっても一三一戸六三九人でした。農村地帯だった師岡地区が変貌を始めるのは、昭和三十年代の高度経済成長期になってからです。京浜工業地帯の後背地に位置する港北区域には、この頃から多くの工場が進出してきました。師岡地区にも、後述するトヨペットや明治製菓株式会社綱島研究所（現Ｍｅｉｊｉ Ｓｅｉｋａファルマ株式会社横浜研究所）など数社が進出しましたが、おもには隣接する樽町や神奈川区に進出した企業のベッドタウンとして人口が増加しました。今年（二〇一七）五月三十一日現在で四、七七三世帯一〇、四六九人となっています。

師岡地区の東端は、字沼上耕地(あざぬまうえこうち)という水田地帯でした。ここへ、昭和三十六年（一九六一）にトヨタ自動車のグループ企業であるトヨペット整備の綱島工場、東京トヨペットなどが進出しました。昭和三十九年には、その両社の間に環状二号線道路が通りました。現在、トレッサ横浜が道路を挟んで北棟と南棟から成り立っているのは、この二社などの跡地を利用しているからです。

トレッサ横浜は、株式会社トヨタオートモールクリエイトが管理運営するオートモール（自動車販売施設）併設型のショッピングシティです。建設中は、トヨタ横浜港北複合商業施設と仮称していました。オートモールと商業施設が一体化した北棟は平成十九年（二〇〇七）十二月に開業し、巨大ポストが人目を引くトレッサ横浜郵便局や師岡コミュニティハウスなどがある南棟は翌年三月に開業しました。

トレッサ横浜の南西には横溝(よこみぞ)屋敷（鶴見区）があります。横溝氏の屋敷となる前には、慶長(けいちょう)年間（一五九六〜一六一五年）に旗本小田切(おだぎり)氏の屋敷があったことから、その裏山を殿山(とのやま)といい、獅子ヶ谷城がありました。殿山は別名を兜山(かぶとやま)とも言います。殿様の兜とか戦(いくさ)にちなんだ地名かと思って、樽町の吉川英男(よしかわひでお)さんに伺うと、昔はここでカブトムシが沢山採れたので子供たちが「かぶとやま」と呼んだのだそうです。楽しいネーミングですね。

『地域わかりマス二〇一三』によると、師岡地区は「住んでいる場所に愛着を感じている」という住民が、区内一三地区で一番多いという調査結果が出ています。また「近所で相談できる人がいる」の割合も区内で最も多く、住みよい街づくりが成功しているようです。

（二〇一七年七月号）

第二二四回　横浜ゆかりの歌手　渡辺はま子さんと菊名 ―終戦秘話その二四―

平成二十七年（二〇一五）一月、港北区出身の女優、五大路子（ごだいみちこ）さんが主催する劇団「横浜夢座」では、劇団の創立一五年と戦後七〇年を記念して、「奇跡の歌姫『渡辺はま子』」を一四年ぶりに再演しました。渡辺はま子さんの名前を聞いてピンと来る方は少なくなってきているかも知れませんが、はま子さんは戦前・戦後に活躍された歌手で、昭和二十六年（一九五一）の第一回紅白歌合戦では紅組のトリを務めた大スターです。その名前のとおり、横浜で生まれ育ったはまっこ（浜っ子）で、横浜ゆかりの歌手としても知られます。

舞台「奇跡の歌姫『渡辺はま子』」は、戦後、フィリピンのマニラ郊外、モンテンルパのニュー・ビリビッド刑務所でBC級戦犯として収監されていた一〇〇人を越える日本人たちと、当時国交がなかったフィリピンに単身で赴（おもむ）き、彼らの減刑・釈放をフィリピン政府に嘆願（たんがん）した渡辺はま子さんとの交流、彼らが獄中で遠い祖国を思い、望郷の念を込めて作った歌「あゝモンテンルパの夜（よ）は更（ふ）けて」の誕生、そして彼らの帰国が実現するまでを描いた物語です。

歌は昭和二十七年（一九五二）に、渡辺はま子さんと宇都美清（うつみきよし）さんの歌声で吹き込まれてレコード化され、当時二〇万枚を売り上げる大ヒットとなりました。

横浜夢座による再演から二ヶ月後、第七回港北ふるさと映像祭で「ダイジェスト　奇跡の歌姫『渡辺はま子』」が上映されました。その映像祭のチラシを見ていた時、作品説明の冒頭の一文に目を奪われました。「子どものころ、菊名に住んでいた奇跡の歌姫『渡辺はま子』」と書かれているではありませんか。港北区に住んでいたことがあるとは今まで知りませんでした。渡辺はま子さんの明るく晴れやかな歌声が大好きな筆者としては是非詳しいことが知りたいと思い、調べてみました。

渡辺はま子さんは、昭和五十三年（一九七八）にフォト自叙伝『あゝ忘られぬ胡弓の音』を出版しています。そこには、戦前から戦後にかけて、菊名の山の上にある家に住んでいたことが書かれていました。また、実際に菊名の自宅の前で撮影した写真も掲載されていました。先のチラシでは菊名に住んでいたのは「子どものころ」と書かれていましたが、はま子さんは明治四十三年（一九一〇）生まれですので、実際に菊名に住んでいたのは、既に成人した後だったようです。

渡辺はま子さんは、父と母、そして兄と姉の五人家族でした。太平洋戦争が始まる直前の昭和十六年（一九四一）九月、当時、本牧中学校で書道を教えていたはま子さんの父、近蔵さんが脳溢血で倒れ、その三日後に息を引き取りました。公演を終えて帰宅したはま子さんは、父親の葬儀の日に菊名の家が本牧中学校の生徒でいっぱいになったことが悲しい思い出であったと述懐しています。しかし一方で「父の死後、十二月八日から起きた長いむごい戦争を知らないで、かえって良かったのかも知れない」とも述べています。

戦争が始まると、兄が出征したため、自宅には女性だけが三人残されることとなり、毎日空襲に怯えながら暮らしていました。仕事で菊名から渋谷に向かう電車の三〇分間ですら何事が起きてもおかしくないという不安との戦いでした。苦労して放送局に辿り着いても時間に間に合わず、既にレコードをかけて対応した後だったこともあったそうです。

渡辺はま子

その後、はま子さん自身も歌手として中国の上海へ慰問に向かうこととなります。そこで、はま子さんは母と姉を長野県上田市の別所温泉近くの農家へ疎開させ、菊名の自宅は軍の寮として提供したのだそうです。

はま子さんは慰問先の中国天津で終戦を迎えました。その後、八ヶ月を捕虜として過ごします。その間には帰国を待つ日本人のため、慰問公演も行いました。

日本へ帰国したのは翌年五月四日のことでした。引き揚げ船で佐世保に到着し、久しぶりに菊名の自宅へ戻ると、母と姉も既に戻っていました。

しかし、兄は何とか戦地から生きて帰って来ましたが、重度の栄養失調のため、帰港先の佐世保ですぐに入院することとなりました。

はま子さんは義理の姉とともに兄と対面しましたが、その変わり果てた姿を目の当たりにして、兄が助かる病人ではないことを知ります。兄と母を一日会わせてあげたいと思うはま子さんは、母や兄の友人と相談をするため、一度横浜へ戻ります。しかし、その後を追うかの如く、悲しい訃報が届けられました。

はま子さんがいつ頃まで菊名で暮らしていたのかは調査中ですが、昭和二十二年（一九四七）一月に米軍の通訳をしていた加藤貞治さんと結婚した時には、まだ菊名に住んでいたようです。その後、昭和二十五年頃には、横浜市中区本牧町に住んでおり、「あゝモンテンルパの夜は更けて」が発売された昭和二十七年当時は鎌倉に転居していたことがわかっています。

渡辺はま子さんが暮らした菊名の家の場所は、昭和十五年版の『レコード音楽技芸家銘鑑』によると「横浜市菊名町宮ヶ谷三八二」と書かれており、横浜線の線路沿いの菊名記念病院に程近い高台にあったようです。

（二〇一七年八月号）

第二二五回　古い資料からの新たな発見　―終戦秘話その二五―

筆者の勤務する大倉精神文化研究所では、研究所の設立準備を始めた大正末から現在に至るまでの多くの資料を所蔵しています。現在も未整理資料の整理は続いています。また、地域の方や、かつて研究所に関わっていた方、あるいはそのご子孫の方から資料をご寄贈頂いたり、借用した資料を複写したりして新たに受け入れる資料もあります。

昨年（二〇一六）十二月、菊名の石井肇（いしいはじめ）さんが、大倉精神文化研究所本館（現、横浜市大倉山記念館）建築中の写真や資料をお持ちであるとのことで研究所にお越し下さり、後日その資料を見せて頂きました。肇さんの父、石井延三（いしいえんぞう）さんは、研究所本館建築工事の現場監督を務められた方です。資料には、研究所から延三さんに発行された現場監督の嘱託（しょくたく）・解職（かいしょく）・給与の辞令、建築中の様子を撮影した写真や設計者の長野（ながの）宇平治（うへいじ）一家が大倉山を訪れた際の写真などを収めたアルバムがあり、研究所ではそれらの資料をお借りして、複写させて頂きました。

調べてみると、研究所には延三さんの辞令の発行控がありました。研究所本館の建築工事では三名の現場監督がいましたが、延三さんは建築工事が行われた昭和四年（一九二九）十月から昭和七年（一九三二）三月、最初から最後まで携わった二名の現場監督のうちの一人だったようです。また大倉精神文化研究所の建築工事中、敷地内から弥生（やよい）式土器や石器類が出土しましたが、その発掘個所の略図を書いたのが延三さんだったこともわかりました。延三さんは明治四十四年（一九一一）生まれで、現場監督となった時には一八歳でしたが、それ以前にも長野宇平治設計のビル工事などに関わっていたそうです。若いながらもその能力や人柄を見込まれていたことが窺えます。しかし大変残念なことに、延三さんはその後、戦争でフィリピンのミンダナオ島に派遣され、現地で亡くなられたそうです。合掌。

研究所の旧所員だった故小森嘉一（こもりよしかず）さんのご遺族からは、小森さんがお持ちだった資料をご寄贈頂きました。小森さんから生前お聞きした話はこれまでにも取り上げてきました（第二回、第三回、第三三回、第四四回、第五九回）。

小森さんの資料はその内容も年代も多岐（たき）に亘りますが、その中に、太平洋戦争末期に大倉精神文化研究所本館の建物を借用して業務を行っていた海軍気象部大倉山分室に関する資料がありました。終戦直後、気象部から水路部へ移管する物品の保管を研究所に依頼した文書や備品目録、研究所に運びこんでいた統計学に関する洋書の受領証など、研究所と海軍気象部とのやりとりを直接的に物語る新たな資料です。また、研究所では戦後、海軍気象部から払い下げられたと見られる観測用紙の裏紙を事務書類の作成に使用していましたが、小森さんがお持ちだった研究所の書類の中には、これまでに見たことのない観測用紙を使用したものが多数ありました。

戦争に関わる資料は他にもありました。その一つが伝単（でんたん）です。伝単は紙の爆弾と言われ、戦争の際に相手国の兵士や市民の戦意を喪失（そうしつ）させるために配布されたビラです。小森さんがお持ちだった伝単はＢ６判の両面ガリ版刷りで、表には昭和二十年七月二十六日に発表されたポツダム宣言を受けて日本政府が連合国側に通達した内容、裏にはそれを受けて「米国々務長官より日本政府へ伝達したメッセーヂの全文（八月十一日)」が書かれていることから、この伝単は八月十五日の直前に投下されたものであることがわかります。

なお、伝単については以前、篠原町の臼井義常さんが、篠原城址の空堀に落ちた伝単が入っていた大きな爆弾のような容器を掘り出して持ち帰ったことを第八〇回でご紹介しました。この容器とその中に入っていた伝単については、『新横浜五〇年の軌跡』の中で詳細が書かれていますので、ご覧ください。

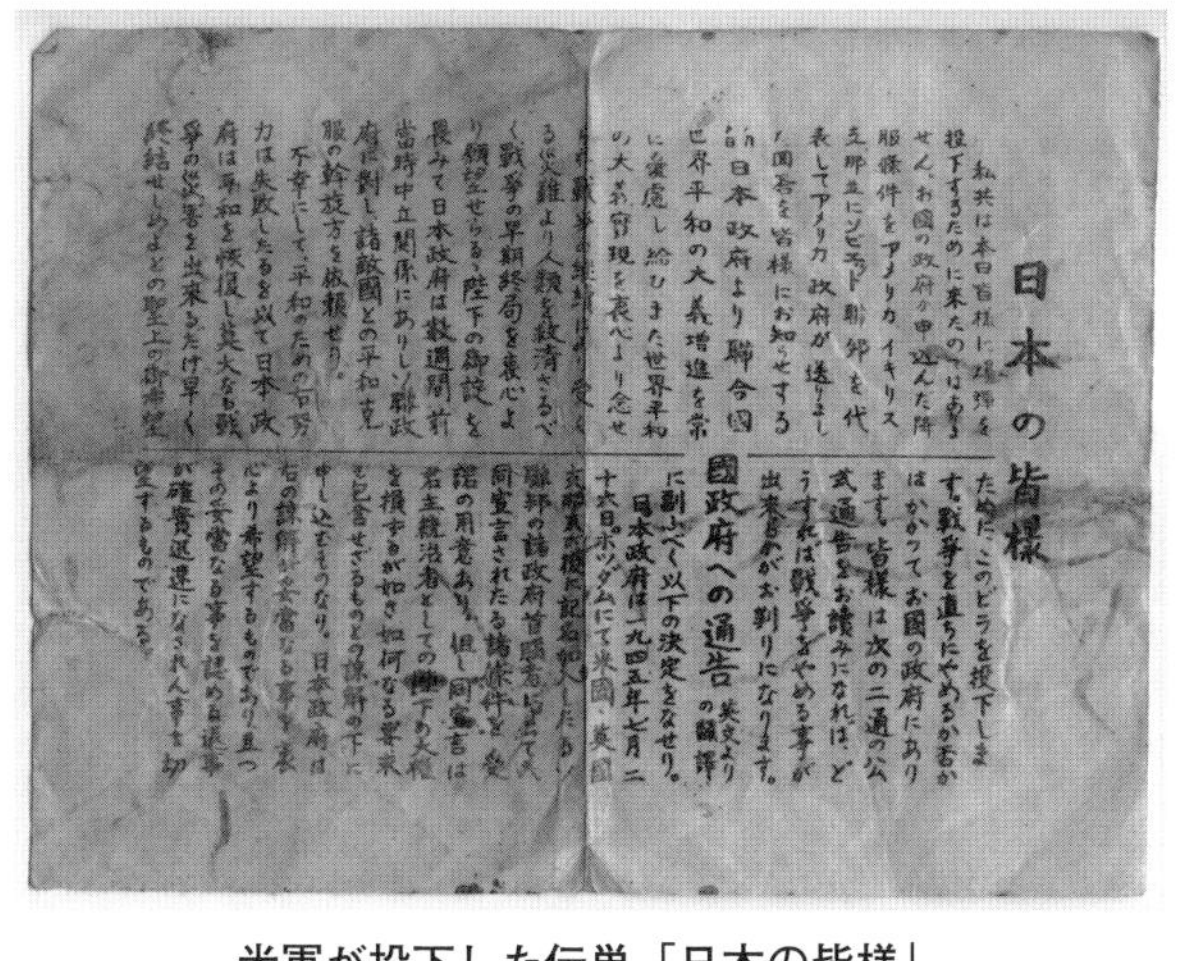
日本の皆様

私共は本日皆様に爆弾を投下するために来たのではありません。お國の政府が申込んだ降服條件をアメリカ、イギリス、支那並にソビエット聯邦を代表してアメリカ政府が送りました回答を皆様にお知らせするために、このビラを投下します。戦爭を直ちにやめるか否かはかかつてお國の政府にあります。皆様は次の二通の公式通告をお讀みになれば、どうすれば戦爭をやめる事が出来るかがお判りになります。

日本政府より聯合國政府への通告　英文よりの翻譯

世界平和の大義増進を常に要慮し給ひまた世界平和の大義實現を衷心より念せ

るる災難より人類を救済さるべく戦爭の早期終局を衷心より願望せらるる陛下の御詫を畏みて日本政府は数週間前當時中立関係にありしソ聯政府に對し諸敵國との平和克服の斡旋方を依頼せり。

不幸にして平和のための右努力は失敗したるを以て日本政府は平和を恢復し莫大なる戦爭の災害を出来るだけ早く終結せしめよとの聖上の御希望に副ふべく以下の決定をなせり。

日本政府は一九四五年七月二十六日ポツダムにて米國、英國支那首脳者が後に記名加入したる聯邦の諸政府首腦者によりて共同宣言されたる諸條件を受諾の用意あり。但し同宣言は君主統治者としての陛下の大權を損ずるが如き如何なる要求をも包含せざるものとの諒解の下に申し込むものなり。日本政府は右の諒解が妥當なる事を衷心より希望するものであり且つその妥當なる事を認める返事が確實迅速になされん事を切望するものである。

米軍が投下した伝単「日本の皆様」

終戦後、明るさを取り戻しつつある地域の様子が垣間見える資料もありました。太尾町青年同志会によるお盆の催し、演芸大会開催の案内状です。青年同志会は、戦争で荒れ果てた郷里を復興しようという思いの下に結成され、今の記念館に向かう坂道に復興を願って桜を植えたことを第一九一回で紹介しました。青年同志会からのこの案内状には「今年も八月となりました。早や十日であります。歳月のめぐりは早いもので、あの終戦の詔書を受けましてより満一年となります」と書かれており、昭和二十一年（一九四六）八月十日に配布されたことがわかります。演芸大会は十四日午後五時から池内精工株式会社前

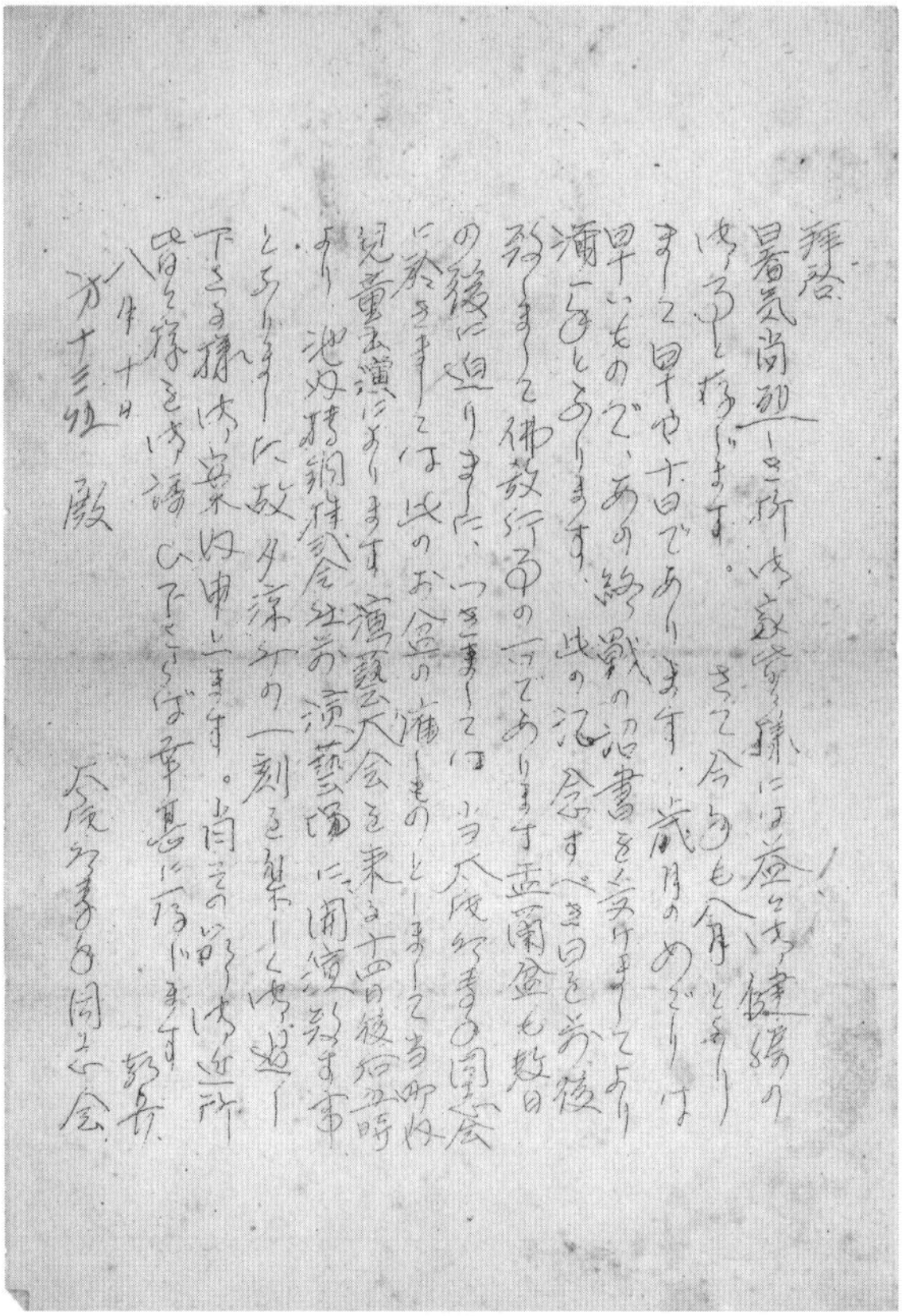
拝啓
暑気尚烈しき所皆様には益々御健勝の
御事と存じます。さて今年も八月となり
ましてはや十日であります。歳月のめぐりは
早いもので、あの終戦の詔書を受けましてより
満一年となります。此の記念すべき日を前後
致しまして佛教行事の一つであります盂蘭盆も数日
の後に迫りました。つきましては当大倉山町の同志会
に於きましては此のお盆の催しものとしまして当町内
児童出演によります演芸大会を来る十四日夜六時
より池内精鋼株式会社前演芸場に開演致す事
となりました。故夕涼みの一刻を楽しく御遊し
下さる様御案内申し上げます。尚其の節は御近所
皆々様を御誘ひ下さらば幸甚に存じます。
八月十日　大倉山町同志会　幹事
第十三組　殿

演芸大会開催の案内

に設けられた演芸場を会場に、町内の児童が出演し、ご近所みんなで集まって夕涼みの一刻を楽しく過ごして欲しいとの思いから行われたようです。池内精工は昭和六十一年（一九八六）まで現在の大倉山五丁目にありましたが、現在その跡地はマンションのダイアパレスグランデージ大倉山になっています。

（二〇一七年九月号）

第二二六回　港北のお城と館　―その一、中田加賀守館―

昨年（二〇一六）一二月に、パシフィコ横浜でお城EXPO2016が開催され、港北区からは小机（こづくえ）城と篠原（しのはら）城の紹介展示をしました。お城復元マイスター二宮博志（にのみやひろし）さんが作られた小机城の精巧な模型、城（しろ）ラマも展示されました。今年（二〇一七）四月六日（お城の日）には、公益財団法人日本城郭協会によって、小机城が続日本一〇〇名城に選ばれ、それを記念して八月二十日に小机城フォーラムが開催されました。

この後は、パシフィコ横浜でお城EXPO2017（会期十二月二十二日〜二十四日）の開催も決まっています。

お城ブームに沸く港北区ですので、今回から港北区域にあったお城の紹介を始めます。ところで、そもそもお城は港北区内にいったい幾つあったのでしょうか？　区内に近世の城はありませんが、中世の城は沢山ありました。お城とはいっても、今回取り上げる中田加賀守館が矢上城とも呼ばれたりするように、中世の城の定義からいえば、砦や館、屋敷などといわれたものもお城に含めて考えられます。天守も石垣も、水を湛えたお堀も無いので、私たちの良く知っているお城のイメージとはかなり異なっています。

埋蔵文化財センター発行の『埋文よこはま』三三号（二〇一六年三月発行）は、横浜の中世城郭を特集しています。これによると、「横浜市内の中世城郭は、丘陵や台地の地形を巧みに利用した丘城と呼ばれるもので、一四世紀から一六世紀後半にかけて築造されたと考えられて」いるそうです。遺構が確認されている城郭は市内に六ヵ所、その内の二ヵ所は小机城と篠原城です。その他に、遺構未確認のものが三三ヵ所あり、港北区内にはその内五ヵ所が挙げられています。あわせて七ヵ所になりますが、実はこの他にも城や館の跡と考えられるものが幾つもあります。

港北区域の中世城郭について、最も数多く記録しているのは、約二〇〇年前の江戸時代後期に編纂された

横浜市港北区のお城と館

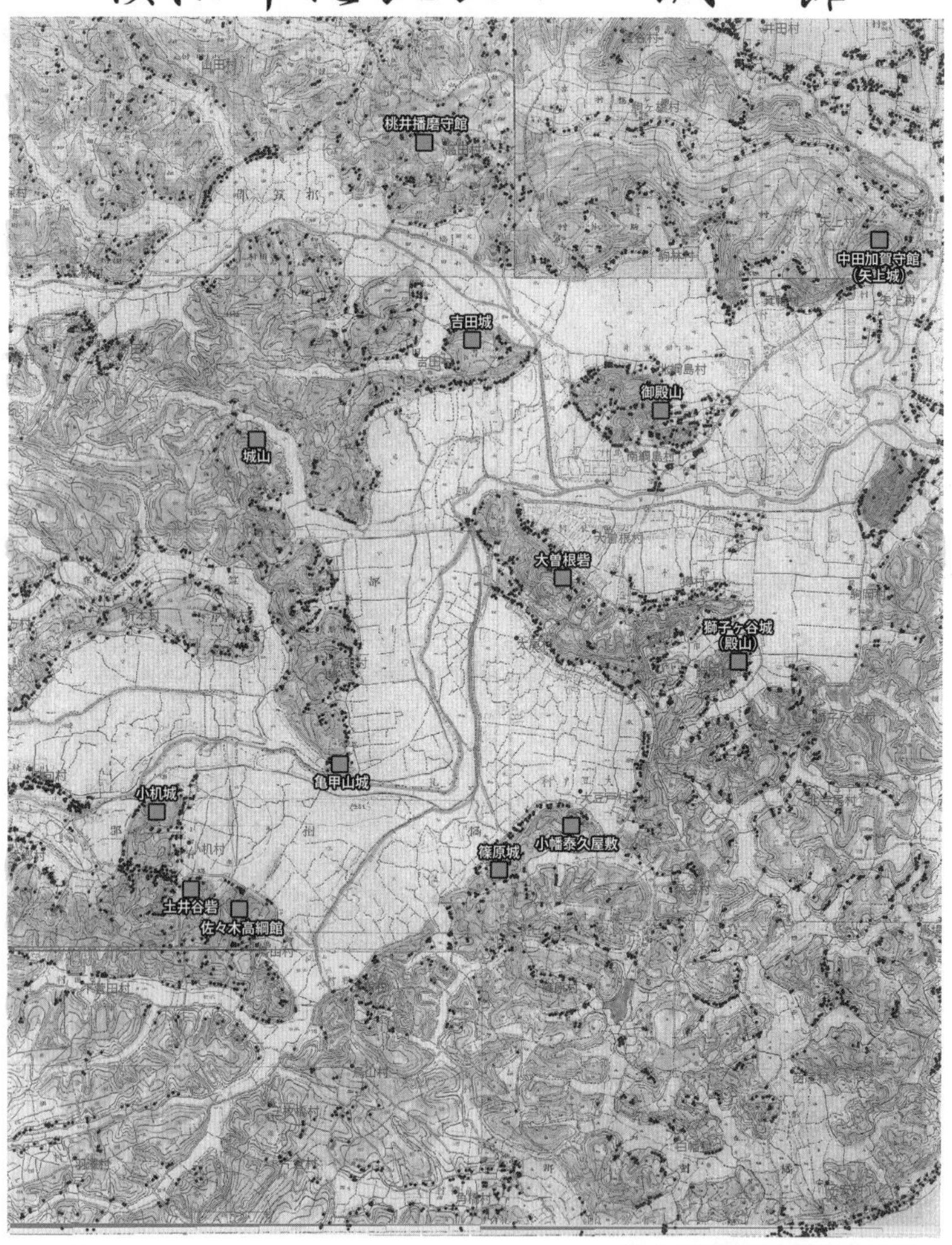

◦ 寺社仏閣　・ 建物　　【作成】公益財団法人大倉精神文化研究所

『新編武蔵風土記稿』（以下、風土記稿と略称）です。数え方によりますが、風土記稿には一〇～一二ヵ所の記述がありますので、まずはその記載順に紹介していきましょう。

一・中田加賀守館

矢上城ともいいます。風土記稿には、矢上村の中ほど、熊野神社の後背の陸田辺りに、保福寺を建立した中田加賀守が住んでいた館があったと記しています。熊野神社は現在でも日吉五丁目にあります。その裏山ですから、慶應義塾高校の日吉台野球場やハンドボール場などがある辺りが館跡と思われます。

中田加賀守は、名前が記録されていなくて不明ですが、矢上周辺に勢力を張っていた中田氏一族の総領だったと考えられています。中田氏は、元々扇谷上杉氏の重臣を務めていた武蔵太田氏の家臣でしたが、加賀守は小田原北条氏の家臣となり、小机衆の一人とされています。矢上周辺に三万石程の土地を領有していたそうですが、天正十八年（一五九〇）小田原落城の時に矢上の地で憤死し、保福寺に葬られたと伝えられています。風土記稿（川島村の項）は、子の藤左衛門が、知行地の一つだった川島村（保土ケ谷区）の名主になったとも記しています。

江戸時代、中田加賀守の館跡には先祖の墓とされる塚があり、ウツギ（空木）が群生していました。ウツギはアジサイ科の落葉低木ですが、ここのウツギは、触ると必ず奇病に感染してしまうとの言い伝えがあっ

「中田加賀守累代墳墓之地」の碑

て、村人は誰も近づかなかったと風土記稿は記しています。この話は、『港北百話』にも記されています。

昭和二十九年（一九五四）、中田加賀守の子孫一同はこの丘の上に「保福寺開基　中田加賀守累代墳墓之地」と刻した供養塔を建てました。その碑文によると、日吉台は中田加賀守の館跡であり、丘陵一帯の古墳はその先祖の塚であると言い伝えられていました。慶應義塾大学が昭和十年（一九三五）に校地整備のために古墳の発掘に着手したところ、加賀守の子孫の家々では災厄が頻発したことから、大学に発掘の中止を請願しました。ところが、昭和二十六年（一九五一）になり再び古墳の発掘が必要になったために、大学の厚意で現在地に改葬して、供養塔を建てたとの経緯が刻まれています。この場所は現在立入禁止です。中田加賀守に関する史料や事績、供養塔の碑文などについては、盛本昌広「戦国期矢上の領主中田氏の動向」（『慶應義塾大学日吉紀要　人文科学』No.15）に詳しく紹介されています。

盛本氏の研究によると、「加賀守の館は熊野神社の後方の台地上に以前は存在したが、慶應大学の野球場整備の際に整地され、遺構は野球場の北側に堀切状のものが残っているだけ」とのことである。また、先祖の墓とされる塚も「昭和初年まで存在したが、ハンドボール場（野球場の西南）の造成の際に消滅した」と記されています。

（二〇一七年十月号）

第二二七回　港北のお城と館　―その二、大曽根の三館―

前回に続いて『新編武蔵風土記稿』（以下、風土記稿と略称）を見ていきますと、大曽根村の項に「塁跡（砦の跡）」と「伊藤屋敷」の記述があります。風土記稿の活字本は「伊東」としていますが、将軍への献上本により「伊藤」に改めます。

二．大曽根砦

大曽根城ともいわれます。場所は未確定ですが、大倉山の丘陵の中程、龍松院の裏山にあったといわれています。推定地からは、鶴見川が少しと対岸の綱島しか見えません。綱島側から攻めてくる敵に対する防備として築かれた砦でしょうか。敵を見張るには、丘陵の先端に砦を築いた方が広く見渡せて良さそうに思えます。調べてみると、太尾見晴らしの丘公園がある辺りに残されている牢尻の地名は、ここに大曽根砦の楼（物見櫓）があったことに由来するという説がありました（別の説もあり）。

風土記稿によると、小机城主（正しくは城代）笠原能登守義俊（康勝の誤りか）の弟である平六義為が、明応九年（一五〇〇）に小机の出張城となる砦を構えて住み、後にその場所を殿谷と呼ぶようになったと記しています。龍松院の裏山を北側に降った辺りの谷戸は、今でも字殿谷と呼ばれています。風土記稿の調査がなされた約二〇〇年前には、すでに砦の痕跡は無くなっていましたが、かつては堀の跡があり小橋が架けられていたとの伝承と、そこを掘ると遺物が出土することが記されています。

子宝に恵まれなかった平六義為は、村内長光寺の住職円覚法印に依頼して稲荷に念じたところ、妻が懐妊したことから、砦の中に稲荷神社を勧請して、笠原稲荷と名付けました。生まれた子が筑後広定、広定の子が広信。広信は、伊豆と駿河の国境に北条氏が築いた戸倉城で、天正九年（一五八一）に武田軍と戦った時に、一族が皆戦死してしまいました。さらに天正十八年（一五九〇）小田原城が落城すると、自ら砦を壊し退去します。広信は後に名を冨川与右衛門と改め百姓となり、その子孫が現代まで続いています。

三．城田弥三郎屋敷

上記の話は、冨川家の由緒書によると少し違います。平六義為が大曽根に砦を構えようとした時、先住者城田弥三郎の屋敷があったというのです。

由緒書によると、城田弥三郎は田代冠者秀忠と名乗り、鎌倉田代の郷に住んでいたといいます。源頼朝の家臣として有名な田代冠者信綱の一族に当たるのでしょうか？　田代秀忠は、ある時戦に敗れて百姓となり、大曽根村のまこも池（現大曽根公園）のほとりに移り住み、名を城田弥三郎と改めます。綱島台の陽林寺は、この田代秀忠を開基として伝えています。

ところが、明応八年（一四九九）大晦日の深夜から元日の未明にかけて、笠原平六義為（城田家では新六郎と伝える）は、城田弥三郎を無理矢理綱島へ追い立て、屋敷を奪って出城を築きました。非道を怒った城田弥三郎は、ずっと笠原をつけねらい、ある小雨の降る日、夜陰に乗じて笠原から屋敷を取り戻そうとしましたが失敗し、まこも池のほとりで首をはねられました。一説には大綱橋の近くで家臣共々首をはねたともいわれ、戦後まで橋の近くに城田弥三郎の首塚があったそうです。『鶴見川沿い歴史散歩』は、大永七年（一五二七）のことと記しています。城田弥三郎は百姓になっていたといわれますが、家臣がおり、笠原と戦もしているので、ここでは弥三郎屋敷をお城と館の数に入れておきたいと思います。

まこも池跡の大曽根公園（2017年5月27日撮影）

城田弥三郎が屋敷を奪われたのは大晦日の夜のことだったので、城田家では今でも松飾りを立てず、雑煮も正月を過ぎてから食べるそうです。

四．伊藤屋敷

大曽根の殿谷には、もうひとつ伊藤屋敷がありました。大曽根砦との位置関係はよく分かりません。

風土記稿によると、永禄（一五五八～七〇年）の頃、伊豆の住人で伊藤藤七という者がいました。小机城の笠原平左衛門（照重、能登守の子）と親しくて、北条家に仕官させてもらおうとしましたが、平左衛門は藤七を自分の家臣にしたくて紹介しませんでした。前述した天正九年の戸倉城の戦いで、平左衛門は戦死します。藤七は平左衛門の遺児をかくまい、殿谷に屋敷を構えて養育しました。これが伊藤屋敷です。

天正十八年、藤七は神奈川宿で徳川家康に遺児を拝謁させます。遺児は都筑郡台村（緑区台村町）に新知二〇〇石を賜り、小姓に取り立てられます。風土記稿は遺児の名を記していませんが、この話は『寛永諸家系図伝』や、徳川家康の伝記をまとめた『朝野旧聞裒藁』などに天正十九年のこととして記されており、名は笠原弥次兵衛重政であることが分かります。

（二〇一七年十一月号）

第二二八回　港北のお城と館　―その三、小幡泰久屋敷―

五．小幡泰久屋敷

前回に続けて『新編武蔵風土記稿』（以下、風土記稿と略称）を見ていくと、大豆戸村の項に「小幡泰久屋敷跡」の記述があります。小幡泰久館、小幡屋敷、大豆戸城、大豆戸館、安山城などと呼ばれることもあります。

安山とは、菊名の駅前から本乗寺、八杉神社がある辺りの丘の名前です。安山城という別称は、この地名から来ています。安山の上から真北を向くと、平地の先に大倉山方面がよく見えます。北方の監視に適した立地のように思われます。余談ですが、以前に地元の古老の方から、「安山に大倉精神文化研究所を建てたいとの話があったが、地主との交渉がまとまらなかったので大倉山に建設したのだと聞いている」と伺ったことがあります。記録が無くて確認出来ませんが、事実ならば昭和三年（一九二八）頃のことでしょう。

さて、風土記稿によると、小幡泰久屋敷の場所は、大豆戸村の東南部にある八王子社から西へ続く所で、一段五畝余（約四五〇坪、一、五〇〇平方メートル程）の広さだったが、江戸時代後期には既に陸田（畑のこと）になっていたと書かれています。八王子社とは、現在の八杉神社のことです。近くの篠原城（次回紹介予定）脇にあった杉山神社を昭和三十四年（一九五九）に吸収合併して、八王子の八と杉山の杉を取って、八杉神社と改称しました。この八杉神社の脇の急坂を上った辺りに屋敷があったといわれていますが、これまでに遺構調査がなされたことは無く、陸田は宅地化されてしまい、正確な場所は分かっていません。

屋敷の主である小幡泰久について書かれた史料は、風土記稿と『寛政重修諸家譜』（以下、寛政譜と略称）があります。どちらも江戸幕府が編纂したものですが、困ったことに両書は内容がかなり異なっています。

まず風土記稿（将軍への献上本）を見ると、泰久は小田原北条家配下の武士であると紹介しています。そして、大豆戸村に残る古記を引用して、泰久は永禄元年（一五五八）に伊豆の土蔵野合戦の時六五歳で戦死したと記しています。土蔵野合戦とは、戸倉の合戦の誤りでしょうか？　風土記稿の活字本は「永禄九年」「六七歳」としているのですが、誤字（誤植）でしょう。大豆戸村の古記を読みたいのですが、今では失われてしまったようです。

さらに風土記稿は、泰久の子が勘解由左衛門政勝で、泰久・政勝父子が大豆戸の小幡屋敷に住んでいたこと、子孫は太郎左衛門を通名として代々名乗っていること、政勝が旗本小幡家の祖となったことなどを記しています。

寛政譜には、この旗本小幡家の詳しい家系が記されています。まず、小幡泰久の出自として、鎌倉時代の武士で常陸小幡氏の祖とされる小幡光重の子孫であるとしています。また、泰久の父久重は小畑と名乗ったが、泰久が小幡に復したこと、泰久は初め今川家に仕え、後に北条家に仕えたことなどが書かれています。これらは風土記稿には無い情報です。

さらに続けて、泰久の子は太郎左衛門泰清、泰清の子が太郎左衛門正俊であり、いずれも北条家に仕えていたと記しています。太郎左衛門を通り名としていることは風土記稿と同じですが、政勝の名は出てきません。

正俊は、小田原落城の後、天正十八年（一五九〇）から徳川家康に仕えて、二八〇石取りの旗本となり、大番を勤めました。隠居後は豊島郡神庭村に住み、寛永十九年（一六四二）に死去し、大豆戸村の本乗寺に葬られたとしています。ただし神庭村というのは後の蟹ケ谷村（川崎市高津区）ですから、豊島郡は橘樹郡の誤りです。

墓所となった本乗寺は、天文二十三年（一五五四）に小幡泰久が創建した寺です。前述したように、泰久は伊豆で戦死しました。その遺体は本乗寺境内に埋葬されたと伝えられていますが、風土記稿には、「今は墓石なければ其所を知らず」と書かれています。

風土記稿と寛政譜、どちらの記述が正しいのでしょうか。

寛政譜は風土記稿より詳しいですし、各家から提出した家系を編纂した史料なので、一見正確そうに思われます。古くは、江戸時代前期の寛永十八～二十年（一六四一～四三）に幕府が編纂した『寛永諸家系図伝』も、正俊が家康に仕えたとしています。

しかし、『小田原衆所領役帳』には、江戸衆の一人として小幡勘解由左衛門（政勝）の名が記されており、これは風土記稿の記述に合います。さらには、正俊が隠居していたという蟹ケ谷村にある石造物を調査した深瀬泰旦氏の研究によると、泰久、政勝等の名が刻まれた墓碑があり、本乗寺の過去帳にも政勝の名が記されていると書かれています。

改名した人がいるのか、それとも書かれていない兄弟がいたのか、なぜ風土記稿と寛政譜の記述が違っているのかは、今となっては分かりません

（二〇一七年十二月号）

第二二九回　港北のお城と館　―その四、篠原城―

六．篠原城

港北芸術祭二五周年記念として、十月二十八・二十九の両日、五大路子さん主演の読み芝居（語りの楽劇）「まぼろしの篠原城」が上演されました。区内在住の堀了介さんのチェロと三橋貴風さん尺八によるBGMや効果音も舞台の雰囲気を盛り上げていました。村人を守り平和を求めた武士の物語は創作ですが、篠原城は戦国時代に実在したお城です。

『新編武蔵風土記稿』（以下、風土記稿と略称）の篠原村の項に「古城趾」の記述があります。城の名は記されていませんが、通常は地名から篠原城といい、あるいは金子氏が城主であったことから金子城・金子出雲守塁とも呼ばれています。

風土記稿を見ると、篠原村には城山という小名（地名）があります。村の北の端、大豆戸村と境を接する場所です。この城山の地名の由来となったのが篠原城です。

地元には篠原城の場所を示す伝承が残されていますが、発掘調査がなされたことはなく、その正確な場所

は長い間不明でした。しかし、平成二十二年（二〇一〇）、宅地開発に伴って城山の一部で発掘調査が実施され、郭の一部と、上幅八メートル深さ五メートルの竪堀（空堀）、土器などが出土しました。翌平成二十三年一月二十九日に発掘調査見学会が開催され、五月には『篠原城址発掘調査報告書』も発行されました。地域の人たちと篠原城と緑を守る会が協力して横浜市へ働きかけたこともあり、市は「横浜みどりアップ計画」の一つとして、平成二十二年度から二十六年度にかけて、篠原城の主郭（本丸）一帯の樹林地約〇・六五ヘクタールを買い取り（篠原城址緑地）、保全し活用の検討をしています。

さて、二〇〇〇年程前に風土記稿の調査が行われた際、城趾には四、五段程の芝地（郭の跡か）や、断岸（切り立ったけわしい崖）となっている場所があって、空堀の形も残っていました。城主は、金子十郎家忠かその子孫、あるいは篠原の代官であった金子出雲ではないかといわれていました。

金子十郎家忠とは、平安末期から鎌倉初頭にかけて活躍した武士で、武蔵七党の一つ村山党の有力者でした。武蔵国入間郡金子郷（埼玉県入間市）を本拠地としていましたが、居住地は多摩郡金子村（東京都調布市）など各地にあったといいます。篠原城の築城年代は不明ですが、各地に築かれた金子氏の砦の一つだったのかも知れません。

一方、代官金子出雲は戦国時代の人で、『小田原衆所領役帳』に、三郎殿配下の小机衆の一人として「三五貫文 篠原 代官 金子出雲」と書かれています。戦国時代の篠原城は、小机城の東方を守る支城の一つとして小机衆の一人が支配していたことが分かります。風土記稿は、三郎とは北条景虎であるとしていますが、北条幻庵の長男とする説もあります。

また、風土記稿では、村の旧家百姓九兵衛は金子氏で、代々篠原の地に住んでいて、北条氏の家人金子出雲の子孫であり、その先祖は金子十郎家忠につながるとの言い伝えがあるが、旧記を失い分からないと記しています。

この金子氏の氏寺が長福寺です。今は横浜線の線路によって篠原城と分断されていますが、お城の南側、となりの丘の中腹で城と向かい合っています。風土記稿には、当時の本尊は不動尊であり、その他に長さ一尺五寸（約四五センチ）の薬師如来像一体が安置されており、この像は昔の代官金子出雲が持っていたものだと村人が言い伝えていると記されています。この薬師如来が現在の本尊です。昭和六十一年（一九八六）に修理を行った際に、胎内より文禄四年（一五九五）十月吉日の年記と金子出雲守・同大炊助などの名前が記された木の札が発見され、伝承の正しさが証明されました。金子出雲は、十郎家忠から四〇〇年近くも後の武士ですが、この間篠原城はずっと金子氏が支配していたのでしょうか。

永井経男著『横浜七福神』に次の記述があります。大豆戸町の正覚院の「裏山は、戦国時代の城跡であったといわれ、当時この地方に勢力を張っていた小机城主との戦いに敗れた落城時の城主が当山に逃がれ、剃髪して開祖元龍大和尚の弟子となったと伝えられている」。正覚院は、天正元年（一五七三）創建と伝えられているので、この伝承が正しいとすれば、長福寺薬師如来の胎内木札が作られる少し前まで、篠原城には別の城主がいて、小机城側がその城主を追い出し金子出雲が新たに城主となったということも考えられます。いずれにしても、天正十八年（一五九〇）小田原落城と共に篠原城も廃城となったようです。

これまで四回の連載でも見てきたように、昔の記録は断片的だったり、矛盾していたりして、上手く解釈できないこともあります。しかし、そこに歴史の面白さと、想像力を働かせる余地があります。

（二〇一八年一月号）

第二三〇回　港北のお城と館　―その五、佐々木高綱館―

七．佐々木高綱館

前回に続けて『新編武蔵風土記稿』（以下、風土記稿と略称）を見て行くと、鳥山村の項に「佐々木高綱館跡」の記述があります。この館は、地名から鳥山館とか、鳥山城と呼ばれることもあります。

佐々木高綱（一一六〇？～一二一四年）は、源頼朝の家臣で、名馬生唼を頼朝から拝領し、宇治川の合戦（一一八四年）で梶原景時と先陣争いをしたことで有名な武将です。高綱と生唼については第九〇回と九一回で書きましたので、そちらをご覧ください。

さて、風土記稿によると、源頼朝は佐々木四郎左衛門尉高綱に馬飼料（軍馬の飼育料）として鳥山の地

宇治川の合戦で先陣争い

を与えたとあります。四郎は通称、左衛門尉は官職です。いつのことか、年代は書かれていません。

鳥山町の三会寺は、源頼朝が佐々木高綱に奉行を命じて建立させたとの寺伝があります。承安年間（一一七一～七五年）あるいは建久三年（一一九二）のことといわれています。馬飼料もこの頃のことでしょうか？

風土記稿の鳥山村の項には、佐々木高綱に関連した記述がたくさんあります。

三会寺の境内の左手に、小机領三十三箇所子歳観音霊場の二番札所として知られる観音堂があります。風土記稿はその観音縁起を引用しています。観音縁起によると、佐々木高綱は、鳥山八幡宮の西側に、「十余町四方の館」を構えて、その四方に堀をめぐらして要害の地としていました。高綱の館を城とも呼ぶのは、これに由来します。館の庭先には一八町の馬場があり、その馬場があった跡地を馬場崎と言うのだそうです。これも時期は不明です。

十余町四方というと、普通に読めば一辺の長さが十余町、つまり一キロメートル以上になりますので、現在の鳥山町全体（約一・一平方キロメートル）と同じかもう少し広い屋敷ということになってしまいます。四方（屋敷の周囲全体の長さ）の合計が一キロメートル余と読めば、一辺が二五〇メートル余となり、これなら有り得るかも知れません。一八町（約二キロメートル）の馬場も、長さではなく、周囲が約二キロメートルと読むのでしょうか？

高綱はこの館に、六角太郎と鳥山左衛門（とりやまさえもん）の二人を目代（もくだい）（代官のこと）とし、さらに猿山庄司（さるやましょうじ）を舎人（とねり）（目代の下役）として住まわせました。高綱もこの館に住んでいたという説もありますが、自身は鎌倉に住み将軍頼朝に仕えていたようです。高綱の愛馬生唼は鳥山の地で飼育されここで死に、駒形明神（こまがたみょうじん）（後に馬頭観音）として祀られましたが、高綱は晩年出家して諸国を廻り、信濃国（長野県松本市）で亡くなったと伝えられています。

鳥山という地名自体も佐々木高綱に縁があるという説があります。高綱が目代に任命した鳥山左衛門の名字にちなんで地名が生まれたという説です。通説では、この辺りは水田が広がる中に島のように僅かばかりの陸地がある地形をしていることから、島の旧字「嶋」を鳥と山に分解して、それが村名になったといわれています。風土記稿はこの両説を紹介していますが、真偽の程は定かでありません。しかし、『吾妻鏡』の暦仁（りゃくにん）二年（一二三九）二月十四日条に、佐々木泰綱（やすつな）（高綱の兄の孫）が「小机郷（ごう）鳥山等」の開発を命じられたとの記事がありますから、この頃にはすでに鳥山の地名が定まっていたことが知られます。

さて、前述した三会寺の観音堂ですが、本尊の十一面観音が祀られたのは三会寺の創建よりも古く、高綱の頃は鳥山八幡宮の乾の方（北西）、字ボウタというところにお堂がありました。お堂の前には川が流れていて、風土記稿は、そこで高綱が馬の足を洗ったとの言い伝えを記しています。この川には、目代の猿山庄司が架けた橋があり荘司橋と呼ばれていたのですが、江戸時代にはすでに川も橋も無くなっていたとも記しています。いったいどこにあったのでしょうか?

今から約二〇〇年前、風土記稿の調査が行われた時、鳥山村には蛭田家という百姓の旧家がありました。当主は七郎右衛門。先祖は高塚弾正といい、弾正の子が織部で、この頃から蛭田姓を名乗るようになったのだそうです。この家は、佐々木高綱の一族であるとの言い伝えがあり、屋敷地の内に小さなお堂を建て、将軍地蔵を祀っていました。将軍地蔵は、高綱の守り本尊であり、蛭田織部が譲り受けたとの伝承も持っていました。『港北百話』には、高塚弾正が堂守をしていて、文治二年（一一八六）に没した時に、織部が相続したと記しています。この将軍地蔵について、風土記稿は長さ一尺余（三〇センチメートル余）としていますが、『港北百話』は二尺程（六〇センチメートル程）と記しています。筆写は現物を見たことが無いので、どちらが正しいのか分かりません。

佐々木高綱の館については、今ではその場所も規模もよく分かりませんが、鳥山の地には佐々木高綱の足跡が数多く残されています。

（二〇一八年二月号）

第二三一回　港北のお城と館　―その六、小机城の一―

八．小机城

さらに『新編武蔵風土記稿』（以下、風土記稿と略称）を見て行くと、小机村の項に「小机城蹟」の記述があります。小机城は、江戸時代から港北区域で最も有名な城です。横浜でも一番有名な城であり、横浜で唯一、全国区の知名度を持つ城です。

神奈川県下では、日本一〇〇名城に選定されている小田原城が最も有名な城ですが、昨年四月六日（城の日）に続日本一〇〇名城が発表され、小机城と、小田原の石垣山城が選定されました。小机城は一二五番ですが、この番号は北海道から沖縄県へと、都道府県順に付けられた通し番号であり、名城としての順位を表すものではありません。

さて、小机城のある丘を城山といいます。小机地区南側の丘陵部から、城山だけが鶴見川へ向けて突き出しており、その形が小さな机のようであることから、小机の地名が生まれたといわれています。その北側を流れる鶴見川は、河口からこの近くまで船が遡上することが出来ましたので、かつては舟運が盛んで小机にも河岸がありました。

ここに城が築かれた理由は、神奈川湊から内陸部へ通じる飯田道（神奈川道）と、鶴見川が交わる交通の要衝を押さえようとしたものと考えられます。小机城の別名は、飯田道が通じていたことから飯田城といい、古い地名から根古屋城ともいいます。

小机城が歴史の表舞台に現れた最初は、文明十年（一四七八）太田道灌の小机攻めです。この時より以前から城があったわけですが、築城年代は鎌倉時代とも室町時代ともいわれており、よく分かりません。前回佐々木高綱館で紹介したように、鳥山周辺は鎌倉時代から開発されていましたので、城山に小さな砦のようなものが築かれていた可能性はありそうです。史蹟名勝天然記念物保存協会神奈川県支部が昭和十五年（一九四〇）に見学記会用に配布した手書き地図には、小机城から南西に延びる鎌倉街道が記されています（第一一一回参照）。

小机城には、太田道灌の時代と小田原北条氏の時代と、二つの顔がありますので、二回に分けて見ていきましょう。

（太田道灌の小机攻め）

関東管領として権勢を振るっていた上杉氏は、やがて山内・扇谷の両家に分かれて一族で抗争を始めました。さらに文明八年（一四七六）、山内上杉氏の家臣長尾景春が家督争いの不満から主君に反乱を起こし（長尾景春の乱）、関東は下克上の社会へと移っていきます。この頃の小机城は長尾景春方に属する城だったようですが、城主が誰だったのかは不明ですし、郭の配置（縄張り）も分かりません。

太田道灌は、長尾追討のために挙兵しました。文明十年、長尾に味方する矢野兵庫之助や小机弾正、豊島泰常たちが小机城に集結すると、それを太田道灌が攻めます。江戸城から南下してきた太田道灌は、早渕川を越えたところで吉田城を攻め落とし、文明十年二月六日新羽の尾根の南端にある亀甲山に陣を張ったといわれています。吉田城と亀甲山陣地については、回を改めて紹介しましょう。

太田道灌は戦上手で知られていましたが、小机城は守りが堅く攻めあぐね、攻防は二ヶ月に及びます。この時、自陣の兵士を鼓舞するために詠んだとされるのが「小机は先手習いの初にて、いろはにほへとちりぢりになる」（風土記稿）の歌です。この歌に奮起した兵は、四月十日に城を攻め落としました。

寺子屋で読み書きを習う子供は、筆記用具を持ち小さな机（座卓）を背負って通ったそうです。子供でも持てる小さな机と、小机の地名を掛けています。手習いとは、習字のことです。入門して最初に習うのは、「いろはにほへとちりぬるを…」の四八文字です。最も基礎となるいろはの練習と同じくらい簡単に敵の軍勢を散り散りに出来ると詠ったのです。

太田道灌

この歌が詠まれた場所は、小机城の南側、神奈川区羽沢町にある硯松の辺りといわれています。しかし、なぜそこで詠んだのかよく分かりません。

実はこの歌、風土記稿よりほんの少し前に編纂された随筆「耳嚢」にも記されているのですが、結句が「ちりぢりにせん」となっています。

小机攻めに関するほぼ唯一の記録は、太田道灌が二年後に書いたとされる手紙「太田道灌状」です。そこにこの歌は記されていません。いくら調べても、この逸話の典拠は江戸時代を遡ることが出来ないようです。本当に太田道灌が詠んだのでしょうか?

下山治久氏は、有隣新書『横浜の戦国武士たち』で、「横浜の戦国時代は、太田道灌が小机城を攻めた文明十年から始まるとも言われている」と書いています。謎に包まれた小机城ですが、室町と戦国を分ける、時代の画期となった舞台だったのです。

（二〇一八年三月号）

第二三二回　港北のお城と館　―その七、小机城の二―

小机城の続きです。

文明十年（一四七八）太田道灌に攻め落とされた小机城は、数十年後に小田原北条氏の城となります。その間のことはよく分かりませんが、長尾景春と家督を争った長尾忠景がその家臣の矢野憲信と共に一時小机城に在陣したらしいとか、小田原北条氏と勢力争いをしていた三浦氏の支配下にあったとか言われています。

（小田原北条氏時代）

山内上杉氏と扇谷上杉氏の抗争を利用して勢力を伸ばしてきたのが、小田原の北条氏です。北条氏は小田原から東へ勢力を広げ、三浦半島を拠点とする三浦氏と争いますが、永正十三年（一五一六）に三浦氏を滅ぼし、現在のほぼ神奈川県全域を支配しました。この時、小机城も支配下に置いたと言われます。さらに大永四年（一五二四）、第二代北条氏綱が扇谷上杉氏の当主朝興を江戸合戦で撃破し、帰陣した後に小机城を北条風に改修したようです。

こうして小机城は小田原城の支城となりました。その後、対豊臣戦に備えて天正十四年（一五八六）以降に再改修されて、西郭、東郭、空堀などが整備されて現在のような構造（縄張り）になったと考えられています。

西郭は約四〇メートル四方の正方形をしており、つなぎの郭を挟んで、東郭は東西四五メートル南北七〇メートルの楕円形をしています。約二〇〇年前に編纂された『新編武蔵風土記稿』（以下、風土記稿と略称）でも西郭を本丸跡と呼んでいます。ここの本丸広場が、後述する小机城址まつりのメイン会場になっています。東郭は二の丸跡と呼ばれていますが、小机城址の本格的な発掘調査はなされたことが無く、東郭が本丸だとする説もあります。

小机城の空堀は上部の幅が約一二メートルもあり、『江戸名所図会』は深さが六、七丈あまり（約一八〜二一メートル）と記しています。現在は、深さが約一二メートルになっています。篠原城の発掘調査で、空堀は深さの約半分が埋まっていたことが分かりましたので、同様ならば、戦国時代の小机城の空堀は深さ二四メートル程もあったようです。

現在、小机城址には何も残っていないと思われるかも知れませんが、丘（城山）全体が関東ロームを巧みに利用した土の城であり、全体を見ると建物以外はかなり原形をとどめているといえましょう。

ただ、全くの無傷ではありません。『戦国の城〈上〉』（学研、一九九二年）の著者西ヶ谷恭弘氏によると、昭和三十八年（一九六三）に第三京浜道路の工事（第一九〇回参照）で、「西曲輪の空堀と土塁、搦手坂を破壊……著者らは現場に赴いて、削られた土塁斜面から、ジグザグに折れ曲がる屏風折塀の柱穴群を検出調査した」とのことです。また、西郭の東南の隅には井戸の跡がありましたが、昭和六十三年度（一九八八年度）の公園整備で跡形も無くなり、「虎口前方にS字状に残っていた土橋は直線となり、馬出状の土橋外形の地形もかなり変形してしまった」のだそうです。こうして城の一部は破壊されました。しかし、かつて全国には城が二五、〇〇〇以上もあったと言われますが、小机城はその中では保存状態がとても良いのだそうです。

さて、小机城主は北条為昌（氏綱三男）—三郎—氏堯—氏光と続き、重臣の笠原越前守信為の一族が代々城代を勤め、その下に小机衆が組織されていました。永禄二年（一五五九）奥書の『小田原衆所領役帳』には、小机衆として二九人の武将の名と役高や郷村名が記されています。小机衆は、多摩川以南の都筑郡・橘樹郡一帯に広がっており、大曽根城（大曽根砦）、篠原城、大豆戸城（小幡泰久屋敷）、矢上城（中田加賀守館）、加瀬城、井田城、山田城、茅ケ崎城、池辺城、佐江戸城、川和城、久保城（榎下城）、恩田城、荏田城などが小机城の支城として配置されていました。小田原北条氏は、相模国から武蔵国へと勢力を広げていく時に、小机城を最前線の戦略的拠点とし、小机衆を配置したのです。その後は地域支配のために交通の要衝を固める拠点の一つとして機能させました。しかし、領域が拡大するにつれて、小机城の役割は低下していったようです。

天正十八年（一五九〇）豊臣秀吉の小田原攻めにより北条氏は滅びます。小机城は戦闘には巻き込まれることなく、無傷で開城し、徳川家康の関東入府のときに廃城になったといわれています。しかし、小田原攻めの頃にはすでに城は放棄されていたとみられるとの説もあります（平凡社『神奈川県の地名』小机城跡の項）。

江戸時代の城山は、幕府管理の山林となっていました。風土記稿の活字本には何だかよく分からない小机城蹟図が一枚だけ掲載されているのですが、将軍への献上本を見ると左の通り図は本来二枚あって、その内の一枚には描かれている各場所の名称も記されています。

小机城蹟圖

四七

鐘撞櫓跡
本丸跡

三ノ丸跡
白山社
大手跡
四八

小机城址は、昭和五十二年（一九七七）に市民の森に指定されました（第二八回参照）。平成五年（一九九三）からは小机城址まつりが始まり、第二六回となる本年（二〇一八）は四月十五日に開催されます。武者行列が楽しみです。

（二〇一八年四月号）

付記　本書付録4「小机城の歴史と魅力を語る」も併せてご覧ください。

おまけ

Ⅰ 大好き！大倉山

情報紙『大倉山ＳＴＹＬＥ かわら版！』連載

凡　例

一、本章は、情報紙『大倉山ＳＴＹＬＥ　かわら版！』に連載している「大好き！大倉山」第一回（二〇一六年四月号）から第五〇回（二〇二〇年六月号）までをまとめたものである。

二、第一二回、一三回、一四回、一九回、五〇回は林宏美が執筆し、その他の回は平井誠二が執筆した。

三、文章はほぼ連載時のままであるが、明らかな誤りや、読みづらい表記等は訂正した。

四、文末（）内の年月は、『大倉山ＳＴＹＬＥ　かわら版！』の発行年月である。

五、さし絵は、金子郁夫さんに新たに描いていただきました。写真や図版の掲載を快く許可してくださいました左記の方々に、篤く御礼申し上げます。

伊藤幸晴、大野玲子、公益財団法人大倉精神文化研究所、国立国会図書館、寒川文書館、高橋勲夫、鶴見川舟運復活プロジェクト、東急株式会社、富士食品工業株式会社（敬称略、五十音順）

第一回　地域のシンボル〝大倉山記念館〟

地域のシンボルとして親しまれている大倉山記念館は、二〇一六年四月九日で建物が出来てから満八十四年を迎えました。建て主は大倉邦彦、設計者は長野宇平治。工事は竹中工務店が担当しました。この建物の柱は、上が太くて下が細くなっています。他にも円盤が並んだ装飾などが特徴的です。これは、長野宇平治がプレ・ヘレニック様式と名づけたデザインです。プレ・ヘレニック様式の建物は、世界中に大倉山記念館一つだけといわれています。

大倉邦彦は、大倉精神文化研究所の本館としてこの建物を造りましたが、邦彦の死後、一九八一年に研究所から横浜市へ寄贈され、一九八四年に市民利用施設としてオープンしました。

横浜市は一九九一年に建物だけを指定文化財としましたが、実は館内にある家具類も文化財に匹敵するものが沢山残っています。机やイスなどで、創建当初からあるものは建物と同じデザインで作られているのです。注意して見てみると面白いですよ。

指定管理者が、今年の四月から日比谷花壇・西田装美共同事業体に替わり、新しい自主企画も次々に始まっています。期待がふくらみます。

（二〇一六年四月号）

①裾ぼそりの柱

③三角型空間

②-1　円盤列

④ロゼット

②-2　円盤列（長椅子背もたれ部分）

⑤山形と螺旋文様の構成装飾

大倉山記念館のデザインの特徴

長野宇平治が採用・命名したプレ・ヘレニック様式の特徴は、①裾ぼそりの柱、②円盤列、③三角型空間、④ロゼット、⑤山形と螺旋文様の構成装飾等に見られます。建物だけでなく、初期に制作された机やイスなどの什器類も、プレ・ヘレニックの統一デザインで設計されています。

第二回　いこいの広場、大倉山公園

最近、大倉山公園がきれいになったと思いませんか？　大倉山公園は北部公園緑地事務所の所管ですが、昨年二月に大倉山公園愛護会が結成され、みんなで花植えや草取りなどの活動を行っています。その成果かもしれませんね。

大倉山公園は、横浜市が大倉精神文化研究所から買収した敷地と、東急電鉄から買収した梅林とを合わせて、一九八九年にオープンしました。

大倉山の梅林は、東急電鉄が沿線の観光開発を目的として一九三一年に「太尾公園」の名で開園したものです。今、私たちが太尾公園と聞いて思い浮かべるのは、一九八九年に港北水再生センターの屋上を利用して造った別の公園ですから、ややこしいですね。

大倉精神文化研究所は一九三一年に竣工する予定だったので、梅林はそれに合わせて開園したのですが、研究所の建設が一年遅れたために梅林が先に開園したのでした。

さて、大倉山公園では、五月二十四日（火）午前九時から花壇の花植えをします。みなさんも記念館前にお集まりください。

（二〇一六年五月号）

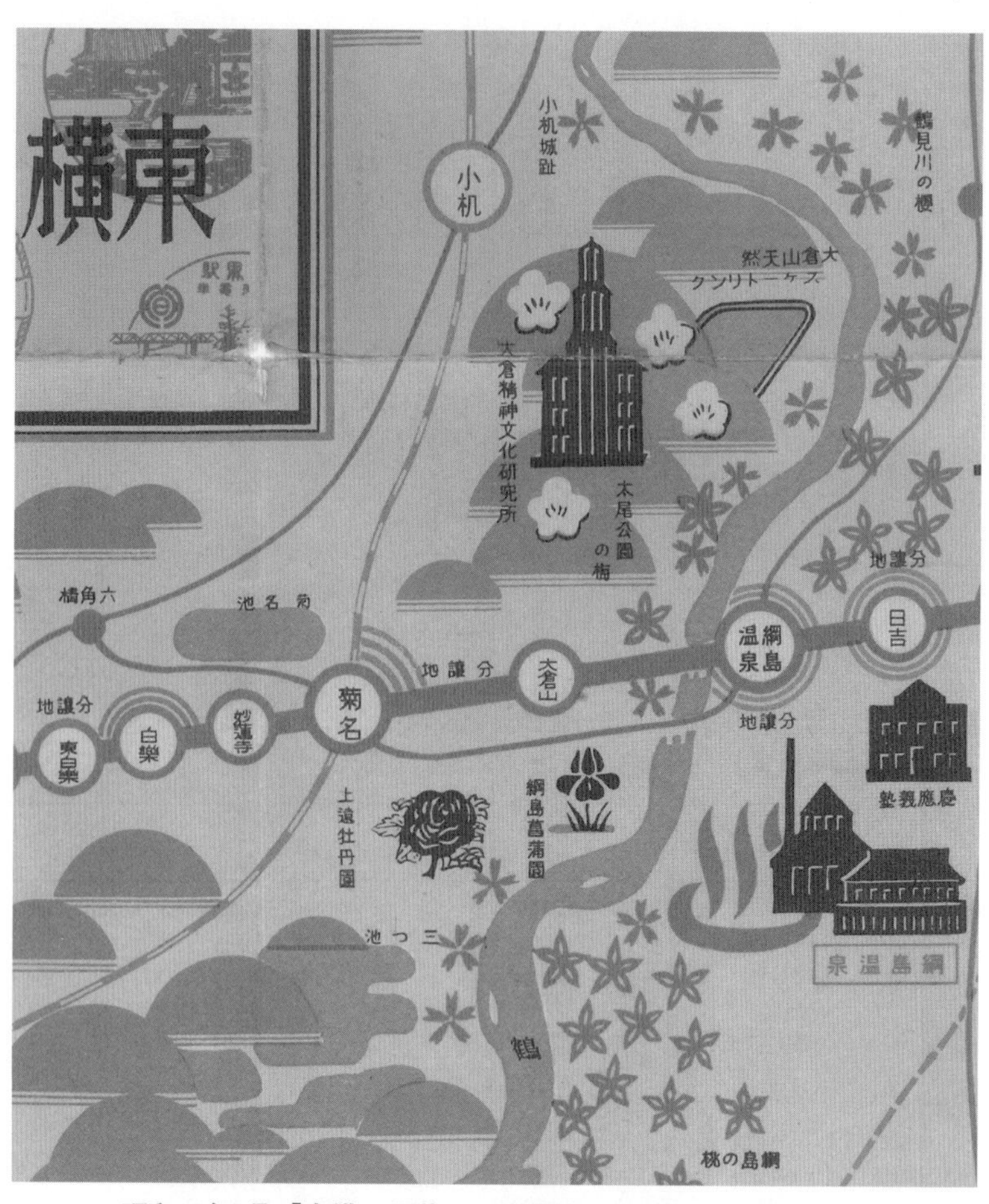

昭和12年3月「東横・目蒲・玉川電車　沿線案内」(部分)
(大倉精神文化研究所沿革史資料No.12645-21)

第三回　大倉山を回遊しよう

記念館坂の桜並木（2014年6月18日撮影）

大倉山駅から東横線の線路に沿って大倉山記念館へと上る坂道を、記念館坂といいます。一九四六年頃に地元の青年同志会が植樹したソメイヨシノの桜並木が名物でした。しかし、樹勢が衰えたために公園入り口近くの一本を残して昨年（二〇一五）夏に伐採され、今年（二〇一六）の三月に、コヒガンザクラの苗木が植えられました。

大倉山記念館から梅林脇を通って龍松院へ下る坂道が、梅見坂です。梅見坂の途中、記念館裏から分かれて左手の階段を下り、大倉山アソカ幼稚園の脇に出る坂道を、オリーブ坂といいます。記念館やエルム通りが地中海のイメージであることから名付けられました。ハイカラな名前のオリーブ坂ですが、実は鎌倉街道だったとの説があるとても古い道で、地域の古老は「けえど（街道)」と呼んでいます。

アソカ幼稚園の前からバス通りを左へ歩くと、エルム通りとなり、その先が大倉山駅です。記念館坂、梅見坂、オリーブ坂、エルム通りをぐるりと回遊すると、大倉山の魅力がいっぱい見つかりますよ。

(二〇一六年六月号)

第四回　熊野の神様と〝いの池〟の片目鯉(こい)―むかし話、その一―

むか〜し昔、大和国(やまとのくに)から熊野の神様が、はるばる港北の地にやってきました。その時、神様は悪者と戦い、片目を弓で射貫かれてしまいました。それを見た〝いの池〟のコイが、自分の目玉を一つ神様に差し出して助けました。それ以来、いの池に棲(す)むコイは片目になりました。

ある時、盗っ人がいの池からコイを盗み出し、市場へ売りに行きました。コイを買おうとした人がよく見ると、片目がありません。いの池から盗まれたコイだと分かり、大騒ぎになりました。盗っ人は逃げ出して、コイをいの池にそっと戻しました。

こうして、いの池には今でも片目のコイが棲んでいるのです。

熊野の神様は、師岡熊野神社に祀られました。ひらがなの「い」の形をしたいの池や、熊野神社は、二〇

『江戸名所図会』に描かれた〝いの池〞

〇年も前に『江戸名所図会(ずえ)』に描かれた姿のまま、今日も木立に囲まれて静かにたたずんでいます。

境内には、どんなに日照りが続いても水が涸(か)れないという〝のの池〞もあります。お参りした時に探してみてください。

(二〇一六年七月号)

第五回　怪奇！お化けが坂と血の池
—むかし話、その二—

むか～し昔、大曽根第二公園がまだ池だった頃のことです。池の脇を通る綱島街道もまだ細く曲がりくねっていて、池から今の大倉山記念病院がある辺りにかけては、うっそうとした木立に囲まれたけわしい坂道でした。

池の近くには、いつからか悪い大ギツネが棲んでいました。キツネは、街道を通りかかる人を化かしては喜んでいました。

埋め立てられる前の血の池

坂道をどこまで上っても山から抜け出せなくて行き倒れになった人や、気が付いたら池の中にはまっていたという人もいます。そんなことから、この坂道は誰言うともなく〝お化けが坂〟と呼ばれていました。

ある時、この話を聞いた侍が、池の端でキツネを見つけて一刀のもとに斬り殺してしまいました。キツネは池に落ちて、翌朝、池は血でまっ赤に染まっていました。それ以来、この池は〝血の池〟と呼ばれるようになりました。

お化けが坂は、後に〝伯母(おば)が坂〟とか〝産(うぶ)が坂〟〝お坊坂〟などと呼ばれるようになり、その名から別の伝説が生まれます。その話はいずれまた。

（二〇一六年八月号）

第六回　港北公会堂で芸術の秋

私たち区民の文化活動の発表場所といえば、何と言っても定員六〇〇席のホールを持つ港北公会堂でしょう。

現在の港北公会堂は、区役所が菊名（現港北図書館）から移転するのに合わせて、区役所のとなりに建設され、一九七八年九月三十日にオープンしました。

まもなく満三八歳になる公会堂ですが、十二月三日～来年三月下旬までは外壁補修工事により、夜間利用のみとなります。そのため、例年なら暮れから年明けに開催されていた、港北区民ミュージカル（十月七日～九日）や港北ふるさと映像祭（十一月六日）等のイベントの日程が前倒しとなって、秋の公会堂はすばらしい企画が盛りだくさんです。

港北公会堂といえば、人間国宝芹沢銈介（せりざわけいすけ）のデザインした緞帳（どんちょう）が有名ですが、昨年十月に開館以来初めてクリーニングをしました。イベントの前後には、きれいになった緞帳も楽しめます。

綱島に港北区民文化センターが完成（二〇二三年度開館予定）するまでは、港北公会堂の地位が揺らぐことは無いでしょう。芸術の秋が始まります。

（二〇一六年九月号）

第七回　大倉山から人間国宝が

前回、人間国宝芹沢銈介について触れましたが、人間国宝といえば、大倉山には漆芸家の赤地友哉が住んでいました。

赤地友哉は、一九〇六年に金沢市の檜物師（塗り物の素地を作る）の家に生まれ、塗師屋へ弟子入りして、漆塗りの基本的技術である髹漆の第一人者となりました。一九六三年から大倉山七丁目（当時は太尾町）に移り住み、一九七四年にはこの分野で最初の人間国宝（重要無形文化財保持者）に指定されました。大倉山に住んでいる間に、芸術選奨文部大臣賞、神奈川文化賞、横浜文化賞なども受賞しています。横浜の地で活躍するかたわら、年に数度は輪島の研修所に通い後継者の育成にも尽力しましたが、大倉山を永住の地として、一九八四年に逝去されました。

塗師、横浜、輪島、なんだか昨年の朝ドラ「まれ」を思い出しました。

十一月一日から六日まで、大倉山記念館で第三二回大倉山秋の芸術祭が開催されます。芸術の秋も本番です。

（二〇一六年十月号）

第八回　大倉山の建築家たち

大倉山は建築家と縁が深いようです。

建築家長野宇平治は、古典主義の銀行建築で有名ですが、建築家人生の集大成として、プレ・ヘレニック様式の大倉山記念館を造りました。その建物を見て育ったのが、新国立競技場を設計した隈研吾（くまけんご）さんです。隈さんは、著書『僕の場所』の中で、大倉山で生まれ育ったことが、その後の建築家人生に大きな影響を与えたことを記しています。

大倉山駅近くに建つ大倉山集合住宅は、建築界のノーベル賞とされるプリツカー賞を受賞した妹島和世（せじまかずよ）さんたちの建築事務所SANAAによる設計で、異彩を放っています。

建築に関連して、現代の名工、建具の田中利男さん（師岡町）と、ステンドグラス作家の平山健雄さん（菊名）がおられます。お二人とも横浜マイスターに認定されています。

アンパンマンで有名な、やなせたかし氏の自伝『人生なんて夢だけど』を読むと、戦後の一時期、大倉山駅まで徒歩一分の建築屋さん宅に間借りしていたと書いています（本書二八六頁参照）。


（二〇一六年十一月号）

第九回　どろっぷ　―大倉山はじめて物語、その一―

大倉山には、横浜市で初めてとか、日本で初めてとか、新しいものが色々とあります。少しずつ紹介していきましょう。

まずは、大倉山三丁目にある「どろっぷ」です。どろっぷは、横浜市が設置した地域子育て支援拠点です。市は、未就学児やその保護者が遊んだり交流したりするスペースとして、二〇〇六年から地域子育て支援拠点の設置を始めました。そのモデル事業として、最初に開設されたのがどろっぷです。今年で満一〇年になります。大倉山は、子育てにやさしい街になっています。

市は、その後二〇一一年度までに十八区の全てに地域子育て支援拠点を開設しました。そして、特に乳幼児人口の多い五区には、サテライト（付属施設のこと）の設置を進めることとなり、その第一号として、今年二〇一六年三月、綱島東小学校脇に「どろっぷサテライト」がオープンしました。こちらも横浜市で初めてです。どろっぷやそのサテライトでは、〝こうほく子育て応援隊〟の缶バッジを配って、街中で気軽に手助けしてくれる応援隊を募集しています。

（二〇一六年十二月号）

第一〇回　レモンロードとエルム通り　―大倉山はじめて物語、その二―

建て替え直前のエルム通り（高橋勲夫氏提供）

一九三九年に港北区が誕生しました。その時から、区役所庁舎はずっと菊名駅の周辺にありましたが、一九七八年にはじめて大倉山駅の近くへ移転してきました。その頃の大倉山駅前道路は、わずかに道幅六メートル余りで、歩道はまだありませんでした（『大倉山STYLE かわら版』二〇一六年十一月号、大倉山写真館Vol.1参照、上記写真）。しかも、第三京浜や港北産業道路と行き来する車で交通量が多く、危なくて、大人でもおちおち買い物も出来ませんでした。通園通学する子供たちは、裏通りを歩くように親からキツく言われたそうです。今では想像も付きませんね。

大倉山駅東側の、ひかり通り商店街二七〇メートルは、横浜市の既成市街地歩道幹線整備事業第一号となり、一九八四年に近代的な街並みのレモンロードへと変身しました。

駅西側の、さかえ通り商店街二一二メートルは、国の商店街近代化事業による国内第一号の事業として、一九八八年におしゃれなエルム通りとなりました。
当時の関係者の皆さんは、道路際の建物を後退させたり狭くするなどして歩道を確保して下さいました。その努力と苦労のおかげで、現在の街並みがあるのですね。

（二〇一七年一月号）

追記　エルム通りでは、この景観を維持していくために、二〇一二年に大倉山エルム通り街づくり協定を制定しました。商店街の努力は今も続いています。

第十一回　大倉山記念館の吹付け仕上げ　―大倉山はじめて物語―その三―

横浜市の成人式は、市内の全成人が新横浜三丁目の横浜アリーナに集まる日本一大規模な成人式です。その席で、今年は『出港』と題したプログラム兼用の小冊子が配布されました。その中に、実行委員オススメのYOKOHAMA Photo Spotとして、十八区から一枚ずつの写真が掲載されていました。港北区は大倉山記念館の写真でした。
その大倉山記念館にも、未だ知られざる日本で初めてがあります。外壁の吹付け塗装仕上げです。今では一般の家でもよく使われるごく当たり前の工法ですが、日本で初めて施工に成功したのが一九三二年竣工の大倉山記念館だったのです。日本建築仕上材工業会の『会報』創立五十周年記念号には、このことからだけでも、大倉山記念館は記念すべき貴重な建物であると記されています。

その時の白セメント吹付け塗装膜は、残念ながら五二年後の一九八四年に改修工事で全て剥がされてしまい、現存しません。しかし、一九八四年の塗装膜片は、二〇一二年の改修工事で剥がした時に、横浜市の許可を得て大倉精神文化研究所で資料登録して大切に保存しています。

（二〇一七年二月号）

付記　阿久沢武史「日吉第一校舎ノート（一）一九二三～一九三四」（『慶應義塾高等学校紀要』第四五号、二〇一四年）によると、昭和八年（一九三三）に起工した日吉キャンパスの第一校舎の外壁もコンクリート打放しの上に白セメントスプレー吹付け（ウオーガン）仕上げとなっていました。

二〇二〇年一月二十三日に阿久沢武史先生よりいただいた電話によると、第一校舎の外壁はその後上に何度か塗り重ねているが、現在も下地に白セメントの吹付けが残っているとのことでした。

第一二回　富士食品工業　―大倉山はじめて物語―その四―

手軽でおいしい即席ラーメン、筆者も大好きですが、その背景に大豆戸町の会社が開発した技術があることをご存じですか？

創業者松倉賢治像（2007年10月１日撮影）

旧綱島街道沿い、区役所前交差点を南に少し進むと富士食品工業という会社があります。初代社長の松倉賢治氏は、終戦直後にインドネシア領レンパン島の収容所で食事として出された固形スープの素に大きな感銘を受け、帰国後その開発に取り組みます。そして昭和二十七年、国産初の固形コンソメスープの製造に成功します。

昭和三十三年、富士食品工業を設立した松倉氏は、麺用粉末スープを開発し、それまでは麺にスープを染みこませて味を付けるのが主流だった即席ラーメンに、今では定番となった別添スープという新しい形を提案しました。しかもその技術を無料で公開し、業界の発展に貢献します。

他にも、家庭用オイスターソースや粗挽き唐辛子調味料など、富士食品工業が生み出した日本初はまだまだあります（家庭用商品の販売は二〇一九年九月末で終了）。私たちの食生活を豊かにしてくれる新しい技術、新しい商品の開発に今後も注目していきたいです。

（二〇一七年三月号）

第一三回　春爛漫！　花と緑をたのしもう

二〇一七年三月二十五日から第三三回全国都市緑化よこはまフェアが始まりました。六月四日までの会期中、花と緑でまちを彩るさまざまなイベントが市内一八区全体で行われます。

港北区では、三月二十七日に大倉山公園でシドモア桜の植樹が行われました。大倉山記念館の建物西側に植えられた桜の前には立派な説明板も設置されましたので、詳しくはそちらをご覧下さい。春の大倉山公園は梅に始まり、桜・チューリップ・花水木・ツツジなどの花が次々と咲いていきます。それらの花の競演にこの桜が加わる日が楽しみです。

これから開催されるイベントもあります。四月二十九日にはトレッサ横浜でチューリップを使った花絵づくりが行われる他、今年で五回目となる港北オープンガーデンは、過去最多の八四会場が参加して、四月二十一日～二十三日と五月十二日～十四日の二回にわたって行われます。普段見られない個人宅のお庭が見られる機会ということで、毎年楽しみにしている方も多いようです。区内の個人・グループで育てている花壇はどれも個性豊かで、心を込めて手入れされていることが伝わってきます。今年も期間中はオープンガーデンのパンフレット片手に歩く人を多く見かけそうです。

（二〇一七年四月号）

第一四回　記念館坂と桜の木

先月に続いて桜の話題をもう一つ。

大倉山駅から大倉山記念館に向かう記念館坂の線路側に昭和二十一年頃、戦地から復員してきた青年たちが復興を願って桜の木を植えました。長い年月を経て大木に成長したソメイヨシノの満開の花を大倉山駅のホームで眺めながら、毎年春を感じていた方もおられるでしょう。

シドモア桜（2017年4月3日撮影）

しかし、老木になった桜は幹の腐朽などで倒木の恐れがあることから、平成二十六年から昨年までの間に一本を残して伐採され、新たにコヒガンザクラが植えられました。

そして最後の一本となったソメイヨシノも、とうとう伐採されることになりました。その幹には桜への感謝や伐採を惜しむ言葉が添えられていました。四月二十日から数日にわたる伐採後、跡地にはヤマザクラが植えられました。ちなみにコヒガンザクラは記念館坂と大倉山駅の間にある柵の坂道側に、ヤマザクラは駅側に植えられています。これは坂道側が横浜市、駅側が東急とそれぞれ桜の管理者が異なっているためです。新たに植えられた桜たちは今、鮮やかな緑の葉を茂らせています。まだ幹が細くて少し頼りなげですが、次第に成長していく桜たちが織りなす景色がまた大倉山の春の風物詩になっていくのでしょう。

（二〇一七年五月号）

コヒガンザクラ（2016年3月25日撮影）

ありがとう桜さん（2017年4月12日撮影）

ヤマザクラ（2017年4月26日撮影）

第一五回　まこも池の首切り伝説 ―むかし話、その三―

大曽根台の中程にある大曽根公園。かわいいクジラ型の遊具があるので、皆さんには、くじら公園と言った方がなじみ深いでしょうか。昔そのあたりには、くじら公園より三倍も広い大きな池がありました。まこも池と呼ばれたこの池は、農業用のため池でしたが、池のまわりでマコモを沢山栽培していました。マコモはイネ科の多年草で、七月のお盆前に収穫して業者へ売られ、ゴザに編んで、お供え物を載せる敷物に使われました。

さて、むか～し昔の戦国時代、まこも池のほとりに城田弥三郎という元武士の屋敷がありました。明応九年（一五〇〇年）、小田原北条氏の家臣で小机城代笠原能登守の弟が、城田家の屋敷を奪って出城を築きました。非道を怒った城田弥三郎は、笠原から屋敷を取り戻そうとしましたが失敗し、まこも池のほとりで家臣共々首をはねられました。その後、大曽根の笠原家には弥三郎の祟りが続き、人々は恐怖しました。一説には大綱橋の近くで首をはねたともいわれ、戦後まで城田弥三郎の首塚があったそうです。

（二〇一七年六月号）

第一六回　師岡に勅使が来た？　―むかし話、その四―

むか～し昔、平安時代のお話です。師岡熊野神社に、京都の朝廷から光孝天皇の勅使が遣わされたとの社伝があります。勅使のおもてなしには、周辺の村々が協力し、それが村名になったのだそうです。御神酒を奉納した村が樽村となり、豆腐の担当が大豆戸村に、獅子舞の担当が獅子ヶ谷村に、神馬の担当が駒岡村と呼ばれるようになったとの言い伝えがあります。

熊野神社市民の森　式坂広場入口（2017年10月12日撮影）

さて、勅使一行は、神奈川から子安の浜を通って北上し、熊野神社を目指しました。その途中、長い旅路で汚れた足を洗ったのが「足洗川」、顔を洗ったのが「面滝」、旅の装束から大口袴に着替えたところが「大口」と呼ばれて地名になったとの伝説もあります。

また、勅使一行が熊野神社へ参拝する直前に儀式を行った場所は「式坂」と呼ばれました。

これらの地名には、別の説もあります。たとえば、足洗川の由来は、神奈川区へ行くと浦島太郎が足を洗ったと伝えられています。神奈川区には、浦島太郎にまつわる伝説や史蹟がこの他にもたくさんあります。興味のある方は調べてみると楽しいですよ。（二〇一七年七月号）

第一七回　あっ！　勅使のアブミが…　―むかし話、その五―

前回の続きです。むか〜し昔、港北の辺りは、鶴見川の洪水の被害を受けることが多かったので、古い街道は丘の上を通る尾根道でした。

師岡熊野神社には、平安時代に京都の朝廷から遣わされた勅使一行が、子安の浜から熊野神社を目指して北上したとの社伝があります。菊名までやって来た勅使一行は、鶴見区との区境の尾根道を通り、ちょうど現在の菊名小学校がある辺りで、馬の鐙（あぶみ）を置いたのだそうです。『新編武蔵風土記稿』は、「貴人」がここを通り過ぎる時に鐙を落としたと記しています。

村人は、その鐙をご神体として鐙明神社（あぶみょうじんしゃ）を建立しました。そうして、その辺りの土地を宮谷、神社へ向かう坂道を鐙坂通りと呼ぶようになったのだそうです。

鐙明神社は、後に阿府神社（あぶじんじゃ）と改称して祭神も武内宿祢命となりました。現在は場所も移動して、菊名神社の中に合祀されています。

さて、菊名神社といえば「がまんさま」が有名です。「がまんさま」とはいったい何でしょうか？　興味のある方は調べてみると楽しいですよ。

（二〇一七年八月号）

第一八回　大豆戸の「大」はなんですか？
―地名のナゾ、その一―

皆さん、地名の「大豆戸」が読めますか？　全国で配布されている『郵便番号簿』の本で、使い方のページを見ると、難読地名の例としてなんと大豆戸町と師岡町が掲げられていて、それぞれマメドチョウ、モロオカチョウとルビが振ってあります。

大豆と書けば、普通はダイズとかオオマメと読みます。なぜそれをマメと読ませるのでしょうか。

ダイズは比較的小さな豆ですが、豆の王様とも言われており、大いなる豆、大切な豆という意味から中国で大豆と名付けられたのだそうです。朝鮮半島を経由して入ってきた大豆ですが、味噌や醤油、

大豆戸交差点（2020年7月16日撮影）

豆腐や納豆の原料として日本人にとって最もなじみ深い豆になりましたから、単にマメと言えば大豆を指すこともあるのです。

日本の地名表記は、七一六年に元明天皇が縁起の良い文字を使うように定めたことから、その伝統が今でも続いています。大豆戸は、マメドの読みが先にあり、マメに漢字をあてる時に、豆や小豆ではなく、縁起の良い大の字がついた大豆と表記したものと思われます。

では、マメドの語源は何でしょうか。その謎は次回に。


（二〇一七年九月号）

第一九回　帆船日本丸と大倉山 ―祝！ 重文指定―

九月十五日、みなとみらい地区で展示・公開されている帆船日本丸が、航海日誌などの文書・記録類一八一点と図面類三五一点とともに、国の重要文化財に指定されました。

帆船日本丸は、商船学校の船員養成のための練習船として昭和五年（一九三〇年）に建造され、昭和五十九年（一九八四年）にその任務を終えるまで、外洋訓練で多くの船員を養成しました。しかし太平洋戦争開戦前から昭和十八年（一九四三年）二月に内海に回港するまで、東京湾内に留まることを余儀なくされた時期があります。

ちょうどその間のことです。日本丸での訓練航海が出来なくなった東京高等商船学校の生徒と職員は陸に上がり、昭和十七年（一九四二年）に三回、なんと大倉精神文化研究所の修養会に参加しています。引率者の手記によると、「沈黙の生活に価値があった」「自分をみつめることが出来た」とその体験を肯定的に受け止める生徒の一方で、「感銘よりも滑稽じみた感じがした」という生徒も少なくなかったといいます。山の上で過ごす海の男たちの胸にはさまざまな思いが去来していたことでしょう。日本丸の長い歴史に秘められた一コマです。

（二〇一七年十月号）

第二〇回　マメドの語源は？　—地名のナゾ、その二—

「大豆戸」地名の続きです。前回は、マメという言葉が先にあり、それに「大豆」という漢字を充てたと書きました。

では、そもそもマメドという地名の語源は何でしょうか。マメドは、マメとドに分けられます。マメは、マミとかママという言葉が変化したもので、崖や急斜面のことです。ドは所という意味で、マメの所、つまり、崖がある場所という意味になります。

大豆戸町は、菊名六丁目・七丁目を挟んで東西二ヵ所に分かれています。東地区には鶴見区との区境となる丘があり、西地区には八杉神社から篠原城へつながる丘があります。どちらも急坂や崖地になっており、こうした地形からマメドの地名が生まれたと考えられます。

しかし、江戸時代の『新編武蔵風土記稿』は、当時の調査では大豆戸の村名の由来は分からなかったと記しています。

地形とは関係の無い由来として、師岡熊野神社に大豆を献上したとする説や、埼玉県比企郡鳩山町の大豆戸に住んでいた金子一族が移住してきて元の地名を付けたという説もありますが、真偽の程は分かりません。

（二〇一七年十一月号）

第二二回　師岡熊野神社の筒粥神事

十二月も半ばになると、新年のことが気になります。誰しも、良い年になって欲しいと願うものですが、一年の吉凶を占うことを年占（としうら）といい、師岡熊野神社の筒粥神事がこれに当たります。

一月十四日の早朝より、熊野神社の拝殿の脇に据えられた大釜に、のの池の神水と米、神木である梛木（なぎ）の葉、二七本の葭（よし）の筒を入れてお粥を炊き始めます。

午後二時頃、お粥が炊き上がると神事が始まります。筒に粥がどの位入っているかによって農作物の作況やその年の吉凶などを占います。占われる農作物は二三種類、地域の農家が昔生産していた作物です。

この筒粥は九四九年に始まり、来年（二〇一八）で一、〇六九回になるという古神事で、横浜市の無形民俗文化財にも指定されています。

神事が終わると、参拝客にお粥が振る舞われます。これを食べるとその年は風邪を引かないそうです。

さて、十二月のことを師走（しわす）といいます。地名の師岡はこの師の字を使っていますが、（しおか）ではなく（もろおか）と読みます。難読地名の師岡については次回に。

（二〇一七年十二月号）

第二三回　師岡のもろ　―地名のナゾ、その三―

第一八回で紹介したように、全国の『郵便番号簿』の本を見ると、難読地名の例として師岡町が掲げられています。

師の字は小学校五年生で習う教育漢字ですが、通常の読みは（し）だけで、（もろ）とは読みません。しかし、九〇〇年ほど前の平安時代末期に作られた漢和辞典には、（もろ）とも読むと書かれていますから、昔の人は（もろ）と読めていたのですね。

さて、地名の師岡が表記された現存最古の記録は、鶴岡八幡宮に残る一一八三年の源頼朝の寄進状だそうです。

もっと古い文献を見ると、諸岡と書かれています。平安時代中期の百科事典『和名類聚抄』（94頁参照）に出てきます。さらには、奈良県明日香村の石神遺跡から「諸岡五十戸」と書かれた木簡が見つかっています。これは七世紀後半のものと推定されており、横浜市域に関する最古の地名資料として知られています。

諸の字は、今でも（もろもろ）と訓読みするので、これなら（もろおか）と読めますね。もろもろの丘、つまりたくさんの丘が連なっている地形から、（もろおか）の地名が生まれ、やがて師岡と表記するようになったのです。


（二〇一八年一月号）

第二三回　梅林と観梅会の始まり　―大倉山はじめて物語、その五―

第二回で、大倉山の梅林は東急電鉄が一九三一年（昭和六年）に開園したと書きました。多くの本にそのように書かれていますし、筆者もかつて東急の広報へ問い合わせて確認しました。しかし、一九三一年の何月に開園したのか、この年に最初の観梅が出来たのか気になって調べましたら、『東京横浜電鉄沿革史』（一九四三年刊）や『東京急行電鉄五〇年史』（一九七三年刊）では、一九三二年一月開園と書かれていました。梅の開花は二月から三月ですので、最初の観梅も一九三二年（昭和七年）だったのでしょう。

東急電鉄は、戦前、梅の季節に電車往復の観梅割引券を発売していました。戦後は、二月下旬から三月上旬まで約二週間「梅まつり」を開催し、その中の一日は大撮影会を催し、ファッションモデルや、系列会社の東映からスター女優を呼びました。東急電鉄のPR誌『東急グラフ』一九五六年二月号の表紙には、東（あずま）京子と春日とも子を大倉山の梅林で写した写真が使われています。

『東急グラフ』1956年2月号表紙（提供：東急㈱）

五〇年前、一九六八年の撮影会は来園者二五、〇〇〇人、その内八、〇〇〇人がアマチュアカメラマンでした。

しかし、一九七八年頃に梅まつりは途絶え、やがて梅林も横浜市へ売却されました。現在の大倉山観梅会は、一九八九年に始まり今年で三〇回目になります。

（二〇一八年二月号）

第二四回　二つの菊名駅 ―大倉山はじめて物語、その六―

JR菊名駅（2020年7月20日撮影）

　ご要望にお応えして、菊名のお話です。昨年（二〇一七）十二月十七日よりJR菊名駅の新駅舎の供用が始まり、東急菊名駅との乗り換えが変わりました。

　JR横浜線は一九〇八年に開業しましたが、当初菊名に駅はなく列車は通過していました。そこへ東横線敷設の計画が持ち上がり、横浜線の下に線路を通すことになりました。一九二六年二月十四日に東急の菊名駅が開業し、その半年後の九月一日横浜線にも菊名駅が出来ました。

　東急菊名駅は、周囲を丘に囲まれた谷間地形の場所へ、さらに地面を掘って造りましたから、大雨が降るとよく線路が冠水しました。東横線と横浜線、両方の線路をかさ上げして、水没しなくなったのはなんと一九七二年のことです。

二つの菊名駅ですが、駅の管理は開業以来すべて東急が担当していました。横浜線の駅の管理がＪＲに引き継がれたのは一九九四年のことです。この時、連絡通路に初めて乗り換え改札口が作られました。それまではフリーパスでした！　今回、その連絡通路も無くなり、一旦改札口を出てから乗り換えるようになりました。工事完了まであと少しです。

（二〇一八年三月号）

第二五回　船着き場に最古のお店？ ―大倉山はじめて物語、その七―

問い合わせをいただきました〟〝大倉山最古のお店〟、これは難題です！

大倉山一～七丁目で、過去にあった店と、現在営業中の店を見て行きましょう。すでに閉店した店も含めると、最古の店はなんと江戸時代にまで遡りそうです。

大倉山は、ずっと昔は太尾村といいました。太尾村には、天保十四年（一八四三）に飴菓子の出商人が四人、明治三年（一八七〇）に質屋三軒がありましたが、残念なことに場所が分かりません。

これまで、大倉山では以下の三ヵ所に人が集まり商店街が形成されて来ました。①鶴見川の河岸（かし、船着き場）付近、②綱島街道沿い、③大倉山駅付近です。

古代以来、太尾村の物流は道路と鶴見川が担っていました。川舟が着岸する場所を河岸（かし）といいます。昔は

2013年3月23日「太尾河岸跡」記念碑除幕式

川の流れが今と少し違っていて、新羽橋から四〇〇メートル程北側、太尾下町子供の遊び場付近で道路と川が交わり、河岸がありました。「太尾河岸跡」の小さな石碑が建っています。

太尾河岸の周辺には、古くから酒屋、雑貨屋、ワラジ屋などの店がありました。そうした店を経営していた家は、店名や業種が屋号となっていたりしますが、商売が専業ではなく、農業との兼業だったようです。開店時期がどこまで遡るのかはよく分かりません。

次回に続く。

（二〇一八年四月号）

第二六回　今も続く最古のお店は？　――大倉山はじめて物語、その八――

前回の続きです。大正から昭和になる頃には、道路や鉄道が整備されて、物流はトラックや貨物列車が中心となり、鶴見川の河岸はしだいに廃れていきます。現在、太尾河岸跡周辺に古くからの店はもう残っていないようです。

綱島街道は、昭和十年代に現在の広い新道が整備されましたが、旧道沿いには今でも古い店がいくつか残っています。

筆者が確認出来た範囲では、昔から業態を変えずに現在も営業中の店としては、大倉山一丁目、旧道に面した西田自転車店が最も歴史が長いようです。一九二四年（大正十三）に父親が店を開いたと教えてくださったのは、一九二六年生まれの現店主さんです。この方、大倉山で現役最年長の店主さんでしょうか。

大倉山駅入口交差点付近には、明治の末頃から鈴木長兵衛商店（後の岩田屋）がありました。酒屋兼雑貨屋で、何度か移転した後に駅前の記念館坂入口で酒屋を営業していましたが、先年閉店しました。

綱島街道の旧道沿いには一九二七年開店の漆原石材店（第三六回参照）もありますが、住所が大豆戸町です。さらに続きます。

（二〇一八年五月号）

第二七回　大倉山駅周辺のお店　―大倉山はじめて物語、その九―

昭和10年頃の大倉山駅西側（記念館坂）

前回に続き大倉山最古のお店を探します。一九二六年に太尾駅（現大倉山駅）が開業しました。そうすると、駅前にぽつぽつお店が出来るようになります。戦前は、駅の東側に蕎麦屋、勉強堂（文具や菓子）、岩田屋。駅の西側に坂下屋（タバコ屋か?）、和菓子の梅月堂、伊藤理髪店などがありましたが、現存しません。

戦中戦後、疎開等で地域の人口は増加し、駅前通りにお店が増えて、商店街が形成されていきました。駅東側のレモンロードでは、一九五一年に開業した御菓子司大倉山青柳が現存最古と思われます。

駅西側のエルム通りでは一九五三年に開業した自転車店の石黒輪業が最も古いようです。店主さんに伺うと、当時は道路が舗装されておらず、雨が降るとよく水も出たので、店の隣に併設していた駐輪場まで自転車で来た人が、そこで長靴から革靴へ履き替えて電車に乗ったのだそうです。

三回にわたって大倉山の古いお店を探しましたが、もっと古くからのお店をご存じでしたら教えてください。


（二〇一八年六月号）

第二八回　子どもとお地蔵さま —むかし話、その六—

むか〜し昔、大曽根では、赤ん坊が生まれると、村の辻にあるお地蔵さまの前に生まれたばかりの子を捨てる風習がありました！　本当にあったお話です。とても怖そうですが、育児放棄や口減らしの間引きではありません。

親が赤ん坊を捨てると、物陰から見ていた近所のお婆さんがすぐに近づいて抱き上げて、親の家へ運びました。事前に両親がお婆さんに頼んでいたのですね。両親は、赤ん坊を運んできたお婆さんを座敷にまねいて、たくさんの御馳走で歓待して、お礼をしました。

なぜそんなことをしたのでしょうか？　この話を紹介している大曽根小学校編『大曽根の歴史』によると、昔の人は、「お地蔵さまは、子どもの神さまで、子どものことは何でも聞きとどけてくれるとかたく信じていました。それで、子どもが丈夫に育つように、すて子のまねごとをした」のでした。

昔は医学が未発達で、病気で亡くなる赤ん坊が沢山いました。お地蔵さまに子どもの健康を願ったのですね。捨て子の風習は昭和の初めまで続けられていたそうです。

（二〇一八年七月号）

第二九回　姉妹図書館　―大倉山はじめて物語、その一〇―

二〇一八年七月二十六日に、大倉精神文化研究所附属図書館は、佐賀県神埼市立図書館と姉妹図書館になりました。

研究所の創立者大倉邦彦が、神埼市出身であり、生涯にわたって故郷を大切にしていたことが縁となり、今回の調印式を迎えました。今後、様々な交流活動を通して、横浜と神埼の地域文化に貢献していきたいと考えています。

最近は、近隣の図書館同士で相互利用などの業務提携をすることが多くなっているので、姉妹図書館もそれなりに多いだろうと思って調べてみました。すると、海外の図書館と姉妹図書館になった事例を数件見つけましたが、なんと国内の図書館同士では先例が見つかりませんでした。どうやら日本で初めての調印と思われます。

余談ですが、港北区と神埼市には、大倉邦彦以外にもつながりがありました。港北区には一九七九年に制

姉妹図書館の調印

定にした港北の歌「港北の空と丘」がありますが、神埼市にもイメージソング「MY DEAR 神埼」があります。どちらも榊原政敏作曲、歌はダ・カーポです。不思議な縁ですね。

（二〇一八年八月号）

第三〇回　タルは樽？　垂る？　―地名のナゾ、その四―

樽町の「樽（タル）」の地名の由来は何でしょうか？

三つの説があります。

一番有名な説は、御神酒の樽です。師岡熊野神社に献上する御神酒の樽を作っていたから、あるいは御神酒の入った樽を献上していたからという説です。樽というと、胴が脹らんでいて鉄のたがで締めた洋樽を連想しますが、昔の献上用の酒樽なら、竹のたがで締めて菰をかぶせた菰樽か、角樽だったのでしょうね。

二番目の説は、鶴見川の洪水です。地区の北側に鶴見川が流れていますが、昔はその鶴見川がよく氾濫していました。一度氾濫すると村中が水浸しになってしまい、まるで樽に水を張ったようにいつまでも水が引かなかったことから名付けられた、というものです。

三番目の説は、水が流れ落ちるという意味の「タレル（垂れる）」の古い形「タル」の語に、樽の漢字を当てたという説です。地区の南側には丘陵が切り立っています。そこからわき水が滝のように流れ出ていることから名付けられたというものです。

どの説が正しいのでしょうか、実はよく分かりません。


（二〇一八年九月号）

第三一回　樽は綱島　―不思議な菖蒲園―

樽町には、菖蒲園前という名前の交差点やバス停があります。直ぐ脇に樽町しょうぶ公園もありますが、周囲に菖蒲園は見当たりません。実は八〇年余り前には、その辺りに東急電鉄が作った菖蒲園がありました。

東急電鉄は、東横線電車の乗客を増やすために、昭和八年に菖蒲園を開園しました。三、〇〇〇坪の園内には、花菖蒲、アヤメ、カキツバタ、アイリス等数十種五万株が植えられていました。

東急の古い資料を見ると、正式には「綱島菖蒲園」という名前だったことが分かります。綱島駅から行ける菖蒲園だったからです。どこの町にあるかよりも、最寄り駅がどこかを重視しているところが、いかにも鉄道会社らしいネーミングですね。ちなみに、隣の大曽根町には「大倉山天然スケート場」がありました。誰が命名したのかは分かりませんが、大曽根にあっても最寄り駅が大倉山駅だったから名付けられたものです。

樽町にあった綱島菖蒲園

さて、この綱島菖蒲園ですが、昭和十三年に鶴見川の大洪水が発生し全て流されてしまい閉園に追い込まれます。菖蒲園は、短命に終わりましたが、その名は今でも樽町に生き続けています。

（二〇一八年十月号）

第三二回　綱島は樽　―不思議な綱島温泉―

むかし、綱島に温泉がありました。

大正十五年（一九二六）に東横線が開通しますが、その時、東急電鉄は綱島に直営の綱島温泉浴場を造り、駅名を綱島温泉駅（現、綱島駅）としました。綱島温泉の名はこの時に初めて名付けられました。

しかし、温泉は綱島で発見されたのではなくて、大綱橋の南側たもと、現在の樽町二丁目で発見されました。大正三年（一九一四）のことでした。綱島街道脇には、昭和八年に設置された「ラヂウム霊泉湧出記念碑」（『わがまち港北』一四九頁の写真参照）があり、その歴史を伝えています。

二〇一六年、樽町三丁目にオープンした日帰り温泉施設「湯けむりの庄」が「綱島源泉」を名乗っているのも、こうした歴史があるからです。

さて、大綱橋から大曽根商店街へ行く道と、綱島街道とに挟まれた辺りには、東横線が開通する前から温泉旅館が何軒も造られて、温泉街になっていました。

では、その頃この温泉は何と呼ばれていたのでしょう？　答えは分かりません。当時の樽町は、まだ横浜市に編入されておらず、橘樹郡大綱村大字樽と呼ばれていました。もっと古くは橘樹郡樽村でした。もしかすると、大正時代には、樽温泉とか樽村温泉として名を馳せていたかも知れませんね。

（二〇一八年十一月号）

第三三回　世が世なら大曽根温泉駅？

前回の続きです。むかし、樽町に温泉がありました。では、樽町に温泉があるのに、東急電鉄はなぜ綱島に温泉浴場と温泉駅を造ったのでしょうか？

かつて大倉山や大曽根の古老の方に伺った話によると、東急電鉄は大曽根に駅を造ろうとしていたようです。大正時代、樽の温泉街は大曽根との地区境にありました。そこで、東急電鉄は線路を大曽根側に敷いて駅を造り、駅東口の前に温泉街が広がる街作りを計画したと思われます。筆者の想像です。

しかし、地元の運送業者等が駅建設に反対したと伺いました。そのため、東急は計画を断念して、鶴見川の対岸に位置する綱島に綱島温泉駅を造り、温泉開発をしたと考えられます。

もし大曽根に駅が出来ていたら、名前は大曽根温泉駅となっていたのでしょうね。そうすると、樽や大曽根は温泉街・歓楽街として開発され、綱島は静かな農村地帯のままだったかも知れません。

大曽根に駅があれば、その南隣の駅は菊名駅になり、大倉山の駅は造られなかったことでしょう。そうすると、大倉精神文化研究所も造られず、エルム通りも出来なかったはずですね。

（二〇一八年十二月号）

第三四回　温泉の記念碑

第三二回で、昭和八年樽町に「ラヂウム霊泉湧出記念碑」が設置されたと書きました。その記念碑が昨年（二〇一八）十二月に処分されることになり、それに気付いた地域の方々が奔走して、現在は別の場所に仮設し、新しい設置場所を探しています。早期に解決することを願っています。

この記念碑は、表の碑文を横浜市長大西一郎が書いています。裏面にはたくさんの名前が刻まれていて、当時の様子がよく分かります。湧き出した赤黒い地下水は、大正三年八月に東京衛生試験所が検査して、温泉（冷鉱泉）であることが分りました。樽町では、小島孝次郎が大正六年から温泉旅館永命館を始めます。福澤徳太郎は、温泉水を船に積んで鶴見川を下り、鶴見区で大綱温泉という銭湯を始めました。石碑を建てた加藤順三は杵屋という菓子店でラヂウムまんじゅうを売り出します。

昭和八年は菖蒲園（第三一回参照）が開園した年でもありました。温泉発祥地として賑やかだった樽町の温泉街が、しだいに綱島駅周辺の温泉街に水をあけられていき、それを挽回しようとしたのでしょうか？想像がふくらみます。

（二〇一九年一月号）

第三五回　菊名音頭

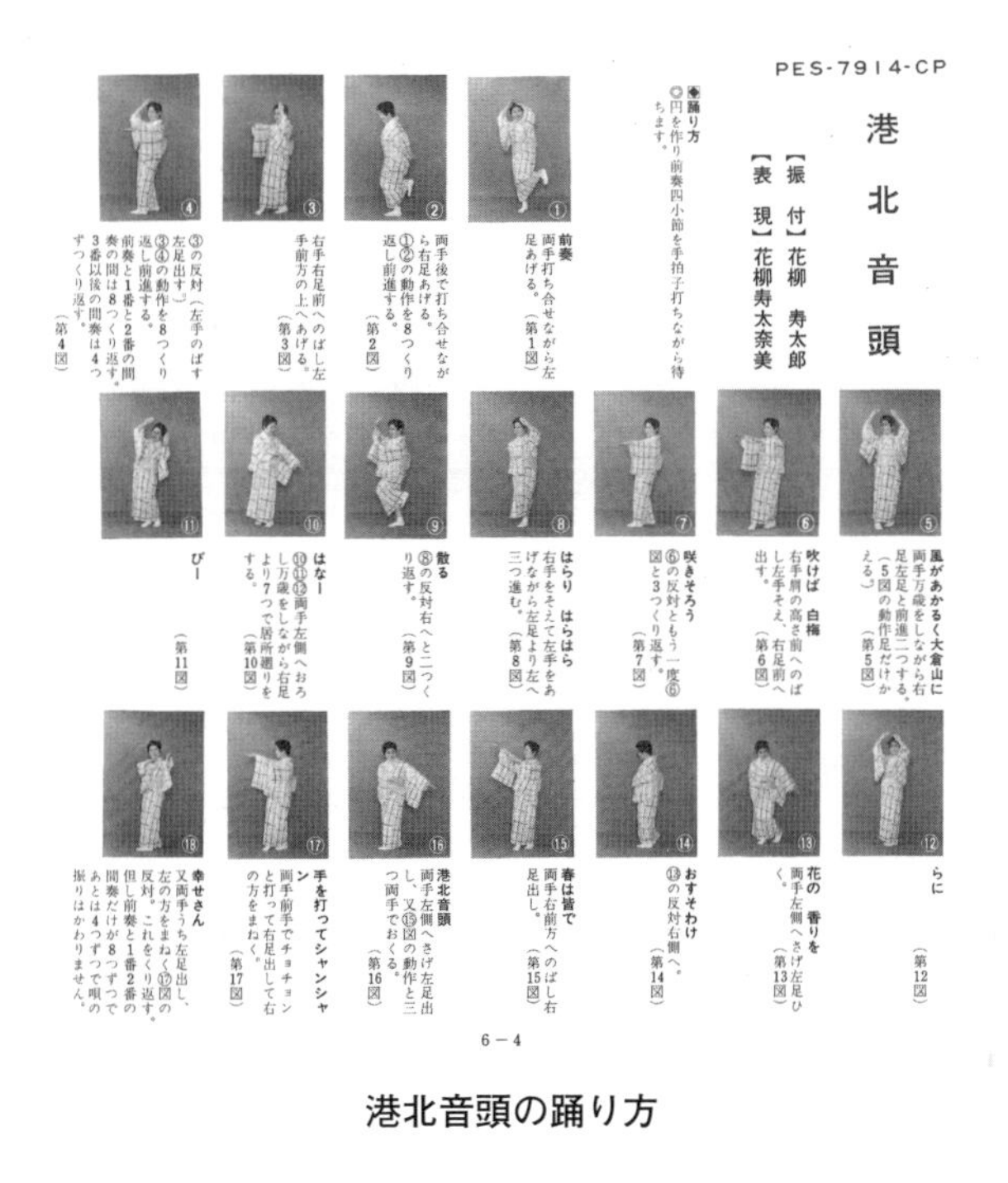
PES-7914-CP

港北音頭

【振　付】花柳　寿太郎
【表　現】花柳寿太奈美

◆踊り方
◎円を作り前奏四小節を手拍子打ちながら待ちます。

前奏
両手打ち合せながら左足あげる。（第1図）

両手後で打ち合せながら右足あげる。
①②の動作を8つくり返し前進する。（第2図）

右手右足前へのばし左手前方の上へあげる。（第3図）

③の反対（左手のばす左足出す。）
③④の動作を8つくり返し前進する。
前奏と1番と2番の間奏の間は8つくり返す。
3番以後の間奏は4つずつくり返す。（第4図）

風があかるく大倉山に
両手万歳をしながら右足左足と前進二つする。（5図の動作足だけかえる。）（第5図）

吹けば　白梅
右手肩の高さ前へのばし左手そえ、右足前へ出す。（第6図）

咲きそろう
⑥の反対ともう一度⑥図と3つくり返す。（第7図）

はらり　はらはら
右手をそえて左手をあげながら左足より左へ三つ進む。（第8図）

散る
⑧の反対右へと二つくり返す。（第9図）

はなー
⑩⑪⑫両手左側へおろし万歳をしながら右足より7つで居所廻りをする。（第10図）

びー
（第11図）

らに
（第12図）

花の　香りを
両手左側へさげ左足ひく。（第13図）

おすそわけ
⑬の反対右側へ。（第14図）

春は皆で
両手右前方へのばし右足出し。（第15図）

港北音頭
両手左側へさげ左足出し、又⑮図の動作と三つ両手でおくる。（第16図）

手を打ってシャンシャン
両手前手でチョチョンと打って右足出して右の方をまねく。（第17図）

幸せさん
又両手うち左足出し、左の方をまねく⑰図の反対。これをくり返す。
但し前奏と1番2番の間奏だけが8つずつであとは4つずつで唄の振りはかわりません。

6－4

港北音頭の踊り方

一九七八年、大豆戸町に現在の区役所総合庁舎が完成しました。その祝賀事業の一環として、港北の歌が公募され、綱島西在住の井筒良子さんの歌詞が当選しました。翌一九七九年、区制四十周年の年に、「風があかるく大倉山に　吹けば白梅咲きそろう」と歌い出す「港北音頭」が完成しました。売り出されたレコードには、踊り方の解説も付いていました。今でも盆踊りで踊られているのでしょうか？

港北区内には、この他に、新羽音頭、大新羽音頭、綱島音頭（戦前）、綱島音頭（戦後）、綱島音頭ドンと踊れ二〇〇九、日吉団地自治会の自治会音頭、高田音頭、篠原音頭などがあります。
大倉山周辺には無いなーと思っていましたら、二〇一七年に、菊名音頭（作詞小泉正、作曲MOKU）が完成しました。「昔は山畑田んぼだけ　今じゃ浜の住宅地」とか「菊名神社のがまん様　頭なでれば運が向く」などと地域の様子が楽しく詠み込まれています。
今年は、港北区が誕生して八十周年の記念の年です。区内全地区からみんなが集まって、各地区の音頭を一緒に歌って踊れる大盆踊り大会が開かれると楽しいでしょうね。（二〇一九年二月号）
付記　この原稿で「大倉山周辺には無い」と書いたのがきっかけとなり、二星暁子さんが二〇一九年四月に「大倉山ときめき音頭」を作詞・作曲されました。振り付けもあるので、盆踊りで踊ってみたいです（第四四回参照）。

第三六回　温泉記念碑は大豆戸町で製造

仮設されていた樽町の「ラヂウム霊泉湧出記念碑」（第三四回参照）が、二月十五日に元の場所から少し北側、大綱橋南側たもとの駐輪場脇に移設されました。

昭和八年に石碑を建てた加藤順三氏の家は、かつてはもう少し鶴見川に近い場所にありました。土手を造るために家を移転して、そこで温泉を発見し石碑を建てたので、今回の設置場所は、順三氏の元の家に近づいたと思われます。

嬉しい発見もありました。石碑の裏面左下部に「大豆戸町石林刻」と刻まれていました。石林（いしりん）とは、大倉山の漆原家（屋号クマサン）から分家して、昭和二年に大豆戸町で石材店を開業した漆原林蔵氏のことです。

裏面右下には「綱島左官小島喜三郎」と刻まれていました。左官が石碑設置にどのように関わったのかは分かりませんが、昭和八年に石碑が設置された時は、周囲をキレイに飾り立てていたと思われます。当時の大綱橋は少し下流に架かっていました。昭和十二年に現在の場所に架橋され、綱島街道も拡幅され、順三家の源泉井戸は道路の下になり、屋敷地が削られました。この時、石碑を移動した可能性があります。私たちが長年見慣れてきた石碑は、設置当初とは建て方が違っていたのかも知れません。

ご教示下さった吉田律人・武田信治の両氏に感謝します。

（二〇一九年三月号）

移設された記念碑（伊藤幸晴氏提供）

第三七回　樽町にビワの畑が？　―地名のナゾ、その五―

枇杷圃架道橋（2020年7月16日撮影）

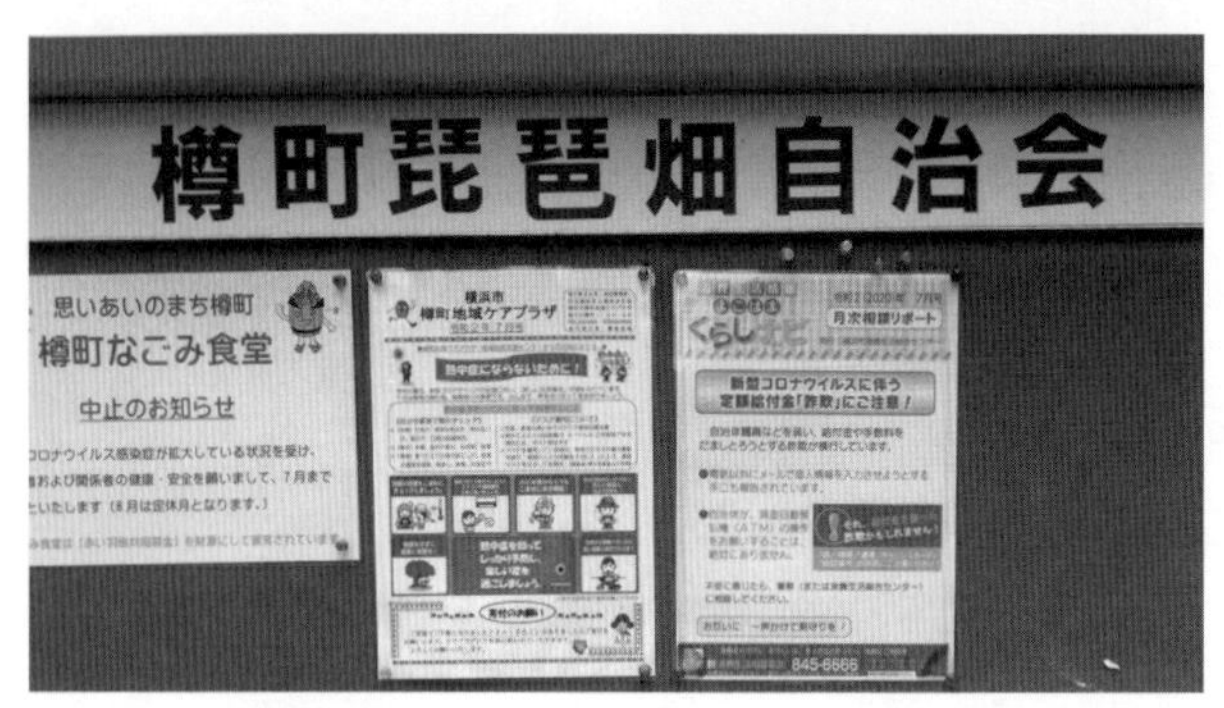

琵琶畑自治会（2020年7月16日撮影）

樽町には、かつて温泉旅館琵琶圃（びわはた）がありました。現在は琵琶畑自治会や、東横線の枇杷圃架道橋などがあります。漢字が似てるけど違うので気になりますとの質問を受けました。

圃（ほ、はたけ）とは、畑のことです。琵琶畑自治会の区域は樽町二丁目四～六辺りですが、古くは樽町一～二丁目のほぼ全体を「びわはたした」と呼んでいました。楽器の琵琶の形をした畑があったとも、果物のビワを栽培する畑があったともいわれていますが、どちらの説が正しいのかは分かりません。古くは琵琶圃下とか、枇杷圃下などと書いていたのでしょうが、圃の字は読みづらいので、常用漢字で同じ意味を持つ畑の字を書くようになったと思われます。

余談ですが、果物のビワは、楽器の琵琶に形が似ていることから名前がつけられたので、その漢字も琵琶の字に木偏を付けて枇杷にしたそうです。もう一つ余談ですが、岸根町には琵琶橋という橋がありました。枇杷の木で作られていたという説と、琵琶法師の伝説があります。鶴見川周辺は水害の多い土地でしたので、昔は水害に強い果樹のビワ栽培が盛んだったのかも知れませんね。

架道橋とは、道路をまたぐ橋のことです。枇杷圃架道橋は、大曽根商店街の中央近くにあります。東横線が開通した九〇年余り前のレトロな雰囲気を伝えています。

（筆者H氏より）樽町の「ラヂウム霊泉湧出記念碑」の移転騒動をきっかけにして、港北ふるさとテレビ局さんが、映像作品「続・綱島温泉物語」を制作しています。八月の綱島地区センターお化け大会でお披露目とのこと、楽しみですね。

（二〇一九年四月号）

第三八回　太尾堤緑道の彫刻たち

太尾堤緑道は、太尾新道バス停の辺りを南端として、ほぼ太尾新道の西側に沿って北上し、下町会館前バス停の西側付近に至る約一・六キロもの細長い公園です。この公園は、横浜市政一〇〇周年の一九八九年一二月に開園しました。ここには、市政一〇〇周年記念事業の一つだった横浜彫刻展（YOKOHAMA BIENNALE'89）の出品作品から、八点の野外彫刻が一九九〇年に移設されました。

緑道の南端には横浜市長賞を受賞した**出会い**、資源循環局港北事務所脇には**稜線**、ENEOSの向かいには**波の虫**、太尾南公園南側の**折りたたまれたかたち**、太尾小学校校東門前の**プリーズ**、**リクエスト**、太尾小学校プレハブ校舎の向かいに**まかせなさい**、港北高校入口信号機近くの**ヨコハマ・トライアングル**。そして最後の一つは、横浜アリーナの正面右脇に設置された**異・空間**です。アリーナも市政一〇〇周年を記念して一九八九年にオープンしました。

プリーズ、リクエストは、ベンチに彫刻のおじさんが座っている作品ですが、地域の子供たちは、その辺りを「おじさん公園」と呼んでいます。ステキな名前ですが、最近、このおじさんに秘密があることを知りました。その話は次回に。

（二〇一九年五月号）

付記一　港北区内では、第三回横浜彫刻展（YOKOHAMA BIENNALE '93）で奨励賞を受賞した四点の彫刻が、綱島にあります。

付記二　大倉山レモンロードの川崎信用金庫横の歩道には、太尾堤緑道に設置された彫刻のレプリカが設置されていますが、その経緯はよくわかりません。ご存じの方は教えてください。

第三九回　おじさん公園のひみつ　―その一―

プリーズ、リクエスト（2020年5月3日撮影）

前回の続きです。太尾小学校の東門前の緑道に設置されたベンチに、サクソフォンを持ったブロンズ彫刻のおじさんが座っています。ベンチと彫刻を合わせて「**プリーズ、リクエスト**」という作品です。太尾小学校の子供たちは、その辺りを「おじさん公園」（近ごろは略して「おじ公」）と呼んでいます。

いつからその名がついたのか疑問に思っていたところ、最近、「おじさん公園のひみつ」という映画があることを知りました。

この映画は、川崎のチネチッタ開業二〇周年記念で企画された「子どもたちによる映画の原作ストーリー大募集!!」に、当時太尾小学校の児童だった加藤光君が応募して、グランプリを受賞した作品です。加藤君はなんと脚本まで執筆して、林海象監督、佐野史郎主演で映画化されました。公開は二〇〇八年三月、加藤君以下太尾小四年三組の子供たちも出演しています。大人になった加藤君に話を伺ったところ、どうやらこの頃から、おじさん公園と呼ばれるようになったようです。

　この映画は、六月二十三日（日）に港北公会堂で開催する第九回港北ふるさと映像祭で上映されます。おじさん公園にどんな秘密があるのかは、映画をご覧下さい。答えは七月号で！

付記　「プリーズ、リクエスト」の作者の黒川晃彦氏は、「この作品は未完成です。ベンチの空いているところへ人がすわって完成します。」と言っています。さあ、作品を完成させるのはあなたです。

　黒川氏が同じコンセプトで作った彫刻は全国各地にありますが、横浜市内では青葉区の市が尾第三公園にサックスを吹くおじさんの彫刻「イチガオ・スイング」があります。


（二〇一九年六月号）

第四〇回　おじさん公園のひみつ　―その二―

　前回の続きです。一一年前、太尾小学校の子供たちの間には、彫刻**プリーズ、リクエスト**のおじさんは夕方六時になると動き出す、という噂があったそうです。当時四年生だった加藤光君はその噂を基にして映画の原作ストーリーを書いて、グランプリを受賞しました。作品の映画化に際して、林監督が「せっかくだから脚本も書いてみるかい？」と、加藤君に脚本の書き方まで教えてくれました。その時、監督から「小学生が六時じゃ遅いから」と言われて、映画では五時に動き出すという設定に変えたのだそうです。

現在の「おじさん公園」には、彫刻の脇に滑り台などの遊具が設置されています。加藤君の記憶によると、以前はそこにタイヤの遊具があり、一一年前子供たちは「タイヤ公園」と呼んでいたそうです。そして、太尾小学校の北側、港北高校入口信号機近くには、鈴木明氏制作の**ヨコハマ・トライアングル**という作品があります。大きな黒い円筒で、三つに分かれており、中に入ると万華鏡になっています。子供たちはそこを「カガミ公園」と呼んでいたそうです。

ヨコハマ・トライアングル（2019年5月3日撮影）

おじさん公園には、たくさんの秘密がありましたね。実は、太尾堤緑道にもたくさんの秘密があります。次回からは太尾堤緑道のお話です。

（二〇一九年七月号）

第四一回　きつね火　―むかし話、その七―

狐の嫁入り

現在の鳥山川は、神奈川区に源を発し、鳥山町と岸根町の間を流れ、横浜アリーナの裏で鶴見川と合流しています。

しかし、むかーし昔の鳥山川は、横浜アリーナの裏から太尾堤緑道の所を流れて、大倉山と大曽根の境近くで鶴見川と合流していました。その頃のお話です。

その頃は水害が多くて、家は山の麓にしか建てられず、大倉山、大豆戸、新横浜などの平地は田畑や荒れ地が広がるばかりでした。横浜アリーナがある辺りは、背の高い草が生い茂る気味の悪いところで、夜は村人さえも遠回りして通ったといわれています。

人が誰も住んでいませんから、夜になれば真っ暗になるはずが、時折、土手の上に青白い炎が見えることがありました。これを狐火と言います。狐火がたくさん並んで見えることもあり、それは狐の嫁入りと言いました。

村人が食べ物などを手に持ったまま見とれていると、いつの間にか盗られて無くなっていたなんて話も残っています。

堤防が改修され、民家が増えるとキツネはいなくなりました。犬が飼われるようになってから、キツネやタヌキが急に減ったと言う人もいます。

（二〇一九年八月号）

第四二回　鳥山川から太尾堤緑道へ

狐に化かされそうだった鳥山川は、大倉山の田畑を潤す貴重な用水路でした。しかし、河道が狭くて氾濫を繰り返すので、昭和三十年代に、上流の横浜アリーナの近くで鶴見川に合流させました。周辺では市街地化が始まっており、昭和四十四年に港北高校が、昭和五十一年には太尾小学校も開校します。

太尾上橋の跡（2019年5月3日撮影）

河道の跡地は太尾排水路と呼ばれ、大雨の時の排水に使われましたが、下水道が整備されると、昭和四十七年に埋め立てられて遊歩道になりました。その後公園として整備されて太尾堤緑道と名付けられたのです。

実はこの太尾堤緑道の部分は、江戸時代の寛文年間（一六六一～七二年）に掘られた人工の河道でしたので、鳥山川を元の形に戻したということも出来ます。この間の経緯は、港北高校の社会科研究部が昭和五十九年に作った『太尾町の歴史 後編（江戸時代から現代）』に分かりやすくまとめられています。

大倉山駅前から新羽へ向かってバス通りを西へ進むと、太尾堤緑道と交差します。そこには、緑道を遮るように、ちょっと変わった形をしたガードレールがあります。その柱をよく見ると東南の角（写真の左手前）には「昭和三十三年六月竣功」と書かれており、東北の角は「太尾上橋」、西南の角に「ふとおかみはし」と書かれています。これにより、ガードレールが橋の欄干だったことと、緑道部分が元は川だったことが分かります。

付記　写真では分かりにくいと思いますが、錆び付いた鉄製の欄干が六一年の歳月を物語っています。道路の先は新羽橋です。新羽橋は、昭和二十六年に木橋として架橋され、交通量の増加に伴い、昭和三十二年にコンクリート橋になりました。この太尾上橋も同様に架け替えられたものと思われます。

（二〇一九年九月号）

第四三回　ラグビーワールドカップ記念　―地域の外、その一―

ラグビーワールドカップで日本中が盛り上がっているので、その小ネタを少々。

準決勝第一試合と決勝戦の会場は、横浜国際総合競技場です。スポンサーの関係で、正式には日産スタジアムとは言えません。競技場は小机町と鳥山町にまたがって建設されています。正面玄関となっている西ゲートは鳥山町ですが、競技場の住所は小机町です。サッカーとラグビーの両ワールドカップの決勝戦会場となった競技場は、フランスのスタッド・ド・フランスに続いて、なんと世界で二例目です！

慶應義塾大学日吉キャンパスのラグビー場は、日吉ではなく下田町にありますが、そのグラウンド脇には一九四三年に建てられた「日本ラグビー蹴球発祥記念碑」があります。一八九九年に慶應義塾のイギリス人教員が友人の田中銀之助とともに（当時は下田町のグラウンドは無いので、おそらく三田のグラウンドで野球部の）塾生に指導したのが、日本人によるラグビーの事始めです。

一方、横浜在住の西洋人たちは一八六六年に横浜フットボールクラブを設立し、七三年にはアジア初のラグビー国際試合を開催しました。そうした縁から、今回のワールドカップを記念して、中区山下町公園に今年（二〇一九）九月「〝日本で最初のフットボール（ラグビー）発祥地 横浜〟記念碑」が建てられました。

横浜は、特に港北は、ラグビーととても縁が深いですね。

（二〇一九年十月号）

下田町グラウンドの記念碑
（2015年4月4日撮影）

中区山下町公園の記念碑
（2019年9月30日撮影）

第四四回　大倉山ときめき音頭とハナミズキ
─大倉山はじめて物語、その一一─

二〇一九年十月三十一日、第三五回大倉山秋の芸術祭の開会式で、大倉山ときめき音頭が披露されました。

ハア〜　みどりの丘に　陽がのぼる　あなた住む街　大倉山に

洒落たモダンな記念館　梅の香に良い気分

澄んだみ空に　はなみずき

歌詞の「梅の香」は大倉山梅酒「梅の薫」と、「良い気分」は「酔い気分」と掛けてあります。

作詞作曲は大豆戸町の二星暁子さんです。二星さんは、二〇一四年から一六年にかけて「大倉山讃歌」三部作も作詞作曲されています。

本稿第三五回で、区内各地で盆踊りの曲が作られているのに「大倉山周辺には無いなー」と書いたことがきっかけとなり、今年（二〇一九）四月に作ってくださいました。著者として冥利に尽きます。

さて、歌詞にも登場するハナミズキは港北区の木です。区制八〇周年記念事業として、十一月二日に大倉山記念館の脇で、その植樹式が行われました。シドモア桜（第一三回参照）のとなりです。一九一二年に東京からワシントンへ贈った桜の木の返礼として、一九一五年にアメリカから贈られたのがハナミズキです。

大倉山ときめき音頭
(2019年10月31日撮影)

ハナミズキの植樹式
(2019年11月2日撮影)

都立園芸高校に唯一残るその原木から接ぎ木で育てた苗を植えました。記念館坂のハナミズキの並木が、ちょうどまっ赤な実を付けています。

大倉山に新しい名物が二つ増えましたね。

（二〇一九年十一月号）

第四五回　八杉神社の神橋

お正月にちなんで、神社の話題を一つしましょう。

皆さん、初詣に行かれましたか。神社は神様の居ます清浄な場所ですから、手水舎で身を清めてお参りをします。手水舎の水は社殿裏山から湧き出る清浄な水（今は水道水の所もあり）ですが、古くはすぐ近くを流れる川の水で潔斎をしていました。

菊名駅の北西側の丘を通称で安山（やすやま）といいます。大豆戸町の八杉神社は、安山の北側斜面に鎮座していますが、かつては八王子神社と呼ばれていました。一九四七年に町内の杉山神社を合祀して、二つの神社の頭文字を合わせて八杉神社となりました。

昔から、安山に沿って用水路と道路がありました。神社を参詣する人は、用水路に架けられた神橋（かみはし）という名の小さな石の太鼓橋を渡って神域に入りました。

八杉神社の神橋（2020年1月4日撮影）

用水路は、菊名池から流れ出たもので、菊名周辺の丘からの湧き水を集めて鶴見川へ向かって流れていました。カワセミもやってくる清水は、農業が盛んだったころは貴重な潅漑用水でした。古くはお参り前の潔斎にも使われたのでしょうか？

やがて都市化が進み、農地は減ります。下水道の整備が遅れ、用水路は家庭雑排水で汚れていき、ついに水利権が放棄されて昭和五十年代に暗渠となりました。

用水路を埋めた跡は歩道になりました。歩道をまたぐ神橋は通行の邪魔になったのですが、神社の橋なので、取り壊すのではなく山際に少しずらして移設しました。それ以来、神橋の下に川はありませんが、今でも古い姿を伝えています。

この用水路の記憶を伝えるものがもう1つあります。二〇〇六年から毎年夏に開催されている、大豆戸菊名打ち水大作戦です。大勢の子ども達が一斉に打ち水をする山沿いの歩道は、暗渠になった用水路の跡です。

付記　現存する神橋は、一九五八年に架け替えられたものです。写真は、今年（二〇二〇）の正月に撮影しましたので、欄干の親柱に松飾りが飾られています。

（二〇二〇年一月）

第四六回　天然スケート場と悦ちゃん

昔、大曽根台に「大倉山天然スケート場」がありました。一九二八年に冨川善三氏が氷場跡地を改装して開業し、一九四八年頃まで営業していました。

港北区内にあったスケート場はこの一ヵ所だけかと思っていたところ、神奈川区子安町の金子政次郎が、一九三五年に「富士塚天然スケートリンク」を開設したという『横浜貿易新報』の記事を見つけました。場所は妙蓮寺駅から約三丁（約三三〇メートル）、滑走料金は一時間二五銭ですが、記事の切り抜きを持参すると半額で滑れました。

横濱貿易新報
昭和十一年二月六日（木曜日）

妙蓮寺に——スケート場

1936年2月6日付け『横浜貿易新報』

翌一九三六年の新聞記事では、スケート女王悦ちゃんの人気にかられて「ハマの悦ちゃん」が滑走を楽しんでいると書かれています（写真参照）。何年まで営業していたのかは不明です。

スケート女王悦ちゃんとは、日本女子フィギュアスケートの先駆者稲田悦子選手のことです。稲田選手は、一九三六年にドイツで開催された冬季オリンピックにわずか一二歳で出場し、一九四〇年の札幌オリンピック（中止）の有力候補として期待されました。

港北ふるさとテレビ局制作の映像作品「続・綱島温泉物語～石碑が教えてくれたこと～」の撮影で、冨川善三氏の孫の薫さんに取材をしたとき、大倉山天然スケート場に稲田悦子選手が滑りに来たことがあると伺いました。かつての浅田真央さんのような人気者で、当時のスケートブームを作った方だったそうです。

近年では、新横浜スケートセンターが一九九〇年に開業し、トリノオリンピック金メダリストの荒川静香さんを初めとして数多くの選手が汗を流していました。ここは、木村拓哉さん主演で二〇〇四年に放送されたテレビドラマ「プライド」のロケ地にもなりました。

（二〇二〇年二月）

第四七回　迅速測図　―大倉山はじめて物語、その一二―

地図を見ると、中でも地形図を見ると、地域の様子がよく分かります。

大倉山周辺が、洋式の近代測量によって作られた地図に初めて描かれたのは、明治一四年、陸軍参謀本部が制作した迅速測図によってです。迅速測図とは、急いで測量して作った地図という意味です。西南戦争で地図の必要性に気付いた陸軍が、急いで作りました。

迅速測図は縮尺二万分の一で、彩色のフランス式図と、モノクロのドイツ式図の二種類が作られました。見比べると、色の有無だけでなく、地図も文字情報も若干異なっています。

迅速測図を見ると、港北区域に横浜線や東横線などの鉄道が敷設される以前、つまり都市化が始まる以前の原風景がよく分かります。大倉山と師岡の丘は尾根続きになっています。綱島街道は、丘沿いに走る細い旧道のみです。民家の大半は丘周辺の微高地に点在しており、平地には田畑ばかりが広がっています。

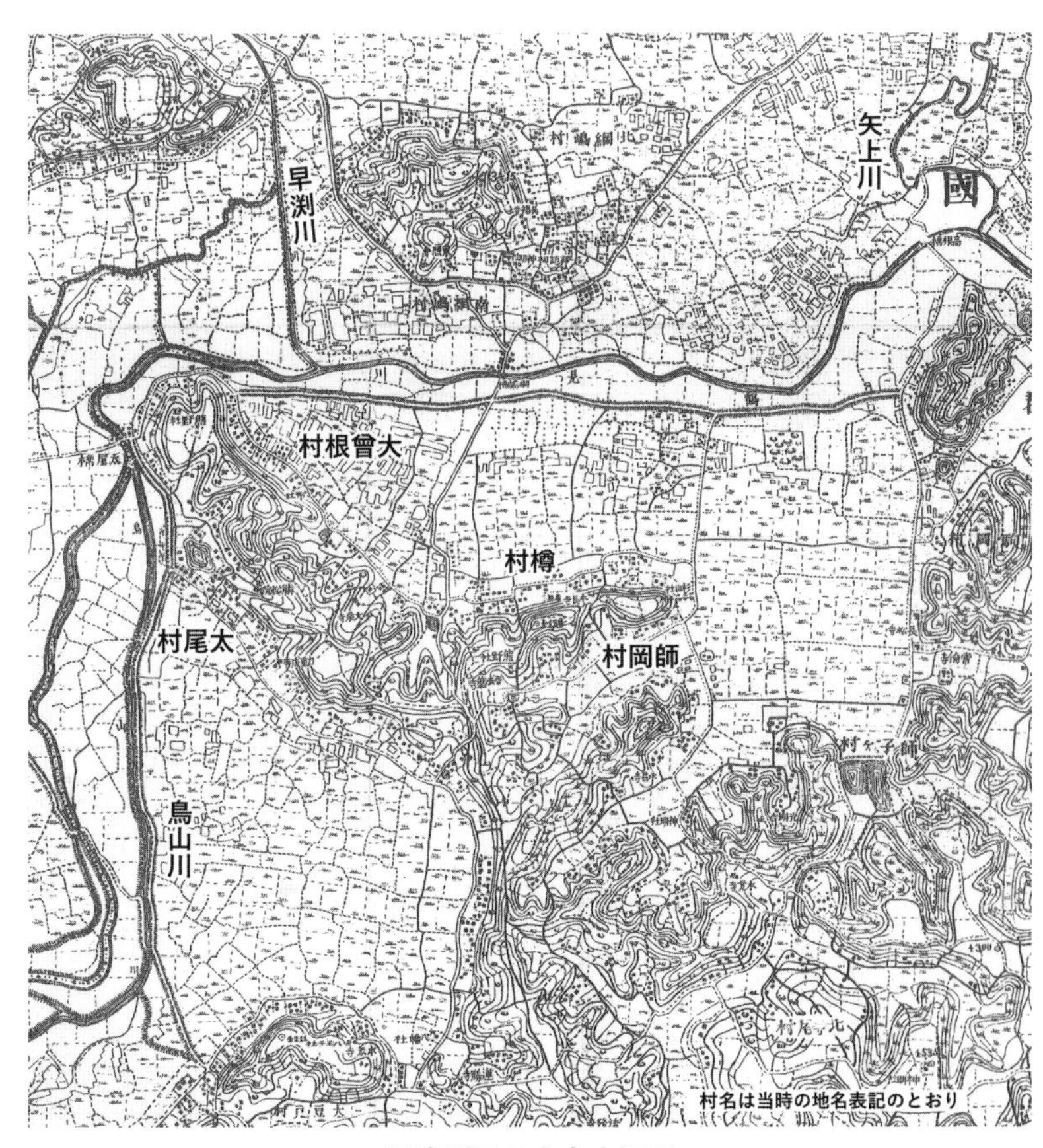

迅速測図の大倉山周辺

鶴見川を始めとする河川は、細くて曲がりくねった流路をしていて、近代の河川改修がなされる以前の姿が描かれています。ただし、早渕川だけは峰大橋辺りから下流部の流路がすでに直線になっており、江戸時代に河川改修されたことが窺えます。

その次に古い地形図は、横浜市が制作した三千分の一地形図が知られています。これは、大倉山辺りは昭和十六年製版ですが、残念ながら測量年が不明です。菊名の地図は昭和三年の測量なのですが、昭和二十二年に修正が加えられています。いずれも、東横線の駅前開発がある程度進み、綱島街道の新道が作られた後の様子を記録したものです。ところが、最近別の地図を見つけたので、次回に。

付記　地図は、迅速測図のドイツ式図です。港北区域は、まだ江戸時代からほとんど変わっていなくて、のどかな農村地帯でした。太尾堤緑道は、鳥山川でした。

（二〇二〇年三月）

第四八回　大正十五年の地形図　―大倉山はじめて物語、その一一三―

前回、横浜市が制作した三千分の一地形図を紹介しましたが、最近になりそれより古い地図を見つけました。大正十二年の関東大震災の後、内務省復興局が東京と横浜の復興事業を行うために作成した三千分の一地形図です。港北の辺りは大正十五年（一九二六）十一月に測図されました。東横線はこの年二月に開通したばかりですから、まだ駅前開発が進む前の様子が描かれています。

たとえば、日吉駅西口に広がる分譲地は、線路際から放射状半円形に造成販売されるのですが、この時はまだ中央通りから北側九〇度分しか造成されていません。東口の綱島街道も慶應義塾大学日吉キャンパスもありません。

綱島を見ると、綱島温泉駅（現綱島駅）の西側と東側に「田園都市住宅経営地」と書かれています。東急

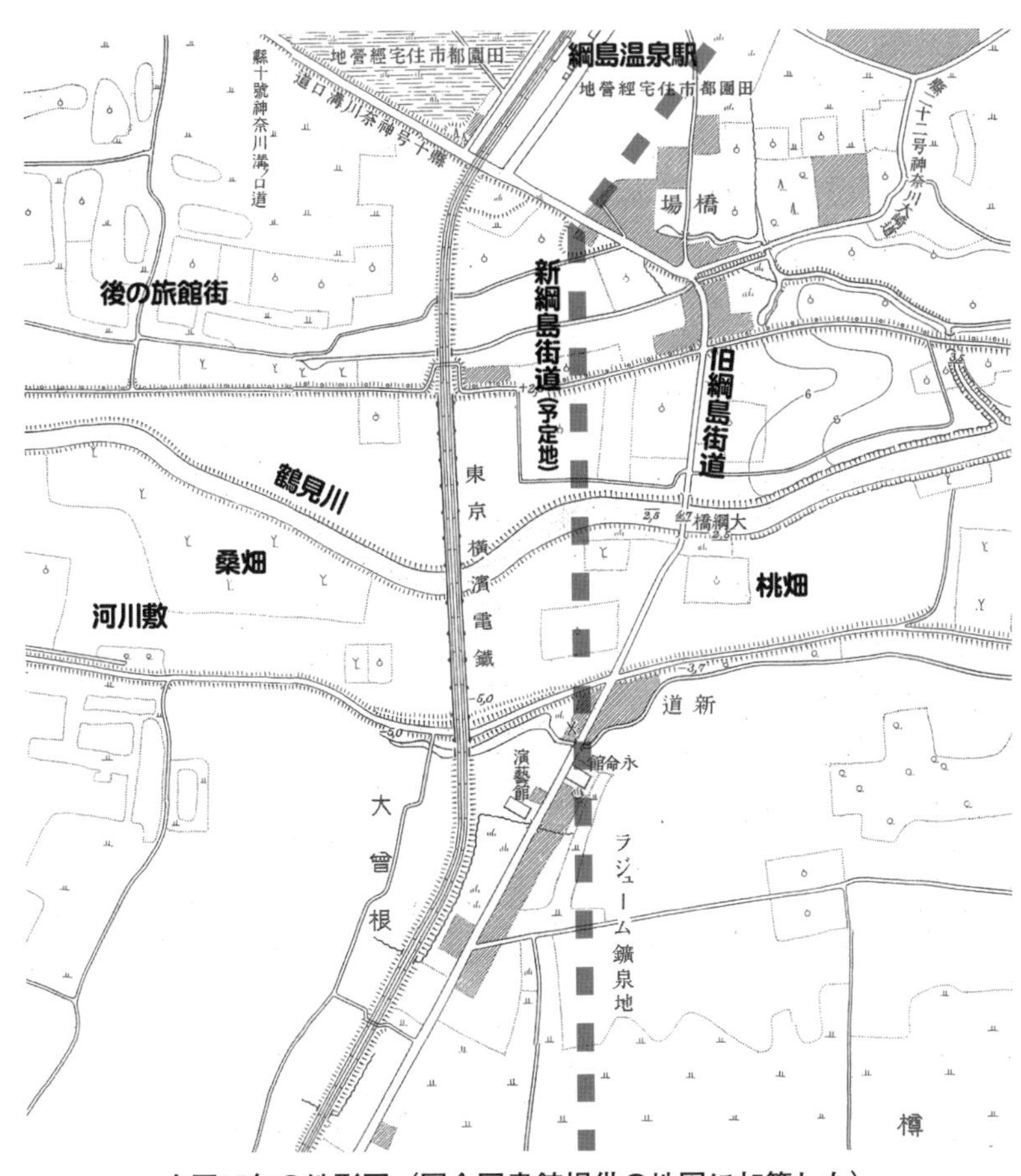

大正15年の地形図（国会図書館提供の地図に加筆した）

電鉄の母体である田園都市株式会社の分譲地という意味です。

斜線の網掛け部が家のある場所ですので、駅周辺に家はなく、「橋場」と呼ばれた辺り（新綱島駅工事現場辺り）にだけ家があるのが分かります。大綱橋と綱島河岸に隣接する橋場、そこから南へは旧綱島街道が通っていました。大綱橋は現在より六〇メートル程下流側で、長さも流路をやっと越えられる三〇メートル程（現約一七〇メートル）の木製の小さな橋でした。鶴見川の河川敷には桃畑と桑畑がありました。

鶴見川の南側を見ると、×印が交番で、永命館という旅館、演劇館（八幡館という映画館の前身か？）がありました。この辺りに「ラジューム鉱泉地」と書かれています。ここが綱島温泉発祥の地です。

さらに南下すると、第五回で紹介したおぼう坂は、生母（ウボ）坂と書かれています。大倉山の田畑は、明治十四年の迅速測図以降に耕地整理が行われたようです。錦が丘の分譲地は「田園都市住宅経営地」と書かれていますが、まだ造成されていません。

この地形図を見ていくと、開発が始まりかけた大倉山周辺の様子が手に取るように分かります（本書付録2参照）。

付記　前頁の地図は、大正十五年の地形図です。国立国会図書館提供の地図に一部加筆しました。綱島の西側（パデュ通り周辺）は、後に旅館街として栄えることになりますが、まだ家は一軒もありません。

（二〇二〇年四月）

第四九回　公会堂の緞帳と鶴見川流域絵図

港北公会堂の緞帳（どんちょう）（ステージ幕）が、人間国宝芹沢銈介（せりざわけいすけ）のデザインによることは第六回で紹介しましたが、二八二頁上段の写真がその緞帳です。芹沢銈介は、下田町の田邊泰孝氏の依頼により、昭和五十三年に下絵「陽に萌ゆる丘」を描きました。緞帳は、それを忠実に拡大して制作されました。緞帳の右下に写っている人物とサイズを比べると、その大きさがよく分かります。

緞帳は、一見すると不思議な抽象画のようですが、実は『港北百話―古老の話から―』の口絵写真を元にして、鶴見川の流域に広がる港北区域を描いています。民俗学者金子量重は、「太くたくましい川の流れは、燦然とふりそそぐ太陽の光に七色に輝き、それを囲む丘には、美しい花が咲きみだれて」いると解説しています。

デザインの基になった口絵写真から、「陽に萌ゆる丘」の絵解きをしてみましょう。右下に示した口絵写真は、綱島東の池谷家が所蔵する江戸時代の享和三年（一八〇三）作成の鶴見川流域絵図です。緞帳と比べてみると、まず描かれている範囲が違います。流域絵図には、鶴見川の河口から緑区辺りまで描かれていますが、下絵は、その中からおよそ枠で囲った範囲を描いています。これは、ほぼ当時の港北区域に該当します。昭和五十三年当時は、都筑区あたりまでが港北区域でした。

流域絵図と緞帳をさらに見比べてみると、川の本数も違っています。流域絵図で「折本川」と記されているのは、江川と大熊川の二つの支流です。それが一本になっています。

鶴見川流域絵図が描かれた享和三年は、流域の三三ヵ村が団結して、幕府代官所へ度重なる洪水被害を訴え、河川改修を陳情した年です。この絵図は、その陳情のために作成されたものでしょう。古来、流域の住

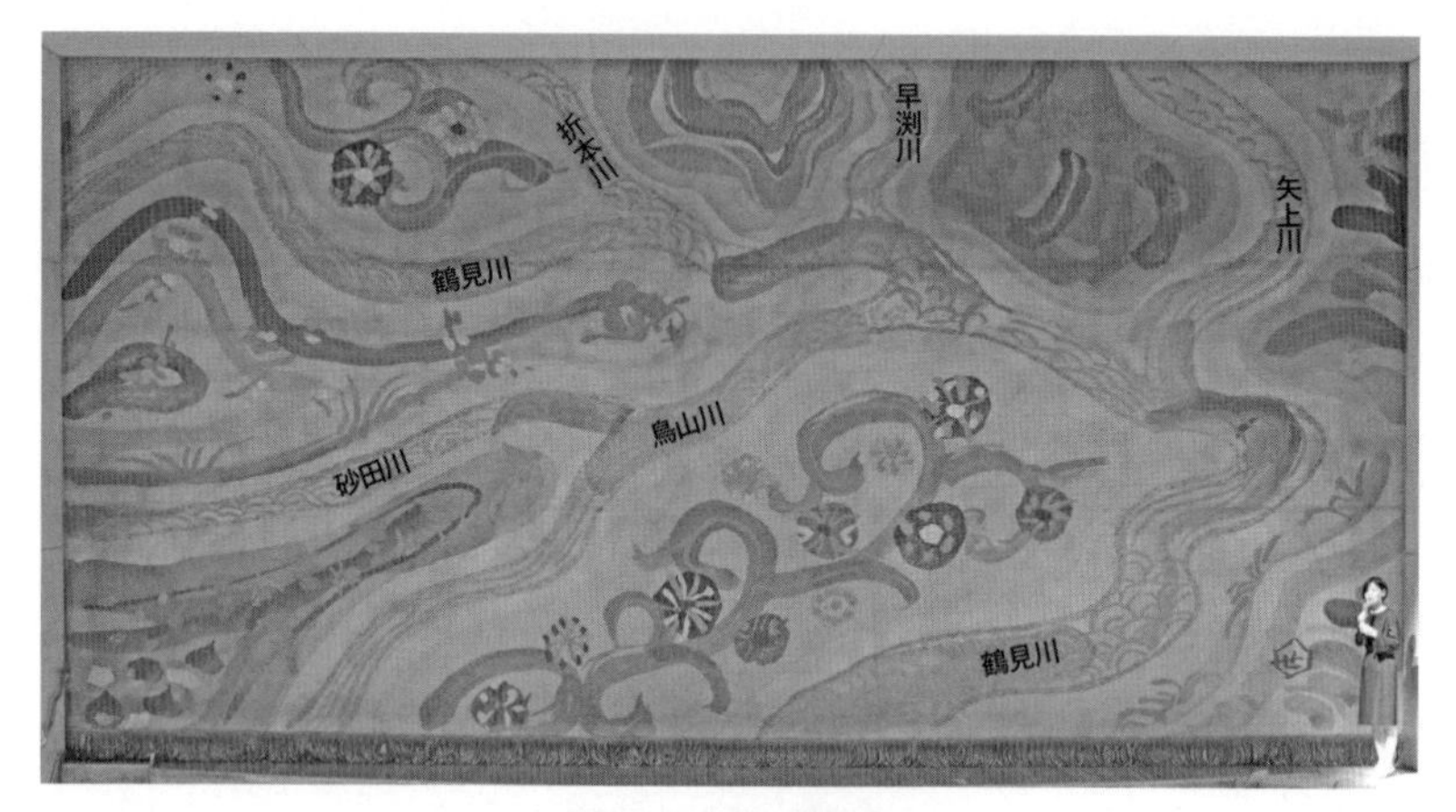

港北公会堂の緞帳

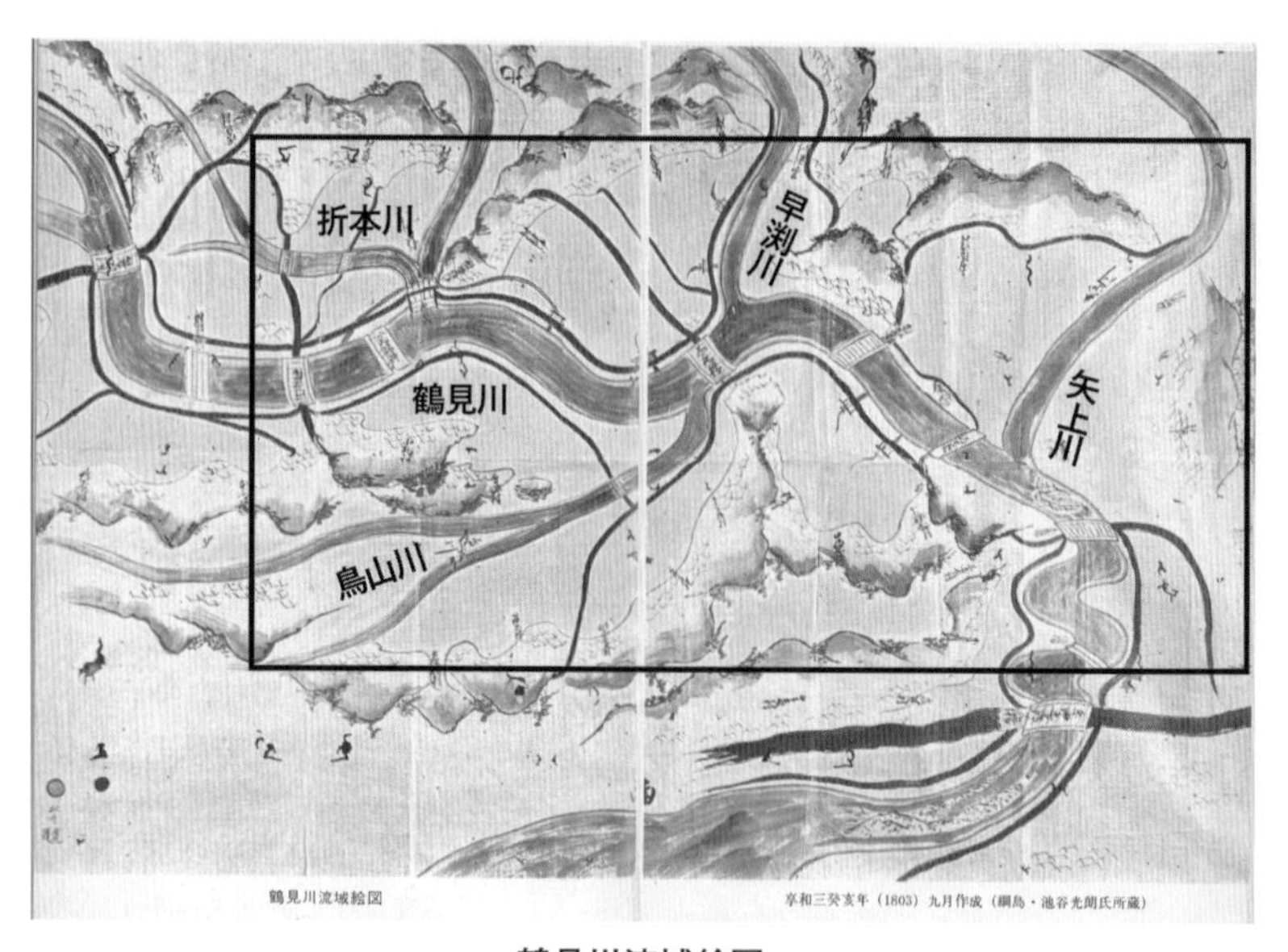

鶴見川流域絵図

民は鶴見川から恩恵と被害を受けながら、川と共に生活してきました。その歴史を雄弁に物語る絵図が、『港北百話』の口絵写真に使われました。それを見た芹沢銈介が、この絵図に明るい未来を象徴する豊かな色彩を加えることで「陽に萌ゆる丘」を制作したのです。

港北公会堂は、新型コロナウイルス感染拡大防止のための臨時休館に続けて、来年三月まで天井工事による休館に入りました。実は、流域絵図の口絵写真にはトリミングされた部分があります。詳しくは再オープン後のイベントでお話ししたいと思います。

付記　上の写真は、港北公会堂の緞帳です。黒字は筆者による加筆。右下の人物は、芹沢銈介緞帳プロジェクト代表の大野玲子さんです。

下の写真は、『港北百話』に掲載された鶴見川流域絵図です。美しく彩色された絵図には、鶴見川と各支流の名前、陳情した三三ヵ村の村名が記されています。枠線内が芹沢銈介の下絵に描かれた部分です。

（二〇二〇年五月）

第五〇回　夏越の大祓・茅の輪くぐりと妖怪アマビエ

多くの神社では、毎年六月三十日に行う夏越（なごし）の大祓（おおはらえ）で茅の輪（ちわ）が設置されます。夏越の大祓は暑い夏を前

菊名神社に設置されている茅の輪（2020年5月30日撮影）

に罪や汚れを祓い、残る半年の無病息災を祈願する神事です。茅の輪はその儀式に用いられるもので、茅の輪をくぐることで心身が清められ、災厄から免れることができるとされています。

菊名神社では新型コロナウイルス感染症の終息を願い、通常より一ヵ月早く茅の輪が設置されました。菊名神社での茅の輪の設置は八月末までで、脇にはくぐり方の説明もあり、どなたでもくぐることが出来ます。師岡熊野神社や篠原八幡神社などでも、夏越の大祓で茅の輪が置かれます。感染症・熱中症対策をしっかりしたうえで、茅の輪をくぐりに行くのはいかがでしょうか。

「水無月祓」ともいわれる夏越の大祓に合わせて食べられる「水無月」という和菓子があります。和菓子店の大倉山青柳でも販売していますが、青柳では「緊急特別菓子」と銘打って妖怪アマビエを模った上生菓子も売っています。アマビエは半人半魚の光り輝く姿で海から現れ、豊作と疫病の流行を予言し、病が流行したら自分の姿を描いて人々に見せるよう告げたとされています。青柳のアマビエは食べるのが惜しくなるような愛くるしい見た目をしていますが、無病息災と悪疫退散を願いながら筆者も美味しく頂きました。
新型コロナウイルスは私たちの生活にまだまだ暗い影を落としています。これからの「大好き！大倉山」に明るく楽しい話題、思わず出かけたくなるような地域のスポットをたくさん紹介出来る日常が早く戻りますように。

大倉山青柳の和菓子のアマビエ
（2020年5月30日撮影）

付記　二〇一六年四月から始まった「大好き！大倉山」は、このたび連載開始から五〇回の節目を迎えました。筆者は産休・育休を挟んでしばらく執筆をお休みしていましたが、今回より復帰します。どうぞよろしくお願いいたします。

（二〇二〇年六月）

Ⅱ　若き日のアンパンマン

私、仕事柄横浜市港北区関係のことを調べていますが、先日、ある方から、アンパンマンの作者やなせたかし（柳瀬嵩、一九一九〜二〇一三年）が昔大倉山に住んでいたらしいとの話を聞きました。興味津々で、早速調べてみました。

やなせたかしは、『アンパンマンの遺書』（岩波書店、一九九五年）と『人生なんて夢だけど』（フレーベル館、二〇〇五年）という二冊の自伝を書いています。

『アンパンマンの遺書』によると、郷里の高知で知り合った奥さんが先に上京して、大倉山の駅前の建築屋さん宅に下宿し、半年後にそこへ転がり込んだことが書かれています。昭和二十一年（一九四六）、やなせたかし二七歳のことです。

『人生なんて夢だけど』には、もう少し詳しく書かれていました。「東横線の大倉山の駅まで徒歩一分という新築の、当時としては立派な庭つき風呂つきの平屋建て。四部屋あるうちの子ども部屋に住むことになりました」とあります。

大倉山駅から徒歩一分の建築屋さん。ツテを辿っていろいろと調べてみました。どうやら、小島さん宅のようです。現在は転居されていますが、『港北区明細地図』などを見ると、駅の東側に家が記されています。

家主（小島さんらしい）は、奥さんの友達のご主人で、家賃は無料、その代わりにやなせさんと奥さんは、三歳の子供の面倒を見ながら暮らしたそうです。子供に絵を描いたり、物語を聞かせたりしていたのでしょうか。

（港北図書館友の会『ほんの虫』第五号、二〇一四年十月）

やなせ たかし

Ⅲ　「花子とアン」と横浜　―バイブルの村岡さん―

ＮＨＫ連続テレビ小説「花子とアン」により、モンゴメリーの『赤毛のアン』シリーズと、その翻訳者村岡花子はとても有名になりました。しかし本稿では、主人公の花子ではなく、花子の義父の村岡平吉を取り上げます。

ドラマと史実は少し違います。ドラマでは主人公安東はなが村岡英治と結婚しますが、史実では安中はなと村岡儆三（けいぞう）です。また、ドラマでは、英治の父親で銀座の村岡印刷社長が村岡平祐でした。史実では、儆三の父親で福音印刷の社長が平吉でした。福音印刷の本社は横浜にありました。

福音印刷の東京支社に勤務していた村岡儆三は、営業活動中に出版社勤務の安中はなと知り合い、大正八年（一九一九）に結婚しました。村岡花子はペンネームで、本名は「村岡はな」です。花子が儆三と結婚したとき、義父平吉はすでに七〇近い老人でしたが、平吉と結婚したと間違えられました。なんと、平吉の奥さん（花子の義母、結婚前に死去）の名も「村岡はな（ハナ子とも書く）」、同じ名前だったのです。

今では翻訳家村岡花子の方が有名ですが、かつては義父村岡平吉の方がずっと著名人であり、「バイブルの村岡さん」と呼ばれていました。

村岡平吉は、嘉永五年（一八五二）に橘樹郡小机村（横浜市港北区小机町）で生まれました。父は平左衛門、母はヤヱ子。平吉は、明治の初年に東京へ出て印刷業の職工として修業をしたといわれています。その後、横浜に戻り、フランス系の新聞社に勤めました。その頃キリスト教に接し、明治十六年（一八八三）に横浜指路教会（当時は横浜住吉教会といいました）で受洗します。横浜指路教会は、福音主義（プロテスタント）の教会です。

明治二十年（一八八七）に平吉は上海に渡りました。一年間欧文印刷の技術を学んだようです。帰国後は、横浜製紙分社という出版社に一〇年間勤め、明治三十一年（一八九八）に独立して、中区山下町に福音印刷合資会社を設立します。福音印刷の社名は、福音主義から名付けたものと思われ、信仰と仕事が一体となっていたことが分かります。平吉は、聖書や賛美歌の本などキリスト教関係の書物をたくさん印刷しましたが、国内は素より、インド・中国・フィリピンなどアジア諸国の聖書も一手に扱い、「バイブルの村岡さん」と呼ばれたのです。

福音印刷の事業は順次拡大し、銀座と神戸に支社を設けるまでになります。明治から大正期の印刷業界で確固たる地位を築いた社長の村岡平吉は、「印刷業の巨擘（指導的立場の人物）」の一人として、明治四十三年（一九一〇）に出版された『開港五十年紀念横浜成功名誉鑑』に顔写真入りで取り上げられています。

息子の儆三（花子の夫）は、『横浜今昔』（毎日新聞横浜支局、一九五七年）の中で「チャブヤのはしり」

と題して、福音印刷のことを書いています。それによると、福音印刷では二〇台の印刷機械がフル回転し、五〇〇人くらいの工員が働いていました。

峯岸英雄氏のご教示によると、労働基準法の前身である工場法が大正五年（一九一六年）に施行されます。この時期、先進的な欧米思想の影響を受けて、八時間労働制を求める運動が始まりつつありました。しかし、長時間労働や残業が当たり前の時代であり、工場法でも、わずかに保護職工（一五歳未満の者と女子）についてのみ、一日一二時間を超える就業がやっと禁止されたのが当時の状況でした。そうした時代に、福音印刷は、当時としては画期的な八時間労働を「ハマ」で一番早く実施しました。これは若き日の儆三が父平吉を再三説得してようやく実現したものでした。儆三は、各新聞で大きく取り上げられて、人一倍嬉しかったとの思い出を記しています。

キリスト教徒としての平吉は、横浜指路教会の長老を三〇年以上も続けています。指路教会は、ヘボン式ローマ字で有名なヘボン博士の塾で学んだ青年たちが中心となり設立した教会です。そのヘボン博士が明治四十四年（一九一一）にアメリカの自宅で亡くなったとき、指路教会では追悼会を開き、長老村岡平吉が祈祷をしています。

村岡平吉は、中区太田町に自宅を構えていましたが、生まれ育った小机との縁も続いていました。

ドラマの平祐は関東大震災を生き延びましたが、実在した村岡平吉は、震災の前年に病没しました。平吉が長老を務めていた横浜指路教会では、会報『指路』第一一二号（大正十一年五月二十日）に「長老 村岡平吉氏逝く」と題して長文の訃報記事を掲載しています。それによると、平吉は晩年に喘息を患い、小机の別宅に住み療養していました。平吉が経営する福音印刷の社屋を会場として、指路教会の理事会が開かれたとき、小机にいた平吉は病を押して出席し、その後太田町の本宅に帰りますが、体調を崩して帰らぬ人となりました。仏教の十三回忌に相当するのでしょうか、「村岡平吉氏十三週(周)年記念会」が昭和九年（一九三四）五月二十日に小机で開催されています。

村岡花子は山梨出身ですし、花子と儆三夫婦は、結婚後は生涯大田区に住み続けたのですが、二人も横浜と縁がありました。実は二人の本籍は横浜に置いていましたし、小机に別荘を構えて、晩年まで夫妻で度々訪れていました。別荘があった小机の土地は、『土地宝典』という資料を見ると、平吉の所有地と記されています。平吉が晩年に療養していた別宅を、平吉の三男儆三が相続し、後に花子夫妻の別荘として使ったものと思われます。

（神奈川法人会機関誌『かながわ』二〇一四年十一・十二月号）

Ⅳ　港北区民ミュージカル

一　大倉邦彦の想いに寄せて

『ウロボロス』のチラシ

昨年（二〇一四）九月二十日、港北区民ミュージカルの出演者の皆さんが大倉山記念館の見学に来られました。今回のミュージカルの題材となった留魂碑（りゅうこんひ）、ライオンやワシの彫刻を始めとして、建物を創った大倉邦彦（クラー王のモデル）についても学ばれました。その熱心な姿勢に驚きました。

大倉山記念館の中央部地下深くには、八五年前に埋め込まれた留魂碑があります。一階の階段裏にあるのは、そのレプリカです。大倉邦彦は、清らかな心、強い心を持った人格者を育てることにより、この世界を良くしたいと考えて、大倉山に建物と研究所を創りました。留魂碑には、魂を留めるという名前のごとく、建物を創った大倉邦彦の熱き魂が封印されています。

留魂碑をタイムカプセルだと思われている方がいて、いつ掘り出すのですか、と時々尋ねられます。その時は、「この留魂碑は、大倉さんの熱き想いがいつまでも忘れられないように、建物の地下深くに埋められたもので、未来永劫決してその封印が解かれることは無いのです」とお答えしていました。

しかし、ついにその魂が留魂碑から飛び出す日が来ました。魂の化身ユノがいかにして世界を救うのか、今から楽しみです。

（港北区民ミュージカルVol.XII『ウロボロス』プログラム、二〇一五年一月）

二　大倉邦彦の想いに寄せて

この世界・宇宙は、土や石、水や空気、植物や動物など様々なものが組み合わさることにより成り立っていて、人間はその一部にすぎません。この宇宙の秩序を創った存在を、大倉邦彦は「宇宙心」と名付けました。大倉は、全てのものには宇宙心から与えられた果たすべき役割があり、無駄な存在は何もないと考えていました。

ところが人間だけは、ときに与えられた役割を忘れたり、弱い心のために役割を果たせなかったりして、宇宙の秩序を乱すことがあります。「清らかな心で宇宙心の声を聞き、誘惑に打ち勝つ強い心で正しい行いをする人が増えれば、世の中は良くなる。そういう人を大倉山の地で育てたい！」大倉はそう考えました。

『ウロボロス　創世記』のチラシ

ミュージカルは、出演者や裏方、その家族など係わったすべての人たちと、大道具や小道具、音楽や照明、あらゆるものが一つにかみ合ってそれぞれの役割を果たすことにより成り立っています。全体で一つであり、無駄なものは何もありません。なんだか、ウロボロスのテーマ、大倉邦彦の世界観と同じですね。（港北区民ミュージカルVol.XIII『ウロボロス　創世記～リフコーティッタの誕生』プログラム、二〇一五年十二月）

三　大倉精神文化研究所と創立者大倉邦彦

大倉精神文化研究所は、昭和七年（一九三二）に紙問屋の社長をしていた大倉邦彦によってつくられました。

日本は、明治になってから、西洋の新しい文化や知識を取り入れることで、急速に発展しました。しかし、暮らしは豊かになった一方で、社会にはさまざまな問題が起きるようになりました。

大倉邦彦は、その原因を、日本人が西洋の文化を取り入れることばかりを重視して、長い時間をかけて築いてきた自分たちの国の文化や考えを大事にしなくなったからだと考えました。

そこで邦彦は、西洋の文化と日本の文化の両方を研究して、その成果を人々に伝え、よりよい社会にするために役立てていきたいと考え、研究所をつくりました。

大倉精神文化研究所は、この大倉邦彦の思いを胸に、公益財団法人として今も活動を続けています。

（港北区民ミュージカルVol.XII『ウロボロス』プログラム、二〇一五年一月）

四　留魂碑について

横浜市大倉山記念館の一階中央階段裏に、四角く囲われた場所があります。そこには「留魂礎碑」という説明板があり、囲いの中には半球型の土台の上にとがった石を立てたオブジェがあります。ここは、大倉邦彦が留魂碑を埋めた場所です。

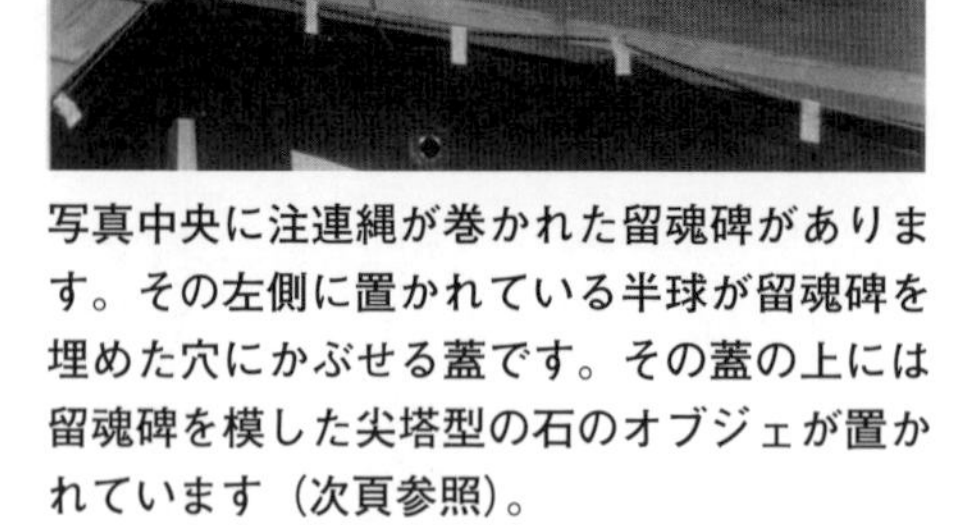

写真中央に注連縄が巻かれた留魂碑があります。その左側に置かれている半球が留魂碑を埋めた穴にかぶせる蓋です。その蓋の上には留魂碑を模した尖塔型の石のオブジェが置かれています（次頁参照）。

留魂碑と言ってもあまりピンとこないでしょう。また、実際にこの場所へ行ってみると、オブジェのとがった石が留魂碑だと思われるかも知れません。しかし、実物は高さ約二・一メートルもある金属の柱です。

昭和五年（一九三〇）四月九日、大倉邦彦は、人を育て、社会を良くしていきたいという願いと決意を刻んだ留魂碑を建物の下に埋めました。邦彦は、自分が亡くなっても、研究所をつくった時の思いがずっと忘れられることがないよう、留魂碑を埋めることで、自分の「魂」をこの場所に「留」めることにしたのです。

（港北区民ミュージカルVol.XII『ウロボロス』プログラム、二〇一五年一月）

留魂碑の埋設場所には、もともと鎖の簡素な囲いがあるのみでした（上）が、昭和61年度末に横浜市が行った第6〜10集会室設置に伴う改修工事により、新たに頑丈な囲いと説明板が設けられました（下）。
この場所の地下約9メートルに、青銅製で高さ約2.1メートルの留魂碑が今も埋まっています。

Ⅴ　１９４０年、幻の東京オリンピックと横浜

氷川丸で客死した嘉納治五郎

一九三八年（昭和十三）五月六日、北太平洋航路の貨客船氷川丸が横浜港に入港した。船内には、二日前に太平洋上で客死した嘉納治五郎の遺体が積まれていた。講道館柔道の創始者である嘉納は、晩年はＩＯＣ（国際オリンピック委員会）の委員として、一九四〇年の東京オリンピック実現に向けて、老体にむち打って世界を駆け回って招致活動を展開していた。この時はカイロのＩＯＣ総会に出席した帰路であった。享年七七。

嘉納の告別式は五月九日に講道館で行われた。葬儀委員の中には、港北区に大倉精神文化研究所を創立していた大倉邦彦の姿もあった。柔道の有段者であった大倉はその普及にも尽力しており、嘉納と面識があった。

柔道の国際化

今では「日本のお家芸」と呼ばれる柔道であるが、その国際化の一端を大倉邦彦とタゴールが担っていたことは知られていない。

一九二九年、インドの詩聖でノーベル文学賞受賞者のタゴールが来日した。タゴールは日本滞在中、大倉の私宅に宿泊していたが、その間タゴールは様々な日本文化を吸収した。帰国を前にしたタゴールは、柔道をインドに普及するために柔道家の派遣を大倉に乞うた。

柔道の伝道者高垣信造

東京日日新聞
推薦ニュース
タゴール翁が家づ
一万五千圓の先生
インド學生に日本精神を傳ふ
柔道家、高垣信造氏

『東京日日新聞』昭和4年6月10日（大倉精神文化研究所所蔵）

大倉は講道館の嘉納に人選を依頼し、推挙された高垣信造が派遣された。同年六月十日付けの『東京日日新聞』は、高垣（左上）と大倉（右下）の写真入りでこのニュースを報道している。

高垣は、インドで二年間柔道を教えた後、ネパールやアフガニスタンなどの王室から招聘されて柔道の普及に尽力した。戦後も、一九五七年に英語の柔道教本『The Techniques of Judo』を出版するなど、長い間柔道の国際化に尽力した。高垣を始めとする多くの柔道家の努力により、柔道の国際化が図られ、ついに一九六四年の東京オリンピックで柔道は正式種目となり、日本のお家芸と言われるようになったのである。

第一二回オリンピック東京大会

一九四〇年の東京オリンピックに話を戻そう。

発端は一九三〇年（昭和五）である。時の東京市長永田秀次郎が、「第一二回オリンピックが開催される昭和十五年はちょうど皇紀二六〇〇年に当たるので、これを東京で開催したい」と言い出したことに始まる。

ＩＯＣ委員嘉納治五郎や大日本体育協会副会長平沼亮三らの熱心な招致活動により、一九三六年七月にベルリンで開催されたＩＯＣ総会で、東京大会の開催が決まった。

『第十二回オリンピック東京大会東京市報告書』（東京市編、一九三九年）には、一九三八年嘉納治五郎がカイロのＩＯＣ総会へ持参した東京市の計画書が収められている。それを見ると、競技会場は東京に加えて埼玉や横浜にも予定されていた。

幻の横浜会場

ヨット競技場は、新山下町貯木場北側に隣接する場所を実際に造成した。ここは、後に海洋少年団などの訓練に用いられることになった。その顚末は『市史通信』第18号に詳しく記されているので、ここでは省略する。

横浜市は、この他にも多くの競技を誘致しようと独自の動きをしたようだ。ボート競技場は、国費による鶴見川改修に便乗して、下流の矢上川合流点から末吉橋までの間に誘致しようとする話があった。しかし、一九三七年に国の改修予算が付かなかったことからお流れとなり、開催地は埼玉県の戸田に決まった。

『横浜市史 Ⅱ』によると、現在の岸根公園の場所をオリンピック会場にする計画もあった。港北区と神奈川区の区境にある岸根公園の土地は、戦前、横浜市が防空公園を兼ねた都市計画公園の建設を計画し、このあたりの民有地一四・三ヘクタールを買い上げた。東京オリンピック会場を想定して、皇紀二六〇〇年記念総合運動場を作る計画だった。しかし、戦争により公園整備は中止された。

神宮外苑から駒沢へ

さて、カイロへ持参した競技場計画では、マラソン競技は、メイン会場に予定されていた明治神宮競技場からスタートして、鶴見の総持寺辺りで折り返すコースとなっていた。しかし、様々な事情によりその後、メイン会場の場所は神宮外苑から駒沢へ変更になった。

ここで、もう一つの秘話が生まれる。

現在の駒沢オリンピック公園総合運動場は、一九六四年の東京オリンピックに合わせて整備されたもので、今でもオリンピックの聖地となっている。二〇二〇年には、各国代表チームの練習会場として使われる予定と聞く。

神宮外苑に代わって一九四〇年の東京大会のメイン会場として整備されることになったのは、この場所である。

ゴルフの草分け駒沢ゴルフコース

東急（東京急行電鉄株式会社）の社内報『清和』一九三八年七月号（以下、カッコ内は引用文）によると、そこは、一九一四年（大正三）から東京ゴルフ倶楽部（クラブ）が駒沢ゴルフコースを造っていた。これは、「日本人の手によって造られ、日本人の経営の下に、日本人のゴルファーによって占められた」「日本に於けるゴルフの草分け」といえるコースであった。

一九三二年、東京ゴルフ倶楽部が埼玉県の朝霞へ移転すると、駒沢ゴルフコースは東急（当時は目黒蒲田電鉄）が経営を引き継ぎ、パブリックコースとして開放したことにより、ゴルフの大衆化が進んだ。

しかし、ここにオリンピックのメイン会場が作られることになると、駒沢ゴルフコースは閉鎖せざるを得ない。その代替地として、選定されたのが港北区（当時は神奈川区）日吉であった。

幻の日吉ゴルフコース

『清和』によると、日吉の新コースは、面積一八万坪（五九万四千平方メートル）の広大な土地に、一八ホールを備える計画であった。場所は「日吉の慶應大学と反対側の高地一帯であって、会社のイチゴ園の少々先の方であり、駅から数町といふ所である」と説明している。つまり、日吉駅の西側ということになるが、駅から現在の日吉地区センターがある辺りまでは、既に分譲地として開発されていたので、そのさらに西側ということになる。未確認であるが、現在の慶應義塾大学のグラウンドからサンヴァリエ日吉（元日本住宅公団日吉団地）がある辺りを開発しようとしていたと筆者は想像している（付記を参照のこと）。

東急電鉄は、株式会社日吉ゴルフ倶楽部を一九三八年七月二十七日に設立し、この日吉ゴルフコースを所属として、翌一九三九年七月頃に完成させる計画を立てた。

東急の戦略

表向き、東急電鉄は「第二の駒沢として、従来よりも優秀なコースを造って駒沢を永遠に復活させ、更に引続いてゴルフ界に貢献しよう」との考えを示しているが、実は「兎角停頓し勝ちであった日吉付近発展の口火を切り、これを基礎として、日吉住宅地開発を促進しようとする意図」を持っていた。つまり、売れ行きが悪かった日吉の分譲地の、販売対策として計画されたものであった。

ところが、この計画は立案時点から暗雲に包まれていた。

オリンピックの返上

一九三七年七月から、盧溝橋事件をきっかけに日中戦争が始まっていた。国家総動員の風潮の中、競技会場の選定は難航し、鉄材等の資材不足もあり、大会返上の意見まで出始める。

『清和』七月号が発行された直後の一九三八年七月十六日、挙国一致で戦争に臨もうとする政府の意向を受けたオリンピック委員会は、東京オリンピックの開催返上を発表した。嘉納治五郎の死去から二ヶ月余、日吉ゴルフ倶楽部設立総会のわずか一一日前のことである。

さらに、戦費調達を目的として、前年九月に施行されていた臨時資金調整法がこの年八月に改正強化され、設備資金の供給も抑えられてしまった。

秘められた歴史

オリンピックの中止により、一転して駒沢ゴルフコースの存続が決まり、日吉ゴルフコースの造成は中止された。

日吉ゴルフ倶楽部の、一九三八年七月二十七日より十二月三十一日までの『第壱回営業報告書』が残されているので、会社は確かに設立されたのであろう。翌一九三九年の『清和』三月号の記事は、すでに募集登録していた日吉ゴルフ倶楽部の会員七〇〇人は駒沢ゴルフコースを使用させることとし、ほとんど九分通り売買契約が纏まっていた日吉の土地は、「資金調整法が解けた時、直に建設工事に着手する予定」と記している。しかし、どうも売買契約はほとんど結ばれておらず、内諾を得た程度か、そこまでも行かなかったのかも知れない。

日吉ゴルフコースに限らず、一九四〇年のオリンピック東京大会の計画は、公式記録にも書かれていないような様々な影響を各地に残したのであろう。

実現しなかった計画は資料が残りにくく、長い間には歴史の闇に埋もれて、真偽すら定かでなくなってい

（季刊『横濱』Vol.56、二〇一七年春号）

くものもある。

付記一　二〇一九年春、港北区高田西にお住まいの加藤重夫さん（昭和九年生まれ）から貴重なお話を伺った。加藤さんのご教示によると、イチゴ園は下田四丁目（現サンヴァリエ日吉の辺り）にあったとのことである。近隣の農家は自家の耕作地でイチゴを栽培し、東急はイチゴ狩りの季節だけそこをイチゴ園として経営していた。加藤家もイチゴ栽培をしていた。お客さんは、日吉駅から中央通りを抜けて、慶應義塾大学下田学生寮の少し手前まで歩くと、イチゴ園の受付場があり、そこで真新しい白足袋に履き替えてイチゴ園まで行き、イチゴ狩りを楽しんだ。

農家の人は、一度使用した足袋を無料でもらうことができた。サイズは選べなかったが、物資の乏しかった時代なのでとても嬉しかったそうである。

日吉ゴルフコースは、「イチゴ園の少々先の方」であったということは、下田五丁目から高田町にかけての一帯に計画されていたものと思われる。

付記二　磯子区の葛城俊さんからは、足袋に履き替えさせるのは、受付を通らないモグリの人を見分けるためだったのではないかとの意見をいただいた。

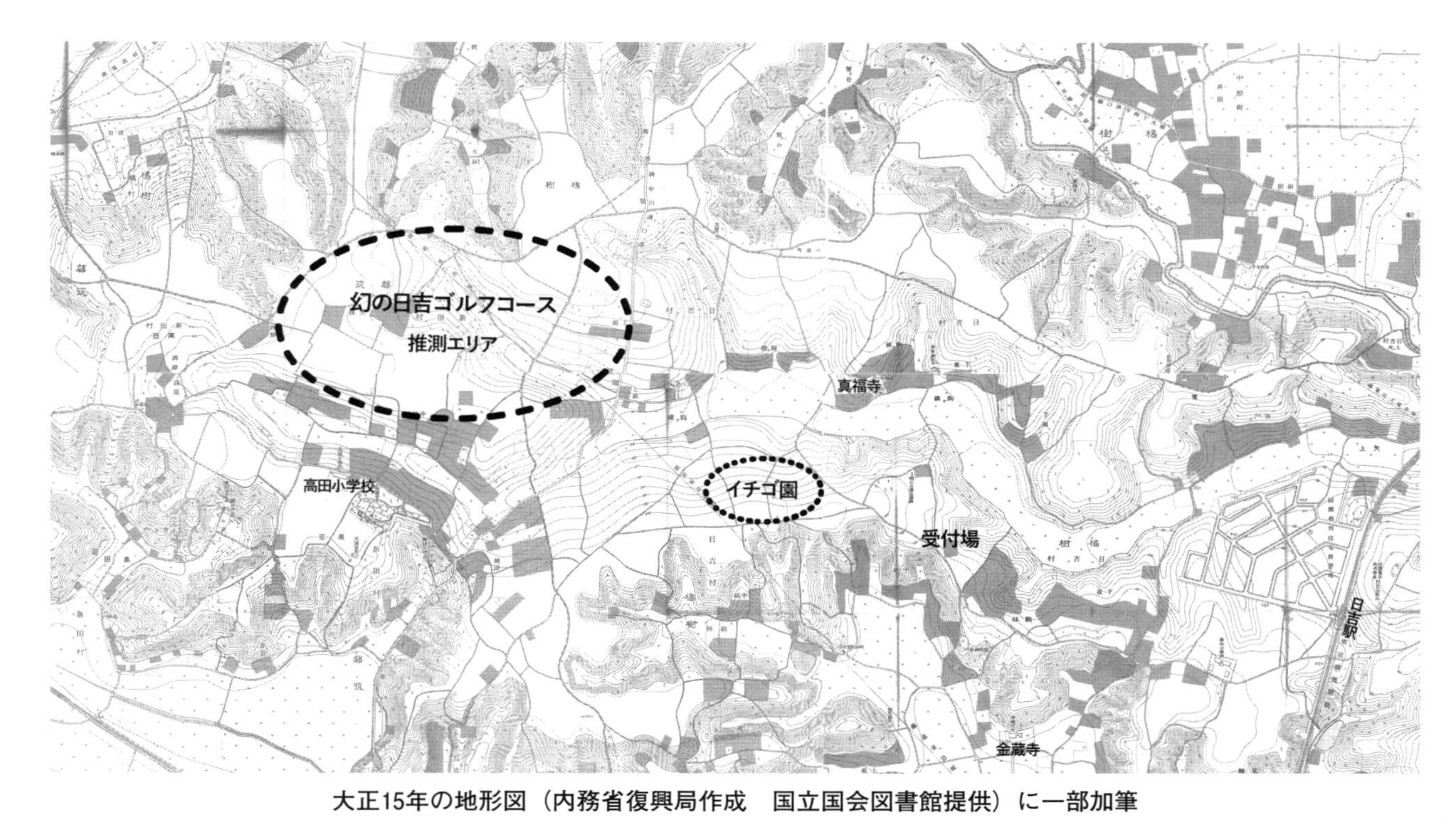

大正15年の地形図（内務省復興局作成　国立国会図書館提供）に一部加筆

あとがき

まずは、本書をお読みいただいた皆さまに篤（あつ）くお礼申し上げます。

正直なところ、「わがまち港北 3』の刊行に際しては、まだ大倉精神文化研究所で働き始めたばかりで、平井先生に指示されるままに「港北の参考文献」のリスト作成のお手伝いをした1と、「シリーズわがまち港北」の執筆に加わり、著者として名前を連ねることになった2の時と比べて、仕事をしていない自覚があります。そんな訳で、執筆者の一人としてこのようなあとがきを寄せるのは恐縮至極なのですが、以下に今思うところを記していきたいと思います。

私は平成二十九年（二〇一七）九月、第二二五回の原稿を最後に産休に入りました。復職後はまた「大倉山さんぽみち」（第一七二、一七三、一七五、一七六、一七八、一七九回）の時のように港北区内を歩き回るような調査をしたり、自分では今まで取り上げていなかった話題にも目を向けて原稿を書きたいと意気込んでいましたが、育休の最中にあった平成三十年（二〇一八）四月某日、平井先生からのメールで「シリーズわがまち港北」の連載終了を知りました。執筆者としてよりは一読者一関係者として、十九年に及ぶ連載がこんなにもあっさりと、かつ続き物が完結していない中途半端な状態で幕引きとなったことに大きな衝撃を受けました。物事にはタイミングがありますし、そこに至るまでには様々な事情があったものと推察します。ただ自分が休んでいる間に起こった突然の出来事だったこともあり、何となく気持ちの整理がつかないままで、せめて区切りのいいところで終わりにする道はなかったのかなぁと今もつい考えてしまいます。

しかしながら、始めあるものには必ず終わりがあります。何事もどんな終わりを迎えるかはわかりません。そのことを改めて心に刻むいい機会だったのかも知れません。

区民活動支援センターの方には、復職後なかなかお目にかかる機会がないのですが、大変お世話になりました。私は締切間際の危機感がないと動けない性分で、これではいけないと思いつつ原稿の提出はいつもギリギリ、また遅れることも度々でした。余裕を持って出すことが出来た原稿は一つもなかったように思います。また、続き物の原稿を何となく書き進めて支援センターに送った後、念のために前回の原稿を確認してみると前回と全く文章がつながっておらず、校正原稿がほぼ全文差し替えというほど真っ赤に染まったこともありました。いろいろとご迷惑をお掛けしましたが、支援センターの方はいつでも物腰柔らかく優しい対応で、ホッとすると同時にそのことにすっかり甘えてしまいました。ここで改めて謝罪と感謝を申し上げます。

私は平成二十四年（二〇一二）の八月から執筆に加わりました。連載期間十九年四か月のうち、五年五か月というごく短い期間です。その間、自分はどのくらいの原稿を書いたのだろうと改めて数えてみたところ、その数は二三二回中のたった二十四回でした。思っていた以上に少なかったのでちょっと落ち込んでいます。また、2のあとがきで、平井先生から執筆の話をされた時の思いとして「毎日休む暇なく動き回っている平井先生を間近で見ていて、自分が分担できる仕事があればお手伝いしたい」という気持ちがあったことを書きましたが、この回数を見ると大して力にはならなかったかなと感じたりもします。

そんな数少ない二十四回の原稿ですが、そのうちの十回を数えるのが、終戦記念日の八月を中心に掲載していた「終戦秘話」です。「終戦秘話」を書くことは、自分にとって一つの使命のような感覚でした。そう言うと少し大袈裟ではありますが、その理由は私が歴史の道を志した原点に通じています。

私が大学一年生の時、戦争は終わった過去ではなく、体験者の心の中で今も生きていると強く実感した出来事がありました。また一方で、若い世代にとっての戦争は、授業で習ったきり二度と思い出すことのないものになりつつあると感じる出来事にも遭いました。その二つの経験から、戦争を未来に伝えていきたい、少なくとも戦争のことを考える機会が失われないようにしたいと考えるようになりました。そして、中学生の頃から漠然と歴史に関わる仕事をしたいと思っていた自分は、そのことを強く望むようになりました。

今、歴史に携わる仕事をしていて、終戦秘話の原稿によってその想いを形にすることが出来たことは自分にとって大きな財産です。私は最初の原稿で「平和な未来を築いていくために、今を生きる私たちが出来る

『ささやかな具体的な行動』は、戦争の記憶と記録をしっかりと引き継いでいくことではないでしょうか」と書きました（第一六四回）。これからも歴史を志した時の初心を忘れず、戦争の記憶と記録を未来につなげるために自分が出来ることを続けていきたいと思っています。

「初心を忘れない」という思いの他に、「シリーズわがまち港北」が終わった今、やってみたいと考えることがあります。私は基本的に面倒くさがりなので、こうは言っていても何もしないままになってしまう可能性が高いので、それを避けるべく読者の皆さんの目に留まるこの場をお借りして、そのいくつかを掲げておきたいと思います。

まずは一つは「港北のお城と館」を完結させたい、ということです。これが完結しないままに連載が終わってしまった悲しさが心の中にずっとモヤモヤと居座っていて、気持ちの整理がつかない原因の一つになっているように思えるのです。平井先生ご自身がいずれどこかで続きを書かれる予定があるかも知れませんし、それが読者の方の望むことだとも思いますが、もしその予定がないのであれば、この続きを書いて自分の心をスッキリさせたいです。

もう一つは、「シリーズわがまち港北」第一回から第二三二回のテーマを改めて調査したい、ということです。『わがまち港北』を読み返してみると、近年新たな情報が発見されたこと、逆に十九年の間で失われてしまったものとがあります。そうした情報は後日談として既に原稿化されたものもありますが、そうでないものもあります。もう一度調査して情報のアップデートを図りたいです。

また、２のあとがきで私は「区内にはまだ足を踏み入れたことがない地域があります」と書きました。この状況は今もあまり変わらず、まだ行ったことのない場所や知らないことがたくさんあります。「港北のよさが詰まった宝物」である『わがまち港北』は、本編はもちろん、索引・参考文献一覧・年表までついており、港北区のことを学ぶのに最高の教科書です。これを一からなぞりながら、また大いに活用しながら港北区のことをもっと調べて、いずれ自分なりの「わがまち港北」を作り出していけたらいいなと思います。

ここで少し自分語りになりますが、平成二十六年（二〇一四）の『わがまち港北 ２』から、３を刊行するまでの間に、私にとっては人生の節目といえる大きな出来事があり、身の回りの環境が大きく変わりました。

『わがまち港北 ２』の刊行と同じ年の秋、結婚をしました。それに先立つ五月には約三年を過ごした大倉山のアパートから地元へ戻りました。荷物が全て運び出された空っぽの部屋を後にして、大倉山駅へ向かって歩いていると、これからも仕事で毎日通うというのに、大好きな大倉山のまちでの生活が終わった寂しさに涙が溢れました。この引っ越しで、徒歩八分の通勤は約一時間余りの電車通勤に変わり、買い物や夕食の準備のため、今までよりも早めに帰宅するようになりました。

平成二十九年（二〇一七）十月には長男が生まれました。金子さんが描いて下さった本書の表紙や、著者近影にもさりげなく登場しています。現在「魔の二歳児」と呼ばれるイヤイヤ期の真っ只中です。先日買い物に出かけた際には、ここから動きたくないと泣きべそ顔でお店の床に寝転がっていました。朝は自分の着たい洋服でないとなかなか着替えもしてくれません。夜は母親譲りの夜更かしでなかなか寝てくれなかったりと、大変なこともありますが、笑顔と寝顔で全部吹き飛んで、さらに元気をもらっています。

平成三十一年（二〇一九）四月、一年半の育休を経て時短勤務で復職しました。保育園に通う息子のお迎えで残業は出来なくなり、想定外の急な発熱も度々で、今までなら「時間はいくらでも作れるし、何とかなるさ」で済んでいた仕事が何とかならなくなっています。「働き方改革」を早急に行わなければならないのですが、なかなか改革に着手出来ずにいます。港北区の気になるモノ・コトも日々増えていくのですが、調査に行く時間が十分に取れず…というのは言い訳になりますが、今までのように動けないもどかしさを少なからず感じているのも正直なところです。ただ見方を変えると、これからたくさんの気になるモノ・コトを調べる楽しみが待っているということで、インターネット等での情報収集を続けながら、毎日その楽しみを増やしています。

このような感じで家事、子育て、仕事に追われていますが、毎日何とかやってこれているのは（いないような気もしていますが）、各々の場でお世話になっている皆さんの理解と支えあってのことと感謝するばかりです。

「シリーズわがまち港北」の連載執筆を通して、私は港北区のことをいろいろと調べるようになり、そのことで港北区がますます好きになりました。

また、人見知りの激しさゆえに、なかなか人の輪に飛び込めない自分ですが、地元よりも地元ではないこのまちの方が声をかけて下さる人がたくさんいます。それもこれもこの『わがまち港北』があったお陰です。

また、平井先生が私に原稿執筆の声掛けをして下さったのは、私がもともと港北区に興味を持っていたからだと思いますが、「研究所の仕事が好きだから大倉山が好き」という感情から港北区全体へと自分の興味が広がったきっかけは、平井先生と平成二十二年（二〇一〇）の新横浜パフォーマンスに行った際に、鶴見川舟運復活プロジェクトのことや、新横浜会場から日産スタジアムへ向かう際に周辺の話をして頂いたことでした。その時のことは今も大切な思い出です。港北区の歴史に関心を持つ人間の一人として、「港北区の歩く事典」とも称される平井先生にいつでも教えを乞えるのは、本当に有り難いことです（港北区に関することに限りませんが）。私は執筆回数も少ないですし、共著者として名前を連ねているのが本当に恐れ多いのですが、この分は今後しっかり仕事で返していきたいと思います。

最後になりますが、この本が自分と同じように、港北のまちを、人を好きになるきっかけになれば嬉しい限りです。また、そう思っていただけるような港北区の過去・現在・未来をこれからも発信していきたいと思います。

この本を手に取り、ここまで読んでくださった皆さまに改めてお礼申し上げます。ありがとうございました。

令和二年七月二十五日、大倉精神文化研究所創立者大倉邦彦の五十回忌に記す　林　宏美

長いあとがき

本書を手にしてくださった皆さまに、まず篤くお礼申し上げます。

横浜市港北区域に関する原稿は、仕事として締め切りがある中で書いていますが、それを纏めた本書は平井の趣味で気ままに作っています。ですから、「自序」で書いたように、何の制約もないことにかまけてノンビリしてしまい、刊行が一年も遅れてしまいました。

本書の構成　本書は、「シリーズわがまち港北」と、「おまけ」と「付録」から構成されています。このあとがきも、以下はそれぞれについて思いつくままに書いていきます。

連載タイトル　まず、「わがまち港北」と「大好き！大倉山」のタイトルですが、これはそれぞれの連載担当者の方が名付けてくださったものです。平井にはこのようなセンスはありません。どちらも最初は気恥ずかしくて、実はちょっと違和感もあったのですが、毎日毎日見ていて口にしていると、次第に慣れて、やがてだんだんその気になってきます。港北区民でもないのに、いつの間にか港北の地がわが街になり、大倉山がますます大好きになっている自分がいました。タイトルの影響は大きいです。

港北区民表彰　本書の刊行を引き延ばしている間に、なんと港北区民表彰の話が持ち上がり、令和二年（二〇二〇）一月五日の港北区新年賀詞交換会の中で表彰式までしていただきました。平井は港北区民ではないので驚きましたが、「わがまち港北」の執筆等の地域活動が「郷土愛の醸成と地域社会の発展」に貢献したとの評価をいただいての表彰という理由でしたので、有り難くお受けいたしました。これも、最初の担当者が「わがまち港北」というタイトルを付けてくださったお蔭だと思います。

港北区という限定された地域に関する原稿執筆ですが、港北区で起きた事象の意味を理解するためには日本史や世界史、人文地理等への関心も必要になってきます。港北区域に関心を寄せる皆さまにとって、これまで長く書き続けてきた原稿が、地域に関する正確な知識を得ることや、偏愛ではない郷土愛を醸成することに役立つことを願っています。

「シリーズわがまち港北」「シリーズわがまち港北」は、港北区役所の情報紙『楽・遊・学』に平成三十年（二〇一八）四月まで連載していた原稿です。十二月まで続けば、執筆中だった「港北のお城と館」がちょうど完結し、連載も二四〇回になるはずでした。

一一年と四ヶ月、全二三二回で終わるのは中途半端な感じがしますが、『楽・遊・学』の全面リニューアルと私的な事情が重なって、このような形になりました。

余談ですが、〝港北区の生涯学習と区民活動を支援する情報紙・『楽・遊・学』〟は、リニューアルに伴って、〝港北区の活動をつなぐ情報誌・『楽遊学』〟になりました。迂闊なことに、つい最近、区民活動支援センターの方に教えていただくまで、平井はこの細かいタイトル変更に気付きませんでした。地域に関する大きなネタを教えていただくのは当然有り難いのですが、平井は、こういう小ネタを教えていただくのが大好きです。港北区内の、ちょっと面白いけどそれ一つだけでは特にどうということもないような小ネタをいろんな方から教えていただき、たくさん集めていると、ある時、それまで見えなかったことが見えてきたりします。本書の中にも、そうやって書けた原稿がいくつもあります。教えてくださった方の名前は、心からの感謝を込めて可能な限り本文中に書いてあります。この余談もそれで書けました。

閑話休題、新しくなった情報誌『楽遊学』への継続執筆のお話もいただきましたが、このような形になりました。情報紙『楽・遊・学』で足かけ二〇年の間、なんとか一度も連載に穴を開けることなく済んだことに、ホッとしています。歴代の担当の方と林宏美研究員には随分とご迷惑をおかけしましたので、お礼とお詫びを申し上げますが、我ながら良く続けられたと思います。筆者自身も本務の仕事で出版の裏方をしていますが、裏方の苦労は、当事者以外には分かりませんし表に出ることも一切ありません。すべては出来上がった作品で評価されます。担当者を泣かせた原稿が、読者の皆さまのお役に立つことを願うばかりです。

最終回　実は、もし「シリーズわがまち港北」が終了を迎えることになるなら、その連載最終回に何を書くのか、そのテーマは二〇年前の連載を始めた頃から決めていました。しかし、いざ最終回を迎えると、「港北のお城と館」のシリーズが途中だったので、最後のテーマは日の目を見ないままになりました。なので、何を書こうとしたのかは墓場まで持って行くことにして（一度言ってみたかったフレーズです）、公開しません。それもまた人生かと。

本書の刊行日　第一冊目の『わがまち港北』は区制七十年記念で刊行していただき、『わがまち港北 2』は区制七十五年の年に刊行しました。そこで、数年前から考えていたことは、港北区が誕生して満八十年となる二〇一九年四月一日に本書『わがまち港北 3』を刊行しようという計画でした。

しかし、「港北のお城と館」の原稿残り八回分を書いて完結させたいとの想いや、付録を充実させたいとか、今となってはよく思い出せない様々な事情や生来の怠け癖などが重なり、本書の刊行を少し先延ばしにしました。まあ、秋の八〇周年記念式典に間に合えば良いだろうと思い、刊行日を港北区の分区にちなんで十一月六日に変更しました。この日付ですが、港北区ではいつも八十年前の誕生日だけが注目され、それだけが祝われてきたことに疑問を感じていたのが理由です。昭和四十四年（一九六九）十月一日の分区を経て、平成六年（一九九四）十一月六日の再編成で現在の区域が確定しました。その日から二五周年になりますので、その十一月六日を忘れずに都筑区民の皆さんと一緒に祝うことも大切だろうとの想いを込めてこの日を選びました。

しかし、それが失敗でした。生来の怠け者ですから、一度機を逸してしまうと、中断した連載原稿は執筆できず、見切り発車で入稿した初校ゲラを抱えたまま一年が過ぎてしまいました。

新しい刊行日は、分区二六周年を記念して二〇二〇年十一月六日にしても良かったのですが、中途半端なので別の候補日を探しました。そう思って付録の年表を眺めていたら、平成十六年（二〇〇四）十一月五日に大倉精神文化研究所建設関係資料が市指定有形文化財に指定されていました。平井は大倉精神文化研究所の専任研究員になった時に、最初の仕事としてそれまで全く未整理だった研究所所蔵資料の整理に着手しました。それから三〇年近くになりますが、その間に、所蔵資料の中に地域の歴史に係わる資料が幾つも含まれていることに気づき、それを使って何本かの原稿を書いてきました。また、所蔵資料の文化財指定の件もその端緒から指定まで関わってきたので思い入れがあります（「シリーズわがまち港北」第七三回参照）。

そこで、最終的な刊行日は文化財指定を受けた十一月五日にしました。

おまけ　おまけ原稿は、「大好き！大倉山」の連載分と、ここ数年の間に単発で執筆した地域関係の原稿を集めました。刊行を先延ばしにしている間に、「神奈川が生んだ横綱・武蔵山」（有隣堂の情報紙『有隣』第五六五号、二〇一九年十一月）を執筆しました。これは本書に収録しておりませんので、図書館等でご覧下さい。

「大好き！大倉山」　「おまけ」に入れた「大好き！大倉山」は、新聞販売店のＡＳＡ大倉山さんからの依頼により、情報紙『大倉山ＳＴＹＬＥ　かわら版！』に、平成二十八年（二〇一六）四月より連載を続けている文章です。『かわら版』は、毎月十五日の新聞に折り込まれています。

「シリーズわがまち港北」に比べて、一回の原稿分量が少ないのと民間紙への執筆なので、略称表記をそのまま使ったりして、結構気楽に楽しく執筆しています。途中からは、筆者が撮影した写真や図を入れることが多くなりました。

実は『大倉山ＳＴＹＬＥ かわら版！』の二〇一九年七月号に、次のような付記を書きました。

さて、まだどこにも発表していませんが、「大好き！大倉山」の四〇回までの原稿と、「シリーズわがまち港北」第一八一回から二三二回までの原稿を合わせて、『わがまち港北 ３』を出版する予定で準備を進めています！

十月末（二〇一九年）までには刊行したいと思っています。ご期待いただければ幸いです。

「まだどこにも発表していませんが」は、大倉精神文化研究所の創立者大倉邦彦が、研究所設立の構想を始めて新聞で語ったときの言葉です（昭和三年七月二十日付『東京日日新聞』、正確には「まだ何処（どこ）にも発表せず内々計画して居（お）つたことです」）。こんなことは、誰も気付かないでしょうし、気付いても何とも思わないでしょうけども、小生は、この一言をとても楽しんで書きました。

大倉邦彦は、研究所を昭和六年（一九三一）に開設する計画で建設を始めますが、工事が長引き、一年遅れの昭和七年にオープンしました。一年遅れてしまったことで、オープンは邦彦の五十歳の誕生日になってしまいましたが、最初からそれを狙っていたわけではなかったのです。

これを真似たわけではありませんが、本書の刊行もちょうど一年遅れてしまいました。余計なことを書かなければ良かったかと、ちょっと後悔しています。

付録 平井は怠け者なのに凝り性でして、付録をあれこれ充実させたいと思ったことが、刊行を送らせた原因の一つです。

『わがまち港北』の付録は、参考文献一覧だけでした。『わがまち港北 2』の付録は、索引と参考文献一覧の二つになりました。本書の付録は、なんと四つに増えてしまいました。

年表 『わがまち港北』で大崎春哉さんから〝港北の百科事典〟と言われたので、それを実現しなくてはならないと考えて、『わがまち港北 2』では索引を作りました。その時に年表も作ろうかと考えたのですが、そこまでは余裕がありませんでした。

そうしたところ、平成二十六年（二〇一四）六月の『こうほく市民ジャーナル』第九七号で、入江勝通さんから、「虫のいい希望を言えば、きたるべき『わがまち港北 3』出版の折りには、港北関連年表をぜひ入れていただきたい」との要望を書かれてしまいました。痛いところを突かれて、内心忸怩たる思いでコピーをファイリングし、今日を迎えた次第です。入江さんからは、その後も年表を待ち望んでいることを何度か直接伺ったことがあります。

一見大変そうな索引ですが、実は索引は、ワープロソフトの編修機能を使って比較的簡単に作れました。

しかし、年表はそうはいきません。すべて手作業です。最初は、各テーマ毎に起承転結を書いた読める年表を作ってみたりしたのですが、何度か試行錯誤を重ねて、この形に落ち着きました。

結局、全ての記事から、年代表記のある箇所を抜き出して時系列に並べました。全一千百項目弱、六〇ページになりました。その中には、明らかに史実とは言えない項目や、諸説分かれる項目もそのまま書き込んでありますので、利用に際してはご注意下さい。典拠には該当記事のあるページ数を示しておきましたので、ぜひ本文を読んで確認してみてください。

ただし、原稿の発表媒体の性格上、そして筆者の性格上、明らかに史実でないことや、個人的には信じがたいことも、本文では明確に誤りであるとか、ウソであるとは書いていません。史実ではない伝承も、その伝承が生まれて地域の中で育まれてきたことを記録しておくことは意味があります。諸説が並べてあったり、断定を避けた表現で記述してある箇所は、ご推察ください。ウソをウソであると証明することはとても難しいことですし、関係者がそれを望まれないこともありますので配慮していますが、講演会やプライベートな会話では、結構大胆に平井の意見を語っています。

さて、『わがまち港北』のあとがきで、「原稿はなるべく現在のことも書くように心がけています。一二〇回の原稿を読み直すと、港北区域の一〇年間の歴史が記載されている、そのようにありたいと心がけています」（二八二～三頁）と書きました。その想いは最後まで変わりませんでした。さて、読者の皆さま、連載をしていた一九九九年から二〇一九年まで足かけ二〇年の年表項目は、歴史の記録になっておりますでしょうか、皆さまのご判断を待ちたいと思います。

年表作りで、これまで書いてきた原稿を時系列に並べたことにより、著者自身が初めて気付いたことが幾つもあります。その事は、今後の執筆活動や講演等に役立ちそうです。苦労はありましたが、作ってみて良かったと思います。

『わがまち港北』全三冊を作ってみて、やはり一番の読者は著者本人だと改めて思います。『わがまち港北』と『わがまち港北 2』は、その後の原稿執筆や講演準備のためなどに、繰り返し読み込みマーカーを付けたり書き込みをして何冊も使い潰しました。今回の年表作りでも、マーカーを片手に全て読み返しました。きっと『わがまち港北 3』も、これから何度となく繰り返し読むことになるのでしょう。

地形図　内務省復興局が大正十五年（一九二六）に測図した三千分の一地形図を付録にしました。

この原図は、ほぼ国立国会図書館にしか所蔵されていません。東京部分だけは復刻版（井口悦男編『帝都地形図』全六集・別冊、之潮、二〇〇五年）があります。しかし、横浜市域の地形図が存在することはほとんど知られておらず、研究に使われたこともないようです。たまたま、筆者が勤務する大倉精神文化研究所には、「大綱北部」と「大綱最北部」を貼り合わせた原図が保存されていたことから、この地形図の存在に気付き、港北区域の部分を全て紹介することにしました。この地形図の歴史的重要性については、おまけの「大好き！大倉山」第四七回、第四八回をご覧下さい。

杉山神社と小机城　港北区内では、最近、杉山神社や小机城が改めて注目を浴びています。どちらも、様々な謎を含んでいることから、歴史好きな方の関心を呼んでいるのでしょう。これまでに多くの研究蓄積がありますが、その中で、古代や中世当時の状況とか謎解きの結論をまるで見てきたかのように具体的に書いてある本が喜ばれている印象があります。しかし、本当は、分からない事は「分からない」と書いてあるものの方が信頼のおける研究だと平井は考えています。

平井も以前に何度か講演を頼まれたことがありますので、その時に調べたことを文章にしたいと思いましたが、果たせなくて、レジュメを一部改訂してそのまま掲載することにしました。諸説あれは列記し、分からない事は「分からない」と書いたつもりです。

たとえば、杉山神社研究は、江戸時代後期にも一度ブームになった事があります。その頃調べていた研究者の中から、嘉永七年（一八五四）の栗原恵吉『大棚根元考紀録』、安政六年（一八五九）の猿渡盛章『漫遊雑記』、幕末頃の黒川春村『杉山神社神寿歌釈』の三作品を紹介しました。彼らは、異口同音に〝式内社の位置は分からない〟〝信頼に足る資料は何も残されていない〟と書いています。本書は専門書ではないので、あえて現代語訳にして添付しました。味わってみてください。原文も活字化されていますので、関心がある方は原文をご覧下さい。

索引と参考文献　自序に書いたように、本書は刊行を一年も延ばしたのですが、それでも索引と参考文献一覧は付けられませんでした。

しかし、よくよく考えてみると、いずれ『わがまち港北』三部作は電子書籍として公開したいと思っています。そうなれば、全ページをキーワードで検索することが可能となりますので、索引は不要になります。

参考文献として集めた資料も、いずれは地域資料として大倉精神文化研究所附属図書館のＯＰＡＣ検索にかかるようにしたいと思っています。そうなれば、索引も不要になります。半分言い訳ですが、お待ちいただければ幸いです。

写真や図表　本書には、様々な写真や図表を掲載しています。平井は文章を書くことしかできないので、エクセルの表は作れません。書き込みのある写真、つなぎ合わせた地図など、写真や図を加工したりする、知識や技術もありません。それら根気の要る作業は全て共著者の林宏美研究員にお願いしました。分担で記名原稿を書く以外にも、ずいぶんいろいろと手伝っていただいてきましたが、どこにも作成者の名前を書いておりませんので、この場を借りて篤くお礼を申し上げます。

林宏美研究員には、時には、衰えた平井の記憶力の代わりも務めてもらっています。見つからない捜し物、漠然とした曖昧な記憶、誰だか思い出せない電話の主、何でも教えてもらっています。毎月の原稿校正も見てもらっています。校正の細かいチェックについては全く敵いません。有難うございます。

内容の誤り　昔話になりますが、大学生の時、ある先生から辞書には誤りがあるから鵜呑みにしてはいけないということを教わりました。大げさにいえば、その時初めて学問の本質に触れて、人生観が変わるほどの衝撃を受けました。後年になり、何度か辞書の原稿執筆をする機会がありましたが、先生の言葉を身を以て実感しました。本書でも、著者の不勉強や無理解で内容が誤っているのはご容赦ください。

校正ミス　原稿は、連載時に相当気をつけて校正したつもりですが、本にするために読み返す中で、いくつか誤植、校正漏れがあることに気付きました。本書を纏めるに際して、気が付いた誤りは修正しました。

年表を作っていて、『わがまち港北』と『わがまち港北　2』にもいくつか誤植が残っているのを見つけました。しかし、著者のこだわり（信念？）で、あえて正誤表は付けません。一度著者の手を離れた作品は、一人歩きし始めるので、後で正誤表を付けても全ての読者に行き渡らせることはできません。校正ミスは取り返しがつかないと思っています。完成までは人事を尽くしますが、出版したらあきらめます。

読者の皆さまには、他人の著述を鵜呑みにせず、常に原典に立ち返って検証して使っていただきたいです。

おわりに　「シリーズわがまち港北」の連載は中断したままですが、今後平井が書き継ぐことはありません。ですから、『わがまち港北』の出版は、この第三冊をもって終了になります。

本書には、その他にもやり残したことがいくつかありますが、どこまで刊行を引き延ばしても、納得のいく完璧なものは作れない気がします。第四冊への宿題にはしません。明日のことは誰にも分かりません。思い通りには行かないのが人生でしょう。中途半端なままの著作を刊行するのも、怠け者の筆者らしくて良いかと開き直ったりしています。手に取ってくださった皆さまには、申し訳なく思います。

長い連載をしている途中で、平井は職場の定年を迎え、再雇用の身となりました。父と母を送り、ついにライフワークとか終活とかいった言葉が気になる年になりました。これからも地域研究は細々と続けるでしょうし、依頼があれば原稿も書き、頼まれれば講演もするでしょう。しかし、不義理を重ねていることが他に幾つもあります。自分が元気な内にやりたいこと、やらなければならないことが沢山残っています。それにも着手します。

自分のけじめとして、自己満足のために作ったような『わがまち港北 3』です。この長いあとがきも好き勝手に楽しんで書いてきましたが、こうして皆さまがお手にしてくださった本書が多少なりともお役に立ち、本書が切っ掛けとなって港北に関する理解が深まり、港北を好きな人が少しでも増えるとしたら、著者としてそれに過ぎる喜びはありません。ありがとうございます。

二〇二〇年（令和二）七月二十四日　幻となった東京オリンピック開会式の日に　平井誠二

わがまち港北(こうほく) 3

2020（令和２）年11月５日　発行

著　　者　平井誠二(ひらいせいじ)　林 宏美(はやしひろみ)

発行・販売　『わがまち港北』出版グループ
（事務局）
一般社団法人　地域インターネット新聞社
〒223-0051
神奈川県横浜市港北区箕輪町2丁目7-60 ACTO日吉2C
電話　045-564-9038
Eメール：wagamachi@chiiki.club

印刷製本　藤原印刷株式会社
〒390-0865　長野県松本市新橋7-21
電話　0263-33-5092

この本をつくった人たち

著　者

平井誠二（ひらい　せいじ）

1956年、岡山県生まれの歴史家。専門は日本史。

公益財団法人大倉精神文化研究所理事長（研究所長兼図書館長）。

18歳まで育った倉敷よりも、18年間住んだ東京よりも、転居から四半世紀を超えた横浜市緑区よりも、住んだことのない港北区域の文化や歴史に詳しくなってしまった。

大倉山記念館の塔の一番上に登って写真を撮ったのが自慢。

記念館坂から見える富士山が好き。

林 宏美（はやし ひろみ）

1982年、神奈川県生まれ。大倉精神文化研究所研究員。

研究所の創立者である大倉邦彦さんと誕生日がピッタリ100年違いという奇跡の巡り合わせにより、研究所の仕事に運命を感じている。

子育ての合間に、SNSで港北区の新しい情報をチェックするのが、日々の楽しみになっている。

冬の青空の下で見る大倉山記念館と、梅の時期の大倉山の賑わいが好き。

表紙デザイン・イラスト

金子郁夫（かねこ いくお）

生まれ（1947）も育ちも横浜市港北区下田町。
学生時代から始めた音楽（フリージャズ）と絵との「2足のわらじ」で仕事をし、50代よりイラスト専門で、教科書、雑誌、新聞等で活動している。
また「港北まちの先生」でもある。

お世話になった皆さん

大崎春哉（おおさきはるや）

野田久代（のだひさよ）　今井和子（いまいかずこ）　倉見志津江（くらみしづえ）　中野保子（なかのやすこ）

付録1　横浜市港北区域年表

凡　　例

1、この年表は、『わがまち港北』『わがまち港北　2』『わがまち港北　3』の本文から抽出した事項を年代順に並べたものです。ごく一部にそれ以外の追加情報も含みます。

2、典拠の第1冊は『わがまち港北』、第2冊は『わがまち港北　2』、第3冊は『わがまち港北　3』であり、各事項の数字は、典拠となった記事が掲載されているページ数を表しています。

3、史実とは言い難い伝承もそのまま掲載しており、整合性に欠ける項目があります。

西暦	月日	和暦	事　　項	第1冊	第2冊	第3冊
7世紀後半			奈良県明日香村の石神遺跡から発見された木簡に「諸岡五十戸」の文字が記されていた			170 242
724		神亀元	全寿が熊野権現を勧請し、師岡熊野神社が創建される		237	171 220
794～1185		平安時代	この頃から、菊名池が灌漑用水として使われた	110		35
838	2/22	承和5	都筑郡の杉（杉）山神社が官幣に預かる	116		
848	5/22	承和15	武蔵国の杉（杉）山神社が従五位下を授けられる	117		
850～58		文徳天皇	慈覚大師円仁、高田の地に湧き出る霊泉を献上し、皇后の病が癒える		59	94
851		仁寿元	慈覚大師円仁、高田町の塩谷寺を開く		59	95
853		仁寿3	慈覚大師円仁、高田町の興禅寺を開く	108	61	95 158
858～76		清和天皇	この頃、京都の上賀茂神社から別雷命を勧請して新吉田の若雷神社を創建する		144	
859～77		貞観年間	智証大師円珍、日吉本町の金蔵寺を開く	109		163
864	7/27	貞観6	武蔵国若雷神（新吉田の若雷神社との説あり）を従五位上に除す		144	
885		仁和元	光孝天皇が勅使藤原有房を師岡熊野神社に派遣する、勅使の通行にちなんで地名が付けられ、もてなした村々もそれが村名となる		242	235

927		延長5	延喜式の神名帳に都筑郡の杉山神社が書き上げられる（式内社）	117		140
931～38		承平年間	この頃成立した『和名類聚抄』に、高田、諸岡（師岡）の地名が記される			94 170 242
949		天暦3	師岡熊野神社の筒粥神事が始まる	17	237	241
1083～87		永保3～寛治元	後三年の役に参戦した鎌倉権五郎景政、負傷して新吉田の字御霊で没する	263	17	85
12世紀			新羽町西方寺の十一面観音立像が作られる			164
1171～75		承安年間	源頼朝、佐々木高綱に奉行を命じて鳥山町の三会寺を創建する（建久3年ともいう）	205		164 196
1174		承安4	高倉天皇の勅命により、師岡熊野神社の延朗上人が雨乞い神事をする	38		
1183		寿永2	加賀国篠原の戦いで敗れた平維盛軍の残党が鈴木村に落ちのび、後に篠原村と名付ける	139		
1183		寿永2	鶴岡八幡宮への源頼朝寄進状に、師岡の地名が記される			241
1184	1/20	元暦元	佐々木高綱、愛馬いけずきに乗り、宇治川の合戦で先陣争いに勝つ	206		195
1184		元暦元	源頼朝の発願により、師岡熊野神社しめよりの神事が始まる	135		
1186		文治2	鳥山で将軍地蔵の堂守をしていた高塚弾正が没する			198
1192		建久3	源頼朝、佐々木高綱に奉行を命じて鳥山町の三会寺を創建する（承安年間ともいう）	205		164 196
1195		建久6	新羽町の西方寺が、極楽寺の塔頭として鎌倉に開かれる	109		
1209		承元3	綱島の地名が初めて記録される			112
1239	2/14	延応元	佐々木泰綱、「小机郷鳥山等」の荒地の水田開発を命ぜられる	256		78 197
1290		正応3	新羽の地名が初めて記録される			125
1315		正和4	蓮勝上人が菊名山上に草庵を営む（蓮勝寺の始まり）	109		
1320		元応2	領主桃井播磨守直常、高田の興禅寺を再興する		94	

西暦	月日	和暦	事　項	第１冊	第２冊	第３冊
1325	5/25	正中2	空に光物が現れ、高田の山中に落下する、桃井直常がそこに天満宮を建立する		92	
1333	5/28	元弘3	新田義貞が若雷神社で雨乞いの祈祷をして雨を降らせ、村名の葭田を吉田に改める		145	86 140
1336		建武3	吉田村（新吉田）に、鎌倉権五郎景政を祀る御霊堂が建てられる			85
1356		延文元	三会寺が、鳥山町字馬場（元屋敷）から現在地に移転する	205		
1358		延文3	この頃成立したとされる『神道集』に、六宮を椙（杉）山の大明神と申すとの記述あり	117		
1395		応永2	新羽町の杉山神社（北）が遷座する	120		
1405		応永12	綱島に橋を架ける			112
1459		長禄3	印融が、鳥山町三会寺住職から真言密教の「許可之密印」を受ける		163	
1476		文明8	長尾景春の乱が起こり、小机城は景春方につく			200
1478	2/6	文明10	早渕川を越え吉田城を攻め落とした太田道灌が、この日新羽の亀甲山に陣を張る			201
1478	4/10	文明10	長尾景春の乱で、太田道灌が矢野兵庫助等の立て籠もる小机城を攻め落とす（横浜の戦国時代の始まり）	23	256	78 141 200 201 202
1478		文明10	笠原越前守信為の息子、笠原平六為義が小机城内で生まれる			41
1486	10/	文明18	道興准后、駒林に宿泊し新羽を通過して鎌倉へ向かう	179		
1495		明応4	西方寺が、鎌倉から船で新羽町へ移転する（明応年間とも）	109	79 257	164
1496		明応5	継伝僧都、新羽町の光明寺を開く			165
1499～1500	大晦日～元旦	明応8～9	笠原義為、大曽根の城田弥三郎を綱島に追い立て、屋敷を奪い出城を築く			187 234

1500		明応9	小机城代の笠原康勝、弟平六義為に命じて大曽根に砦を築き小机城の出城とする	225		41 185
1516		永正13	北条氏が三浦氏を滅ぼし、ほぼ神奈川県全域を支配する、この時小机城も支配下に入る			203
1519		永正16	弘法大師空海の再来と称せられた印融法印が亡くなる（85歳）		164	
1524		大永4	小机城が北条風に改修される			203
1525	9/	大永5	伊豆国の住人岩田五郎右衛門が岸根村に移り住み、杉山神社を勧請する	121		
1525		大永5	小机城代笠原越前守信為、亡父追善のために雲松院を開く		261	
1527		大永７	城田弥三郎、笠原から大曽根の屋敷を取り戻そうとして首をはねられる			187 234
1532		天文元	日吉本町の西光院が開かれる		61	
1532～55		天文年間	菊名の蓮勝寺が現在地に移る	109		
1539		天文8	本法寺（現小机町）が綱島に創建される		257	
1540		天文9	小机町の金剛寺が開かれる		68	
16世紀後半			中田加賀守、日吉の保福寺を開く			160
1554		天文23	小幡泰久、大豆戸の本乗寺を開く（永禄年間との説もあり）			191
1558		永禄元	大豆戸の小幡泰久、北条配下として戸倉の合戦で戦死する			190
1558～70		永禄年間	小幡伊賀守泰久、大豆戸町の安山へ本乗寺を創建する（1554年との説もあり）	225		
1558～70		永禄年間	この頃までに、新羽町の蓮華寺が開かれる		62	
1559		永禄2	『小田原衆所領役帳』に、小机衆として29人の武将の役高や郷村名が書き上げられる			205
1560		永禄3	善通法印、大倉山の歓成院を創建する	262		
1573		天正元	大豆戸町の正覚院が開かれる	110	219	194
1576		天正4	東鐵大和尚、大曽根台の大乗寺を開く		65	
1580		天正8	玄栄法師が新吉田に草庵を開く（長延寺の始まり）		172	

西暦	月日	和暦	事　　項	第1冊	第2冊	第3冊
1581		天正9	戸倉城で北条氏と武田氏が戦い、大曽根砦の笠原広信も参戦する、小机城代笠原照重が戦死し、遺児重政を伊藤藤七がかくまう			186 188
1584		天正12	本誉耕公和尚、新羽の専念寺を開く	263		
1584		天正12	真誉伝公、新吉田の浄流寺を開き、地蔵堂を建立する			157
1586		天正14	篠原町の長福寺が開かれる		68	
1586		天正14	この年以降、小机城が再改修される			203
1590		天正18	小田原北条氏が滅亡し、小机城や篠原城などが廃城となる	23	256	195 205
1590		天正18	矢上周辺に3万石程度の土地を領有していた中田加賀守が、小田原落城の時に矢上で憤死し、保福寺に葬られる			183
1590		天正18	笠原広信、大曽根砦を壊し退去する、後に冨川与右衛門と名乗り百姓となる			186
1590		天正18	徳川家康が江戸に入り、近藤五郎右衛門正次へ綱島に300石の知行地を与え、小机城代の遺児笠原弥次兵衛重政に新知200石を与え、大豆戸の小幡正俊を280石取りの旗本とする（天正19年とも）	224 225		188 191
1592		文禄元	近藤五郎右衛門正次、綱島台の長福寺を開く（児島賀典が開く、あるいは児島が近藤の助力で中興するとの説もある）	224		98
1595	10/	文禄4	金子出雲守等、篠原町長福寺の薬師如来の胎内に木札と願文を封入する		68	194
1598		慶長3	岸根町の貴雲寺が開かれる		67	
1624	11/7	寛永元	綱島台の長福寺が雷火により本堂や旧記等を焼失する			98
1628	7/	寛永5	「若雷神社縁起」（新吉田の加藤家蔵）が記される		145	
1642		寛永19	小幡正俊が死去し、大豆戸の本乗寺に葬られる			191
1649		慶安2	生外東鐵、綱島西の東照寺を開く	109		
1649		慶安2	高田町の塩谷寺、幕府より寺領5石4斗余を賜る		60	

17世紀中頃			欄室関牛、下田の真福寺を開く			159
1661～72		寛文年間	鳥山川の鶴見川合流点を下流に付け替え、人工の用水路（太尾堤緑道部分）を掘鑿する		225	268
1669		寛文9	小机町金剛寺山門手前にある庚申塔が建てられる（当時は都筑郡に属していたことが分かる）		257	
1677		延宝5	日吉保福寺の子育延命地蔵（おさすり地蔵）が造立される			160
1693	9/14	元禄6	綱島台長福寺五世住職典栄が夢告を受け、翌日江戸の山田左衛門宗慶が船で来訪し三社託宣一幅を奉納する			99
1700		元禄13	新吉田の円応寺、本尊を修復する	262		
1707		宝永4	富士山が大噴火し、火山灰が降る			
1707		宝永4	北ノ谷の女性20人、北新羽地蔵堂の本尊厄除延命地蔵を造立する			155
1716～36		享保年間	朝鮮国王から献上された高麗雉を、幕府が綱島に放養する	225		
1721		享保6	新羽の西方寺、本堂が完成する	263		
1726		享保11	大倉山の歓成院に「小机三拾三処十二番目」の標柱が建てられる	258		
1732		享保17	都筑郡本郷村法昌寺と小机村泉谷寺の住職等が霊場（旧小机領33所観音霊場）の開設を幕府へ願い出る	257		
1732		享保17	幕府御普請により、早渕川を改修する			119
1738		元文3	大仏師高橋大学、新吉田浄流寺地蔵堂の延命地蔵を作る			157
1750		寛延3	この頃、下田真福寺の廻り地蔵が始まる			161
1751～64		宝暦年間	この頃から、区域でそうめん作りが始まる	72		
1753		宝暦3	小机町雲松院の本堂（市文化財）が建てられる		260	
1756		宝暦6	子歳、観音霊場（旧小机領33所観音霊場）の最初の御開帳が行われる	257		
1767		明和4	この年、北綱島村百姓又右衛門が人を雇ってそうめんを作っていた	72		

西暦	月日	和暦	事　項	第1冊	第2冊	第3冊
1779		安永8	貴雲寺の泰山和尚が願主となり、武南十二薬師霊場を設立する		67	
1782		天明2	寅歳、武南十二薬師霊場の最初の御開帳が行われる		67	
1782～87		天明2～7	天明の大飢饉、旅の行者が新羽の中之久保に注連引きの大蛇作りを伝える	55		
1786		天明6	小机町の金剛寺が曹洞宗になる		68	
1792		寛政4	鶴見川の両岸で水害争論となり死者が出る	30		
1798		寛政10	新吉田の若雷神社の社殿が建てられる		145	
1803		享和3	綱島東の池谷家所蔵の鶴見川流域絵図が描かれる			281
1803		享和3	鶴見川流域33ヵ村、幕府代官所へ洪水被害を訴え、河川改修を陳情する			281
1809	1/28	文化6	大田南畝、小机に宿泊し、そうめん作りを『向丘閑話』に記録する	72 178		78
1809	1/29	文化6	大田南畝、泉谷寺で『泉谷瓦礫集』を書写する	178 245		
1809	3/11	文化6	大田南畝、再び小机を訪れ、泉谷寺大門脇の桜を眺め、宿屋で掛軸2幅を書写する	178		
1811～12		文化8～9	鶴見川の綱島橋が架け替えられる		226	
1814		文化11	高田興禅寺の地蔵堂が焼失する			158
1819		文政2	鶴見川の水害により、小机町本法寺が鶴見川沿いから現在地に移転する		258	
1830		天保元	1810～1828年にかけて編纂した『新編武蔵風土記稿』の献上本が完成する	118		58
1830～44		天保年間	この頃から、「餅無し正月」の篠原村でもこっそり餅を搗くようになる	140		
1830～44		天保年間	この頃から、大豆戸村の吉田家（屋号堀上）で醤油の醸造を始める（～戦中まで）		39	
1834～36		天保5～7	師岡熊野神社、小机城址、泉谷寺等が描かれた『江戸名所図会』が刊行される	179		221
1834～40		天保5～11	初代広重、兄弟の了信が住職をする小机の泉谷寺に滞在し、杉戸絵を描く	244		78
1836		天保7	大豆戸不動尊に手水鉢が寄進される		229	

1838		天保9	この年、広重が小机の村岡家（紺屋）の袋戸絵を描いたという			26
1843		天保14	この年、太尾村に飴菓子の出商人が4人いた			245
1852		嘉永5	小机村で村岡平吉が生まれる			20 289
1854	1/	嘉永7	栗原恵吉、『大棚根元考紀録』の自序を書く			付録3
1856		安政3	大倉山の歓成院、本堂を焼失する	262		
1858		安政5	綱島の新杵が創業する		53	
1858		安政5	小机町雲松院の山門（市文化財）が建てられる		260	
1859	6/2	安政6	横浜開港（6月2日は横浜開港記念日となる）		31	
1859	晦日	安政6	猿渡盛章、「漫遊雑記」に杉山神社の調査報告を記す			付録3
1866		慶應2	綱島の飯田広配が農兵を組織する			
		江戸時代	港北区域には将軍家の鷹場（御捉飼場）があった		206	
		幕末頃	黒川春村、「杉山神社神寿歌」を記す			付録3
1869		明治2	師岡熊野神社と別当寺の法華寺が分離する	278		
1870		明治3	綱島の飯田広配、高島嘉右衛門の埋立事業に出資する			
1870		明治3	この年、太尾村に質屋が3軒あった			245
1871		明治4	岡倉天心、新羽町新田谷戸の金子家へ里子に出される		171	
1872		明治5	新橋横浜間の鉄道開業			
1872		明治5	新吉田の雷電社を若雷神社と改称する		144	
1873	6/24	明治6	日吉台小学校が開校する（区内最古）	88		122
1874	8/1	明治7	高田小学校が、高田学舎の名で興禅寺の一室で開校する	88	96	121
1874		明治7	北綱島の飯田広配、この年までに天然氷の製造を始める	98		
1875		明治8	高田学舎を高田学校と改称する		96	
1879		明治12	高田学校の校舎が、興禅寺の墓地付近に新築される		96	

西暦	月日	和暦	事　項	第1冊	第2冊	第3冊
1881		明治14	陸軍が港北区辺りを測量し、「迅速測図」として詳しい地形が初めて地図に描かれる			118 276
1882		明治15	釈興然が鳥山町三会寺の住職となる		164	
1883		明治16	この年までには稲毛七薬師霊場が成立していた		66	
1887		明治20	この頃より、大綱村でツトッコの生産を始める		32	
1889		明治22	市制町村制施行により、日吉村、大綱村、新田村、旭村、小机村（後に城郷村）が誕生する	34	199	76
1889		明治22	市制町村制施行により、大豆戸・篠原・菊名・樽・大曽根・太尾・南綱島・北綱島の8ヵ村を合併して大綱村が誕生し、綱島橋を大綱橋と改名する	214	199 226	32 40 58 106 112
1889		明治22	市制町村制施行により、小机・鳥山・岸根・下管田・羽沢・三枚橋・片倉・六角橋・神大寺の9カ村を合併して、小机村が誕生する（のちの城郷村）			76
1889		明治22	市制町村制施行により、新羽・新吉田・高田の3ヵ村を合併して、新田村が誕生する		146 199	84 95 125
1889		明治22	市制町村制施行により、駒ヶ橋・駒林・箕輪・矢上・南加瀬・鹿島田・小倉の7ヵ村を合併して、日吉村が誕生する（1925年に北加瀬が加わる）		199	143 146
1889		明治22	市制町村制施行により、師岡・駒岡・獅子ヶ谷・北寺尾・馬場・上末吉・下末吉の7ヵ村を合併して、旭村が誕生する		199	170
1889		明治22	この年出版の『大日本博覧絵』に、区内の吉田三郎兵衛邸、椎橋宗輔邸、浅田治郎作邸、池谷義広邸、飯田助大夫邸、横溝喜重邸の銅版画が掲載される		39	
1889		明治22	加藤得又、太尾に生まれる	234		
1890		明治23	釈興然、上座仏教の比丘になる（日本人初）		164	
1892		明治25	小机村を城郷村と改称する			76
1893		明治26	新田小学校が開校する	88		122
1893		明治26	釈興然、セイロンから帰国し鳥山町三会寺を拠点として釈尊正風会を組織する		165	

1894、95		明治27、28	高田興禅寺の興国亮渕住職の弟子小形為蔵が、東京から来た楽人に芸を伝承される（雅楽会の始まり）			95
1897		明治30	大倉山の歓成院、本堂を再建し、飛地の観音堂から十一面観音を移し、本尊とする	262		
1897		明治30	小机生まれの村岡平吉、横浜指路教会の長老となる			21
1897		明治30	「明治30年頃の小机村」という地図が、日下部幸男『小机城の歴史』2001年版に付される			24
1898		明治31	小机生まれの村岡平吉、中区山下町に福音印刷を創業する			21 289
1900		明治33	大綱小学校、城郷小学校が開校する	88	73	121 122
1900		明治33	石橋銀行が開業し、新吉田の加藤大助宅が新田支店となる		101	
1907		明治40	池谷道太郎、日月桃を発見する。	41 69		
1908	3/	明治41	在郷軍人会の新田村奨兵会が新田小学校校庭東隅に日露戦役紀念碑を建てる		89	
1908	9/23	明治41	横浜線が開通し、区内では小机駅のみが開業する	265 269	253 283	59 244
1908		明治41	新羽町の杉山神社（南）に村内3社を合祀する、新吉田町の杉山神社に村内3社を合祀する	120		
1908		明治41	土岐源三郎が、新吉田の若雷神社へ村内15社を合祀する		144	
1908		明治41	篠原の蓮光寺に神奈川町から妙泉寺が移転・合併し、妙蓮寺となる			66
1909	12/5	明治42	横山武（横綱武蔵山）が日吉村字駒林の農家に生まれる	81		
1910	12/	明治43	日清日露戦役陣亡軍人碑が城郷小学校内に建てられる		89	
1910		明治43	鶴見川で大水害が発生する	173	106	43
1910		明治43	藤沢三郎『吉田誌』を著す	123		
1910		明治43	石橋銀行新田支店の加藤大助が頭取となり、自宅を本店とする		102	
1912		明治45	この年、新羽・新吉田にそうめん製造家が18戸あった	72		

西暦	月日	和暦	事　　項	第１冊	第２冊	第３冊
		明治末頃	鈴木長兵衛商店（後の岩田屋）が大倉山駅入口交差点付近に開業する			247
1912		大正元	この年、大綱村で800トンの天然氷を製造し、4,500円を売り上げる	98		
1912		大正元	藤沢三郎『吉田沿革史』を著す	123		
1912～26		大正年間	矢上川の改修工事で、流路が直線化される			118
1913	8/31	大正2	『大綱村郷土誌』が編纂される	222 224	56	
1914		大正3	樽村の加藤順三、井戸を掘りラジウム鉱泉を発見する（後の綱島温泉）	142		104 254
1914	7/31	大正3	加藤家井戸の赤水を内務省東京衛生試験所へ検定に出す	148		
1914	8/8	大正3	加藤家井戸の赤水が内務省東京衛生試験所で分析されラヂウム鉱泉と判明する	148		256
1914		大正3	鶴見川の堤防改修が完成する（大正堤）	173 227	106	43
1917		大正6	初めて小島孝次郎が樽に永命館という温泉旅館を開業する	142 253		256
1917		大正6	この頃、太尾生まれの行者加藤得又が菊名に水行場を開く	235		
1919		大正8	安中はな（『赤毛のアン』訳者村岡花子）、村岡平吉の三男儆三と結婚する			22
1921	6/	大正10	鶴見川を国の直営改修河川に編入する		106	
1921	7/	大正10	鶴見川改修期成同盟会が結成される		106	
1921	10/	大正10	大綱時報社、月刊紙『大綱時報』を創刊（～1923年7月22日号まで現存）	213	70	
1922	9/15	大正11	『大綱時報』に「大綱八景」が掲載される	221		
1922	10/10	大正11	大綱村、前夜の冷え込みで朝辺り一面が霜で真っ白になる		56	
1922		大正11	この年、綱島の日月桃が東京博覧会で賞を取る	42		
1922		大正11	この頃に、綱島東の池谷陸朗がカメラを譲り受け、綱島周辺の写真を撮り始める		111 247	
1922		大正11	福音印刷創業者村岡平吉、死去す			22 290
1923	5/	大正12	横浜新栄講、菊名に「新栄稲荷大神」の石碑を建立する	231		

1923	9/1	大正12	関東大震災、現港北区域の戸数約2,600戸の内75%が全壊か半壊、人口約18,000人の内死者約10人、篠原で液状化が発生、小机駅舎が倒壊、新羽善教寺の寺中教覚寺が倒壊、新吉田若雷神社社殿の一部が倒壊、9月4日までに城郷地区に1,052世帯5,046人が避難してくる、地場産業だった天然氷や寒中そうめんの生産が衰退する	52 53 78	105 107 110 145 170	17 23 41 278
1923	9/28	大正12	横浜線が全線復旧する	53		
1923		大正12	この頃、大倉山の漆原粂七が満州から種子を取り寄せ、最初に白菜の栽培を始める		43	
1923		大正12	高田学校を高田尋常小学校と改称する		96	
1924		大正13	新羽町の土岐源三郎が神職としての功績を認められ、神奈川県神職会より表彰される		81	
1924		大正13	旧綱島街道沿いに西田自転車店（大倉山一丁目）がオープンする			247
1925	4/	大正14	横山武（横綱武蔵山）、多摩川丸子の広場で郡連合青年団の競技会に出場し、角界にスカウトされる	86		
1925		大正14	横山武（横綱武蔵山）、出羽ノ海部屋へ入門する	81		
1925		大正14	綱島東の池谷光朗が生まれる（～2013年８月14日）	250	246	
1925		大正14	高田小学校が現在地に移転する、新校舎落成を記念して校旗を寄贈することになり、校章を定める		96	121
1925～33		大正14～昭和8	この頃、新田小学校応援歌が作られる		73	
1926	1/	大正15	武蔵山、初土俵を踏む	82 86		
1926	2/14	大正15	東横線の神奈川県部分が開通する。日吉駅、綱島温泉駅、太尾駅（大倉山駅）、菊名駅、妙蓮寺前駅が開業する。日吉台の宅地分譲が始まり、綱島温泉駅が開業、篠原周辺に洋館付き住宅が出来始める	20 125 143 271	110 271 279	59 66 105 143 244 248 254

西暦	月日	和暦	事　　項	第１冊	第２冊	第３冊
1926	4/	大正15	大倉邦彦、秘書原田とヨーロッパに到着し、図書館見学や古書購入を始める	25 62		
1926	9/1	大正15	横浜線菊名駅が開業し、駅業務を東急に委託する	270	279 287	244
1926	11/	大正15	内務省復興局、港北辺りを測図して3000分の1地形図を作る			278
1926		大正15	この頃、東急の五島慶太は大倉山の土地を高野山へ売却しようとを計画するが、高野山の大火で中止となる	160		
		大正末期	大綱小学校の5、6年生が鶴見川で水練をしていた		111	
		大正末期	小机駅付近の開発が始まる		253	
		昭和初期	鶴見川を航行する船舶（漁船を除く）は1年間でのべ約21,600隻に及ぶ		28	
1927	4/	昭和2	東京横浜電鉄、綱島温泉浴場をオープンする	143		254
1927	5/21	昭和2	原田三千夫、パリでリンドバーグの大西洋横断無着陸飛行を目撃する	23		
1927	10/1	昭和2	橘樹郡大綱村・城郷村・旭村が横浜市（神奈川区）に編入される	176 214 274		32 40 57 58 65 76 112 170
1927		昭和2	東横線の東京都部分（渋谷～丸子多摩川）が開業する	21		
1927		昭和2	新羽町の土岐源三郎、都筑郡神職会長に選ばれる		82	
1927		昭和2	漆原林蔵、旧綱島街道沿いに漆原石材店（石林、大豆戸町）を開業する			247 259
1928	6/	昭和3	大倉邦彦、東急の専務取締役五島慶太と太尾の丘を訪れ、ステッキをぐるっと廻して一山を買う	43 131 168	272	
1928	9/19	昭和3	野口米次郎・幸尾隆太郎、小机泉谷寺の杉戸絵を調査し、初代広重の真筆と確認する	244		
1928	9/23	昭和3	東京朝日新聞、泉谷寺の広重杉戸絵発見をスクープする	244		25
1928	11/24	昭和3	新羽町の土岐源三郎の顕彰碑が、御大典記念として建てられる		80	

1928		昭和3	太尾・大豆戸・菊名辺に水道が開通する	184		
1928		昭和3	大曽根台の冨川善三、氷場跡地を使って「大倉山天然スケート場」を開く	192		42 274
1928		昭和3	新吉田の石橋銀行が解散する		102	
1928		昭和3	この頃、大倉邦彦が菊名駅近くの安山で大倉精神文化研究所の敷地を探したらしい			189
1929	3/28	昭和4	東京朝日新聞、小机の村岡愛作家（紺屋）で広重の袋戸絵発見をスクープする			25
1929	4/8	昭和4	新羽町善教寺の平等通照、自宅を印度学研究所として『仏陀の生涯』を出版する		168	
1929	7/3	昭和4	慶應義塾大学の予科・普通部等の日吉移転が決まる	125		
1929	10/	昭和4	太尾の丘（観音山）の上に大倉精神文化研究所の建設が始まる	21 43 53 91 168	273	177
1929		昭和4	小机町の金剛寺で火災		68	
1929		昭和4	横浜市史編纂主任も務める郷土研究家加山道之助が篠原町に転居する		128	
1929		昭和4	平等通照、新羽町善教寺の17世住職となる		168	
1930	4/9	昭和5	大倉邦彦、建築工事中の大倉精神文化研究所本館（現大倉山記念館）で鎮礎式を行い、留魂碑を埋める	44		296
1930	4/15～5/15	昭和5	横浜貿易新報の１ヶ月に及ぶ県下新住宅地十佳選投票で、妙蓮寺前が５位、綱島が13位に入選する			68
1930		昭和5	岩波茂雄、岩波書店の刊行物を大倉精神文化研究所附属図書館に寄贈する	115		
1931	1/1	昭和6	妙蓮寺前駅を妙蓮寺駅と改称する			66
1931	5/15	昭和6	武者小路実篤、建設中の大倉精神文化研究所を見学し、6月15日に大倉邦彦の肖像画を描く	115 278		
1931	5/	昭和6	後援会武蔵山会、会誌『武蔵山』創刊号を発行する	82 86		
1931	5/	昭和6	小結武蔵山、初優勝する	82		

西暦	月日	和暦	事　　項	第1冊	第2冊	第3冊
1931	10/23	昭和6	東急の五島慶太、大倉精神文化研究所建設現場を視察する		274	
1931	10/	昭和6	小結武蔵山、沖ッ海との対戦で右腕を骨折する	83		
1931	10/	昭和6	篠原の西村栄之助宅で、尚趣会例会を開催する		126	
1931	10/	昭和6	東急、太尾駅の駅名改称を大倉精神文化研究所に打診する	95	273	
1931	12/4	昭和6	東急、大倉精神文化研究所から提示した案の中から、大倉山駅と決める	95	275	
1931	12/5	昭和6	岩波書店創業者岩波茂雄、建設中の大倉精神文化研究所を見学する	115		
1931		昭和6	東急が大倉山に梅林を開園し（1932年1月との説もあり）、「太尾公園」と名付ける、大倉精神文化研究所は竣工が1年遅れる	18 173	276	217 242
1931		昭和6	小机泉谷寺の裏山を開発して、「泉谷遊園地」（1万坪）を開く	242		
1931～33		昭和6～8	野毛浄水場（後に西谷浄水場）から鶴見配水池まで送水管が敷設される（片倉以東はその上に水道道が造られる）			36
1932	1/	昭和7	東急が大倉山に梅林を開園する（1931年との説もあり）			242
1932	1/	昭和7	小結武蔵山、大関に昇進する	82		
1932	1/	昭和7	春秋園事件が発生し、後援会誌『武蔵山』2号は発行されなかったらしい	87		
1932	3/31	昭和7	東横線が全線開通し、太尾駅が大倉山駅に改称される、妙蓮寺駅から水道道沿いが高級住宅地化する	21 95	273	32 37
1932	4/9	昭和7	大倉精神文化研究所本館（現大倉山記念館）が完成し、研究所と附属図書館がオープンする、施主大倉邦彦、設計長野宇平治、施工竹中工務店、日本で初めて外壁の白セメント吹付け塗装に成功する	61 90 154	265	215 228 295
1932	10/1	昭和7	横浜線の東神奈川～原町田駅間が電化される	270		
1932		昭和7	高田尋常小学校が新田尋常高等小学校に統合され、高田分教場となる		96	
1932		昭和7	岸根町出身の岩田田壚、『神奈川県俳人録』を飯田九一の表紙絵で出版する			69
1932		昭和7	日吉村に日吉小学校が開校する（1937年に川崎市域となる）			143

1933	3/	昭和8	ラヂウム霊泉湧出記念碑が樽町の杵屋前に建立される	144 148		254 256 259
1933	6/	昭和8	大倉精神文化研究所本館（現大倉山記念館）の西洋風の鐘を梵鐘につけかえる	188 268		
1933	8/	昭和8	秋山大（秋山真之海軍中将の長男）が大倉精神文化研究所の嘱託研究員となる		90	
1933	11/3	昭和8	栗原勇、樽町に愛国寺を開く、大倉邦彦が什器備品類の購入費を寄付する	197 205		
1933		昭和8	東急が樽町に3,000坪の綱島菖蒲園を開園する（～1938年頃まで）	173		105 252 256
1933		昭和8	菊名の池田屋、天然氷の販路を綱島温泉に変え、アイスキャンディーやアイスクリームの製造も始める	192		
1933		昭和8	慶應義塾大学日吉キャンパスの第一校舎の建設が始まる			229
1934	5/20	昭和9	村岡平吉の没後13周年記念会が小机で開催される			22 291
1934	11/3·4	昭和9	福澤先生誕生百年並日吉開校記念祝賀会を開き、25,000人が来校する	126		
1934		昭和9	慶應義塾大学日吉キャンパスが開校する	126		143
1934		昭和9	伊藤履道和尚、新羽町西方寺の住職となる（1936～46年に大綱小学校教諭、1947～60年に新田小学校教諭を兼職）		166 262	
1934		昭和9	東急、太尾公園を大倉山公園と改称する		276	
1934		昭和9	菊名分譲地、昭和天皇の皇太子（今上天皇）誕生を記念して道路に桜と楓を植えて「錦が丘」と自称する			59
1935	5/	昭和10	武蔵山、第33代横綱になる	82		
1935	6/	昭和10	『日曜報知』221号に、「新横綱武蔵山関」の記事が掲載される			28
1935	7/	昭和10	『婦人倶楽部』7月特大号に、「天晴れ新横綱 武蔵山の母子愛涙話」が掲載される			29
1935	9/5～10/5	昭和10	『横浜貿易新報』の1ヵ月間に及ぶ県下45名勝・史蹟投票で、綱島温泉桃雲台が26位、新吉田町の若雷神社が29位に入選する	204 228	140	

西暦	月日	和暦	事　　項	第１冊	第２冊	第３冊
1935	9/20	昭和10	『横浜貿易新報』が名勝を詠んだ俳句や川柳の募集を始める（12月16日入選句発表）		142	
1935	10/23	昭和10	横浜貿易新報社から、桃雲台と若雷神社に「祝賀訪問隊」が訪れる		143	
1935	11/	昭和10	菊名池に水道道の菊名橋が竣工する			36
1935		昭和10	菊名の杉山神社が他3社と八幡大神に合祀され、菊名神社となる	121		
1935		昭和10	大曽根台の冨川善三、東急から1,000円の融資を受けてスケート場を大改装する	193		
1935		昭和10	この頃、綱島に47軒の旅館があった	144		
1935		昭和10	神奈川区子安町の金子政次、富士塚天然スケートリンクを開く			274
1935		昭和10	日吉台小学校の校歌が作られる		73	
1935		昭和10	慶應義塾大学が校地整備のために日吉台の古墳発掘に着手するが、中田加賀守子孫からの要請により、中止する			184
1936	2/7	昭和11	県下45名勝・史蹟投票に入選した桃雲台が『横浜貿易新報』に紹介される		143	
1936	2/13	昭和11	県下45名勝・史蹟投票に入選した若雷神社が『横浜貿易新報』に紹介される		143	
1936	2/26	昭和11	二・二六事件発生、栗原勇の息子安秀少尉が関与する。この日、綱島東の「や満田」が開店する（2011年閉店）	196 200	53	
1936	4/5	昭和11	俳句雑誌『ホトトギス』の同人たちが菊名池を訪れて吟行する	237	281	
1936	10/	昭和11	斎藤茂吉、マンジュシャゲを見るために東横線に乗り妙蓮寺を2度訪れる	178		66
1936		昭和11	大倉精神文化研究所に、武道場「神風館」を建設する（～1969年解体）	164		
1936		昭和11	綱島台の飯田助夫、衆議院議員に当選する		86	
1936		昭和11	大倉山駅に、駅前通りに面した駅舎ができる		276	
1937	1/	昭和12	綱島街道を拡幅し、大綱橋を現在地へ移動して鉄橋に架け替える		226	247 259
1937	4/1	昭和12	日吉村を矢上川で二分し、西側を横浜市神奈川区に、東側を川崎市に編入する	176		143 146

1937	11/7	昭和12	俳人高浜虚子と『ホトトギス』同人、小机で吟行する	242 244	253	
1937		昭和12	大倉邦彦、東洋大学学長に就任する（2期、6年間）	28		
1937～39		昭和12～14	早渕川流域の中川（都筑区）、高田、新吉田、日吉本町、箕輪、南北綱島の545町歩の耕地整理を実施し、念仏橋が撤去され御霊橋が架けられる			119 120
1938	4/20	昭和13	尚趣会例会で、篠原池、篠原八幡神社から篠原町の多尾伊四郎宅までハイキングする		126	
1938	5/9	昭和13	ＩＯＣ委員嘉納治五郎の告別式が行われ、大倉邦彦が委員を務める			298
1938	5/	昭和13	大相撲五月場所千秋楽、武蔵山と男女ノ川の取組映像が現存する			31
1938	6/29～	昭和13	豪雨により鶴見川が氾濫し、緑区川和から河口まで大水害となる。桃栽培が大打撃を受ける。大倉山で崖崩れが発生し、死者2名、重症1名。新横浜の養蛙場から餌のアメリカザリガニが逃げ出し繁殖する	25 42 69 150 164	224	43 105 253
1938	6/30	昭和13	避難所の大綱小学校が水没し、23家族90余人を大倉精神文化研究所の武道場に収容する（～7月9日）	151		
1938	7/16	昭和13	オリンピック委員会、東京オリンピックの返上を発表する			149 304
1938	7/27	昭和13	株式会社日吉ゴルフ倶楽部が設立される			148 303
1938	7/	昭和13	都筑郡・橘樹郡の一部を横浜市へ編入することが決まる		25	
1938	9/20	昭和13	慶應義塾大学、下田の土地19,800坪余の購入を決める			149
1938	9/	昭和13	南極探検の白瀬矗中尉が、妙蓮寺にあった3男宅に隠居所を建てて同居を始める（～1941年12月）		119 121	
1938		昭和13	日吉周辺に水道が開通する	184		
1938		昭和13	天野修一、大豆戸町に天野製作所（現アマノ株式会社）の新工場を建設する	246		
1939	4/1	昭和14	都筑郡新田村が横浜市に編入され、新羽町、新吉田町、高田町になる	122 176		95 125

西暦	月日	和暦	事　　項	第1冊	第2冊	第3冊
1939	4/1	昭和14	横浜市に編入された都筑郡の一部と、神奈川区の一部を合わせて、港北区が誕生する（現都筑・青葉・緑区を含む）。人口5万人余、仮庁舎は大綱小学校篠原分教場跡地を使用する	34 35 274	25 49 259	57 59 77 84 95 125 129 143 170 227
1939	5/	昭和14	藤原工業大学が慶應日吉キャンパス内に設立される	126		
1939	5/	昭和14	横綱武蔵山、引退	83		
1939	7/	昭和14	株式会社日吉ゴルフ倶楽部の計画では、日吉ゴルフコースが完成の予定だったが中止される			149 305
1939		昭和14	前年の大水害を受けて、国費による鶴見川改修が始まる	151		
1939		昭和14	大倉山に、池内精工と林ねぢ工場（後に自動車ねぢ工業）が進出する			34
1940	4/	昭和15	高野平、大倉山女学校を開校する		83 85	
1940	6/1	昭和15	横浜で砂糖とマッチが配給となる（木炭は10月～、米は1941年４月～、塩は1942年１月～、薪は11月～）		37	
1940	7/	昭和15	安立電気株式会社、新吉田町に吉田工場を開設する		95	
1940	11/	昭和15	この頃、弾丸列車計画で、横浜線菊名駅付近に新横浜駅を造る計画があった		152 286	
1940		昭和15	東京オリンピックが中止される、岸根の総合運動場も日吉ゴルフコース造成も中止		114	147 301 305
1940		昭和15	下田町に慶應義塾体育会野球部の野球場が造られる			73 150
1940		昭和15	東京高等工学校（後の芝浦工大）の後援会、大倉山に総合運動場用地を購入し、10月に「大倉山運動場」が完成する			108 136
1940		昭和15	これ以前から、歌手の渡辺はま子が菊名町宮ヶ谷に住む（～1947年頃）			173～176
1940		昭和15	史蹟名勝天然記念物保存協会神奈川県支部、小机城を見学する			200
1941	5/3	昭和16	「三ツ池、大倉山風致地区」が定められる（内務省告示）	133 174		

1941	7/	昭和16	暴風雨で鶴見川の堤防が決壊し、安立電気の吉田工場が浸水被害に遭う		95	
1941		昭和16	日吉本町に慶應義塾体育会野球部の合宿所が造られる			73
1941〜45		昭和16〜20	太平洋戦争、小学校を国民学校と改称する、この頃新羽の注連引百万遍が中断する	56 210		
1942	1/15	昭和17	篠原の仮区庁舎から菊名町780番地の新区庁舎に移転する		26	129
1942	2/2	昭和17	石野瑛、小机在住の小松祐茂から旧大綱小学校篠原分校のことを聞き、学校設立に動き出す			129
1942	2/25	昭和17	石野瑛、武相中学校の設立認可申請書を神奈川県知事宛に提出する			130
1942	2/27	昭和17	石野瑛、旧大綱小学校篠原分校（富士塚）の建物払い下げの認可を得る			129
1942	3/8	昭和17	石野瑛、武相中学校の生徒募集を開始する			130
1942	3/30	昭和17	港北区庁舎の新築落成式を挙行する		26	
1942	4/18	昭和17	武相中学校一期生の学校生活が始まる			130
1942	5/18	昭和17	富士塚の校地問題で、武相中学校の認可が先送りとなる			131 132
1942	6/24	昭和17	仲手原の新校地で、武相中学校の設立が認可される			132
1942	7/2	昭和17	武相中学校、富士塚校舎で開校式を、仲手原校地で地鎮祭を行う			132
1942		昭和17	大豆戸町の天野製作所菊名工場（現アマノ株式会社）が海軍管理工場に指定され、本社となる	247		
1942		昭和17	この年の地形図で、新横浜に養蛙場が描かれている		224	
1942		昭和17	帆船日本丸で訓練航海が出来なくなった東京高等商船学校の生徒と職員が、大倉精神文化研究所の修養会に3回参加する			239
1943	4/14	昭和18	武相中学校、仲手原の新校舎が竣工する			133
1943	7/1	昭和18	大倉精神文化研究所から、梵鐘と半鐘２個が供出される	268		
1943	8/	昭和18	近藤壌太郎県知事、旅館営業を廃止する	144		

西暦	月日	和暦	事　　項	第１冊	第２冊	第３冊
1943	10/16	昭和18	出陣学徒壮行早慶戦が行われ、その後下田町の野球場は芋畑に変わる			73
1943		昭和18	この年開校予定で、大倉邦彦が旧制神奈川高等学校の開校を大倉山に計画する	19 29	83	128
1943		昭和18	大倉山女学校が、大倉山高等女学校と改称する		83	
1943		昭和18	慶應義塾大学日吉グラウンド（下田町）脇に「日本ラグビー蹴球発祥記念碑」が建てられる			269
1944	2/2	昭和19	煙突の加熱により、区庁舎二階と一階の一部を焼失する、1ヶ月間大綱国民学校で区政事務を執る		26	
1944	3/	昭和19	海軍が日吉の慶応校舎・寄宿舎に駐留を始める	127		
1944	3/	昭和19	陸軍の綱島部隊が東京高等工学校の大倉山運動場を借用し、農地にする			136
1944	4/6	昭和19	外務省、大倉精神文化研究所附属図書館に貴重図書約2,500冊を疎開させる（4月18日も約4,500冊を疎開）			88
1944	5/19～	昭和19	海軍気象部が大倉精神文化研究所に無線機等を据え付ける（～24日）		154	
1944	6/	昭和19	海軍気象部、大倉精神文化研究所を最後の拠点とすることを決める	157		
1944	7/	昭和19	慶應義塾大学日吉キャンパスの地下に海軍の地下壕が造られ始める	51 74 100		
1944	8/13	昭和19	神奈川区の斎藤分国民学校の児童が、小机町の本法寺と鳥山町の三会寺で集団疎開を始める	211		
1944	8/19	昭和19	日吉台国民学校の児童、高田町の興禅寺と下田町の真福寺で集団疎開を始める	211		
1944	8/20	昭和19	海軍気象部と大倉精神文化研究所、研究所本館の借家契約を結ぶ	100		
1944	8/21	昭和19	神奈川区の子安国民学校の児童が、新吉田町の常真寺・浄流寺、新羽町の西方寺・善教寺・専念寺で集団疎開を始める	209		
1944	8/	昭和19	藤原工業大学が慶應義塾に寄付され、慶應義塾大学工学部（現理工学部）となる	126		

1944	9/1	昭和19	大倉精神文化研究所本館に、海軍気象部が移転する（～1945年8月31日）	29 74 100 157		
1944	9/11	昭和19	神奈川税務署、大倉精神文化研究所附属図書館に重要簿冊を疎開させる			89
1944	9/29	昭和19	連合艦隊司令部、軽巡洋艦大淀から日吉への移転が完了する			48
1944	9/	昭和19	日吉台地下壕に海軍の施設が移転を始める	51 126		44
1944	10/1	昭和19	日吉の慶應義塾大学工学部ロッカー室を海軍水路部に貸与する		157	
1944	10/20	昭和19	綱島温泉駅を綱島駅に改称する	144		
1944	11/20～21	昭和19	大倉精神文化研究所員、防空壕を掘る	74		
1944	11/	昭和19	海軍水路部の資料を大倉精神文化研究所書庫に疎開させる（12月にも）		157	
1944	12/11	昭和19	大倉精神文化研究所、夜間空襲が頻繁になり、夜間入浴を止める	75		
1944		昭和19	疎開により港北区域の人口が急増し、高田分教場で二部授業が始まる（～戦後まで）		97	
1945	2/16	昭和20	大倉精神文化研究所、艦上機の銃撃を受ける	75		
1945	2/	昭和20	大倉山の歓成院、梵鐘を供出する	223 269		
1945	4/4	昭和20	日吉の空襲により、海軍の日吉指令所兵舎等が被害を受ける			49
1945	4/15	昭和20	海軍気象部、大倉精神文化研究所の協力で鍬入式を行い、大倉山に防空壕を掘り始める	101		92
1945	4/15	昭和20	空襲により、安立電気吉田工場の建物11棟、菊名の法隆寺、武相中学富士塚校舎等が被災する、日吉の慶應義塾大学工学部校舎の8割を焼失、水路部の日吉分室も全焼する		95 123 158	49 133
1945	4/16	昭和20	日吉や大倉山付近に空襲があり、東横線が止まる	76		49
1945	5/5	昭和20	旧都南貯蓄銀行港北支店を継承し、横浜興信銀行妙蓮寺支店が開業する		103	
1945	5/24	昭和20	空襲により大綱国民学校、武相中学の校庭と農園が焼失する	76		134

西暦	月日	和暦	事　項	第１冊	第２冊	第３冊
1945	5/29	昭和20	横浜大空襲、太尾町で60余戸を焼失する、大倉精神文化研究所に焼夷弾が命中するが消火、山の下の民家から研究所に怪我人が運ばれてくる	76 100	76 155	49
1945	7/27	昭和20	この日までに、海軍気象部が大倉山中腹にH字形水平壕を115メートル掘る			92
1945	7/28	昭和20	大倉精神文化研究所、敵機の銃撃を受け書庫に小火の被害を受ける	77		
1945	8/1	昭和20	篠原の臼井義常、米軍が投下した伝単の筒を篠原城の空堀から掘り出す（後に8/3頃と記憶を訂正）	182		
1945	8/15	昭和20	大倉精神文化研究所の日誌、「正午我国無条件降伏ノ旨発表セラル」、この日から2、3日研究所前庭で海軍気象部が資料を焼却する	77 159	115	
1945	8/18頃	昭和20	武相中学が授業を再開する			134
1945	8/31	昭和20	海軍気象部が借家契約を解約し、大倉精神文化研究所から退去する	102 157		
1945	9/	昭和20	進駐軍が慶應日吉キャンパスを接収する（～1949年）	52 126 127		
1945	10/30	昭和20	この頃、綱島の旅館は64軒だった	145		
1945	11/8	昭和20	神奈川税務署、大倉精神文化研究所附属図書館に疎開させていた重要簿冊を搬出する			89
1945	11/8	昭和20	中央気象台、海軍気象部から引き継いだ荷物を大倉精神文化研究所から搬出する			89
1945	12/15	昭和20	武相中学校、校章を「刀鍬章」から「動静章」に改める			134
1945		昭和20	大曽根台の大乗寺、空襲で本堂を焼失する		65	
1945		昭和20	大倉精神文化研究所を大倉山文化科学研究所と改称する（～1959年）	127 190		
1945～		昭和20年代	港北小学校（1949年）、綱島小学校（1951年）、菊名小学校（1951年）が開校する	88		
1946	6/29	昭和21	慶應義塾大学の学生、大倉山文化科学研究所の富嶽荘を寮として借用する（～1952年頃）	127		

1946	8/14	昭和21	太尾町成年同志会、池内精工株式会社前に設けた演芸場で、午後5時より演芸大会を開催する			179
1946	10/1	昭和21	慶應寄宿舎（大倉山の富嶽荘）の開寮式を行う	127		
1946	10/15	昭和21	外務省、大倉精神文化研究所附属図書館に疎開させていた図書を搬出する（10月16日、10月21日にも）			89
1946	10/	昭和21	大倉精神文化研究所附属図書館を再開する	62		
1946	12/14	昭和21	進駐軍、大倉精神文化研究所来賓室・所長室の家具を搬出する（15日、17日も）	77		
1946		昭和21	城郷中学校設立用地として、泉谷寺の山林１町6反歩をを寄進する	243		
1946		昭和21	やなせたかし夫妻が大倉山駅前の建築屋に間借りする			225 286
1946		昭和21	この頃、西山藤三郎が発起人となり太尾町青年同志会を結成し、記念館坂に桜を植える			56 81 179 219 232
1947	3/	昭和22	神奈川県図書館協会、大倉精神文化研究所で発会式を行い、研究所長兼図書館長上田辰之助が初代会長になる	62		
1947	4/1	昭和22	旧制武相中学校が新制中学校となる			135
1947	10/18	昭和22	横浜興信銀行綱島出張所を開設する		103	
1947		昭和22	改正選挙法による初めての市議会議員選挙で篠原町の石橋志うが当選する（～4期）			68
1947		昭和22	大豆戸町の八王子神社が町内の杉山神社を合祀して、八杉神社となる（1959年とも）	121		273
1947		昭和22	新田中学校、新田小学校内に併設開校される		97	
1947		昭和22	耕地整理事業により、早渕川の西側が綱島上町になる			112
1947～8		昭和22～23	この頃、暖冬により大倉山天然スケート場が廃業する	194		274

西暦	月日	和暦	事　　項	第１冊	第２冊	第３冊
1947～8		昭和22～23	大倉山運動場の買収計画をめぐり、芝浦学園と農地委員会が対立するが、県が運動場としての保有を認める			138
1947～52		昭和22～27	鶴見川の河川改修で、現新羽橋下流側の蛇行していた流路を直線にし、飛地が出来る	249		118 126 138
1948	1/	昭和23	港北消防団が結団され、菊名橋の上で最初の出初め式を行う			36
1948	3/	昭和23	新制の武相高等学校の設置が認可される			135
1948	10/17	昭和23	郷土史家石井光太郎、小机の沼上左右家を訪れ、広重作の六歌仙の大幅を発見する			27
1948	12/4	昭和23	区庁舎の増改築が完成し、区制10周年と庁舎竣工式を行う		26	
1948		昭和23	大倉山高等女学校が、大倉山女子高等学校に改称し、中学校と幼稚園を併設する		83	
1948年度		昭和23年度	大倉精神文化研究所附属図書館が閲覧料の徴収を始める	62		
1949	10/1	昭和24	慶應義塾大学日吉キャンパスが米軍から返還される	52 128		168
1949	10/11	昭和24	慶應義塾高等学校が日吉キャンパスに移転し、この日から授業を始める			168
1949		昭和24	港北区の要覧が初めて作られる	274		
1949		昭和24	高田町全戸の寄付により、高田分教場の校舎を増築する		97	
1949		昭和24	横浜興信銀行綱島出張所が綱島支店となる		103	
1949		昭和24	新田小学校に区内最初のプールが造られる		112	
1949		昭和24	この頃、菊名池で鯉を養殖して釣り堀を営業する			37
1949		昭和24	土地改良法が施行され、新羽に土地改良組合が組織され耕地整理事業が始まる			126
1950	2/10	昭和25	高田分教場が高田小学校となり、3月1日より授業を開始する		97	
1950	5/	昭和25	安立電気の吉田工場が閉鎖される		95	

1950		昭和25	寅歳、この年までには稲毛七薬師霊場が成立していた		59	
1950		昭和25	朝鮮戦争勃発、米軍が岸根の公園用地の一部を接収し、高射砲陣地を作る		115	
1950		昭和25	大倉精神文化研究所附属図書館が国立国会図書館の支部図書館になる（～1960年）	62		
1950		昭和25	大曽根台の大乗寺、本堂を再建する		65	
1951		昭和26	樽・師岡辺に水道が開通する	184		
1951		昭和26	日吉本町の横浜港北新報社が、『横浜港北新報』（後『横浜緑港北新報』）を創刊する（～1998年）	212		
1951		昭和26	港北消防署が設置される		26	
1951		昭和26	日吉本町の金蔵寺、誓願寺から梵鐘を購入する（後につり鐘最中のモデルとなる）		52	
1951		昭和26	新田中学校、安立電気吉田工場の跡地の一部に移転独立する		98	
1951		昭和26	この頃、『小机タイムス』創刊か？	213		
1951		昭和26	芝浦工業大学野球部員、大倉山の野球場を自ら整備する			108 136
1951		昭和26	慶應義塾大学、日吉台の古墳を発掘する			184
1951		昭和26	大倉山駅東側に御菓子司大倉山青柳がオープンする			248
1951		昭和26	鶴見川に、木製の新羽橋が架橋される			269
1951～52		昭和26～27	この頃、綱島音頭が作られる		71	
1952	1/2	昭和27	久保栄、元海軍気象部員根本順吉から大倉山の海軍気象部の話を聞く	104		
1952	11/13	昭和27	下中弥三郎、大倉精神文化研究所でアジア文化会議を開催する	191		
1952		昭和27	この頃、綱島の大衆浴場「行楽園」が「百円天国」のキャッチフレーズで全国的に有名になる	145		
1952		昭和27	1947年から始めた鶴見川の改修が完成し、堤防が現在の高さになる。大曽根地区はこの頃から平地部に公営や民営の住宅が増える（～1970年頃には現在とほぼ同じ人口）			43

西暦	月日	和暦	事　項	第１冊	第２冊	第３冊
1952		昭和27	平凡社の創業者下中弥三郎、大倉山文化科学研究所長となる（～1956年）	190		
1952		昭和27	新田吏員派出所が置かれる（～2007年3月）		66	
1952		昭和27	松倉賢治（富士食品創業者）、国産初の固形コンソメスープの製造に成功する			230
1953	3/29	昭和28	綱島出身の俳画家飯田九一、第1回横浜文化賞を受賞する	246		69
1953	5/21～6/8	昭和28	大倉山に疎開した海軍気象部員を主人公にした久保栄の戯曲「日本の気象」が劇団民芸により上演される	104		
1953	7/4	昭和28	武者小路実篤、大倉精神文化研究所主催の自由大学講座で「生活と人生」の講演をする	115		
1953	10/20～30	昭和28	インドのパール判事が、大倉精神文化研究所に呼ばれて講演する	115 191		
1953		昭和28	新田小学校、創立60周年記念として校歌を作る		73	
1953		昭和28	菊名小学校に区内二番目のプールが造られる		112	
1953		昭和28	この頃、綱島温泉に50余軒の旅館や料亭があった	145		
1953		昭和28	大倉山駅西側に、自転車の石黒輪業がオープンする			248
1953～56		昭和28～31	平凡社の創業者下中弥三郎、大倉精神文化研究所の所長を務める	115		
1954		昭和29	『東急沿線新聞』創刊（～2001年）	212		
1954		昭和29	区制施行15周年記念版『港北区勢概要』を刊行、大綱小学校で記念式典を挙行し、飯田助夫を自治功労者として表彰する		49	
1954		昭和29	横浜港北新報社、『われらの港北15年の歩ミと現勢』を刊行する、これ以前から昭和40年代にかけて菊名池の汚染が進む	212	51	37
1954		昭和29	中田加賀守の子孫が、古墳埋葬者を改葬して、「保福寺開基　中田加賀守累代墳墓之地」の供養塔を建てる			184

1955	2/27	昭和30	俳人清水梨庵、大倉山の梅林で吟行する	186		
1955	4/、10/	昭和30	市街地の米軍3施設を岸根へ移転、集約する		116	
1955	12/	昭和30	岸根の米軍高射砲陣地が接収解除となるが、引き続き自衛隊の高射砲陣地に転用される		116	
1955		昭和30	南綱島に43軒、大曽根に1軒、樽に4軒の旅館があった	146		
1955		昭和30	小机町の金剛寺で火災		68	
1955		昭和30	亀甲橋完成を記念して、新羽音頭が作られる		71	
1955		昭和30	この頃までには、区内各地の雨乞い行事が途絶える	39		
1955		昭和30	この頃までに、師岡熊野神社しめよりの神事が途絶える	135		
1955		昭和30	この頃までは、下田町でホタルが見られた		151	
1955～64		昭和30年代	綱島には温泉旅館が7、80軒あり、芸者衆が300人といわれた	146		
1955～64		昭和30年代	鳥山川の鶴見川合流点を、少し上流の大豆戸町地先に付け替える		226	267
1955～64		昭和30年代以降	大倉山に工場が増えて社宅が次々に建てられるようになる			34
1955～73		昭和30～48	高度経済成長期、高田地区南部の水田地帯が工場や宅地になる、樽町の平地部分に工場が進出、大倉山地区に工場や社宅が増える、1957年日吉団地（サンヴァリエ日吉）、1962年南日吉団地（コンフォール南日吉）、師岡が宅地化する			
1956	2/	昭和31	『東急グラフ』の表紙に、大倉山梅林で写した東映女優の東京子・春日とも子の写真が使われる			243
1956	3/	昭和31	大倉山女子高等学校が五島育英会と合併し、東横学園大倉山高等学校となる		83 85	
1956		昭和31	戸倉英太郎、『杉山神社考』を自費出版する			142
1956～59		昭和31～34	大倉精神文化研究所でカルチャースクール大倉生活文化学園を開校、谷桃子指導バレー教室等が開講される	277		
1957		昭和32	米軍の岸根兵舎地区が完成する		116	

西暦	月日	和暦	事　項	第1冊	第2冊	第3冊
1957		昭和32	下田町に日本住宅公団の日吉団地（下田公団住宅、現サンヴァリエ日吉）が完成する		151	144 169
1957		昭和32	この頃、大倉山歓成院の裏山で斜面の崩落が起きる			92
1957		昭和32	鶴見川の新羽橋がコンクリート橋になる			269
1958	6/	昭和33	鳥山川の太尾上橋が竣功する			268
1958	9/	昭和33	大豆戸町の八王子社（八杉神社）の神橋が架け替えられる		221	274
1958		昭和33	狩野川台風、床下・床上浸水20,000戸以上			
1958		昭和33	太尾町の杉山神社に村内5社が合祀され、太尾神社となる	121 132 160		
1958		昭和33	佐佐木信綱、大綱小学校長島村士計雄の依頼で校歌を作詞する	189	74	
1958		昭和33	大綱小学校の校旗が作られる			122
1958		昭和33	小机泉谷寺の杉戸絵が県の有形文化財に指定される	245		
1958		昭和33	『横浜開港百年と港北区』を刊行する		49	
1958		昭和33	青山学院大学、綱島上町の土地19,000坪を購入する			101
1958		昭和33	鶴見川沿いの平野部が準工業地帯に指定される			126
1958		昭和33	松倉賢治、富士食品工業を設立する			230
1958～59		昭和33～34	東京丸子横浜線（通称中原街道、綱島街道）の菊名町付近にバイパスを通す案が検討される			51
1959	12/	昭和34	講社「菊名新栄講」が結成され、成田山に登録される（～1989年頃まで活動）	236		
1959		昭和34	新吉田辺に水道が開通する	184		
1959		昭和34	大豆戸の八王子社に町内の杉山神社を合祀して、八杉神社となる（1947年とも）	225	220	189

1959		昭和34	現存最古の住宅地図『港北区明細地図』が刊行される	277		
1959		昭和34	綱島台の飯田家で撮影された映画「美貌に罪あり」がこの年公開される		177	
1959～60		昭和34～35	この頃、大倉山を東亜同文書院大学再建の予定地にする案が出される		162	
1960	10/20	昭和35	菊名の区庁舎を建て直し、区制施行20周年・総合庁舎落成記念式典を行う		26 49	
1960	12/1	昭和35	菊名の総合庁舎に港北公会堂がオープンする		26	
1960	12/	昭和35	新道（第三京浜）建設の事業計画が発表され、反対運動が始まる			51
1960		昭和35	この頃、歌手三橋美智也（元東京園のボイラーマン）が、綱島小学校の体育館建設募金に協力する	146		
1960		昭和35	城郷小学校の創立60周年事業として、校歌が作られる		73	
1960		昭和35	港北小学校に区内三番目のプールが造られる		112	
1960		昭和35	この年公開の映画「離愁」に妙蓮寺周辺が映る		177	
1960		昭和35	この頃、東海道新幹線が下田町を通るルート案が話題になる		152	
1961	1/	昭和36	日吉在住の天野修一、第9回横浜文化賞を受賞する	246		
1961	4/28	昭和36	国鉄スワローズの合宿所が、大倉山の芝浦工業大学野球場西側に完成する			108
1961	4/	昭和36	俳人の河野南畦が磯子区杉田から大倉山へ転居する		178	
1961	10/14	昭和36	吉田茂元首相が大倉精神文化研究所を訪れる（9月の約束を延期して）	115	162	
1961	12/	昭和36	新道（第三京浜）の事業許可が下り、反対運動から条件闘争へ変わる			52
1961		昭和36	タゴール生誕100年、生誕百年祭をはじめとする記念事業が行われる、記念事業を主催したタゴール記念会は1958年に結成で、大倉邦彦が理事長となり、大倉精神文化研究所にタゴール研究室を設けた	113		
1961		昭和36	横浜銀行日吉支店が開設される		103	
1961		昭和36	この年、慶應義塾大学日吉キャンパスで撮影された映画「あいつと私」が公開される		177	45

西暦	月日	和暦	事　　項	第１冊	第２冊	第３冊
1961		昭和36	東海道新幹線の用地買収が行われる			53
1961		昭和36	綱島上町に青山学院大学の綱島総合グラウンドが完成する（～2001年）			101
1961		昭和36	芝浦工業大学野球部、東都大学秋季の一部リーグ戦で優勝する、大倉山で提灯行列が行われたらしい			108
1961		昭和36	師岡町の字沼上耕地にトヨペット整備綱島工場、東京トヨペット等が進出する			172
1961～		昭和36～	米の生産調整が始まる			126
1962		昭和37	三菱重工大倉山病院が開業する	196		
1962		昭和37	下田小学校が開校する		74	
1962		昭和37	新田小学校にあった日露戦役紀念碑を新羽町の西方寺に移転する		89	
1962		昭和37	善教寺住職平等通照、新羽幼稚園を開く		168	
1962		昭和37	下田町の日吉団地に自治会が結成される			169
1963	6/	昭和38	台風2号により、大倉山の国鉄スワローズ合宿所が浸水被害を受ける			110
1963		昭和38	新横浜駅建設に伴う用地汚職事件を題材とした、梶山季之『夢の超特急』が刊行される	177		
1963		昭和38	横浜銀行菊名支店と南日吉支店が開設される		103	
1963		昭和38	港北区域で第三京浜の土地買収問題が妥結する			52
1963		昭和38	第三京浜道路の工事で、小机城の西郭の空堀と土塁、搦手坂が破壊される			204
1963		昭和38	漆芸家の赤地友哉が大倉山に住み始める			224
1964	4/	昭和39	港北区域で第三京浜の工事が始まり、新羽に工場進出が進む			52 126
1964	7/16	昭和39	『横浜港北新報』に、菊名弁財天の修復が済みお祭りの記事が掲載される		138	
1964	8/6	昭和39	『横浜港北新報』に、菊名弁財天の奉賛会結成の記事が掲載される		138	

1964	10/1	昭和39	東海道新幹線が開通し、新横浜駅が開業（1日こだま28本、2008年から全て停車、現在約470本か）する、環状二号線道路は新横浜駅東側が開通する（1970年延伸）	146 270		50 53 61 172
1964	12/	昭和39	横浜線の複線化工事が始まる（～1988年3月13日完成）	270		
1964		昭和39	区制施行25周年記念の『区勢概要』を刊行する		50	
1964		昭和39	東京オリンピックを開催する		47	147
1964		昭和39	北ノ谷の方々、北新羽地蔵堂を再建する			155
1965	12/	昭和40	第三京浜が開通し、小机城址が二分される		259	53 63
1965		昭和40	オリンピック不況の中で港北七福神会が発足し、翌1966年正月から横浜港北七福神（現横浜七福神）巡りが始まる	108	137 219	
1965		昭和40	８月大曽根分校にプールが完成し、９月大曽根小学校が開校する		72 112	
1965		昭和40	新吉田浄流寺の地蔵堂を再建する			157
1965		昭和40	百目鬼川の改修に伴い、新吉田の榎堂を浄流寺に移す			157
		昭和40年代初め	綱島駅のまわりに温泉旅館が80軒あった	146		
1966	12/	昭和41	ベトナム戦争拡大により、岸根兵舎地区の用途を変更して野戦病院を開設する（～1970年6月30日）		117	
1966		昭和41	台風4号、床下・床上浸水11,840戸			
1966		昭和41	鶴見川が氾濫し、新横浜駅の周辺が水没する	25		
1966		昭和41	菊名駅で、JRと東横線の貨物の連絡線を撤去する	273		
1966		昭和41	岸根の自衛隊高射砲陣地が廃止される		116	
1966		昭和41	青山学院大学の綱島総合グラウンドに野球部合宿所が建てられる			101
1966		昭和41	芝浦工業大学野球部、大倉山から大宮へ移転する			108

西暦	月日	和暦	事　　項	第1冊	第2冊	第3冊
1966		昭和41	戸倉英太郎、『杉山神社考』などさつき叢書8冊を残し逝去する			142
1967	7/12	昭和42	横浜線の菊名・新横浜駅間が複線化される	270		
1967	9/	昭和42	大倉精神文化研究所附属図書館が、週2日研究者のみへの開館となる	62		
1967	10/22	昭和42	横浜線の菊名〜新横浜駅間が複線化される	270		
1967		昭和42	ヨコハマナガゴミムシが鶴見川河川敷で発見される	106		
1967		昭和42	この年刊行の『自治行政大観』に、区内在住の自治功労者114人が掲載される		44	
1967		昭和42	横浜港北新報社、『われらの港北 30年の歩み』を刊行する	212	51	
1967		昭和42	箕輪池が売却され、埋め立てられる			38
1967		昭和42	下田真福寺の廻り地蔵が終わる			161
1967〜82		昭和42〜57	港北ニュータウン開発に備えて、早渕川の拡幅と護岸工事を行う			119
1968	1/	昭和43	国鉄スワローズの練習場が、大倉山から横須賀へ移転する			110
1968	11/	昭和43	菊名下水処理場（現港北水再生センター）の建設が始まる（〜1972年）			37
1968		昭和43	横浜線の東神奈川・小机間が複線化される			53
1968		昭和43	新都市計画法が施行され、港北の農家は都市型農業へと変革を迫られる			53
1968		昭和43	俳人の秋元不死男が下田町に住みはじめる			70
1968		昭和43	武相不動尊霊場が結成される			162
1968		昭和43	東急が主催する大倉山の梅まつりに来園者25,000人、その内8,000人がアマチュアカメラマン			243
1969	3/15	昭和44	横山武（横綱武蔵山）、逝去	81		
1969	10/1	昭和44	港北区を分区して緑区が誕生する（1966年の田園都市線開通開通による人口増）	35 275	27	

1969		昭和44	ちの池を造成して、大曽根第二公園が完成する	27	239	
1969		昭和44	区制施行30周年記念の『区勢概要』を刊行する		50	
1969		昭和44	大綱小学校にプールが造られる		112	
1969		昭和44	JR菊名駅の線路を1.8m、東急菊名駅の線路を1mかさ上げする工事が始まる		283	60
1969		昭和44	大倉山駅前に、サンコー（現マルエツ）がオープンする			152
1969		昭和44	西歳、武相不動尊霊場の第1回御開帳が行われる			162
1969		昭和44	港北高校が開校する			267
1970	6/末	昭和45	岸根の在日米陸軍戦病院が閉鎖される		117	
1970		昭和45	横浜銀行大倉山支店が開設される		103	
1970		昭和45	大綱橋の西側部分が架け替えられる		227	
1970		昭和45	この頃、綱島東の池谷家で日月桃の最後の1本が枯れる	69		
1970		昭和45	菊名池歴史風土研究会が開かれる			37
1970		昭和45	環状二号線道路が新横浜駅以西に延伸する			63
1970、71		昭和45、46	港北区内で初めて、篠原町に住居表示を実施する（綱島は1973～、日吉は1977～、菊名町は1980～、大曽根町と樽町は1982～、下田町は1984～、日吉本町は1987～、箕輪町は1989～、高田町の南部は1999～、新吉田町の東部は2003～、太尾町は2007～）	50		65
		昭和40年代半ば	小机の村岡家（紺屋）が江戸時代より続く藍染めの製造を止める			26
1971	4/	昭和46	自衛隊高射砲陣地の跡地が岸根公園として公開される		116	
1971	7/5	昭和46	篠原町と菊名町の一部の町名が富士塚となり、住居表示が実施される	50		
1971	8/	昭和46	慶應義塾体育会野球部の合宿所が日吉本町から下田町に移転し建て替えられる			75
1971		昭和46	この年を境に、綱島の旅館は急速に減少した	146		

西暦	月日	和暦	事　項	第１冊	第２冊	第３冊
1971		昭和46	錦が丘が正式な町名となる			59
1971		昭和46	下田町在住の俳人秋元不死男、第20回横浜文化賞を受賞する			69
1972	8/25	昭和47	岸根の在日米陸軍野戦病院跡地の接収が解除される		117	
1972	12/	昭和47	港北下水処理場（現港北水再生センター）が完成する			38
1972		昭和47	菊名駅で駅舎を高架にする、1969年に始めた横浜線と東横線のかさ上げ工事が終わり線路が水没しなくなる	272 273		244
1972		昭和47	師岡小学校が開校する		72	
1972		昭和47	新吉田若雷神社の社殿を再建する		145	
1972		昭和47	太尾排水路（旧鳥山川）を埋め立て、遊歩道にする		226	268
1972		昭和47	この頃、高田町の白井勲が桜の新品種（横浜緋桜）を作り出す（1985年品種登録）	171		
1973	3/	昭和48	神奈川ニュース「寿楽荘オープン」		199	
1973	7/	昭和48	菊名池のプールが完成する	238	199	38
1973		昭和48	小机泉谷寺の山門を建て直す	243		
1973		昭和48	富士塚の石橋志う、第22回横浜文化賞を受賞する			68
1973		昭和48	南綱島町・北綱島町に住居表示が実施され、綱島台、綱島東一～六丁目、綱島西一～六丁目となる			112
1973		昭和48	大倉山ハイム1、2号棟が竣工する			151
1973～75年度		昭和48～50年度	区役所と老人クラブ連合会が、区内各地域で「古老を囲んで港北を語る」座談会を開く		19 136	
1973～82		昭和48～57	この間に、早渕川の港北区内8橋が全て架橋される			120
1974	11/14	昭和49	東宝が、大倉精神文化研究所で映画「エスパイ」の撮影を行う		160	

1974	11/21	昭和49	神奈川新聞が、綱島東の池谷光朗を記事にする		246	
1974	12/	昭和49	大倉精神文化研究所で撮影した映画「エスパイ」が公開される		161 175	
1974		昭和49	小机泉谷寺の本堂を建て直す	243		
1974		昭和49	市立樽町中学校が開校する			105
1974		昭和49	大倉山在住の漆芸家赤地友哉が人間国宝に指定される			224
1975	11/	昭和50	篠原町・大豆戸町等5町から切り離して、新横浜一～三丁目が誕生する			62
1975		昭和50	区画整理により新横浜1～3丁目が誕生する（人口341人から現在は1万人超へ）			
1975		昭和50	この頃、綱島に約70軒の温泉宿があった	146		
1975		昭和50	綱島東の東京園が火災により焼失する（昭和52年に営業を再開する）	146		
1975		昭和50	慶應義塾大学日吉キャンパスにあった地下壕の二基の竪坑が撤去される			46
1975		昭和50	この頃、根川の大部分が暗渠にされ、琵琶橋がなくなる	153		
1975～77		昭和50～52	『横浜の空襲と戦災』全6巻が刊行される		76	
1975～		昭和50～	昭和50年代に大豆戸菊名用水路が暗渠になる		221	273
1976	3/	昭和51	『港北百話』が刊行される	123	18 137	17
1976	4/15	昭和51	『横浜緑港北新報』に「港北百話」の連載が始まる（1977年9月15日号の第72回まで）		138	
1976		昭和51	太尾小学校が開校する	249		267
1976		昭和51	夏草会が鳥山町の日清日露戦役陣亡軍人碑を修理する		90	
1976		昭和51	日吉台小学校のプール、区内で初めて校舎の屋上に造られる		112	
1977	4/12	昭和52	現区役所総合庁舎の起工式を行う		27	
1977	4/	昭和52	日吉台西中学校が開校する			169
1977	10/1	昭和52	小机城市民の森がオープンする	65		210

西暦	月日	和暦	事　　項	第１冊	第２冊	第３冊
1977		昭和52	綱島東の東京園が営業を再開する	146		
1977		昭和52	横浜港北七福神を、横浜七福神へと改称する		137 219	
1977		昭和52	新羽小学校が開校する			125
1977		昭和52	大綱橋の東側部分が架け替えられる		227	
1977		昭和52	箕輪町にサンテラス日吉（後にアピタ日吉店）がオープンする			145
1978	9/30	昭和53	港北公会堂がオープンする			223
1978	11/6	昭和53	区役所総合庁舎が菊名から現在地（大豆戸町26-1）に移転し、最寄り駅が大倉山になる	155	27	34 227 257
1978		昭和53	区域変更をして、太尾町側にあった新羽町の飛地を解消する	249		
1978		昭和53	新吉田で横浜線の鉄道唱歌が見つかる	265		
1978		昭和53	港北区新総合庁舎落成記念の要覧『港北』を刊行する		49	
1978		昭和53	『港北区史』の編纂が始まる（～1986年）			18
1978		昭和53	青山学院大学の綱島総合グラウンドに体育寮「マクレイ・ハウス」が建てられる			101
1978		昭和53	港北の歌が募集され、綱島西在住の井筒良子さんの歌詞が当選する			257
1978		昭和53	この頃、東急が主催する大倉山の梅まつりが開かれなくなる			243
1978		昭和53	人間国宝芹沢銈介、下田町の田邊泰孝の依頼により港北公会堂緞帳の下絵「陽に萌ゆる丘」を描く			280
1979	1/	昭和54	『広報よこはま港北区版』に「町名の由来)」を連載開始（～12月）			17
1979	2/19	昭和54	港北図書館の新築をあきらめて、元区役所庁舎の改築利用を決める		27	
1979	5/1	昭和54	新羽小学校（1977年）・新羽中学校（1978年）の開校を記念して、注連引き百万遍が復活する	56		

1979	7/	昭和54	1978年の港北区民まつり・新庁舎落成祝賀事業の一環として、「港北の空と丘」「港北音頭」の2曲が「港北の歌」として制定される		71	250 257
1979		昭和54	鶴見川の改修工事が行われる	30		
1979		昭和54	ヨコハマナガゴミムシが新種として登録される	106		
1979		昭和54	大倉山ハイム3～8号棟が竣工する			151
1980	1/	昭和55	『広報よこはま港北区版』に「区内の名所・旧跡（後に区内散歩）」を連載開始（～1990年11月）			17 19
1980	7/7	昭和55	情報誌『とうよこ沿線』が創刊される（2000年7月31日の74号まで）	179 212		
1980	7/19	昭和55	熊野神社市民の森がオープンする	65		
1980	7/25	昭和55	故秋元不死男の門下有志、3度目の祥月命日に真福寺境内に師の句碑を建てる			71
1980	8/27	昭和55	港北図書館と菊名地区センターが区役所旧総合庁舎を利用してオープンする	57 155	27 98	
1980	10/3～4	昭和55	大倉精神文化研究所でTVドラマ「ウルトラマン80」の撮影が行われる（10月29日放送）		175	
1980		昭和55	日吉本町の辻村功、東急鉄道唱歌を作詞する（2005年に改訂）	265 279	279	
1980		昭和55	新田小学校にプールが造られる		112	
1980		昭和55	菊名町で住居表示が実施され、町名が菊名一～七丁目となる			58
1980		昭和55	綱島の再開発協議会や商店会、シンボルとして彫刻の設置を決める			115
1981	3/	昭和56	大倉精神文化研究所、本館（現大倉山記念館）等の建物を横浜市へ寄贈し、敷地を市へ売却する、この時敷地内に1,199本の樹木があった	44 62 131 169 174	266	35 215
1981		昭和56	「よこはま21世紀プラン」の港北区区別計画に「大倉山プロムナード」が登場する		181	
1982	10/	昭和57	『広報よこはま港北区版』で、わが子に残したい昔話を募集する			18

西暦	月日	和暦	事　項	第１冊	第２冊	第３冊
1982	12/	昭和57	綱島彫刻設置委員会、一色邦彦に作品の制作を依頼する			115
1982		昭和57	大倉山駅西口近代化開発委員会が組織され、まちづくりの検討を開始する	155		
1982		昭和57	篠原池の一部を埋め立てて、県立武道館が造られる		114	
1982		昭和57	大曽根町に住居表示が実施され、大曽根一～三丁目と大曽根台に分かれる			40
1982		昭和57	樽町に住居表示が実施され、樽町一～四丁目になる			106
1983	1/	昭和58	『広報よこはま港北区版』で、わが子に残したい昔話を連載する（～9月）			18
1983	10/8	昭和58	綱島のパデュ中央広場の彫刻「舞い降りた愛の神話」の除幕式を行う			115
1983		昭和58	小机小学校が開校する、校舎屋上にプール	88	112	124
1983		昭和58	新羽の専念寺、開創400年記念として観音堂を建設する	263		
1983～86		昭和58～61	東急電鉄が大倉山の梅林を横浜市へ売却する	19		
1984	6/	昭和59	綱島公園の八幡宮跡地にあった神威石が、長福寺内に移される			100
1984	10/27	昭和59	横浜市、大倉精神文化研究所本館を改修し、横浜市大倉山記念館として公開し、横浜ボランティア協会が管理する	48 155 168 170	160 199 266	35 152 215 229
1984		昭和59	現在の大倉山駅舎が完成する	21		
1984		昭和59	大倉山公園が一部開園する	131	266	
1984		昭和59	大倉山駅東側のひかり通り商店街が、市の既成市街地歩道幹線整備事業第1号としてレモンロードに生まれ変わる	155		35 227
1984		昭和59	新田惣社、会誌『新田物語』を創刊する（～18号、1990年）		66	
1984		昭和59	ヨークマート大倉山店がオープンする			152
1984		昭和59	日吉保福寺の地蔵堂が建立される			160
1984		昭和59	大倉山在住の人間国宝赤地友哉が死去する			224
1984		昭和59	港北高校社会科研究部、『太尾町の歴史　後編（江戸時代から現代）』を作る			268

1985	1/～	昭和60	鶴見川多目的遊水地建設のための用地買収が始まる	31		
1985	5/	昭和60	新横浜町内会が誕生する			63
1985		昭和60	地下鉄ブルーラインが新横浜駅まで開通（1993年あざみ野まで延伸）する、この頃からビジネス街へと大きく発展を始める		199	63
1985		昭和60	高田町の白井勲、1972年頃に作り出した「横浜緋桜」を品種登録する	171		
1985		昭和60	小机町の金剛寺、本堂を再建する		68	
1985		昭和60	日清日露戦役陣亡軍人碑を鳥山神社の鳥居右脇に移転する		90	
1986		昭和61	『港北区史』が刊行される	123	193	
1986		昭和61	大倉山駅西口商業協同組合を設立する	155		
1986		昭和61	篠原町の長福寺で薬師如来を修理し、胎内から金子出雲守の木札と願文が発見される		68	194
1986		昭和61	池内精工株式会社が大倉山から移転する			180
1986～2010		昭和61～平成22	用水路が埋め立てられ、約1.8kmの新田緑道が整備される			126
1987	3/	昭和62	『(仮称）大倉山プロムナード整備基本計画策定調査報告書』が作られる		184	
1987	7/	昭和62	大倉山駅西口商店街の改修に着工する	155		
1987	8/	昭和62	『未来都市コーホク』を刊行する		50 98	
1987		昭和62	『港北ふりいすぺいす』創刊（～1991年）	212		
1987		昭和62	下田町自治会に文化部を創設する			167
1988	3/13	昭和63	横浜線の全線が複線化される	270		
1988	5/	昭和63	大倉精神文化研究所附属図書館が、再び無料で一般公開される	62		
1988	7/21	昭和63	大倉山駅西側のさかえ通り商店街が、国の商店街近代化事業第1号として大倉山エルム通りに生まれ変わり、それを記念して第1回エーゲ海フェスティバルを開催し、アテネ市の代表と姉妹提携を結ぶ	155		35 228

西暦	月日	和暦	事　項	第1冊	第2冊	第3冊
1988	11/1	昭和63	師岡のいの池が、地域史跡として市登録文化財となる	166		
1988		昭和63	大倉山記念館でも撮影された映画「帝都物語」が公開される	103		
1988		昭和63	港北区内の石造物を調査した『横浜市文化財調査報告書第17輯』が刊行される		80	
1988		昭和63	エルム通りの姉妹提携を記念して、大倉山駅前に「不滅への飛翔」碑が設置される		191	
1988年度		昭和63年度	小机町城山の公園整備で、小机城址の井戸趾が無くなり、土橋や馬出が変形する			204
1989	3/	平成元	岸根公園が全区域完成する		117	
1989	3/	平成元	慶應義塾高等学校教諭寺田貞治氏等が日吉台地下壕保存の会を立ち上げる			167
1989	4/1	平成元	横浜アリーナ（略称、横アリ）が、市政100周年・開港130周年記念としてオープンする		131 214	63 262
1989	4/	平成元	横浜市政100周年、港北区制50周年		178	
1989	7/28～8/8	平成元	「大倉山さんぽみちスタンプラリー」を開催する		186	
1989	11/	平成元	神奈川県トラック協会図書資料室がオープンする	60		
1989	12/25	平成元	雲松院の天童小参抄が市指定文化財に、綱島古墳が市指定史跡になる	166		
1989	12/	平成元	鳥山川跡地の遊歩道が公園に整備され、太尾堤緑道となる		225	261
1989		平成元	大倉山公園の一部として梅林が開園し、港北観光協会が主催する第1回大倉山観梅会が開かれる（２月18日～26日）	19	178	217 243
1989		平成元	『日吉台地下壕保存の会会報』が創刊される	212		
1989		平成元	区制50周年記念誌『港北50＆TODAY』を刊行する		50	
1989		平成元	大倉山さんぽみちの5ルートが制定される		182	
1989		平成元	港北下水処理場の屋上に太尾公園が造られる		203	217

1989		平成元	第1回横浜彫刻展（ヨコハマビエンナーレ'89）で太尾堤緑道に設置される彫刻8点が選ばれる		207	
1990		平成2	新横浜駅前プロムナード整備事業が、手づくり郷土賞の「街灯のある街角30選」に選ばれ、建設大臣表彰を受ける		217	
1990		平成2	第1回横浜彫刻展の出品作品から、彫刻8点が太尾堤緑道に設置される			262
1990		平成2	新横浜スケートセンターがオープンする			275
1991	5/11	平成3	区の木に花水木、区の花に梅が指定される	67 70		
1991	10/26	平成3	綱島市民の森がオープンする	65		
1991	11/1	平成3	大倉山記念館が市指定有形文化財に指定される	49 90 166 170		152 215
1991	11/3	平成3	『新武蔵野探勝』の一行が城郷中学校で句会を開く	243		
1991		平成3	師岡熊野神社の社叢林が県の天然記念物に指定される	66 168		
1991		平成3	東急菊名駅から、水害時折り返し運転用の仮設ホームを撤去し、大倉山3号踏切を廃止する		283 285	60
1991		平成3	新横浜町内会、新横浜パフォーマンスを始める			64
1992		平成4	新吉田の滝嶋芳夫、『おやじとおれたちの都筑・新田村小学校』を刊行する	187		
1992		平成4	下田小学校の円形校舎が取り壊される		74	
1992		平成4	大倉山歓成院の裏山斜面に県が擁壁を作り、海軍の防空壕入口が塞がれる			92
1993		平成5	市営地下鉄3号線（ブルーライン）の新横浜北駅（現北新横浜駅）・新羽駅が開業し、新羽の宅地化が始まる	35		126
1993		平成5	菊名北町町内会、『菊名新聞』を創刊する（～2010年65号まで）	212	69 72	
1993		平成5	横浜F・マリノスの公式マスコット「マリノス君」が登場する		131	

西暦	月日	和暦	事　　項	第１冊	第２冊	第３冊
1993		平成5	第3回横浜彫刻展（ヨコハマビエンナーレ'93）が開催され、綱島モール商店会が奨励賞4作品を購入・設置する			116
1993		平成5	小机城址まつりが始まる			210
1994	1/	平成6	鶴見川多目的遊水地の本格的工事が始まる（～2003年3月）	31 138		
1994	2/	平成6	綱島で最後の温泉旅館「水明」が廃業する	146 253		
1994	4/1	平成6	大倉山記念館の管理が横浜ボランティア協会から横浜市文化振興財団に移る	170		
1994	11/1	平成6	綱島台の飯田家住宅（主屋、表門）と本法寺の石造龍吐手水鉢が市指定文化財に、師岡熊野神社の筒粥が市指定無形民俗文化財、師岡貝塚が市指定史跡、雲松院の旗本笠原家の墓所が市登録文化財となる	17 166 167	237	171
1994	11/6	平成6	港北区と緑区を再編して、都筑区と青葉区が誕生する（2度目の分区、1974～96年の港北ニュータウンの開発による）	35	50	19
1994	11/8	平成6	港北区生涯学習支援センターがオープンする		21	
1994		平成6	『新・港北物語－新港北区誕生・区制55周年記念誌』を刊行する		50	
1994		平成6	大倉山記念館でも撮影された映画「RAMPO」が公開される		103	
1994		平成6	『港北区ウォーキングマップ』が発行される		201	
1994		平成6	新横浜ラーメン博物館がオープンする			64
1994		平成6	下田町の日吉団地の建て替えが終わり、サンヴァリエ日吉と改称する			169
1994		平成6	ＪＲ、横浜線菊名駅開業以来の東急への管理委託を止め、乗り換え改札口を設置する			245
1995	4/1	平成7	港北区生涯学習支援センター、情報紙『楽・遊・学』を創刊する	214	21 22	
1995	11/1	平成7	小机の雲松院本堂及び山門が市指定文化財となる	167		

1995		平成7	織田裕二主演のテレビドラマ「正義は勝つ」で、大倉山記念館が裁判所として使われる	103		
1995		平成7	菊名駅で、JR駅舎を建設し改札口を分離し、駅業務の委託を止める	273	287	
1995		平成7	第三京浜道路の都筑インターチェンジが完成する			84
1995		平成7	宮内新横浜線道路の新羽駅以南が開通する			126
1996	4/	平成8	鶴見川多目的遊水地インフォメーションセンターがオープンする（～2002年9月）	138		
1996		平成8	新羽の注連引のわら蛇作りが再び中断する	56		
1996		平成8	菊名北町町内会、『菊名あのころ』を刊行する	123 216		
1996		平成8	大倉山記念館、第6回BELCA賞ベストリフォーム部門を受賞する			152
1996		平成8	新羽町中之久保地区の廻り地蔵が終わり、西方寺に安置される			161
1996年度		平成8年度	災害用応急井戸の制度を始める	185		
1997	7/	平成9	大倉精神文化研究所、ホームページを開設する	63		
1997	7/	平成9	『タウンニュース港北区版』が創刊される	212		
1997	11/4	平成9	西方寺本堂・山門・鐘楼が市指定文化財となる	167		
1997		平成9	新羽小学校3年生の体験学習にわら蛇作りが取り入れられる	56		
1997		平成9	小嶋英佑、『箕輪のあゆみ』を刊行する	123		
1997		平成9	第1回綱島桃まつりが開催される			114
1998	3/	平成10	横浜国際総合競技場（ネーミングライツにより2005年から日産スタジアム）が完成する	31		
1998		平成10	幻の日月桃が農林水産省果樹試験場で発見され、枝を分けてもらい綱島東の池谷家の畑に移植する	69		
1999	1/14	平成11	師岡熊野神社で第1,050回の筒粥神事が行われる	17		

西暦	月日	和暦	事　　項	第１冊	第２冊	第３冊
1999	1/	平成11	情報紙『楽・遊・学』に「シリーズ・わがまち港北」の連載を始める	18		
1999	2/27～	平成11	大倉山観梅会を開催する（～2月28日）	18		
1999	3/	平成11	『牢尻台遺跡発掘調査報告』が刊行される		194	
1999		平成11	港北下水処理場の屋上に太尾南公園が造られる		204	
1999		平成11	高田町の南部に住居表示が実施され、高田東一～四丁目、高田西一～五丁目となる			96
1999		平成11	新横浜北駅を北新横浜駅に改称し、地名も新羽町から分けて北新横浜とする			127
1999		平成11	松の川緑道が完成する			144
1999		平成11	ＮＰＯ法人横浜の自然と歴史を守る会が結成される			167
2000	9/1	平成12	大豆戸町に地域ケアプラザと港北国際交流ラウンジが開設される	156		
2000	10/21	平成12	大倉山が、テレビ番組「出没！アド街ック天国」に取り上げられる	155		
2000		平成12	区制60周年記念『港北ウォーキングガイドてくてくこう歩く』を刊行する		50	
2000		平成12	綱島東の池谷家の畑で日月桃が初収穫される（日月桃の復活）	70		
2000		平成12	横浜F・マリノスの「マリノス君」の甥っ子「マリノスケ」が登場する		131	
2000		平成12	びーのびーのが、ＮＰＯ法人になる、菊名で「おやこの広場」を開く		148	
2000		平成12	牢尻台地が「太尾見晴らしの丘公園」として整備される		194	
2001	1/	平成13	市営地下鉄4号線（中山～日吉間）着工	36		
2001	4/	平成13	日吉台地下壕へ慶應義塾大学校内から入れるようになる	52		
2001	6/23	平成13	青山学院大学綱島総合グラウンドの閉所式が行われる			103
2001	10/30	平成13	大倉山記念館で大倉山秋の芸術祭が始まる（～11月4日）	81		
2001	11/	平成13	区内でラジウム温泉に入れる浴場が6ヵ所ある	146		

2001		平成13	臼井義幸、『新横浜鳥物語』を刊行する	106		
2001		平成13	『TRネット通信』が創刊される	212		
2001		平成13	綱島商店街連合会のエコタウンつなしまキャラクター「つなぴちちゃん」が綱島温泉のお湯で孵化する		134	
2002	1/27	平成14	「仮面ライダーアギト」の最終回に大倉山記念館が映る		176 265	
2002	7/2～	平成14	大倉山記念館で、建設70年を記念して「目で見る大倉山の70年展」を開催する（～7月7日）	91 97		
2002	8/26	平成14	アゴヒゲアザラシのタマちゃんが鶴見川に現れる（～8月30日）	105		
2002		平成14	横浜国際総合競技場でＦＩＦＡワールドカップ決勝戦が開催される	31	133 255	77
2002		平成14	宮内新横浜線道路の新吉田南交差点以南が開通する			84
2002～04		平成14～16	樽町の杉山神社を大改修する		244	
2003	3/31	平成15	国土交通省の京浜工事事務所、『鶴見川流域誌』を刊行する	136		
2003	3/	平成15	大倉精神文化研究所、『港北の歴史散策』を刊行する	124		
2003	3/	平成15	鶴見川多目的遊水地の工事が終わる	138		
2003	4/	平成15	京浜工事事務所を京浜河川事務所と改称する	107 138		
2003	5/	平成15	大豆戸不動尊の不動堂が放火により焼失する		229	
2003	6/15	平成15	鶴見川多目的遊水地の運用を開始する（2015年に新横浜公園がほぼ完成）	138		77
2003	8/15	平成15	鶴見川の越流堤を越えて、初めて多目的遊水地に水が入る	138		
2003	9/23	平成15	鶴見川流域センターがオープンする	138		
2003		平成15	この年、大倉山梅林に30種約180本の梅がある	20		
2003		平成15	『港北の歴史散策』が刊行される	280		
2003		平成15	港北郷土史会が設立される			168

西暦	月日	和暦	事　項	第１冊	第２冊	第３冊
2003年度末		平成15年度末	区内の井戸154ヵ所が災害用応急井戸に指定されていた	185		
2003～05		平成15～17	新吉田町の東半分に住居表示が実施され、新吉田一～八丁目となる			84
2004	2/3～	平成16	東京演劇アンサンブル、大倉山の海軍気象部を舞台にした「日本の気象」を再演する（～2/14）	105 142 157		
2004	3/	平成16	『新羽史』が刊行される	149		
2004	11/5	平成16	大倉精神文化研究所建設関係資料が市指定有形文化財になる	165 167		
2004	12/7	平成16	地域のボランティアが、大倉山公園に5,000株の芝桜を植える	174		
2004		平成16	この年、大倉山梅林に36種201本の梅がある	20		
2004		平成16	新横浜パフォーマンス限定で、鴨まんの販売が始まる		54	
2004		平成16	大新羽音頭が作られる		71	
2004		平成16	河野薫の第1句集『大倉山』が刊行される		179	
2004		平成16	新横浜スケートセンターでロケしたテレビドラマ「プライド」が放送される			276
2004		平成16	横浜開港資料館で展示会「リバーサイドヒストリー鶴見川－幕末から昭和初期まで－」を開催する（～2005年1月30日）	164		
2005	3/1	平成17	横浜国際総合競技場がNISSAN STADIUM（日産スタジアム）、補助競技場が日産フィールド小机と呼ばれるようになる	94		
2005	3/31	平成17	地区境を変更して、新吉田七丁目にあった太尾町の飛地が解消される	249		
2005	9/10	平成17	「ウルトラマンマックス」第11話に大倉山記念館が映る		176	
2005		平成17	菊名在住の大工川上三宝、横浜文化賞を受賞する	247		
2005		平成17	港北下水処理場を港北水再生センターと改称する		203	
2005		平成17	区内の公園の大半の管理が、北部公園緑地事務所から港北土木事務所へ移管される			82

2005		平成17	都筑橘樹酉歳地蔵の御開帳後、神隠堂を新吉田浄流寺に移転する			156
2005		平成17	酉歳、武相不動尊霊場の御開帳が行われる			164
2005年度		平成17年度	この年より、横浜市が菊名の「カーボン山」の買収を始める	172		
2006	1/28	平成18	横浜市歴史博物館で「「諸国五十戸」木簡と横浜」展が開催される	196		
2006	1/	平成18	綱島の3代目バリケンが死亡する	107		
2006	2/	平成18	『港北歴史地名ガイドマップ』が刊行される	97 199		
2006	4/1	平成18	大倉山記念館に指定管理者制度が導入され、アートネットワーク・ジャパンと大倉山水曜コンサートの共同事業体が管理者となる	170		
2006	7/18	平成18	「菊名問題」により、東急が女性専用車両の位置を変更する		285	
2006	夏	平成18	大豆戸菊名打ち水大作戦が始まる			274
2006	12/20	平成18	師岡熊野神社の大修造が終わり、記念誌『平成の大修造』が刊行される	231		
2006		平成18	新吉田町の正福寺、本堂を再建する		64	
2006		平成18	市の地域子育て支援拠点のモデル事業として、大倉山三丁目に「どろっぷ」が開設される		147	226
2006		平成18	大綱橋の西側人道橋を拡幅する		227	
2007	9/	平成19	横浜アリーナの「ヨコアリくん」が登場する（誕生日は1989年4月1日）		131	
2007	11/19	平成19	太尾町の一部に住居表示が実施され、合わせて町名も変更し、大倉山一丁目～三丁目となる（～2009年度で完了）	248	277	32
2007	12/	平成19	師岡町にトレッサ横浜の北棟が開業する			172
2007		平成19	市民グループ、鶴見川舟運復活プロジェクトが結成される	73		
2007		平成19	新羽の百万遍念仏が復活する	278		
2007		平成19	綱島西の東照寺が本堂を耐震補強する		65	
2007年度		平成19年度	樽町しょうぶ公園愛護会、横浜市公園愛護会表彰を受ける			105

西暦	月日	和暦	事　　項	第１冊	第２冊	第３冊
2008	3/15	平成20	綱島の浜京（保養所、宿泊できる最後の温泉施設）が閉館する	253		
2008	3/15	平成20	新横浜駅に全ての新幹線が停車するようになる	264		62
2008	3/26	平成20	新横浜中央ビル（駅ビル）にキュービックプラザ新横浜がオープンする	264	54	62
2008	3/30	平成20	市営地下鉄四号線（グリーンライン）が開通し、日吉、日吉本町、高田の3駅が開業する	36 264		84 96 145
2008	3/30	平成20	鳥山町三会寺に新しい観音堂が完成し、落慶法要が営まれる	262		
2008	3/	平成20	東横学園大倉山高等学校が、東横学園高等学校に統合される	269	83	
2008	3/	平成20	師岡町にトレッサ横浜の南棟が開業する			172
2008	3/	平成20	太尾堤緑道の彫刻をテーマにした、映画「おじさん公園のひみつ」（原作・脚本加藤光）が公開される、この頃から彫刻「プリーズ・リクエスト」の辺りが「タイヤ公園」から「おじさん公園」と呼ばれるようになる			263～265
2008	春	平成20	慶應義塾高等学校硬式野球部が第80回選抜高等学校野球大会に出場する			168
2008	4/1～	平成20	子歳、旧小机領三十三所観音霊場（子歳観音）の御開帳が行われる（～5月6日）	257	258	
2008	4/13	平成20	小机城址まつりを開催する		256	
2008	5/17	平成20	新羽の西方寺、本堂の解体修理が終わり、落慶記念式を行い、記念誌を刊行する	263		
2008	6/22	平成20	日吉駅に東急目黒線が乗り入れる	264		
2008	6/	平成20	鶴見川舟運復活プロジェクト、メンバー手作りの「舟運丸」を進水する		30	
2008	7/1	平成20	大倉山公園でタヌキを目撃する	279		
2008	7/16	平成20	区役所総合庁舎の耐震補強工事が始まる（～2010年２月の予定）		27	

2008	夏	平成20	慶應義塾高等学校硬式野球部が第90回全国高等学校野球選手権記念大会に出場する			168
2008	9/23	平成20	JR横浜線が開通100周年を迎える	264 269		
2008	9/	平成20	横浜線の新しい鉄道唱歌が発表される	266		
2008	9/	平成20	この月公開の映画「大決戦！超ウルトラ8兄弟」に、大倉山記念館が映る		176	
2008	11/8	平成20	慶應義塾大学、創立150周年記念式典を日吉キャンパス陸上競技場で開催する		52	
2008		平成20	新横浜公園の畑で大麦や小麦の栽培が始まる		32	
2008		平成20	港北区制70周年を記念して、区のキャラクター「ミズキー」が生まれる		131	
2008		平成20	横浜F・マリノスに非公式マスコット「ワルノス」が登場する		132	
2008		平成20	新横浜駅前第二幹線下水道整備工事を始める（～2012年完成）		215	
2008		平成20	慶應義塾体育会野球部の下田町合宿所が建て替えられる			76
2009	1/	平成21	新横浜公園さくらそう自生地復活プロジェクトが始まる		23	
2009	2/28～	平成21	大倉山観梅会、区制70周年を記念して「大倉山梅づくし」を販売する（～3月1日）		35 54	
2009	3/18	平成21	港北区生涯学習支援センターが港北区民活動支援センターになる		20	
2009	3/	平成21	『水と緑の学校生きもの図鑑』が刊行される		48	
2009	4/1	平成21	港北区が誕生して70周年を迎える		19	
2009	4/6	平成21	小机の折本屋が『神奈川新聞』に紹介される		54	
2009	4/	平成21	テレビアニメ「夏のあらし！」の放送が始まり、「夏のあらし！の舞台は大倉山」のキャッチコピーで町おこしを行う		54	
2009	5/～11/	平成21	菊名地区センター、記念イベント「地域のお宝～匠に聴く～」を開催する		30	
2009	6/21	平成21	横浜市経済観光局の「街なか　ちょい土産」に、大倉山わかばの「カフェオレ大福」が選ばれる		54	

西暦	月日	和暦	事　　項	第１冊	第２冊	第３冊
2009	6/28	平成21	区制70周年を記念して、新羽で70メートルの流しそうめんをする		36	
2009	7/5	平成21	「出張！なんでも鑑定団in港北区」が港北公会堂で収録される（8月11日放送）		127	
2009	7/7	平成21	『わがまち港北』、港北区制70周年アニバーサリー提案事業の1つとして刊行する		49	
2009	9/27	平成21	港北公会堂で、区制70周年記念式典を挙行し、70周年記念誌『港北区の境域と記憶』を配布する		48	
2009	10/3	平成21	東京都、2016年開催のオリンピックに落選する		45	
2009	11/7	平成21	大倉山の住居表示完了記念として、大倉山駅前で記念プレート除幕式を行う		54	
2009	11/28	平成21	アニメ「夏のあらし！」とタイアップしている大倉山商店街が『神奈川新聞』に、取り上げられる		82	
2009	12/	平成21	港北区区民利用施設協会、横浜七福神めぐりの手ぬぐいを発売する		51	
2009	12/	平成21	この月公開の映画「仮面ライダー×仮面ライダーW＆ディケイドMOVIE大戦2010」に、大倉山記念館が映る		176	
2009	12/	平成21	「港北区地域わかりマス」が作られる		197	
2009		平成21	この年、大倉山梅林に32種約200本の梅がある	20		
2010	2/18	平礼22	飯田助夫没後50年を記念して、「飯田助夫を語る会」が開催される		70	
2010	3/31	平礼22	JR菊名駅にエレベーター新設の計画が発表される		287	
2010	4/1～	平成22	寅歳、都筑橘樹十二薬師霊場の御開帳が行われる（～4月20日）		62	
2010	4/1～	平成22	寅歳、武南十二薬師霊場の御開帳が行われる（～4月30日）		66	
2010	4/4～	平成22	寅歳、稲毛七薬師霊場の御開帳が行われる（～4月11日）		59	
2010	春	平成22	大倉山記念館で、テレビドラマ「熱海の捜査官」の撮影が行われる		267	
2010	6/	平成22	港北図書館友の会が発足する		99	

2010	6/	平成22	港北図書館に「暮らし・おしごと情報コーナー」が設置される		100	
2010	8/	平成22	港北図書館の開館30周年を記念して、「としょんぼ」「てんてん」「カブック」の3匹のキャラクターが誕生する		135	
2010	11/7	平成22	港北区合唱指揮者協会、公募で新しい港北区の歌を作る		72	
2010	11/	平成22	鶴見川舟運復活プロジェクト、メンバー手作りの「たちばな」を進水する		30	
2010		平成22	港北区役所、「港北区地域のチカラ応援事業」を始める		79	
2010		平成22	篠原町の城山の一部で発掘調査を行い、郭の一部、竪堀、土器等が出土し、篠原城趾と確認される			193
2010～14年度		平成22～26年度	「横浜みどりアップ計画」の１つとして、市が篠原城の主郭一帯0.65ha（篠原城址緑地）を買い取る			193
2011	1/	平成23	大倉山記念館で、高嶋ちさ子とヴァイオリニスト12人がデビュー15周年記念「女神たちの饗宴」のポスター撮影を行う		268	
2011	1/29	平成23	篠原城址の発掘調査見学会が開催される			193
2011	2/1	平成23	港北図書館二階へエレベーターが使えるようになる		100	
2011	2/19	平成23	第23回大倉山観梅会の開会式の後に梅見坂の命名式を行う		190	
2011	2/20	平成23	鶴見川流域総合治水対策30周年記念シンポジウムが慶應義塾大学日吉キャンパスで開催される		108	
2011	3/11	平成23	14時46分、東日本大震災発生、小机で液状化が発生、鶴見川を津波が遡上する、新羽西方寺の十一面観音立像が破損する		104 107 108	164
2011	3/18～	平成23	岸根公園内の神奈川県立武道館に、震災被災者の一時避難所が設けられる（～4月28日）		114	
2011	3/	平成23	沙羅短歌会の機関誌『沙羅』が創刊20周年を迎える		129	
2011	4/	平成23	教育出版『小学社会三・四上』で、街探検の例に大倉山が登場する		78 88	
2011	4/	平成23	地域通貨「梅さんの輪」（キャラクター「梅さん」）が始まる		249	

西暦	月日	和暦	事　　項	第１冊	第２冊	第３冊
2011	春	平成23	季刊誌『横濱』Vol.32に「大倉山記念館とドラマロケ」が掲載される		160 270	
2011	5/22	平成23	第3回たかたの丘音楽祭で、高田地区マスコットキャラクター「たかたん」がお披露目される		135	
2011	5/	平成23	『篠原城址発掘調査報告書』が発行される			193
2011	7/	平成23	『箕輪のあゆみ』の著者小嶋英佑氏が逝去する		129	
2011	10/14	平成23	野田佳彦総理・蓮舫大臣が大倉山三丁目の「どろっぷ」を視察する		148	
2011	10/	平成23	震災の影響で、大豆戸町の吉田家長屋門が解体される		41	
2011	11/25	平成23	菊名神社が社殿を改修し、本殿遷座祭を行う		134 228	
2011	11/	平成23	高田地区マスコットキャラクター「たかたん」が、ゆるキャラグランプリ2011で181位に入る		134	
2011	12/	平成23	「びーのびーののおでかけマップ」が発行される		148	
2011	12/	平成23	大倉山夢まちづくり実行委員会、記念館坂、梅見坂、オリーブ坂の看板を設置する		184 190	
2011		平成23	新横浜ラーメン博物館のイメージキャラクター「猫ラーメン大将」が引退する		132	
2011		平成23	新横浜で採れたハチミツで作ったハチミツビール「HACHEY」が、ジャパンクラフトビアセレクション2011のベルギービール部門で準優秀賞を受賞する		132	
2011		平成23	下田町の田邊泰孝、自伝『陰徳積めば陽報あり』を刊行する		150	
2011		平成23	樽町地域ケアプラザのキャラクター「たる坊としょうぶちゃん」、新吉田地域ケアプラザの「にこにこっち」が生まれる		248	
2011		平成23	大曽根八幡神社に神輿を購入するため、大曽根神輿の会が発足する			43
2012	1/	平成24	港北ボランティアガイドが発足する		181	

2012	3/11	平成24	第16回綱島桃まつりを開催する		140	
2012	3/31	平成24	大倉山駅、駅名改称80周年を記念してメモリアル写真展や記念ストラップの販売等をする		277	
2012	3/	平成24	どろっぷが、『ココめ～る川柳カルタ』を作る		148	
2012	4/4	平成24	吉田茂を取り上げたNHKドラマ「負けて、勝つ」の撮影が、大倉山記念館で行われる		162	
2012	4/22	平成24	本とあそぼう全国訪問おはなし隊のキャラバンカーが、菊名地区センター前広場に来る		149	
2012	5/21	平成24	173年ぶりの金環日食、その中心線が区内を通る		146	
2012	5/	平成24	広報の港北区版に、ウメじい（うめじい）が登場する		247	
2012	6/2	平成24	NHK連続テレビ小説「梅ちゃん先生」の撮影が、大倉山記念館で行われる（8月3日放送）		161	
2012	6/	平成24	大倉山記念館の屋根の葺き替えと外壁補修工事を行う（～11月末）		161 174 278	229
2012	8/	平成24	『伝えたい 街が燃えた日々を－戦時下横浜市域の生活と空襲－』が刊行される		78	
2012	8/	平成24	菊名神社の鳥居を再建する		228	
2012	11/29	平成24	大倉山記念館で「相棒11 元日スペシャル」（2013年1月1日放送）のロケと、「横浜ミストリー」（2013年1月放送のロケが行われる		174	
2012		平成24	港北水再生センターが稼働40周年を迎える		204	
2012		平成24	新横浜名物「鴨まん」のキャラ、仮称「カモマン」が町内会宣伝キャラクター「かもねくん」になる		248	
2012		平成24	エルム通りの景観を維持するために、大倉山エルム通り街づくり協定を制定する			228

西暦	月日	和暦	事　　項	第１冊	第２冊	第３冊
2013	1/	平成25	ＹＯＵテレビ「横浜ミストリー」で「白亜の殿堂 大倉山記念館～建物に秘められた大倉スピリッツ～」を放送する		174	
2013	3/2	平成25	ぱくゆひ君６歳、大倉山記念館と東横線の絵を描く		267	
2013	3/9～	平成25	第25回大倉山観梅会が開かれる（～3月10日）		177	
2013	3/10	平成25	第17回綱島桃まつりが開かれる		179	
2013	3/16	平成25	東横線と東京メトロ副都心線の相互直通運転が始まる		287	
2013	3/23	平成25	鶴見川舟運復活プロジェクトが「太尾河岸跡」の石碑を建てる		202	246
2013	3/30	平成25	第5回港北ふるさと映画祭が港北公会堂で開催される		197	
2013	3/	平成25	港北水再生センターの敷地内に横浜緋桜が植えられる		204	
2013	3/	平成25	日吉台地下壕の出入り口の一つが住宅開発により破壊される			44
2013	7/	平成25	菊名のポラーノ書林で「大人のおはなし会」の不定期開催が始まる			18
2013	8/	平成25	港北図書館・菊名地区センターの耐震補強工事を行う（～2014年3月）		27 227	
2013	9/	平成25	東京オリンピックの2020年開催が決まる			147
2013	11/15	平成25	『陰徳積めば陽報あり』の著者、田邊泰孝氏が逝去する		153	
2013	12/12	平成25	高野平氏の娘で、大倉山で戦災にあった鍬柄敏子氏が逝去する		85	
2013		平成25	「若大将のゆうゆう散歩」で小泉麹屋が紹介される		228	
2013		平成25	新横浜パフォーマンス（雨天中止）で、かもねくんが実行委員長になる		248	
2013		平成25	大豆戸地域ケアプラザにキャラクター「まめっち」が生まれる		248	
2013		平成25	大曽根神輿の会、大曽根八幡神社の神輿を購入する			43
2013		平成25	鷹羽狩行、『日吉閑話』を出版する			70
2013		平成25	慶應義塾体育会野球部の野球場が人工芝に張り替えられる			76

2013		平成25	新吉田浄流寺の地蔵堂を再建し、「榎堂神隠堂」と改称する			157
2013		平成25	鶴見川流域の廻り地蔵（港北区、緑区、都筑区）が市無形民俗文化財に指定される			161
2014	3/8～	平成26	第26回大倉山観梅会が開催される（～3月9日）			27
2014	3/31	平成26	ＮＨＫ連続テレビ小説「花子とアン」の放送開始			20
2014	3/25	平成26	港北図書館が、耐震工事を終えて再開館する			24
2014	3/	平成26	研究成果報告書『慶應義塾大学日吉キャンパス一帯の戦争遺跡の研究』が刊行される			45
2014	4/1	平成26	太尾地区連合町内会、大倉山地区連合町内会と改称する			32
2014	4/9	平成26	『わがまち港北　2』を刊行する			
2014	4/	平成26	菊名駅の改良工事が始まる			60
2014	5/12	平成26	新羽地域ケアプラザがオープンする		249	
2014	5/～6/	平成26	記念館坂の桜の古木を伐採する			56 232
2014	9/20	平成26	港北区民ミュージカルの出演者一同が大倉山記念館を見学する			292
2014	9/	平成26	ＹＯＵテレビ「横浜ミストリー」で「花子とバイブルの村岡～小机が生んだ印刷王の物語～」を放送する			54
2014	10/1	平成26	JR新横浜駅が開業50周年を迎える		224	
2014	11/16	平成26	日吉の森庭園美術館がオープンする			80
2014	12/	平成26	「港北区土砂災害ハザードマップ」が作成される			93
2014	12/	平成26	新横浜町内会が、新横浜駅開業50周年記念誌『新横浜50年の軌跡』を刊行する		224	61
2014		平成26	午歳、准秩父34札所観音菩薩霊場の御開帳が行われる			154
2014～16		平成26～28	二星暁子、「大倉山讃歌」三部作を作詞作曲する			271
2015	1/	平成27	港北区民ミュージカルVol.12「ウロボロス」が上演される			292～295

西暦	月日	和暦	事　　項	第１冊	第２冊	第３冊
2015	2/	平成27	大倉山公園愛護会が発足する			81 217
2015	3/30	平成27	下田町在住の彫刻家、田辺光彰氏が逝去する			80
2015	3/	平成27	「横浜市都市計画マスタープラン 港北プラン」が発表される			77
2015	3/	平成27	師岡町公園愛護会が結成される			83
2015	5/19	平成27	東京園、神奈川東部方面線工事のため無期限休業			
2015	5/30	平成27	新羽丘陵公園愛護会、「みどりの愛護」功労者国土交通大臣表彰を受ける			83
2015	5/	平成27	綱島の東京園が営業を休止する			113
2015	6/	平成27	記念館坂の桜並木が伐採される			81 219
2015	7/	平成27	地域インターネット新聞の横浜日吉新聞が発信を始める			144
2015	10/	平成27	港北公会堂の緞帳をクリーニングする			223
2015	11/	平成27	箕輪町のアピタ日吉店が閉店する			124 145
2015	12/	平成27	港北区民ミュージカルVol.13「ウロボロス　創世記～リフコーティッタの誕生」が上演される			292～295
2016	3/13	平成28	第20回綱島桃まつりを綱島市民の森桃の里広場で開催する			114
2016	3/	平成28	港北区出身の鳩岡良祐、大相撲三月場所で初土俵を踏む			31
2016	3/	平成28	綱島東に、地域子育て支援拠点「どろっぷサテライト」がオープンする			111 226
2016	3/	平成28	大倉山の記念館坂にコヒガンザクラが植樹される			219
2016	4/2	平成28	綱島公園桜まつりが開催される			117
2016	4/9	平成28	鶴見川の河川敷で菜の花祭りが開催される			117
2016	4/	平成28	大倉山記念館の指定管理者が、日比谷花壇・西田装美共同事業体に替わる			215
2016	4/	平成28	『大倉山STYLE かわら版』で「大好き！大倉山」の連載が始まる			215 285

2016	5/16	平成28	大倉山ハイム3~8号棟、第25回BELCA賞ロングライフ部門を受賞する			150
2016	秋~	平成28	横浜アリーナの東京オリンピックバレーボール会場問題が話題になる			147
2016	10/7~	平成28	港北区民ミュージカルが港北公会堂で上演される（~10月9日）			223
2016	11/1~	平成28	大倉山記念館で第32回大倉山秋の芸術祭が開催される（~11月6日）			224
2016	11/6	平成28	港北ふるさと映像祭が港北公会堂で開催される			223
2016	12/3~	平成28	港北公会堂が外壁補修工事により夜間利用のみとなる（~2017年3月下旬）			223
2016	12/	平成28	パシフィコ横浜でお城EXPO2016が開催され、小机城と篠原城の紹介展示をする			180
2016		平成28	鶴見川舟運復活プロジェクトが『鶴見川の舟運文化と夢見る仲間たち』を刊行する			128
2016		平成28	北新羽地蔵堂を曳き家して改築する			155
2016		平成28	日帰り温泉施設「湯けむりの庄」（樽町三丁目）がオープンする			254
2017	1/14	平成29	師岡熊野神社で第1,068回の筒粥神事が行われる			171
2017	3/15	平成29	東日本大震災で破損した新羽町西方寺の十一面観音立像の修理が終わり、開眼供養が催される			164
2017	3/25~	平成29	第33回全国都市緑化よこはまフェアが開催される（~6月4日）			231
2017	3/27	平成29	大倉山公園でシドモア桜の植樹が行われる			231
2017	4/6	平成29	小机城が、続日本100名城に選ばれる			181 199
2017	4/16~	平成29	西歳、都筑橘樹地蔵菩薩霊場（都筑橘樹酉歳地蔵）の御開帳が行われる（~5月8日）			155
2017	4/20~	平成29	大倉山の記念館坂で、最後のソメイヨシノが伐採され、跡地にヤマザクラが植えられる			233
2017	4/21~	平成29	港北オープンガーデンが開催される（4月21日~23日、5月12日~14日）			231

西暦	月日	和暦	事　　項	第１冊	第２冊	第３冊
2017	4/29	平成29	トレッサ横浜でチューリップを使った花絵づくりが行われる			231
2017	5/1～	平成29	西歳、武相不動尊霊場の御開帳が行われる（～5月28日）			162
2017	8/20	平成29	小机城フォーラムが開催される			181
2017	10/28、29	平成29	港北芸術祭25周年記念として、読み芝居「まぼろしの篠原城」を上演する			192
2017	12/17	平成29	ＪＲ菊名駅で連絡通路が廃止され、新駅舎の供用が始まる			244
2017	12/22	平成29	パシフィコ横浜でお城EXPO2017が開催される（～12月24日）			181
2017		平成29	菊名音頭（作詞小泉正、作曲MOKU）が完成する			258
2018	4/15	平成30	第26回小机城址まつりを開催する			210
2018	7/26	平成30	大倉精神文化研究所附属図書館が佐賀県神埼市立図書館と姉妹図書館になる			250
2018	12/	平成30	ラヂウム霊泉湧出記念碑が撤去される			256
2018		平成30	綱島SSTでまちびらき			111
2019	2/15	平成31	ラヂウム霊泉湧出記念碑が大綱橋南側の駐輪場脇に移設される			258
2019	3/	平成31	JR菊名駅舎の改修工事が竣工する			61
2019	4/	平成31	二星暁子、大倉山ときめき音頭を作る			271
2019	春	令和元	高田西の加藤重夫氏より聞き取り、日吉のイチゴ園の場所が下田町四丁目付近だったと判明する			306
2019	6/23	令和元	第9回港北ふるさと映像祭が港北公会堂で開催される			264
2019	8/	令和元	港北ふるさとテレビ局、映像作品「続・綱島温泉物語」を公開する			261
2019	10/31	令和元	第35回大倉山秋の芸術祭開会式で、大倉山ときめき音頭が披露される			271
2019	11/2	令和元	港北区制80周年を記念して、大倉山記念館脇にハナミズキを植樹する			271
2019	11/2	令和元	日産スタジアムでラグビーワールドカップ決勝戦が行われる			

2019		令和元	日吉のちゃんこ店大田山が閉店する			31
2019		令和元	相鉄・東急直通線開通の予定だったが、延期される			113
2020	3/	令和2	コロナ禍により、東京オリンピック・パラリンピックの開催が翌年に延期される			
2020	3/〜	令和2	港北公会堂、コロナ禍と天井工事により休館する（〜2021年3月）			283
2020	4/1	令和2	箕輪町のアピタ日吉店等の跡地に、横浜市立箕輪小学校（仮称：日吉台小学校第二方面校）が開校する			124 145
2020	11/5	令和2	『わがまち港北 3』を刊行する			
2022			年度後半に相鉄東急直通線開通し、新綱島駅が開業する予定			145
2023年度			綱島に港北区民文化センターが開館する予定			223
2026			午歳、准秩父34札所観音菩薩霊場の御開帳が行われる予定			154
2040			港北区の人口がピークを迎える		147	

付録2　大正15年（1926）の地形図

凡　　例

1、この地図は、関東大震災の後、内務省復興局が東京と横浜の復興事業を行うために作成した3,000分の1地形図から、横浜市港北区域の部分28枚を抜き出したものです。ただし、妙蓮寺駅周辺を描いた「旭南端」の地図一枚は現存していません。

2、原図は国立国会図書館が所蔵しており、掲載許可を頂きました。感謝申し上げます。

3、全28枚をつなぎ合わせて、インデックスとしました。
左下の地名は、各地図のタイトルです。

右上の3桁の数字は、国立国会図書館の請求記号の一部で、「ＹＧ１－Ｚ－０．３－□」の□部分に3桁の数字を入れると請求記号になります。

4、各地図の掲載は請求記号順としました。

5、地図を少しでも大きく表示するために、地図記号は省略しました。その一部を下記に示します。

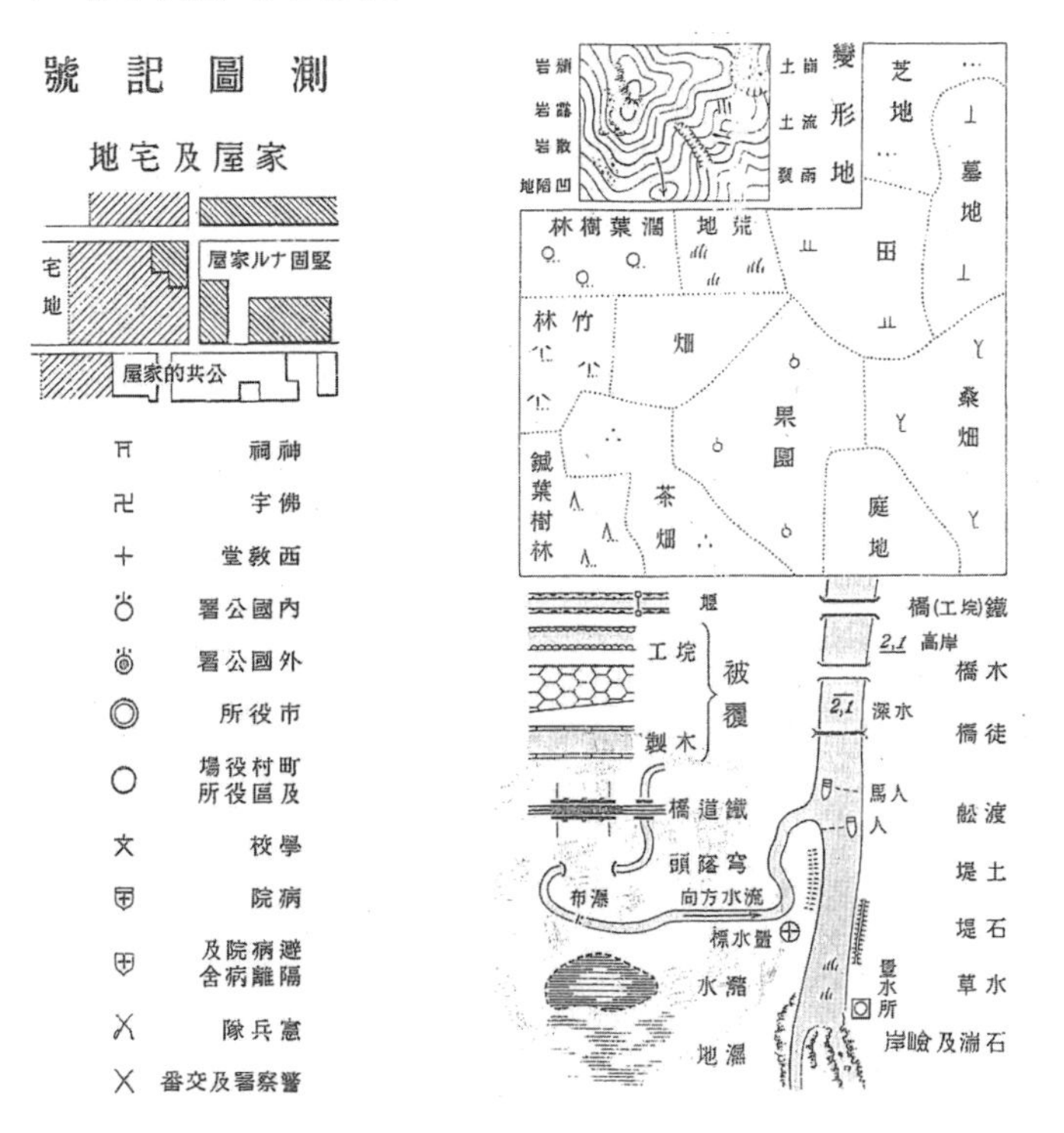

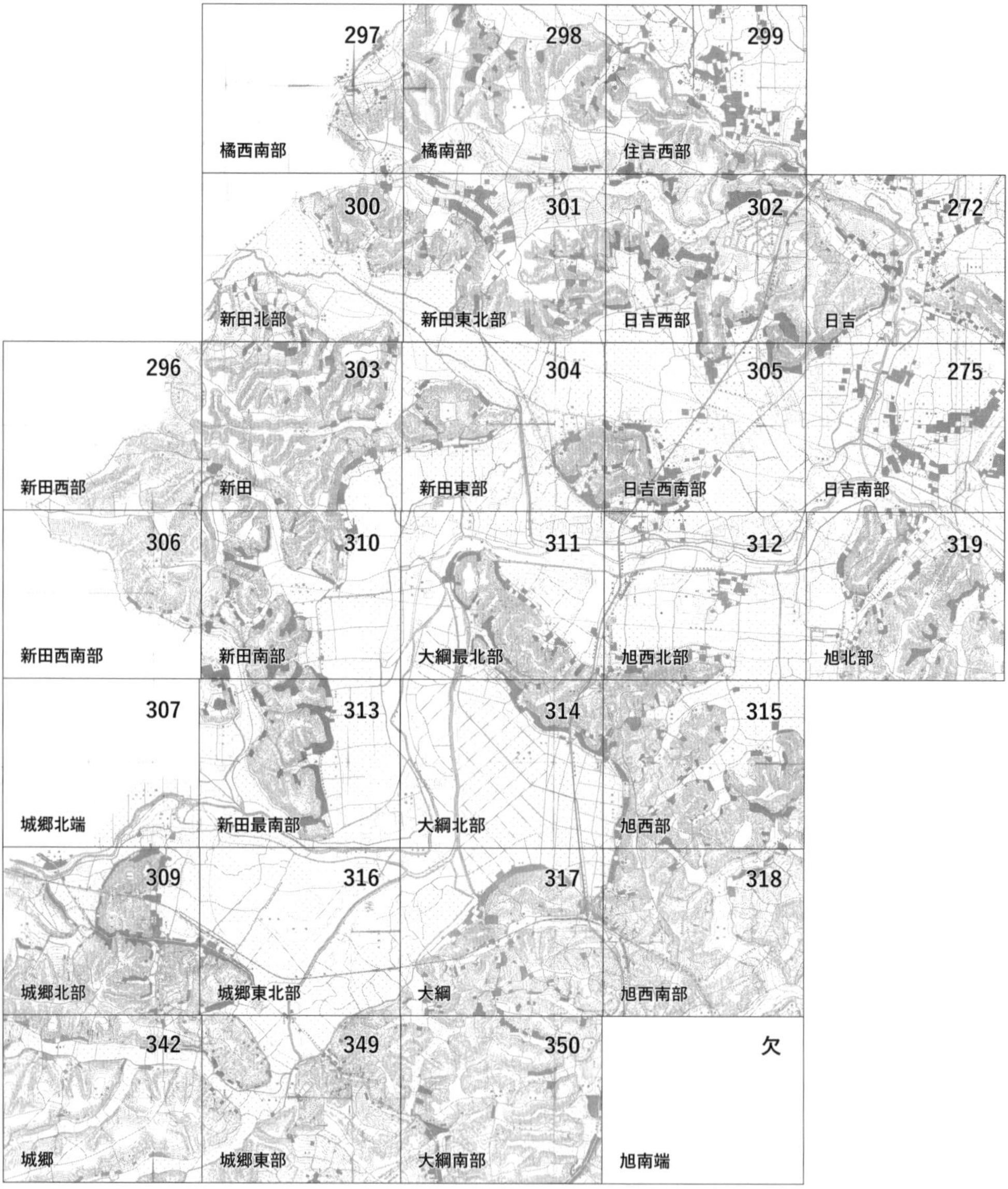

	297 橋西南部	298 橋南部	299 住吉西部	
	300 新田北部	301 新田東北部	302 日吉西部	272 日吉
296 新田西部	303 新田	304 新田東部	305 日吉西南部	275 日吉南部
306 新田西南部	310 新田南部	311 大綱最北部	312 旭西北部	319 旭北部
307 城郷北端	313 新田最南部	314 大綱北部	315 旭西部	
309 城郷北部	316 城郷東北部	317 大綱	318 旭西南部	
342 城郷	349 城郷東部	350 大綱南部	欠 旭南端	

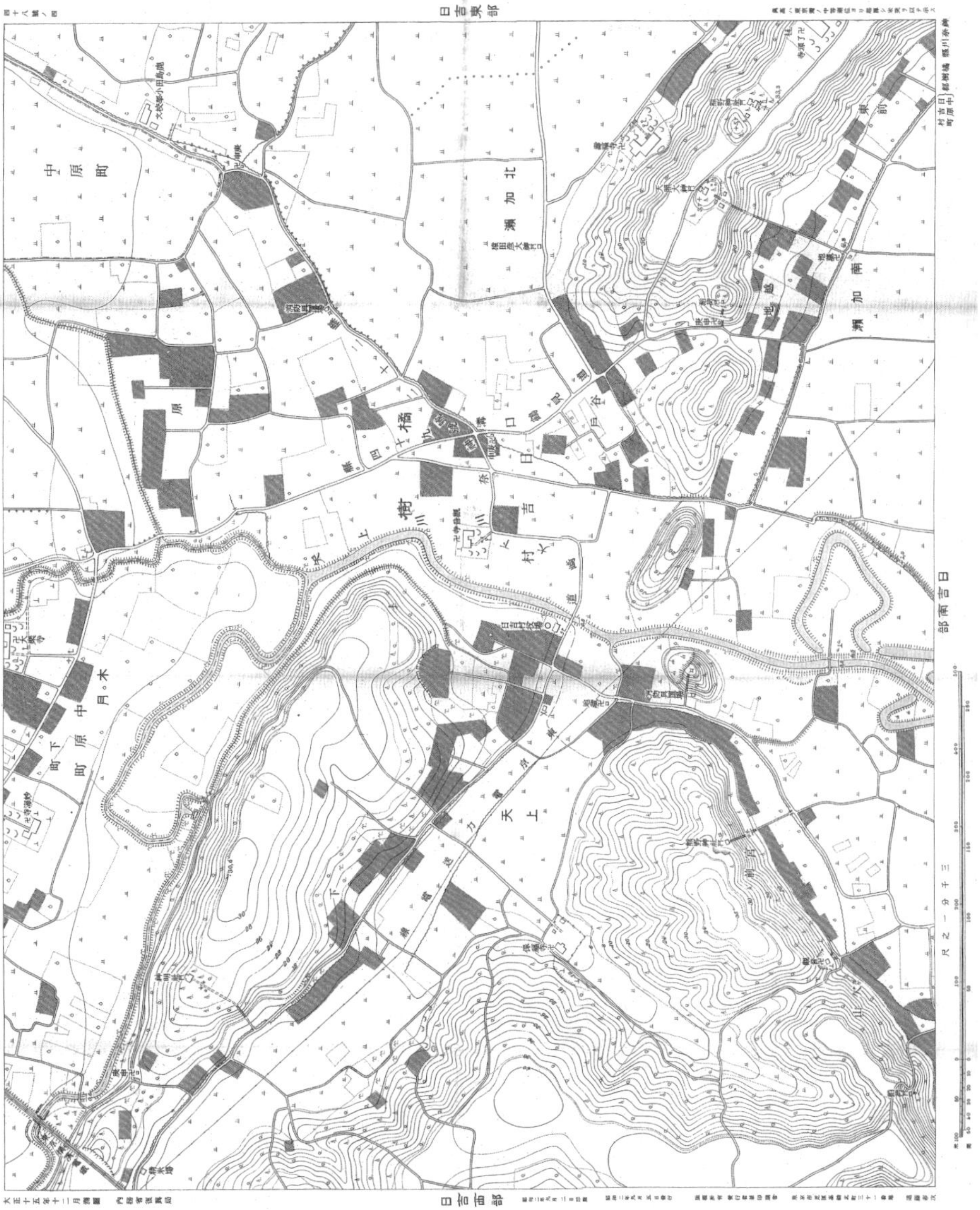

日吉

住吉

大正十五年十二月測圖　内務省復興局

四十八號ノ四

日吉東部

日吉西部

日吉南部

三千分之一尺

神奈川縣橘樹郡日吉村中原町

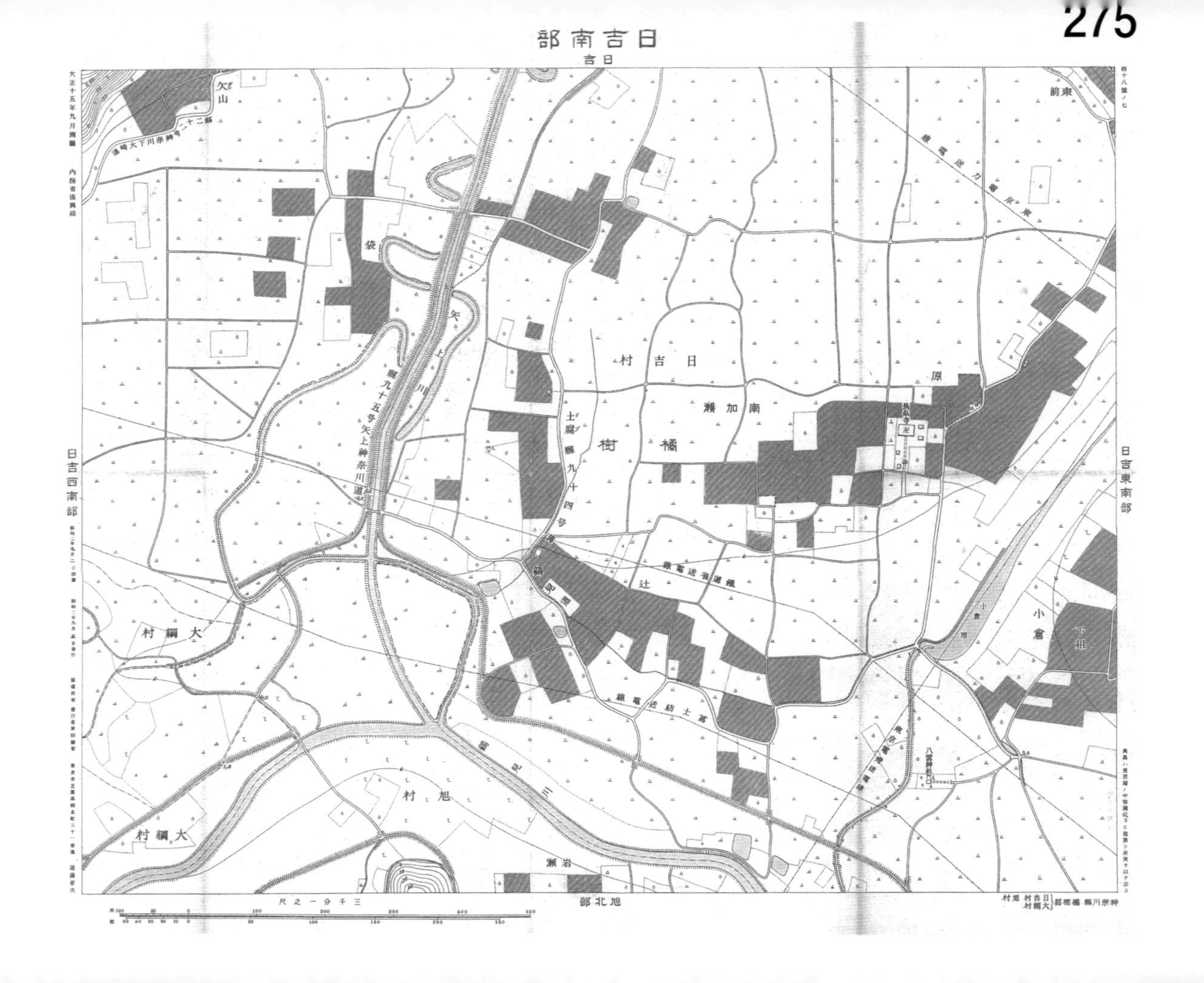
日吉南部
日吉
大正十五年九月測圖
內務省復興局
日吉西南部
日吉東南部
旭北部
三千分一之尺
神奈川縣橘樹郡 日吉村 大綱村 旭村
日吉村
南加瀬
橘樹
原
小倉
下組
前東
大綱村
旭村
袋
矢上川
岩瀬
辻

新田西部

大正十五年十一月測圖 内務省復興局

昭和二年十一月五日印刷 昭和二年十一月八日發行 版權所有 發行兼印刷者 東京市芝區高輪南町三十一番地 遠藤市次

五十一號ノ九

標高ハ東京灣ノ中等潮位ヨリ起算シ米突ヲ以テ示ス

新田南西部

神奈川縣都筑郡 新田村 都田村

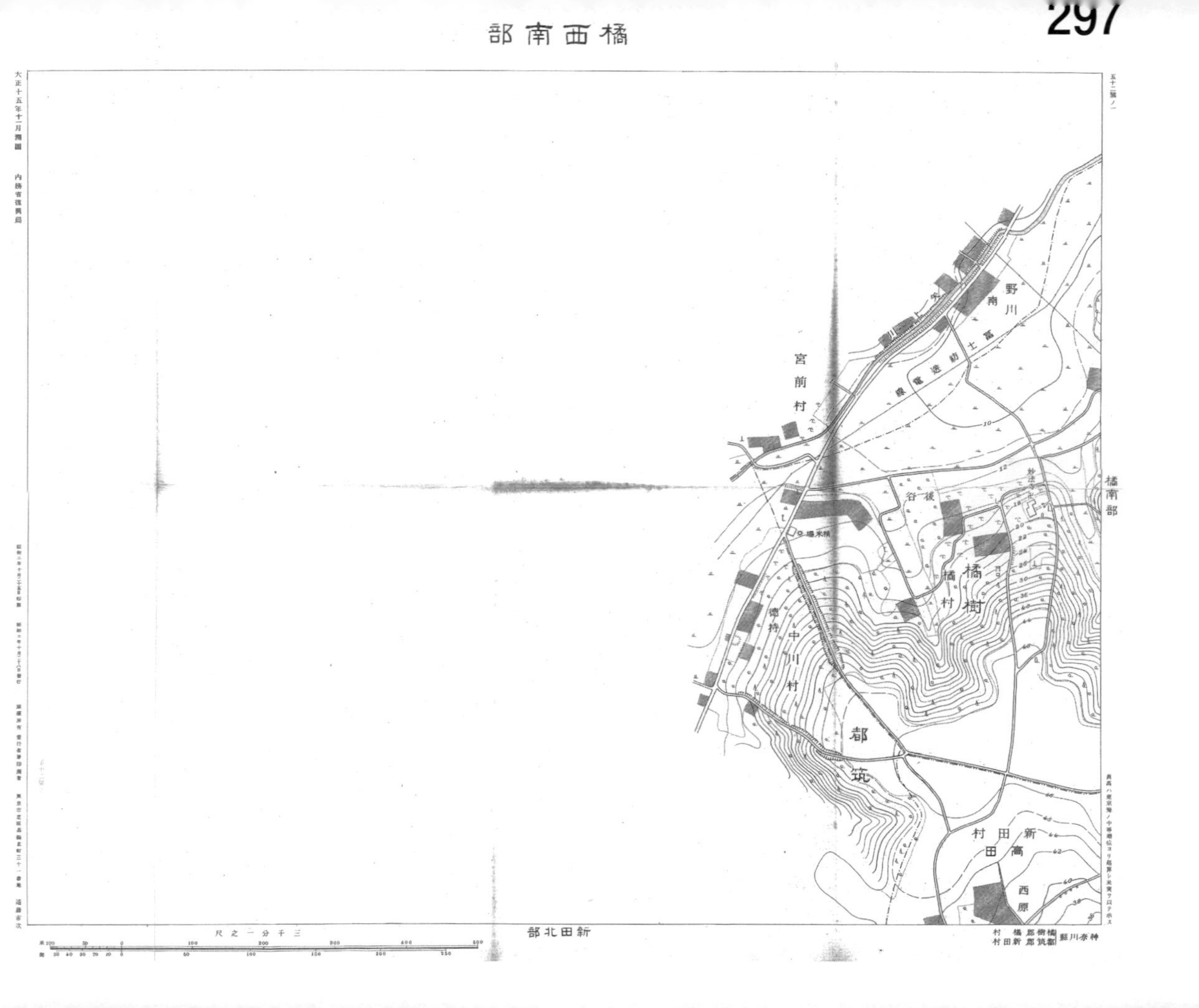

橋西南部
大正十五年十一月測圖
内務省復興局
宮前村
南野川
富士紡送電線
後谷
橘樹村
中川村
新田村
高田
西原
橋南部
新田北部
三千分一之尺

橘南部
橘
住吉西部
橘西南部
新田東北部
三千分一之尺
神奈川縣 橘樹郡 橘村 日吉村 中原町
都筑郡 新田村
宮前村
末久
古買
大谷
後谷
橘村
橘樹
蟹谷
中原町
日吉村
新田村
都筑
久保
西原
上組
駒ケ橋

299

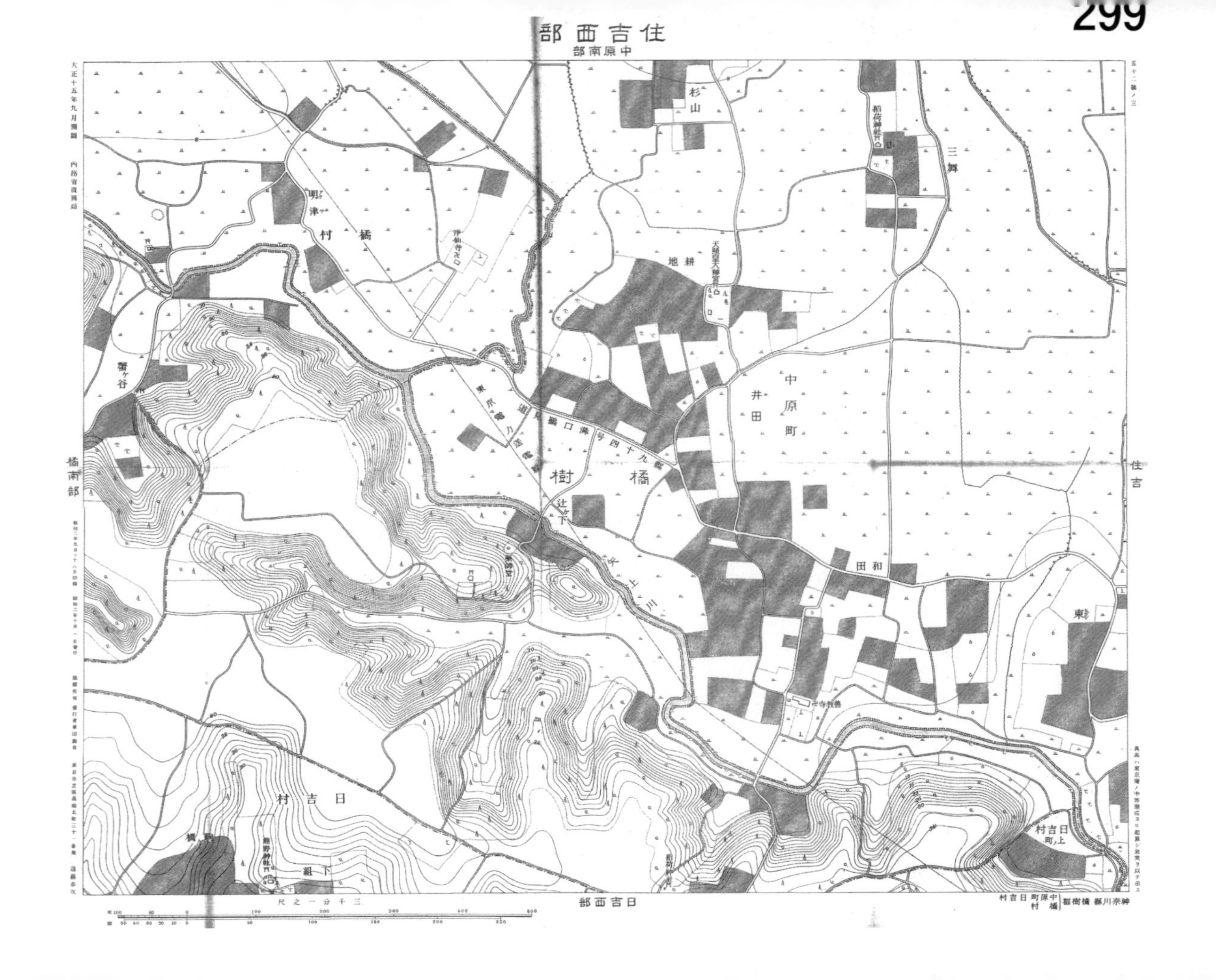

住吉西部
中原南部
大正十五年九月測圖
内務省復興局
橘南部
住吉
日吉西部
三千分一之尺
神奈川縣橘樹郡 中原町 橘村 日吉村
杉山
三舞
耕地
橘村
明津
中原町
井田
橘樹
辻ノ下
和田
蟹ケ谷
日吉村
下組

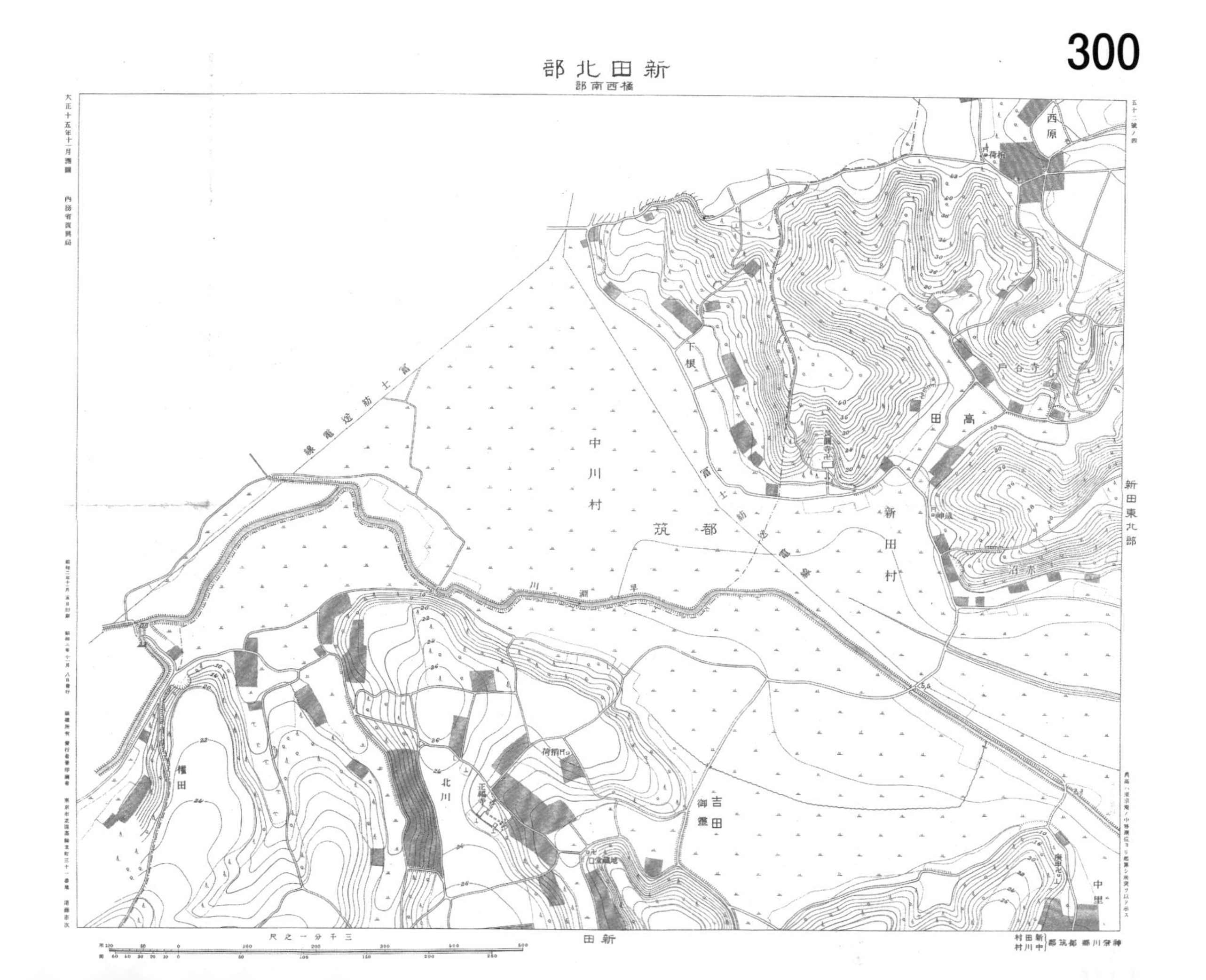
新田北部
橘西南部
大正十五年十一月測圖
内務省復興局
中川村
都筑郡
新田村
高田
下根
西原
寺谷戸
赤沼
吉田
御霊
北川
横田
中里
新田東北部
新田
三千分一之尺
神奈川縣都筑郡新田村中川村

301

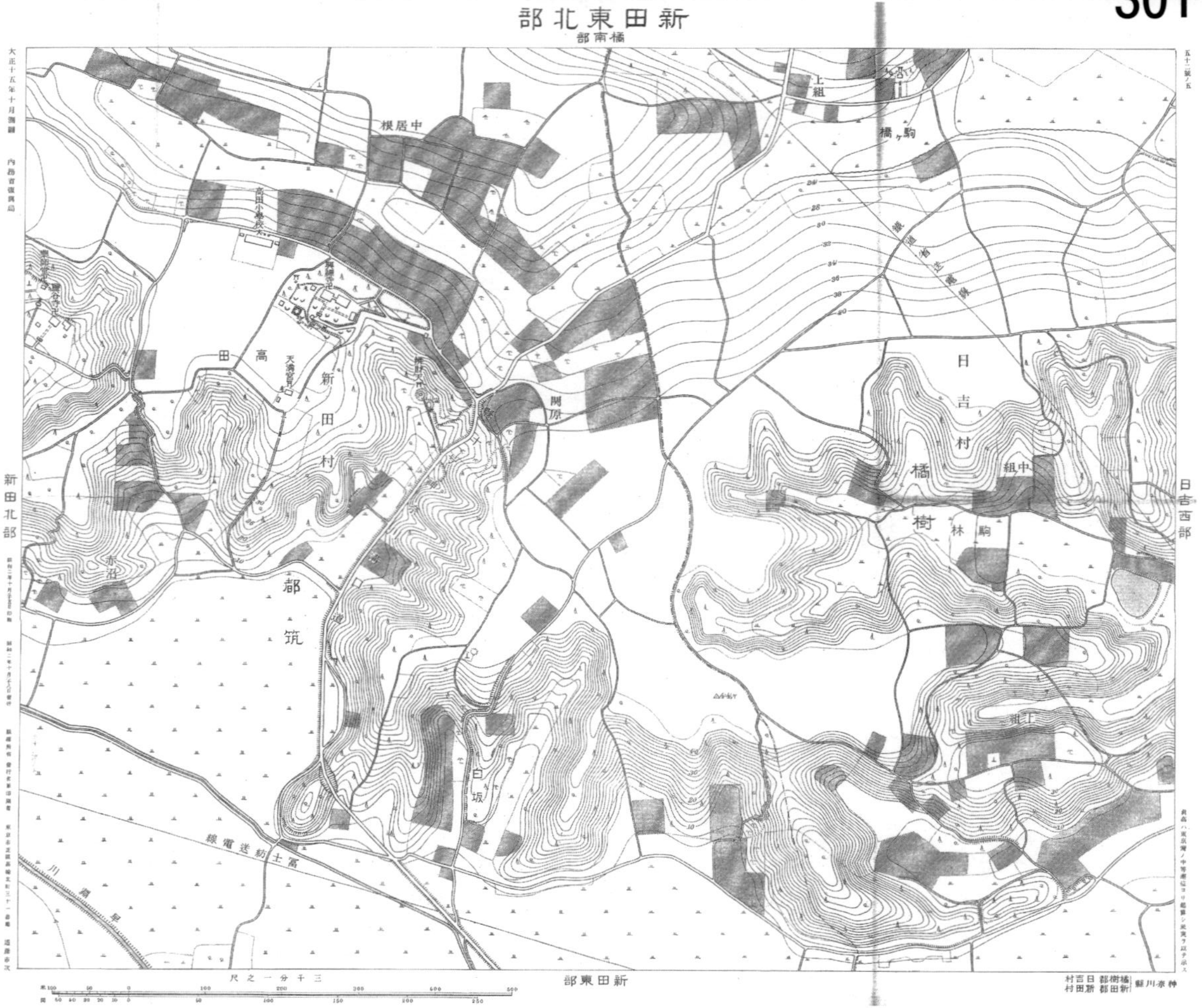
新田東北部
橘南部
大正十五年十月測圖
内務省復興局
中居根
駒ヶ橘
上組
高田
新田村
関原
日吉村
中組
橘樹
駒林
赤沼
白坂
富士紡送電線
新田北部
日吉西部
新田東部
三千分之一尺
橘樹郡日吉村
都筑郡新田村
神奈川縣

日吉西部

住吉西部

大正十五年十月測圖

内務省復興局

新田東北部

日吉

日吉南西部

神奈川縣橘樹郡 中原町 日吉村

三千分之一尺

中原町

矢上

谷戸

駒ヶ橋

下組

中組

上組

橘樹

日吉村

田園都市住宅經營地

田園都市株式會社日吉出張所

東京横濱電鐵

駒林

駒林小學校

箕輪

根方

向方

谷戸方

303

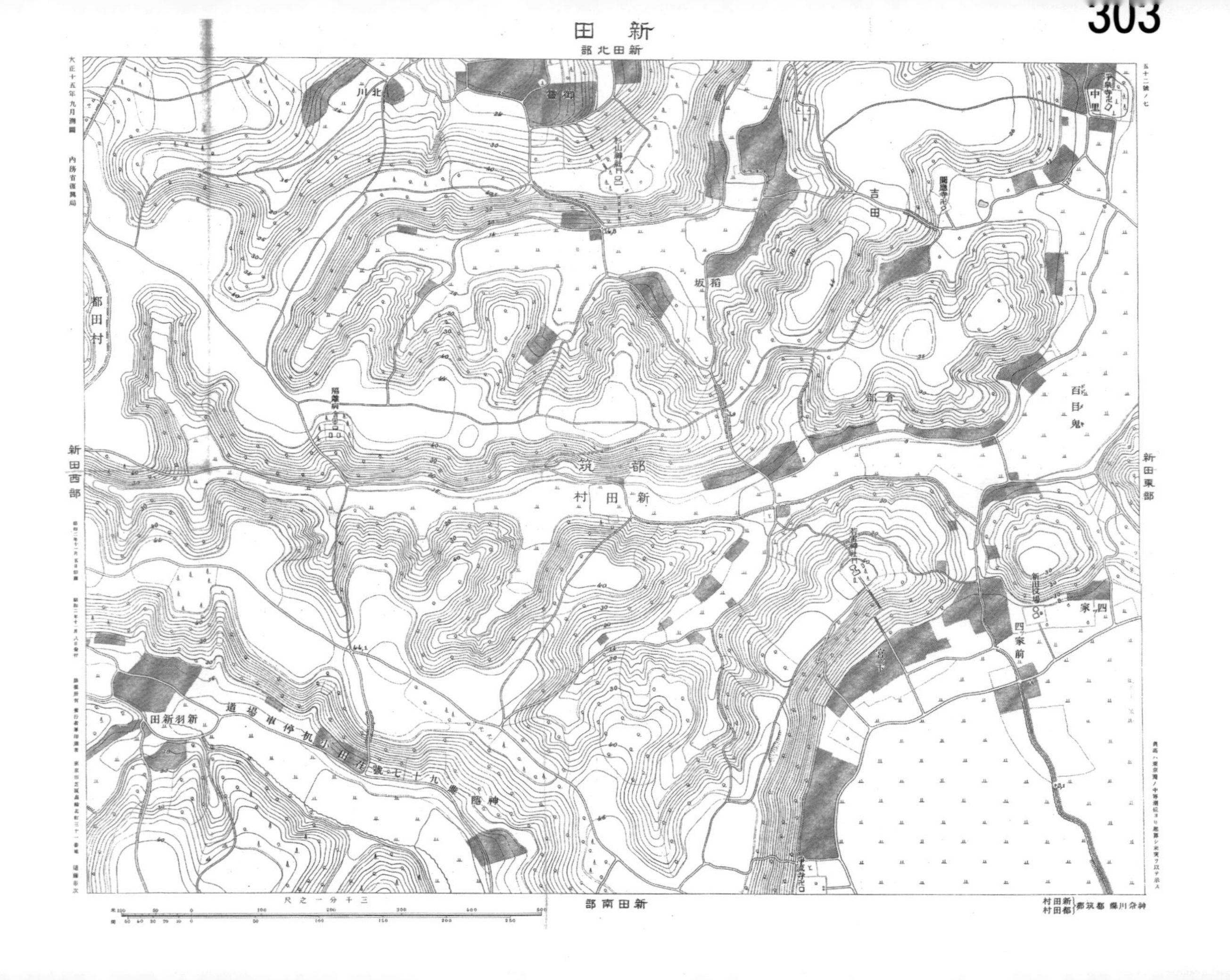
新田
新田北部
新田西部
新田東部
新田南部
新田村
吉田
都田村
四家
四家前
宮下
百目鬼
新羽新田
神奈川縣 都筑郡 新田村 都田村

新田東部
新田東北部
日吉村
富士紡送電線
橘
樹
大綱村
北綱島
飯田部
日吉西南部
吉田
六軒
筑部
峯谷
東根
四谷
向根
新田村
別所
別所前
新田
大綱最北部
尺之一分千三
神奈川縣 橘樹郡大綱村 日吉村 都筑郡新田村

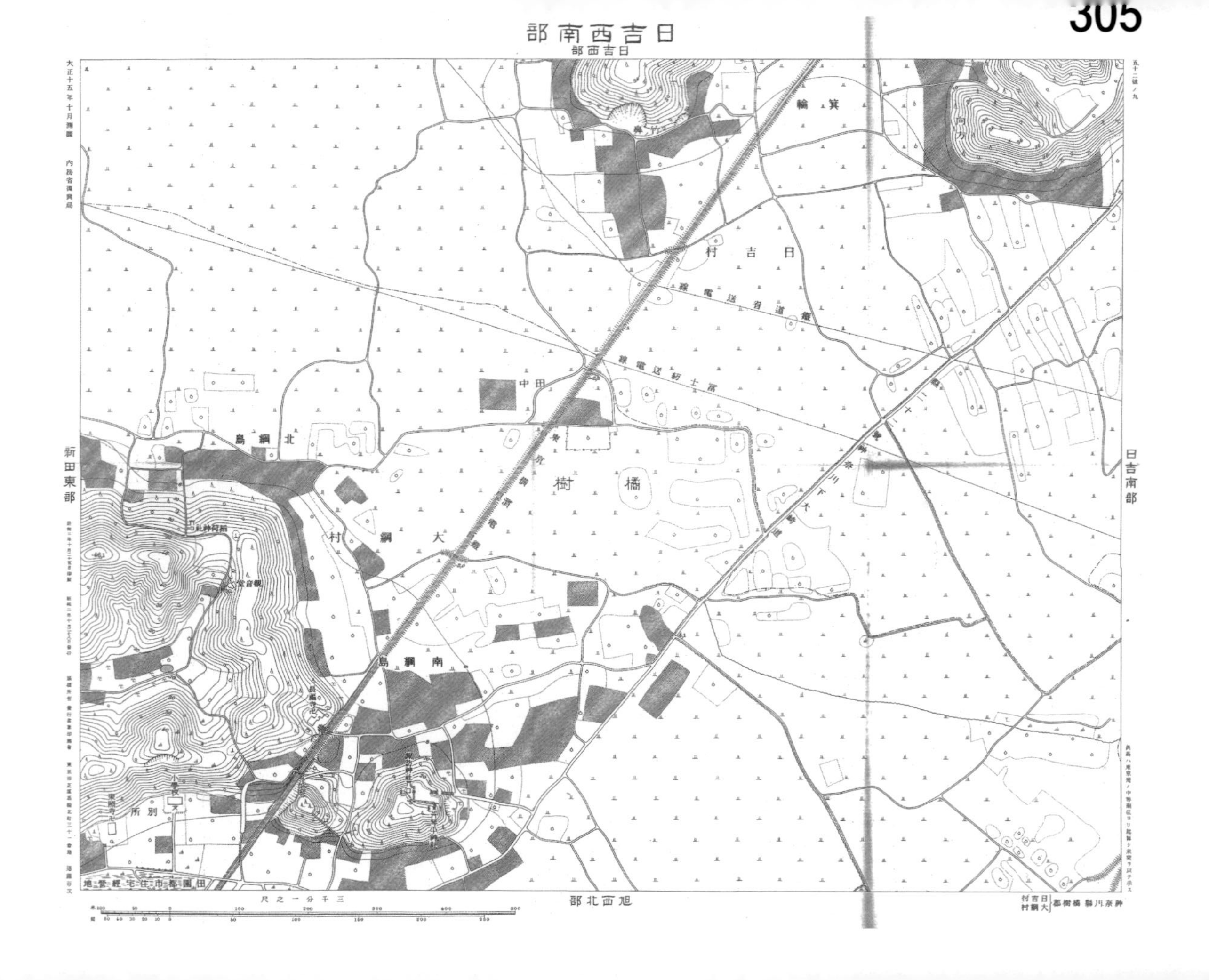
日吉西南部
日吉西部
大正十五年十月測圖
内務省復興局
箕輪
日吉村
鐵道省送電線
富士紡送電線
中田
北綱島
橘樹
大綱村
南綱島
別所
新田東部
日吉南部
旭西北部
三千分一之尺
田園都市住宅經營地
神奈川縣橘樹郡
日吉村
大綱村

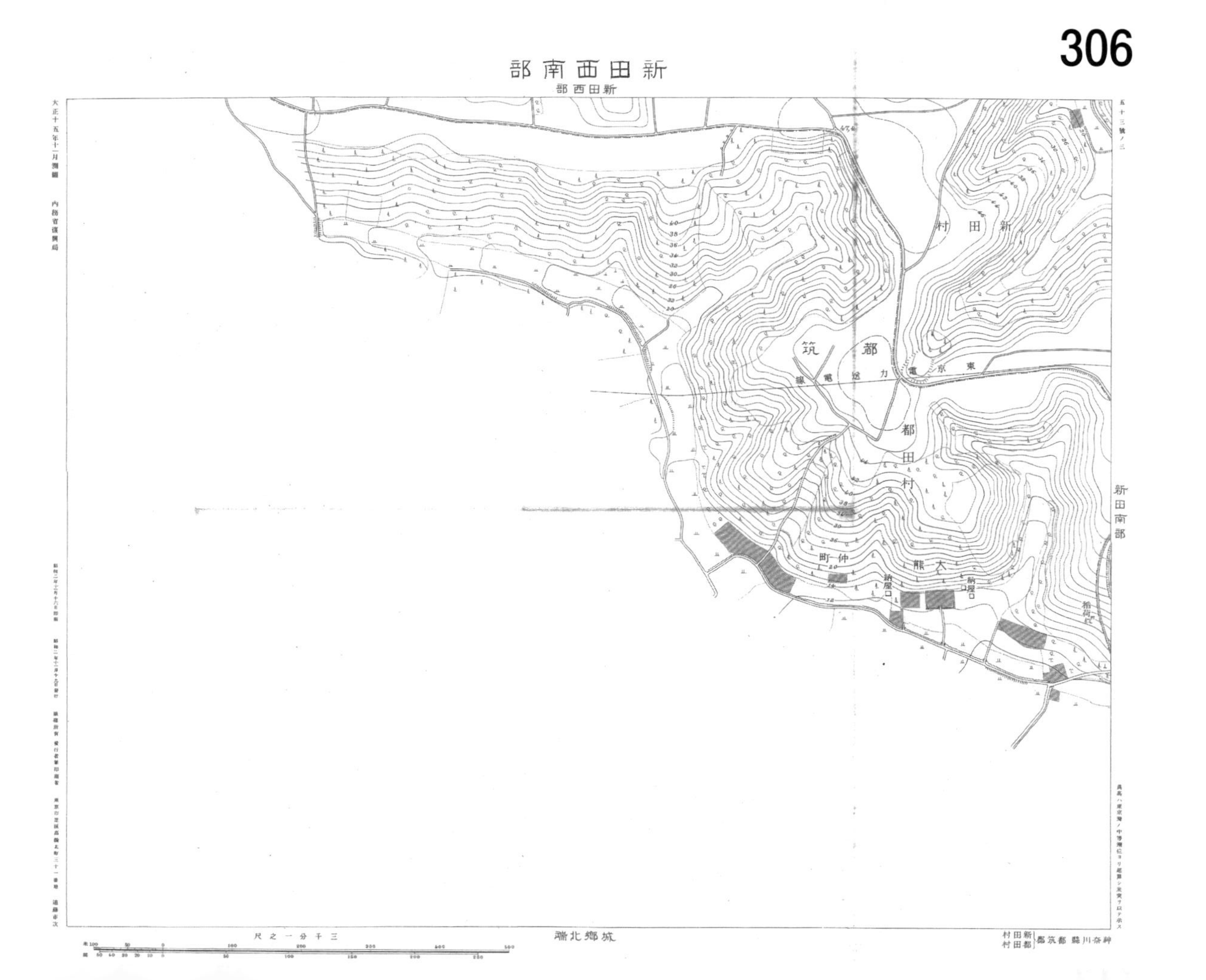
新田西南部
新田西部
新田村
都筑郡
東京電力送電線
都田村
大熊
仲町
納屋口
納屋口
稲荷社
新田南部
城郷北端
三千分一之尺
神奈川縣都筑郡 新田村 都田村

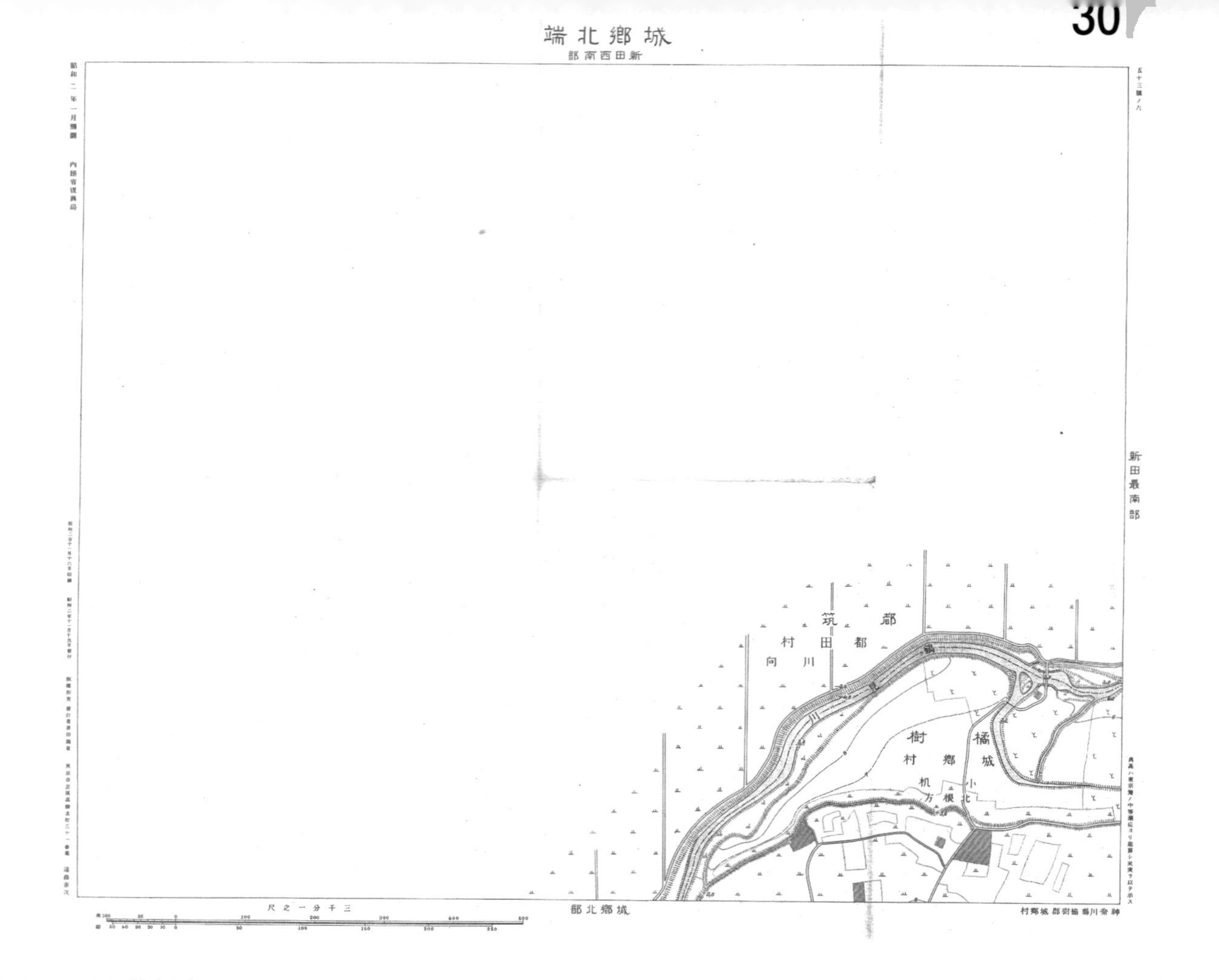
城郷北端
新田西南部
新田最南部
城郷北部
神奈川縣橘樹郡城郷村
都筑郡新田村
川向
橘樹郡城郷村
小机
北根方
三千分之一尺
昭和二年一月調製
内務省復興局

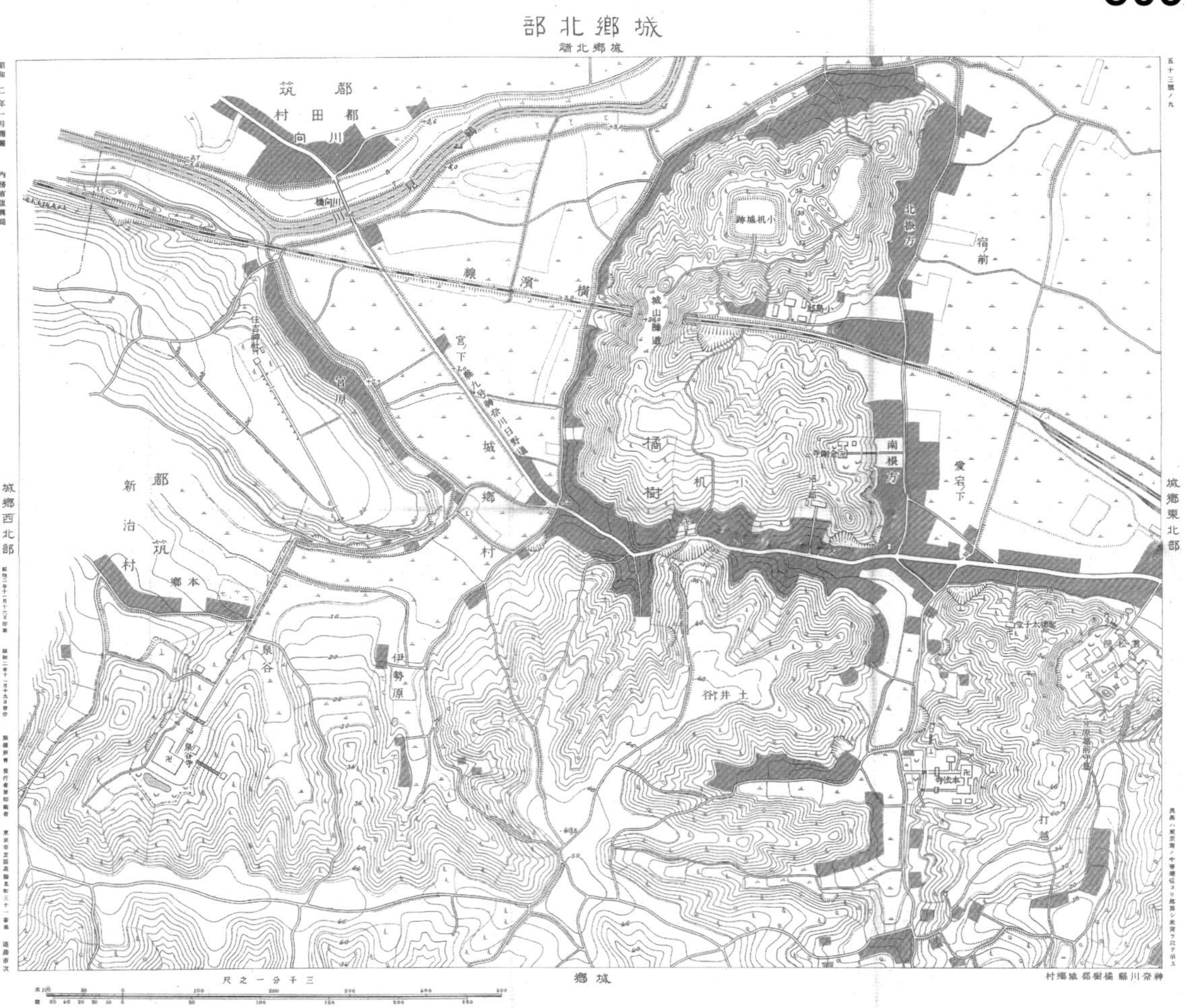
城郷北部
横濱線
小机城跡
北根方
南根方
宿前
愛宕下
宮原
宮下
城郷村
新治村
本郷
泉谷
伊勢原
土井谷
打越
城郷東北部
城郷西北部
城郷
三千分之一尺
神奈川縣橘樹郡城郷村

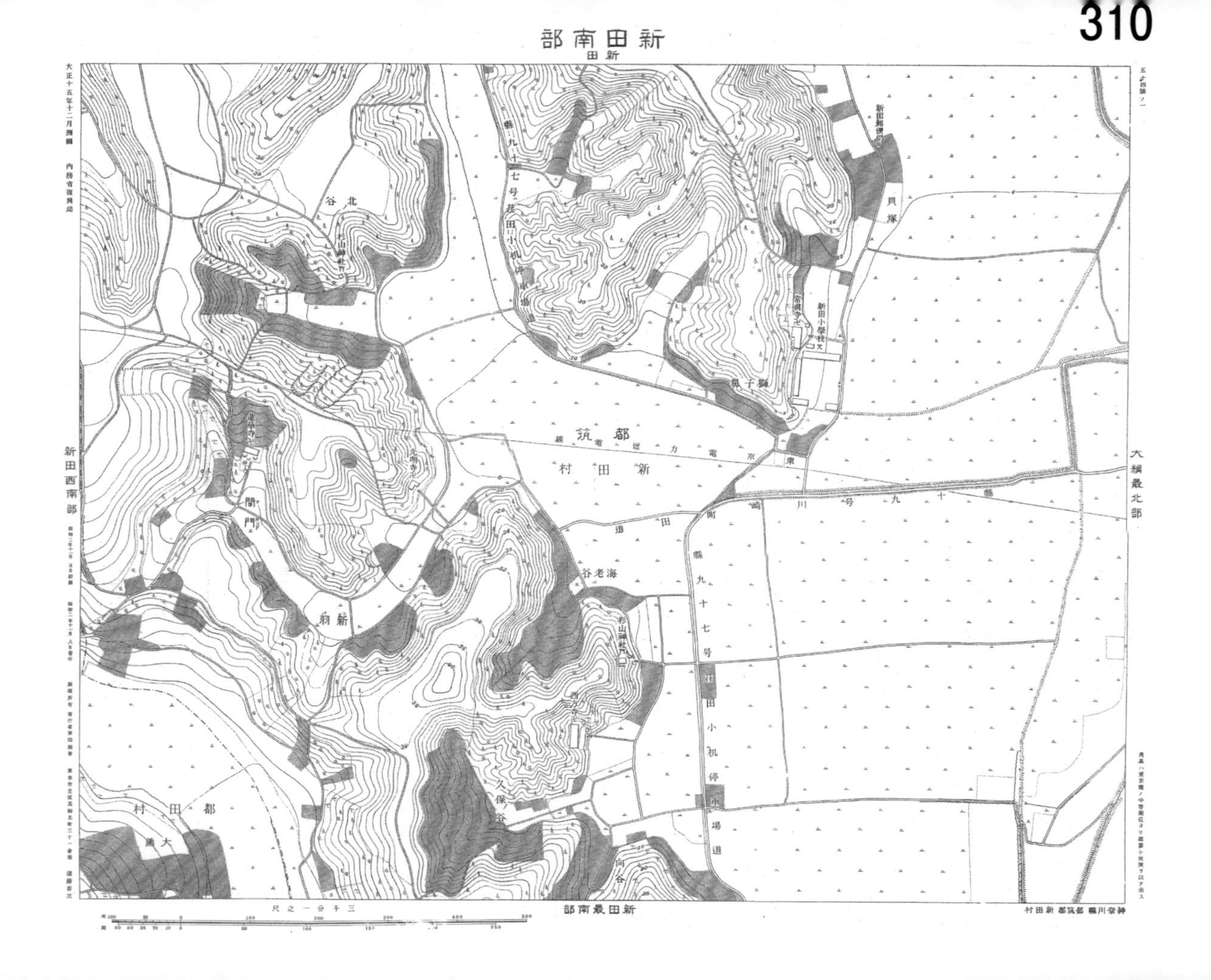
310
新田南部
新田
大正十五年十二月測圖
內務省復興局
新田西南部
大綱最北部
最田南新部
神奈川縣都筑郡新田村
三千分一之尺
北谷
筑都
新田村
海老谷
杉山神社
新羽
久保谷
向谷
大熊
都田村
貝塚
新田小學校

大綱最北部

新田東部
旭西北部
新田南部
大綱北部
神奈川縣 橘樹郡 大綱村 旭村
都筑郡 新田村
三千分一之尺
鶴見川
大下
根崎
新田村
都筑郡
新田村
太尾
橘樹郡
大綱村
大曽根
中
東京横濱電鐵
棒田谷
表前
五丁前
下池
鳥山川

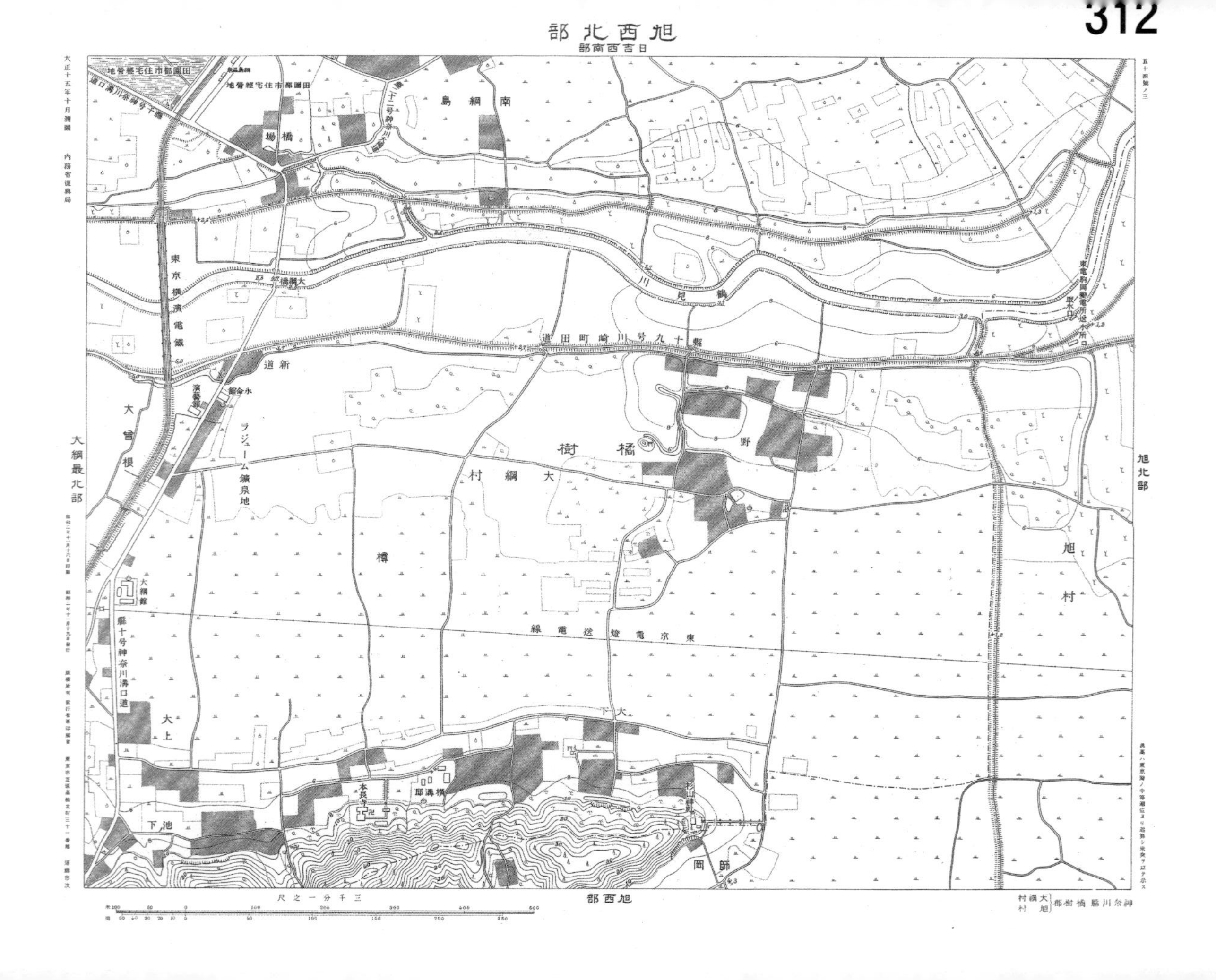
旭西北部
日吉西南部
大正十五年十月測圖
内務省復興局
南綱島
橋場
鶴見川
東京横濱電鐵
新道
大曽根
大綱最北部
橘樹
大綱村
熊野
旭村
旭北部
東京電燈送電線
大下
大上
下池
本法寺
師岡
旭西部
三千分一之尺
神奈川縣橘樹郡大綱村旭村

新田最南部
新田南部
大綱北部
城郷東北部

314

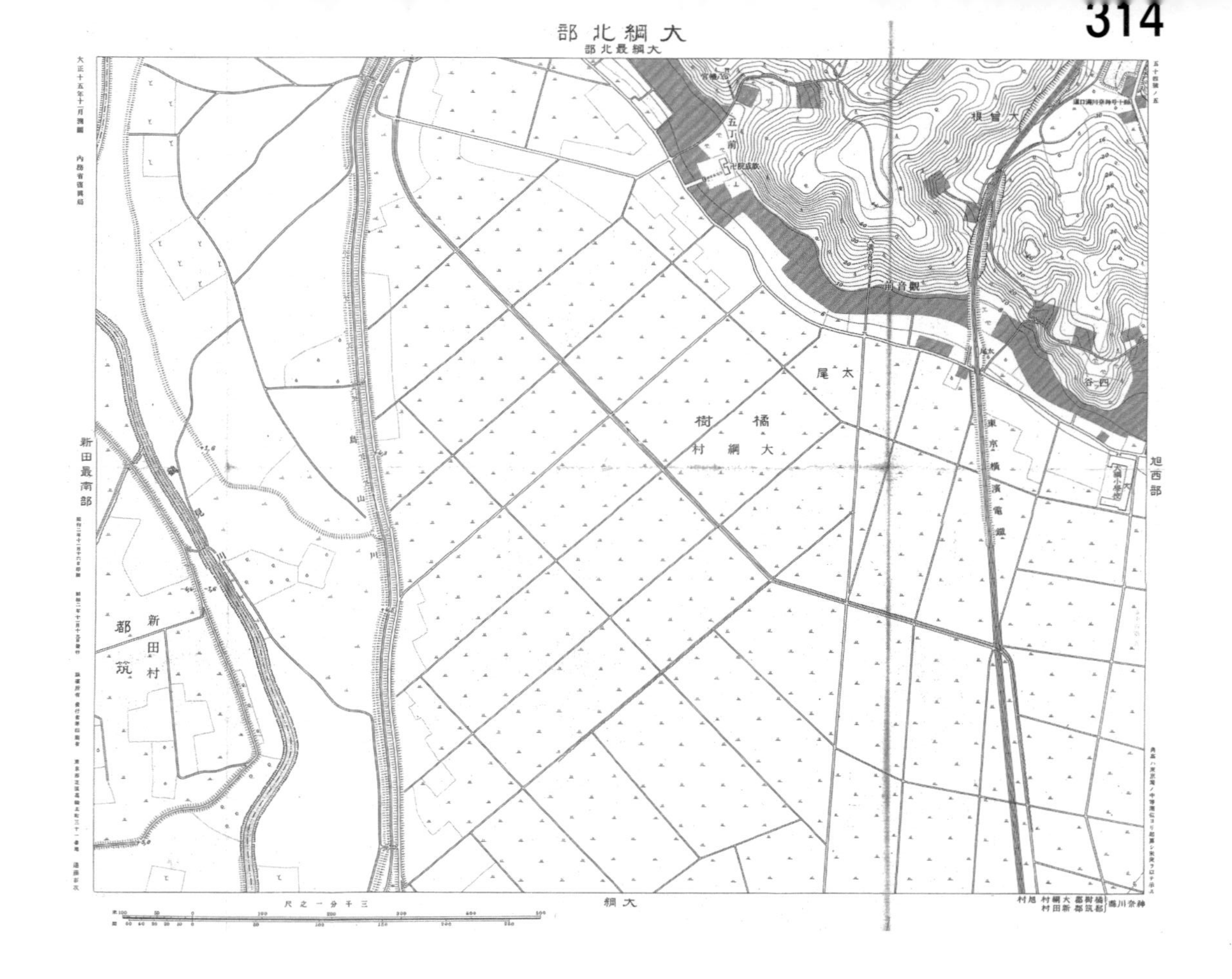

大綱北部
大綱最北部
旭西部
新田最南部
大綱
橘樹郡
大綱村
太尾
観音前
五丁前
大曽根
西谷
東京横濱電鐵
都筑郡
新田村
三千分一之尺

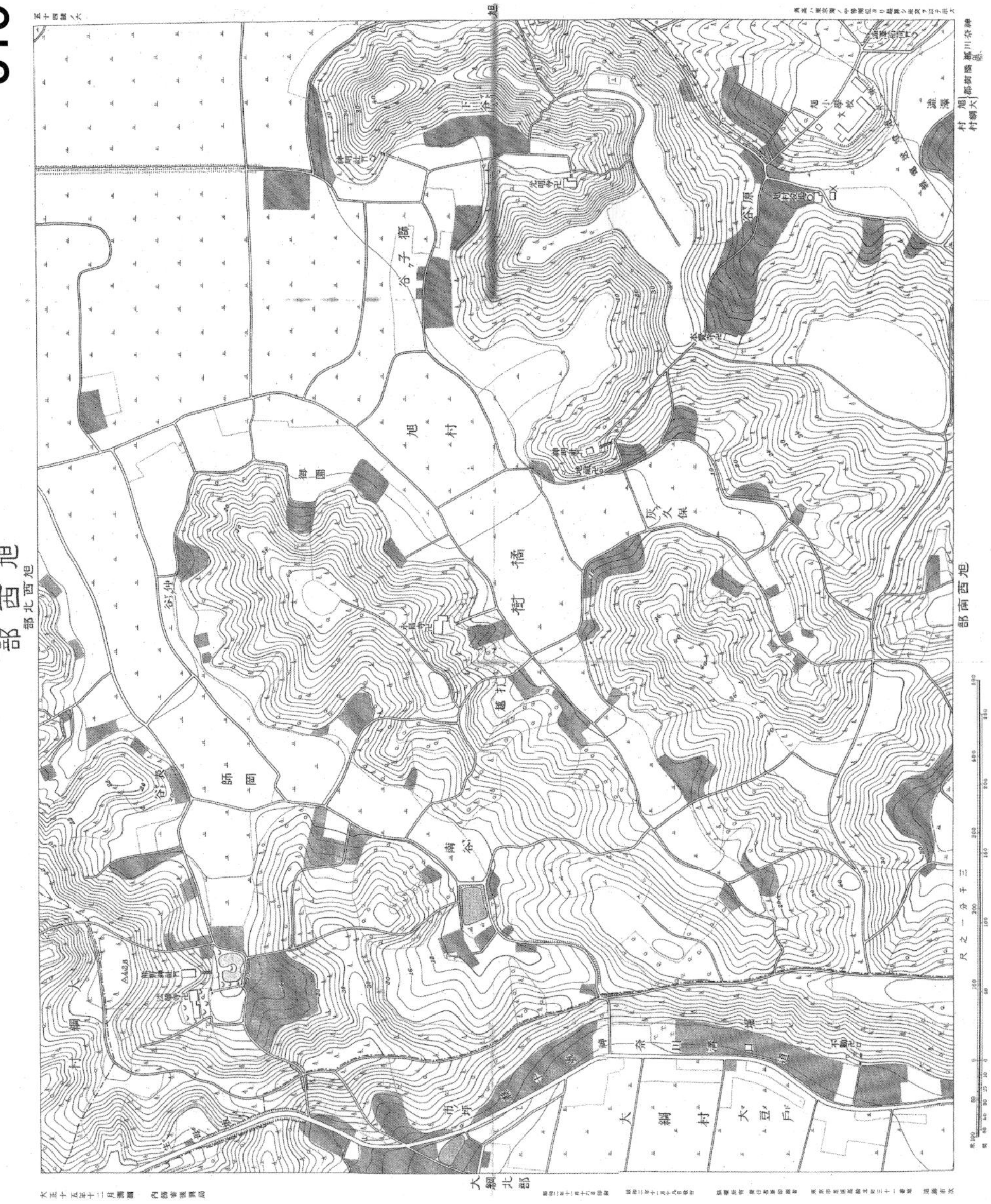

旭西部

旭西北部

五十四號ノ六

大正十五年十二月測圖
内務省復興局

大綱村
宇
市坪
師岡
表谷
仲谷
御園
南谷
打越
橘樹
旭村
獅子谷
下谷
灰久保
谷原
大綱村
大豆戸
神奈川
堀
旭小學校
澁澤

大綱北部

旭

旭西南部

三千分一之尺

神奈川縣橘樹郡 旭村 大綱村

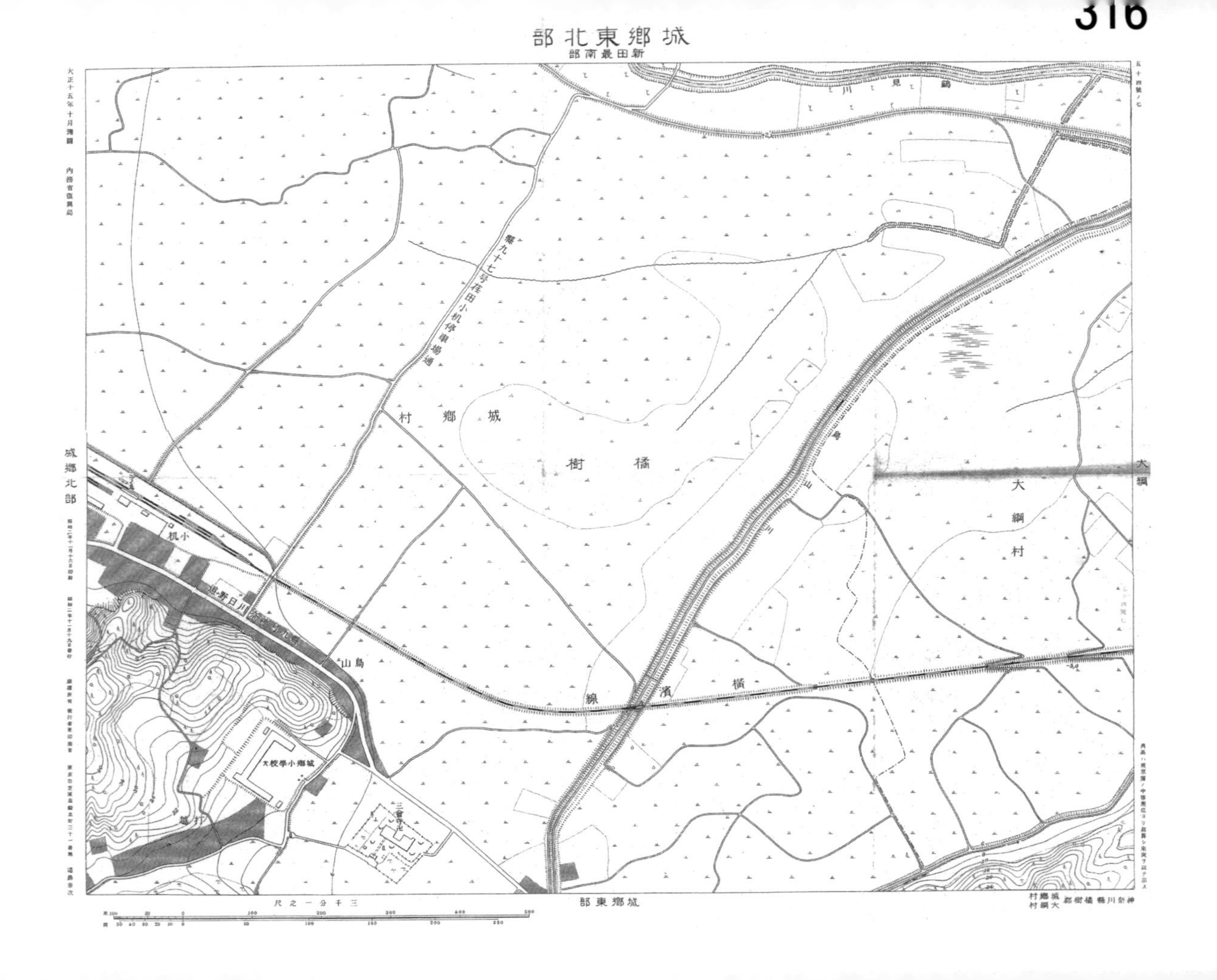
316
城郷東北部
新田最南部
大正十五年十月測圖
内務省復興局
鶴見川
縣道九十七号荏田小机停車場道
城郷村
橘樹
大綱村
鳥山川
横濱線
小机
鳥山
城郷小學校
三會寺
城郷北部
城郷東部
三千分之一尺
神奈川縣橘樹郡城郷村大綱村

大綱

大綱北部

旭西南部

大綱南部

城郷東北部

神奈川県 橘樹郡 大綱村 城郷村
都筑郡 新田村

三千分一之尺

新田村
鶴見川
羽黒
安山
大豆戸
下坂
橘樹
大綱村
東京横浜電鉄
池田
菊名
表谷
大西
杉山神社
正覚寺
横浜線
田園都市住宅経営地
富上塚
篠原
八幡神社
道海坊

319

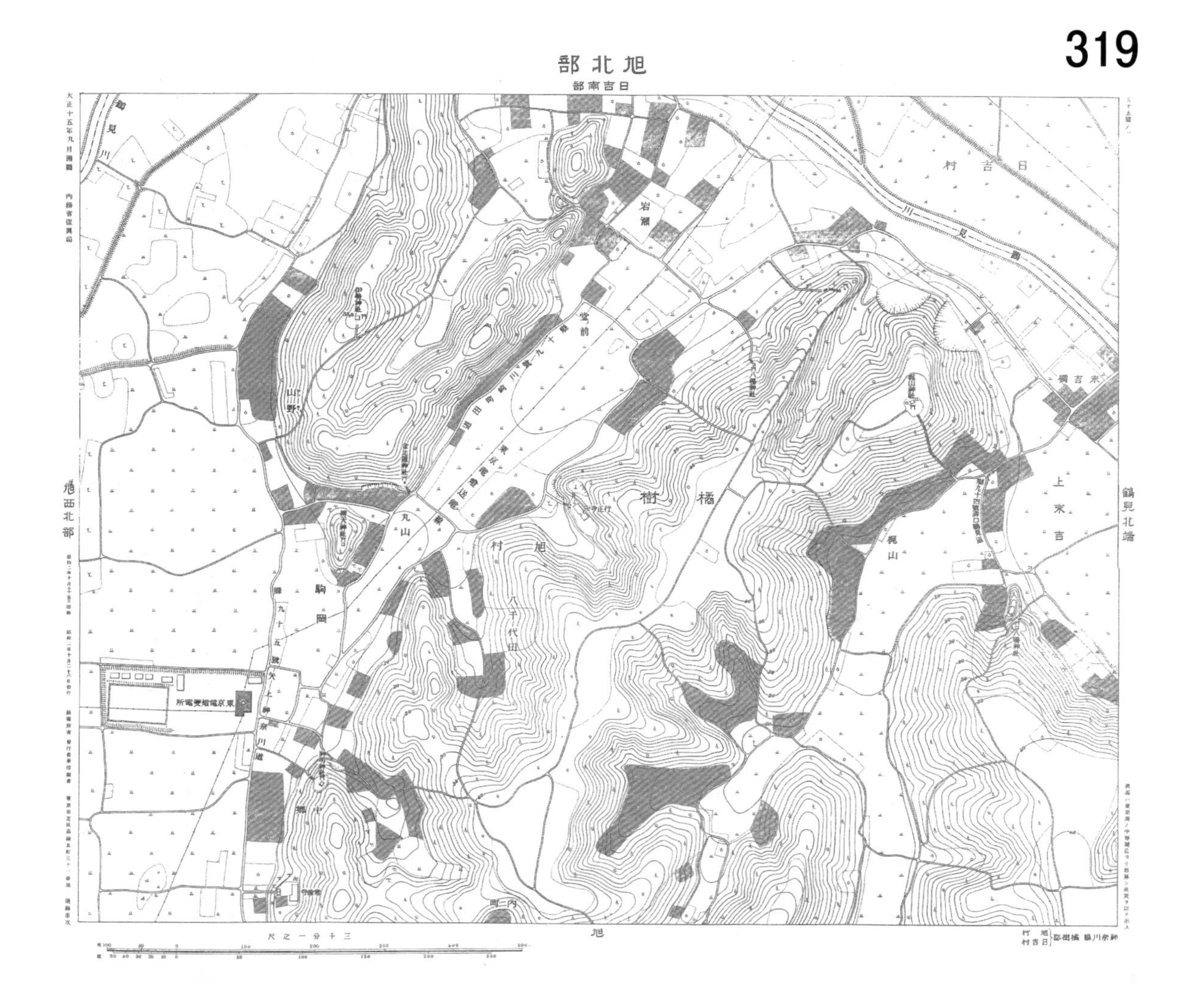
旭北部
日吉南部
日吉村
鶴見川
岩瀬
末吉
上末吉
橘樹
旭村
八千代田
駒岡
丸山
東京電燈變電所
鶴見北端
旭西北部
大正十五年九月測圖
内務省復興局
三千分一之尺

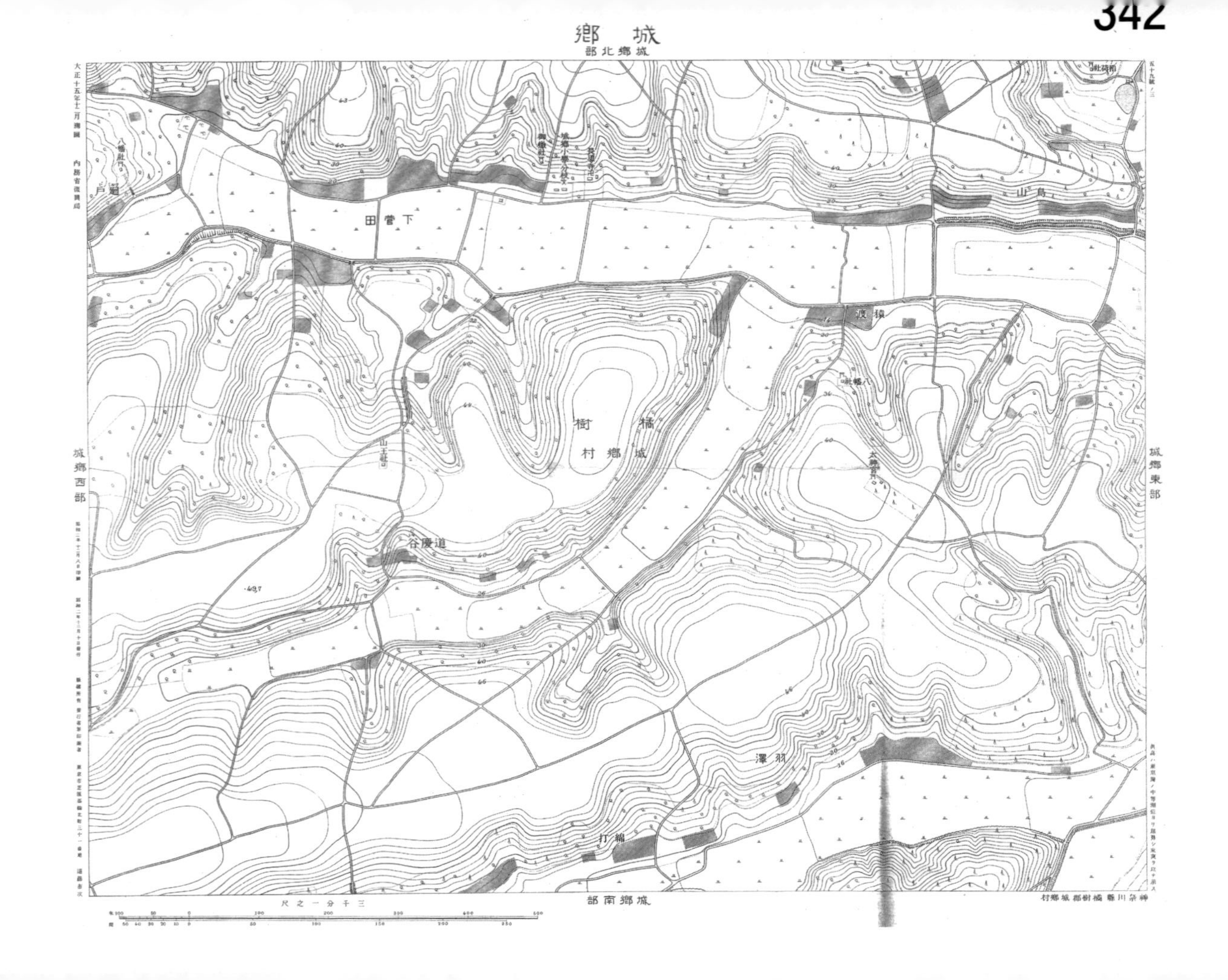
城郷
城郷北部
城郷東部
城郷西部
城郷南部
大正十五年十二月測圖
内務省復興局
下菅田
鳥山
橘樹
城郷村
道慶谷
羽澤
三千分一之尺
神奈川縣橘樹郡城郷村

349

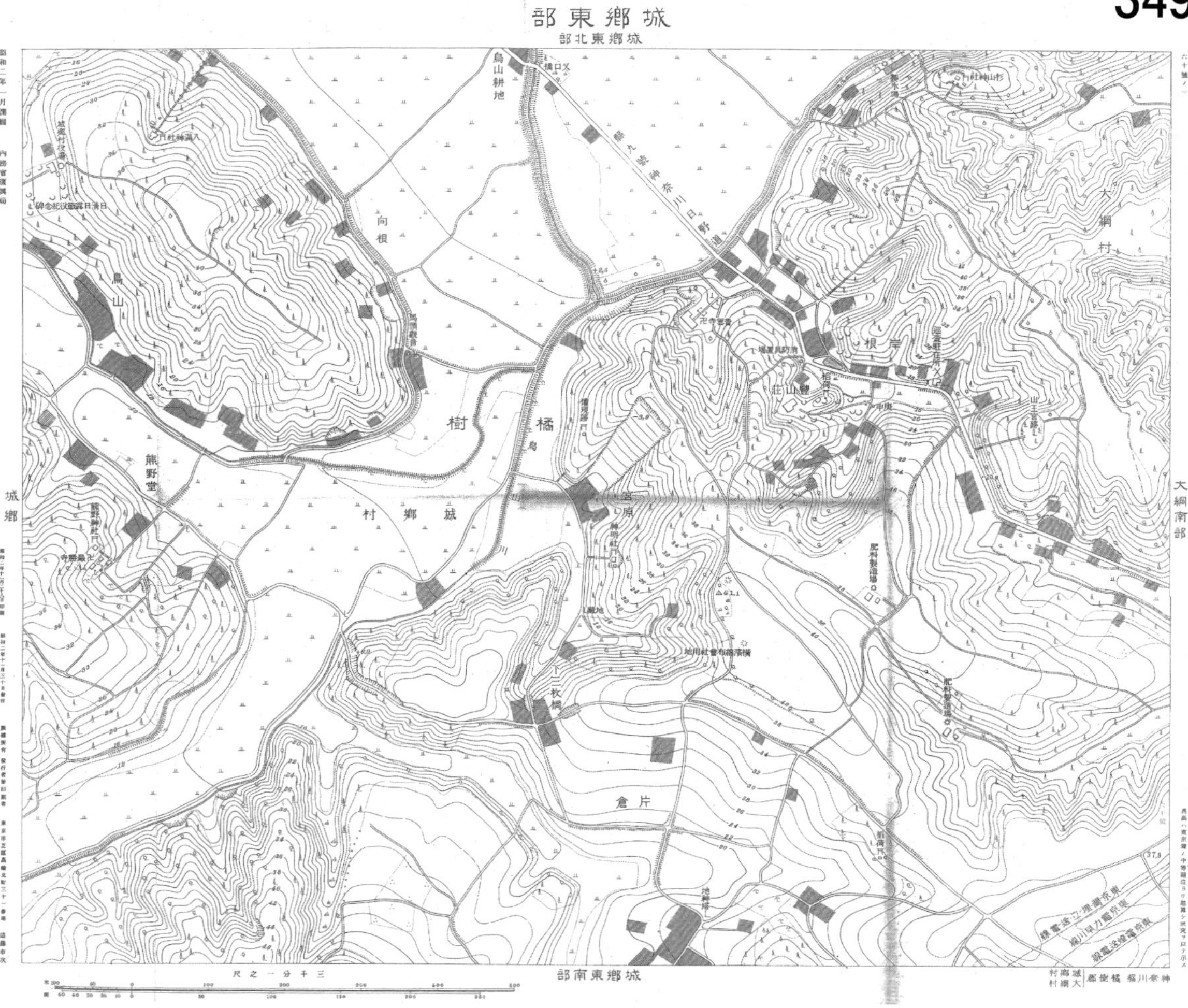

城郷東部
城郷北東部
大綱南部
城郷
城郷南東部
神奈川縣橘樹郡 城郷村 大綱村
三千分一之尺
城郷村
橘樹
鳥山
片倉
大綱村

350
大綱南部
大綱
橘樹
大綱村
篠原
菊名池
篠原池
城郷村
城郷東部
旭南端
神奈川北部

付録3　郷土史最大の謎杉山神社を探る

―『杉山神社考』刊行60年、戸倉英太郎没後50年記念―

この資料は、平成28年（2016）10月9日に港北図書館において開催した講演「郷土誌最大の謎 杉山神社を探る」の配布資料を基に、平成29年6月11日の講演「杉山神社の謎の解き方」（於港北図書館）、同年10月13日の講演「杉山神社の歴史」（於港北公会堂）の資料等を加えたものです。

はじめに

図書館利用の1つに、研究目的による利用があります。

地域のことを研究するには、地域の図書館の蔵書が一番役立ちます。今回、杉山神社について研究していて、市立図書館が一番役立ちました。杉山神社に関連した図書に関しては、国会図書館よりもはるかに充実した図書がそろっています。

一、杉山神社の基礎知識

（1）そもそもは何が特別なのか？

①数少ない式内社の一つ
②どこにでもありそうな社名なのに特定の地域のみに分布している
③鶴見川流域の歴史に深い関わりがあり、杉山神社の謎が解ければ、流域の歴史が分かる
・それ以外は、さほど特別な神社では無いかも？

（2）そもそも神社とは？

①全国の神社……12万社～30万社（神社本庁加盟は約8万社）
稲荷 32,000　八幡 25,000　伊勢（神明社）18,000
天神 10,000
上位4社で85,000社を占める
◎神社とは何か、神道とは何か、定義の確認が必要

②神奈川県の神社の特長……神奈川県神社庁加盟が1,129社（同HPより）

八幡　137　　　伊勢（神明社）108

杉山　39（社名変更や合祀は含まない）

◎稲荷社や天神様が少ない、杉山神社が多い

（3）杉山神社はどこにあるのか？　－現在の分布－

①鶴見川流域にある神社……現在159社、その内で、杉山神社は31社ある

②杉山神社は鶴見川流域の周辺にもあるが、他地域にはほとんど無い（全国で6社）

（4）どのように増加し、減少したのか？　－歴史の中の杉山神社－

①古代

（史料１）**『続日本後記』**

承和五年（838）二月庚戌（22日）、武蔵国都筑郡杉（杉）山神社、官幣に預かる、霊験を以てなり。

承和十五年（848）五月庚辰（22日）、武蔵国无（無）位杉（杉）山明神に従五位下を授け奉る。

＊杉山神社は、838年より以前から存在していたが、いつ勧請されたのかは不明である

＊『続日本後紀』……六国史の4番目。9世紀前半に杉山神社は京都の貴族達にも知られていた。

◎なぜ知られていたのか

・氏子集団が朝廷と関わりが深かったから？

・祭神が土地神として強い霊験を持っていたから？

（史料２）**『延喜式』**

都筑郡一座　小　杉山神社

10世紀前半、都筑郡内で唯一の式内社であった

座は祭神、小は国幣小社のこと

式内社は全国に3,132座（2,861社）

官幣社　　神名大社　124座

	大社	180座
	小社	433座
国幣社	神名大社	161座
	大社	27座
	小社	2,207座（杉山神社を含む）

武蔵国（全21郡）の式内社は44座（43社）

・都筑郡には杉山神社1座（1社）のみ

・橘樹郡、久良岐郡に式内社は無い

＊式内社の杉山神社は1社であるが、その他同時期に複数の杉山神社が存在していた可能性も否定できない。

②中世

（史料３）**『神道集』**

六宮ヲ椙（杉）山ノ大明神ト申ス、本地ハ大聖不動明王是也。

14世紀半ばには、武蔵国の中でも有力な6社の内の1つとして、大國玉神社（武蔵国総社、六所明神社とも）にも祀られていた。祭神の本当の姿は「大聖不動明王」。

＊総社とは、国司が国内の諸社を巡回する手間を省いた

＊六宮は式内社なのか？

⇒　400年も経っているので別の神社の可能性もある

式内社とは別かも知れないが、武蔵国で有力な6つの神社の1つであった

③近世

（史料４）**『新編武蔵風土記稿』……後掲の一覧表を参照のこと**

……19世紀初めに、幕府が武蔵国の全域の概況を調査・報告

全73社（橘樹郡37社、都筑郡25社、南多摩郡6社、久良岐郡5社）

◎杉山神社がある67ヵ村中の、31ヵ村で村の鎮守となっている！

⇒多くの村の中で信仰の中心であり、重要な神社だった！

＊増加した理由は？………流域の開発か

＊なぜ流域から外へ広がらなかったのか？

……異なる複数の文化圏の存在か

＊小机の住吉神社が杉山神社だった可能性はあるか？

………祭神の変更・社名の変更、氏子の交代？

＊江戸時代以前の増減は不明

④明治以降（現在）

現在49社……減少した理由は？

……廃社ではなく、合祀と社名変更　　　　←廃寺はある

後掲の分布図を参照のこと

＊注意すること……合祀等により、現在は杉山神社と名乗っていない杉山神社がたくさんある

⑤港北区内の杉山神社

❶樽村（樽町4-10）　杉山神社

創建不詳（1411年の鰐口があったらしい）、師岡熊野神社から分社したとの説もある

❷菊名村（菊名6-5）　杉山神社（昭和10年合祀され、菊名神社）

❸大豆戸村（大豆戸町239）　杉山神社（昭和34年合祀され、八杉神社となる）

❹太尾村（大倉山2-16-1）　杉山神社（昭和32年合祀され、太尾神社となる）

❺岸根村（岸根町377）　杉山神社

大永5年（1525）9月、伊豆国の住人岩田五郎右衛門が、此の地に移住した時、鎮守として勧請したと伝える。

❻新羽村（新羽町2576）　杉山神社（西方寺近く）

口碑（こうひ）によれば、当社の創建は約800年前、荷場（にっぱ）の郷と唱う水郷一帯の時代より奉祀（ほうし）せられていたという。

❼新羽村（新羽町3918）　杉山神社（北の谷）

神社明細帳によると、応永2年（1395）6月、三輪神道の先駆者横地監物が大和国三輪明神の御分霊をこの地に遷し、泰栄山正一位杉山大明神と称したと伝える。

❽吉田村（新吉田町4509）　杉山神社

本社の有力候補の一つ、後述

二、式内社（本社）はどこか？

そもそも、全国の式内社、総社、一宮、国分寺、国分尼寺等の古い社寺は、その多くが所在地が不明だったり、異論が多い。

江戸時代以来、式内社杉山神社を本社・本宮と呼ぶことが多い。

（1）研究史の紹介

古くは江戸時代後期に大橋方長、栗原恵吉、猿渡盛章、黒川春村等の研究があるが、あまり注目されていない。再評価する必要がある。

画期となるのは、昭和31年（1956）の戸倉英太郎『杉山神社考』。

後掲の研究文献一覧を参照のこと

（2）戸倉英太郎さんの研究

・略歴

明治15年（1882）福岡県生まれ、学校教員を経て、大正7年頃から浦賀の造船会社の会社員となり、東神奈川や川崎、鶴見等へ住む。戦後、昭和28年から36年にかけて、さつき叢書8冊を刊行。昭和41年（1966）、84歳で逝去。

・地域への貢献

初めて本格的な現地調査を実施し、自費出版した本を「非売品」として、すべて無償で配布。

・『杉山神社考』の評価

研究史上の位置付け……杉山神社に関する初めての本格的研究

『新編武蔵風土記稿』から杉山神社を全て拾い出した（1つ漏れている→小股昭氏の業績）

●提案 ⇒ 73社に『新編武蔵風土記稿』刊本の順で統一番号を振ろう！

戸倉氏のリストは、『新編武蔵風土記稿』刊本と一部順番が違う。研究者により神社の配列がバラバラ

（3）その後の研究

・戸倉氏の研究を、批判も含めて正しく継承しているのだろうか？

＊忌部（いんべ）氏……天太玉命（あめのふとだまのみこと）の子孫で朝廷祭祀を掌る、勢力争いに敗れる ⇒**『古語拾遺』**の編纂

・『古語拾遺』では、一族の阿波（徳島県）忌部氏が東国へ進出し、房総半島に定住し、安房国と名付けて勢力を

張ったと記している。

（問題点）安房国に定住していたことの証拠が見つからない。

・茅ヶ崎社の社伝、忌部氏系図……安房の忌部氏が東京湾を渡り、鶴見川を遡行し定住し、杉山神社を建立したとの説。

忌部勝麻呂が天武天皇御宇の白鳳三年（674）秋九月、神託によりて武蔵国杉山の地に太祖高御座巣日太神（高御産日命（たかみむすびのみこと））、天日和志命（天日鷲命（あめのひわしのみこと））、由布津主命（ゆふつぬしのみこと）（阿八別彦命・天日鷲命の孫・阿波忌部氏の祖）三柱の神を祀り杉山神社と号す

（問題点）系図自体の内容に疑問が多く、学界では後世の偽作とされている。

（4）本社の有力候補

①**茅ヶ崎**（都筑区茅ヶ崎町）

……**『新編武蔵風土記稿』**、戸倉英太郎、小寺篤、飯田俊郎

コレ（茅ヶ崎社）、神明帳ニ載セタル神社ナリト云。或ハ伝フ、左ニハアラス。神明帳ニ載セタルハ、郡中吉田村ニ坐ス杉山社コレナリト。サレト当社（茅ヶ崎社）ノ方証跡多キニ似タレハ、恐ラクハ当社コソ昔ノ式社ナルヘケレ…

②**吉田**（港北区新吉田町）……菱沼勇

・「杉山」の小名、千年以上伝わる旧家の「森」家、古墳の存在

③**西八朔**（緑区西八朔町）……猿渡盛章（大國玉神社宮司、『新撰総社伝記考証』）、小島貞雄

・武蔵国六宮に比定されているが、これは所在地不明だったものを、猿渡盛章が江戸時代後期に西八朔と定めたものである。

④**大棚**（都筑区中川町）……**栗原恵吉『大棚根元考紀録』(1854)**

その他……⑤保土ヶ谷区星川……**『江戸名所図会』**

⑥鶴見神社（鶴見区）…横浜・川崎間最古の神社と自称

⑦町田市三輪の椙山神社

⑧勝田（都筑区勝田町）……坂本彰

（問題点）・都筑郡の範囲・境が古代とは変化している

・江戸時代後期の調査では、何の確証も得られなかった

三、祀られている神様（祭神）は何か？

そもそも祭神は、時代により変化することがよくある。

（1）現在

日本武尊（24社）と五十猛命（18社）が多い……明治の神仏分離以降に制定された祭神か

・日本武尊……東征により創建の伝説（元禄8年の六角橋社の縁起など）

・五十猛命……素戔嗚尊の子で、天から樹木の種を持ち来たり、日本中へ播いた神

（2）江戸期

『新編武蔵風土記稿』

本地仏が記されていても、祭神が不明の神社が多い

大橋方長『武蔵演路』

自分（大橋方長）が考えるに、（中略）今はとても大きな神社であっても、式内社でないところがある。また式内社であっても神名が分からなくなって、稲荷、明神、天神とのみ言い伝えている神社も多い。ゆえに、式内社は、今では分からないところが多い。

（3）もっと古い祭神は？

①杉の巨木に対する自然崇拝

……神が降臨する依代としての杉……酒林（さかばやし）（杉玉）など

②豊作祈願の農耕神……流域の谷戸田開発

③水運の神様……杉は船舶用材であり神の力で速く走るという

＊忌部氏系図等では……高御座巣日太神（高御産日命（たかみむすびのみこと））、天日和志命（天日鷲命（あめのひわしのみこと））、由布津主命（ゆふつぬしのみこと）（阿八別彦命・天日鷲命の孫・忌部氏の祖）三柱の神を

祀り杉山神社と号す

◎なぜ杉山神社というのか……植物の杉にちなむという説と、地名の杉山にちなむという説あり

四、誰が祀ったのか？

神社は、氏子たちによって成り立っている。

氏子集団が氏神様を勧請し、社殿を建立する。

・律令制から荘園制へ……在地領主の成長、武士団の形成……氏子集団の交代も有り得るか。

・谷戸の開発、新田開発、支配領域の拡大により、神社が分社して増加する。

↓

杉山神社の増加は、古代から中世にかけて、鶴見川流域に暮らした人々の生活や、歴史と密接に結びついている。

・流域の開発者が祀った神社なら水害対策か？

・支流（早渕川、恩田川）から本流へと開発が進む

自然と共に生きる生活＝篤い信仰心　⇒　自然を制御しようとする近代の生活、信仰心が薄れる

おわりに

（1）杉山神社の謎を解くには

①確実な史料に基づいて考えよう

・推論は実証できなければ仮説に過ぎない

②現代人の常識や思い込みから離れて、古代の風景とそこに住む人々の生活を想像しよう

・各神社の神域や社殿の現状に惑わされてはいけない

・神道とは、神社とは、祭神とは、時代によって考え方が変化していることを意識する

（2）タイトルが「郷土史最大の謎」で、「地域史」ではないのはなぜか

明治以降の近代歴史学は、天下国家を論じることを中心として発達

してきた。その中で、ごく限られた地域の歴史を語ることは「郷土史」と呼ばれて、国史（日本史）研究の補助的役割を担わされてきた。

戦後、その批判として、各地で生きてきた名も無い（？）庶民の生活・歴史を研究する「地方史」研究が唱えられたが、中央に対する地方なのかという批判が加えられた。

その批判から、村も、都市も、県も、日本の国も、アジアも、ユーラシア大陸も、面積の広い狭いはあっても、どこも1つの地域であり、その研究目的、研究手法、研究価値は変わらないとの主張から、現在の歴史学界では、「地域史」と呼ばれるようになっている。

しかしそうした歴史学界内部の動向にもかかわらず、現在でも一般的には「郷土史」「地方史」「地域史」の3つの名称はあまり区別されずに使われている。

あえて「郷土史」としたのは、杉山神社研究が未だ「地域史研究」になっていないのではないか？との疑問があるから。

⇒杉山神社研究も、郷土史から地方史へ、そして地域史へと発展させなければならないとの想い

どのような名称を使おうとも、戸倉英太郎さんが実践されてきたように、

①史料やフィールドワーク（現地調査）にもとづいた科学的な研究をすることと、

②郷土偏愛による独善的な考察に陥らないことが大切であるのはいうまでもない。

わたしたちは、過去の研究成果を正しく継承し、発展させていかなくてはならない。

戸倉英太郎『杉山神社考』に描かれた1956年頃の吉田社

杉山神社一覧（未定稿）

No.	新武風	旧社名	現社名	流域	旧郡村名	村　名
1	3-112	杉山社	細山神明社に合祀	多摩川 右	武蔵国 橘樹郡 稲毛領	金程村
2	3-114	杉山社	細山神明社に合祀	多摩川 右	武蔵国 橘樹郡 稲毛領	細山村
3	3-136	杉山社	杉山神社	多摩川 右	武蔵国 橘樹郡 稲毛領	五段田村
4	3-159	杉山社①	久本神社に合祀	多摩川 右	武蔵国 橘樹郡 稲毛領	久本村
5	3-159	杉山社②	久本神社に合祀	多摩川 右	武蔵国 橘樹郡 稲毛領	久本村
6	3-160	杉山社	杉山神社	矢上川 左	武蔵国 橘樹郡 稲毛領	末長村
7	3-167	杉山社	有馬神明神社	矢上川 左	武蔵国 橘樹郡 稲毛領	有馬村
8	3-173	杉山社①	久末天照大神に合祀	矢上川 右	武蔵国 橘樹郡 稲毛領	久末村
9	3-173	杉山社②	久末天照大神に合祀	矢上川 右	武蔵国 橘樹郡 稲毛領	久末村
10	3-181	杉山社	井田神社（天照皇大神宮）	矢上川 左	武蔵国 橘樹郡 稲毛領	井田村
11	3-185	杉山社	新城神社に合祀	多摩川 右	武蔵国 橘樹郡 稲毛領	新城村
12	3-189	杉山社	諏訪神社に合祀	多摩川 右	武蔵国 橘樹郡 稲毛領	諏訪河原村
13	3-194	杉山社	小杉神社	多摩川 右	武蔵国 橘樹郡 稲毛領	小杉村
14	3-200	杉山社	上丸子日枝神社に合祀	多摩川 右	武蔵国 橘樹郡 稲毛領	上丸子村
15	3-226	杉山社	杉山神社	鶴見川 右	武蔵国 橘樹郡 神奈川領	樽村
16	3-227	杉山社	伊勢山神社	鶴見川 右	武蔵国 橘樹郡 神奈川領	上駒岡村
17	3-230	杉山社	末吉神社	鶴見川 右	武蔵国 橘樹郡 神奈川領	上末吉村
18	3-236	杉山明神 牛頭天王 相殿	鶴見神社	鶴見川 右	武蔵国 橘樹郡 神奈川領	鶴見村
19	3-239	杉山社	杉山神社	鶴見川 右	武蔵国 橘樹郡 神奈川領	生麦村
20	3-257	杉山社	菊名神社	鳥山川 右	武蔵国 橘樹郡 神奈川領	菊名村
21	3-259	杉山社	八杉神社	鳥山川 右	武蔵国 橘樹郡 神奈川領	大豆戸村
22	3-260	杉山社	太尾神社	鳥山川 右	武蔵国 橘樹郡 神奈川領	太尾村

現所在地	創建（勧請）	本地仏	旧祭神（神体）	現祭神	備　考
川崎市麻生区細山2-6-1	寛文6年（1666）鎮座か	不動		五十猛命	村の鎮守
川崎市麻生区細山2-6-1	永長元年（1096）	不動		五十猛命	村の鎮守
川崎市多摩区西生田3-3-2	慶長18年（1613）以前	不動	（神体は、不動の木像）	日本武尊	村の鎮守
川崎市高津区久本1-16-13	—	—		五十猛命	
川崎市高津区久本1-16-13	—	—	（神体は、十一面観音像）	五十猛命	
川崎市高津区末長2-28-1	不詳	—	（神体は、木の立像）	五十猛命	
川崎市宮前区有馬5-13-24	—	—		五十猛命	曽根主税が采地の鎮守
川崎市高津区久末642	—	—		五十猛命	村の鎮守
川崎市高津区久末642	—	—		五十猛命	
川崎市中原区井田中ノ町13-24	—	—		五十猛命	
川崎市中原区新城中町4-14	—	—		五十猛命	
川崎市高津区諏訪3-16-48	—	—		五十猛命／日本武尊	
川崎市中原区小杉御殿町1-1010	不詳	—		日本武尊	村内鎮守三社の一なり
川崎市中原区上丸子山王町1-1555	—	—		日本武尊	
横浜市港北区樽町4-10	応永18年（1411）以前	荒沢不動	（神体は荒沢不動の紙帛）	日本武尊	
横浜市鶴見区駒岡4-29	—	—		日本武尊	
横浜市鶴見区上末吉4-14-14	—	—		日本武尊	
横浜市鶴見区鶴見中央1-14-1	不詳、北条の頃か	—		五十猛命	村の鎮守
横浜市鶴見区岸谷1-20-61	天正8年（1580）以前	不動尊	（神体は、古き仮面）	日本武尊	
横浜市港北区菊名6-5-14	—	—		日本武尊	
横浜市港北区大豆戸町239	—	—		日本武尊	この辺の鎮守
横浜市港北区大倉山2-16-1	—	—		日本武尊	

No.	新武風	旧社名	現社名	流域	旧郡村名	村　名
23	3-265	杉山社	杉山神社	鳥山川 右	武蔵国 橘樹郡 神奈川領	岸根村
24	3-277	杉山社①	神明社	鳥山川 左	武蔵国 橘樹郡 神奈川領	羽沢村
25	3-277	杉山社②	神明社	鳥山川 左	武蔵国 橘樹郡 神奈川領	羽沢村
26	3-278	杉山社	杉山神社	帷子川 左	武蔵国 橘樹郡 神奈川領	和田村
27	3-280	杉山社	杉山神社	帷子川 右	武蔵国 橘樹郡 神奈川領	仏向村
28	3-282	杉山社	杉山神社	帷子川 右	武蔵国 橘樹郡 神奈川領	下星川村
29	3-289	杉山社	杉山神社	帷子川 左	武蔵国 橘樹郡 神奈川領	帷子町
30	3-307	杉山社	神奈川熊野神社	神奈川 右	武蔵国 橘樹郡 小机領	神奈川町斎藤分
31	3-308	杉山社	杉山大神	神奈川 右	武蔵国 橘樹郡 小机領	六角橋村
32	3-310	杉山社	杉山神社	神奈川 右	武蔵国 橘樹郡 小机領	片倉村
33	3-311	杉山社①	(神明神社)	鳥山川 左	武蔵国 橘樹郡 小机領	下菅田村
34	3-311	杉山社②	杉山社	鳥山川 左	武蔵国 橘樹郡 小机領	下菅田村
35	3-315	杉山社	潮田神社	鶴見川 左	武蔵国 橘樹郡 川崎領	潮田村
36	3-320	杉山社	日枝大神社に合祀	鶴見川 左	武蔵国 橘樹郡 川崎領	小田村
37	3-348	杉山社	小倉杉山大神	鶴見川 左	武蔵国 橘樹郡 川崎領	小倉村
38	4-83	杉山明神社	子之神社	大岡川 右	武蔵国 久良岐郡 本牧領	堀之内村
39	4-89	杉山明神社	杉山神社	帷子川 右	武蔵国 久良岐郡 本牧領	戸部村
40	4-97	杉山明神社	岡村天満宮	大岡川 右	武蔵国 久良岐郡 本牧領	岡村
41	4-100	杉山明神社	杉山神社	大岡川 左	武蔵国 久良岐郡 本牧領	太田村

現所在地	創建（勧請）	本地仏	旧祭神（神体）	現祭神	備　考
横浜市港北区岸根町377	寛永18年(1641)6月	—		五十猛命	按に杉山神社は式内の神にして、古より近郷都の地に坐すときは爰へ勧請せしなるべし
横浜市神奈川区羽沢町922	—	—		不明	
横浜市神奈川区羽沢町922	—	—		不明	
横浜市保土ヶ谷区和田1-10-4	不詳	不動	（神体は、不動の坐像）	日本武尊	当所の鎮守
横浜市保土ヶ谷区仏向町553-1	—	不動		五十猛命	
横浜市保土ヶ谷区星川1-19-1	—	釈迦		日本武尊	
横浜市保土ヶ谷区西久保町118		不動		五十猛命	古社なれば当社もかの神社を勧請せしなるべし
横浜市神奈川区東神奈川1-1-3	—	—		五十猛命	
横浜市神奈川区六角橋2-31-23	—	—		大物主命／日本武尊	
横浜市神奈川区片倉5-5-21	—	—		大物主命	
（横浜市神奈川区菅田町891）	—	—		五十猛命	
横浜市神奈川区菅田町436	—	—	（神体は、不動の立像）	五十猛命	
横浜市鶴見区潮田町3-131-1	—	—		五十猛命	村の鎮守
川崎市川崎区小田2-14-7	—	—		不明	
川崎市幸区小倉1-4-6	—	不動		五十猛命	村の総鎮守
横浜市南区堀ノ内町2-134	—	—		大国主命	
横浜市西区中央1-13-1	—	薬師	（神体は薬師）	大己貴命	村の鎮守
横浜市磯子区岡村2-13-11	—	—		市杵島姫命	村の鎮守
横浜市南区南太田2-7-29	—	薬師		日本武尊	村の鎮守、按するに都筑郡吉田村杉山神社は『延喜式神名帳』に載る所なりと云、近郷同祭神の社多し、皆彼神を勧請せしなるべし、

No.	新武風	旧社名	現社名	流域	旧郡村名	村　名
42	4-104	杉山明神社	杉山神社	大岡川 右	武蔵国 久良岐郡 本牧領	蒔田村
43	4-171	杉山社	杉山神社	帷子川 右	武蔵国 都筑郡 神奈川領	川島村
44	4-180	杉山社	杉山神社	帷子川 左	武蔵国 都筑郡 神奈川領	上星川村
45	4-183	杉山社	杉山神社	鶴見川 右	武蔵国 都筑郡 神奈川領	中山村
46	4-188	杉山社	杉山神社	恩田川 左	武蔵国 都筑郡 神奈川領	西八朔村
47	4-191	杉山社	杉山神社	谷本川 右	武蔵国 都筑郡 神奈川領	青砥村
48	4-193	末社杉山社	本郷神社（稲荷）	鶴見川 右	武蔵国 都筑郡 神奈川領	本郷村
49	4-202	杉山社	杉山神社	鶴見川 左	武蔵国 都筑郡 神奈川領	大熊村
50	4-203	杉山社①	杉山神社	鶴見川 左	武蔵国 都筑郡 神奈川領	新羽村
51	4-204	杉山社②	北新羽杉山大明神	鶴見川 左	武蔵国 都筑郡 神奈川領	新羽村
52	4-208	杉山社	杉山神社	早渕川 右	武蔵国 都筑郡 神奈川領	吉田村
53	4-217	杉山社	杉山神社	早渕川 右	武蔵国 都筑郡 神奈川領	茅ヶ崎村
54	4-220	杉山社	杉山神社	鶴見川 左	武蔵国 都筑郡 神奈川領	池辺村
55	4-226	杉山社	杉山神社	谷本川 左	武蔵国 都筑郡 神奈川領	佐江戸村
56	4-228	杉山社	杉山神社	恩田川 左	武蔵国 都筑郡 神奈川領	恩田村
57	4-242	杉山社	杉山神社	谷本川 右	武蔵国 都筑郡 小机領	上谷本村

現所在地	創建（勧請）	本地仏	旧祭神（神体）	現祭神	備　　考
横浜市南区宮元町3-48	—	—		市杵島姫命	村の鎮守
横浜市保土ヶ谷区川島町896	不詳	不動		五十猛命／日本武尊	村の鎮守
横浜市保土ヶ谷区上星川2-12-12	—	—		日本武尊	村の総鎮守
横浜市緑区中山町718	—	—	（神体は、木の立像）	五十猛命	村の鎮守
横浜市緑区西八朔町208	—	—	（神体は、不動の立像）	五十猛命	村の鎮守
横浜市緑区青砥町1119	—	不動	（神体は、木の坐像）	五十猛命／日本武尊	村の鎮守
横浜市東本郷4-12	—	—	—	不明	村の鎮守神明社の末社
横浜市都筑区大熊町497	—	—	（不動の如くにて石の坐像）	日本武尊	村の鎮守、新羽村西方寺の持ち
横浜市港北区新羽町2576		昔の本地は石像の不動	（菅神の像に似た木の立像）	日本武尊	南の杉山神社
横浜市港北区新羽町3918	—	—	—	大己貴命	北の杉山神社
横浜市港北区新吉田町4509			（神体は不動、木の坐像）	五十猛命	
横浜市都筑区茅ヶ崎中央58			①太祖高御座巣日太神・天日和志命・由布津主命、②日本武尊、（中へ不動の像を鋳つけたる鏡）	五十猛命	これ『神名帳』にのせたる神社なりと云、或は伝ふ左にはあらず、『神名帳』に載せたるは、郡中吉田村に坐す杉山社これなりと、されど当社の方証跡多きに似たれば、恐らくは当社こそ昔の式社なるべけれ
横浜市都筑区池辺町2718		八所権現	（神体は木の立像、古き神体は不動）	五十猛命	村の総鎮守
横浜市都筑区佐江戸町2020	不詳、北条の頃か慶長18年（1613）再興の棟札あり		（神体は束帯の像）	五十猛命	
横浜市青葉区あかね台1-1-6	—	—	—	日本武尊	
横浜市青葉区みたけ台26-1	—	—	（神体は不動、木の坐像）	五十猛命	

No.	新武風	旧社名	現社名	流域	旧郡村名	村　名
58	4-243	杉山社	杉山神社	谷本川 右	武蔵国 都筑郡 小机領	下谷本村
59	4-246	杉山社	杉山神社	鶴見川 右	武蔵国 都筑郡 小机領	寺山村
60	4-247	杉山社	杉山神社	鶴見川 右	武蔵国 都筑郡 小机領	鴨居村
61	4-255	杉山社	杉山神社	早渕川 右	武蔵国 都筑郡 小机領	勝田村
62	4-257	杉山社	杉山神社	早渕川 左	武蔵国 都筑郡 小机領	大棚村
63	4-259	青木明神 杉山明神 合社	鉄神社	谷本川 左	武蔵国 都筑郡 小机領	中鉄村
64	4-262	杉山社	住吉神社に合祀	恩田川 左	武蔵国 都筑郡 小机領	奈良村
65	4-266	杉山社	杉山神社	恩田川 右	武蔵国 都筑郡 (領名未勘)	久保村
66	4-268	杉山社	杉山神社	谷本川 左	武蔵国 都筑郡 (領名未勘)	市ヶ尾村
67	4-284	杉山社	神明社	帷子川 左	武蔵国 都筑郡 (領名未勘)	上川井村
68	4-308	杉山社	杉山神社	恩田川 左	武蔵国 多摩郡 木曽郷	成瀬村
69	4-312	杉山社	杉山神社	恩田川 右	武蔵国 多摩郡 木曽郷	小川村
70	4-315	杉山社①	杉山神社	境川 右	武蔵国 多摩郡 木曽郷	金森村
71	4-315	杉山社②	杉山神社	境川 右	武蔵国 多摩郡 木曽郷	金森村
72	5-42	杉山社	杉山神社	谷本川 左	武蔵国 多摩郡 府中領	平尾村
73	5-47	杉山社	椙山神社	谷本川 右	武蔵国 多摩郡 柚木領	三輪村
74		杉山神社	天照大神	笹下川左	武蔵国 久良岐郡	雑色村
99			五反田神社			

現所在地	創建（勧請）	本地仏	旧祭神（神体）	現祭神	備　考
横浜市青葉区千草台17-2	—	—	（神体は不動、木の立像）	五十猛命	村の鎮守
横浜市緑区寺山町177	—	—	—	五十猛命	村の鎮守
横浜市緑区鴨居4-8	—	—	—	日本武尊	村の鎮守
横浜市都筑区勝田町1231	不詳、応永5年（1398）以前か		（神体は不動、木の立像）	五十猛命／日本武尊	村の鎮守、猶橘樹郡内下菅生村の条合せ見るべし
横浜市都筑区中川6-1-1	—	—	—	五十猛命／日本武尊	
横浜市青葉区鉄町1553	—	—	—	五十猛命	鉄三村の鎮守
横浜市青葉区すみよし台833	—	—	—	不明	
横浜市緑区三保町2079	—	—	—	日本武尊	村の総鎮守
横浜市青葉区市ヶ尾町641	—	—	（神体は丸き鏡、胎蔵界の大日の像を刻す）	五十猛命	村の総鎮守
横浜市旭区上川井町112	—	—	—	不明	
町田市成瀬4507	不詳	—	高座雲尊	五十猛命	按に杉山神社は、都筑郡にいます式内の神にして、祭神は玉大猛命なり
町田市つくし野2-8-3	不詳	—	（神体は白幣）	日本武尊	
町田市金森326	不詳	—	（神体は木の立像）	日本武尊	
町田市金森1621	不詳	—	—	日本武尊	
稲城市平尾1189	延徳4年（1492）か		（神体は、不動の像を鋳出した鏡の如き銅物）	日本武尊	この地の鎮守
町田市三輪町1618	寛文11年（1671）頃か		（神体は、不動の像を鋳出した鏡の如く円なる鋳物）	日本武尊	
横浜市港南区港南5丁目					小股昭氏発見、明治41年に他6社と共に天照大神へ合祀された
川崎市多摩区三田1-2-10				日本武尊	

No.	新武風	旧社名	現社名	流域	旧郡村名	村　名
その他		杉宮	杉山神社		相模国 三浦郡 衣笠庄	上山口村
			富士山神社			
			江島杉山神社			
			杉山神社			
			杉山神社			
			杉山神社			
			杉山神社			

注

①No.1〜73は、『新編武蔵風土記稿』の掲載順とした。

②「新武風」は『新編武蔵風土記稿』であり、数字は活字本の巻数と頁数を表わす。

③網掛けは、式内社の候補社を表す。

④参考資料：『新編武蔵風土記稿』、『杉山神社フォーラムⅠ　資料』等

⑤『中世吉井の城館跡』（吉井町教育委員会、1991年）13頁には、群馬県高崎市吉井町の河内の砦に隣接して杉山神社があったとされているが、大杉神社の誤りと思われるので表には加えなかった。ご教示いただいた齋藤良氏に感謝申し上げる。

現所在地	創建（勧請）	本地仏	旧祭神（神体）	現祭神	備　考
三浦郡葉山町上山口2639	不詳		祭神不詳、海中出現の神像	大物主命	村の鎮守、『新編相模国風土記稿』5-238、明治8年に杉宮大明神から杉山神社へと改称した
横浜市保土ケ谷区西谷町937	昭和36年（1961）9月				上星川の杉山神社から分霊を勧請した
墨田区千歳					弁天社、江戸時代の杉山和一検校を祀っている
青森県弘前市百沢東岩木山					戦後開拓された「杉山」地区に創建された神社
奈良県桜井市飯盛塚			大山津見神		
奈良県桜井市			久久能智神		談山神社の末社
福岡県福岡市早良区西新			宇迦之御魂神		杉山稲荷神社、元は紅葉八幡宮の境内社

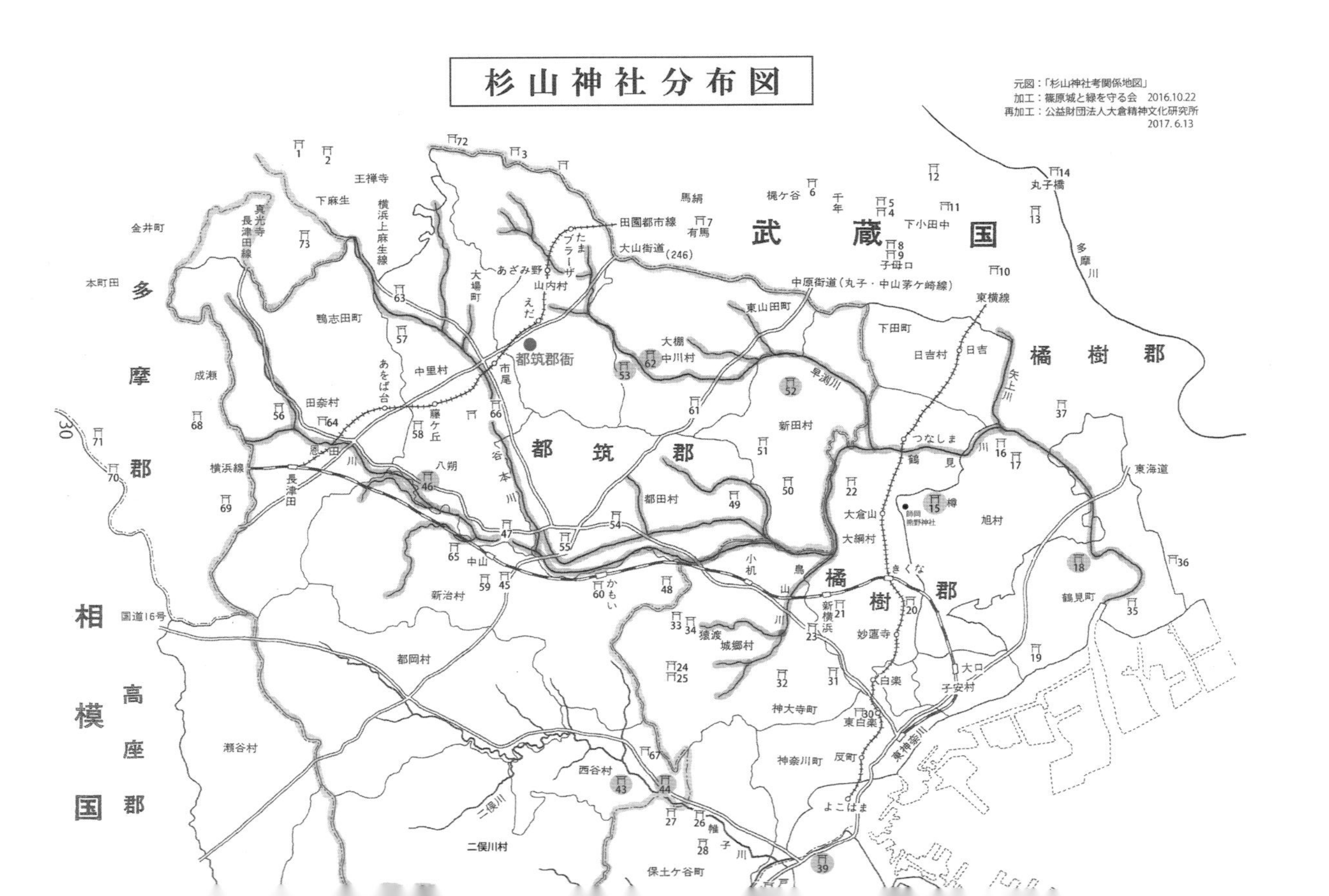
杉山神社分布図
元図：「杉山神社考関係地図」
加工：篠原城と緑を守る会　2016.10.22
再加工：公益財団法人大倉精神文化研究所　2017.6.13
武蔵国
橘樹郡
都筑郡
多摩郡
相模国
高座郡
都筑郡衙
田園都市線
大山街道（246）
中原街道（丸子・中山茅ケ崎線）
東横線
東海道
横浜線
国道16号
多摩川
鶴見川
早渕川
恩田川
帷子川
丸子橋
下小田中
子母口
千年
梶ケ谷
馬絹
有馬
王禅寺
下麻生
横浜上麻生線
真光寺長津田線
金井町
本町田
成瀬
鴨志田町
田奈村
中里村
藤ケ丘
あざみ野
山内村
たまプラーザ
えだ
市尾
あをば台
大場町
大棚
中川村
東山田町
新田村
都田村
下田町
日吉村
日吉
つなしま
大倉山
大綱村
旭村
鶴見町
きくな
新横浜
妙蓮寺
白楽
大口
子安村
東白楽
反町
よこはま
神大寺町
神奈川町
城郷村
猿渡
小机
鳥山川
かもい
中山
新治村
八朔
谷本川
長津田
都岡村
西谷村
二俣川
二俣川村
瀬谷村
保土ケ谷町
師岡熊野神社

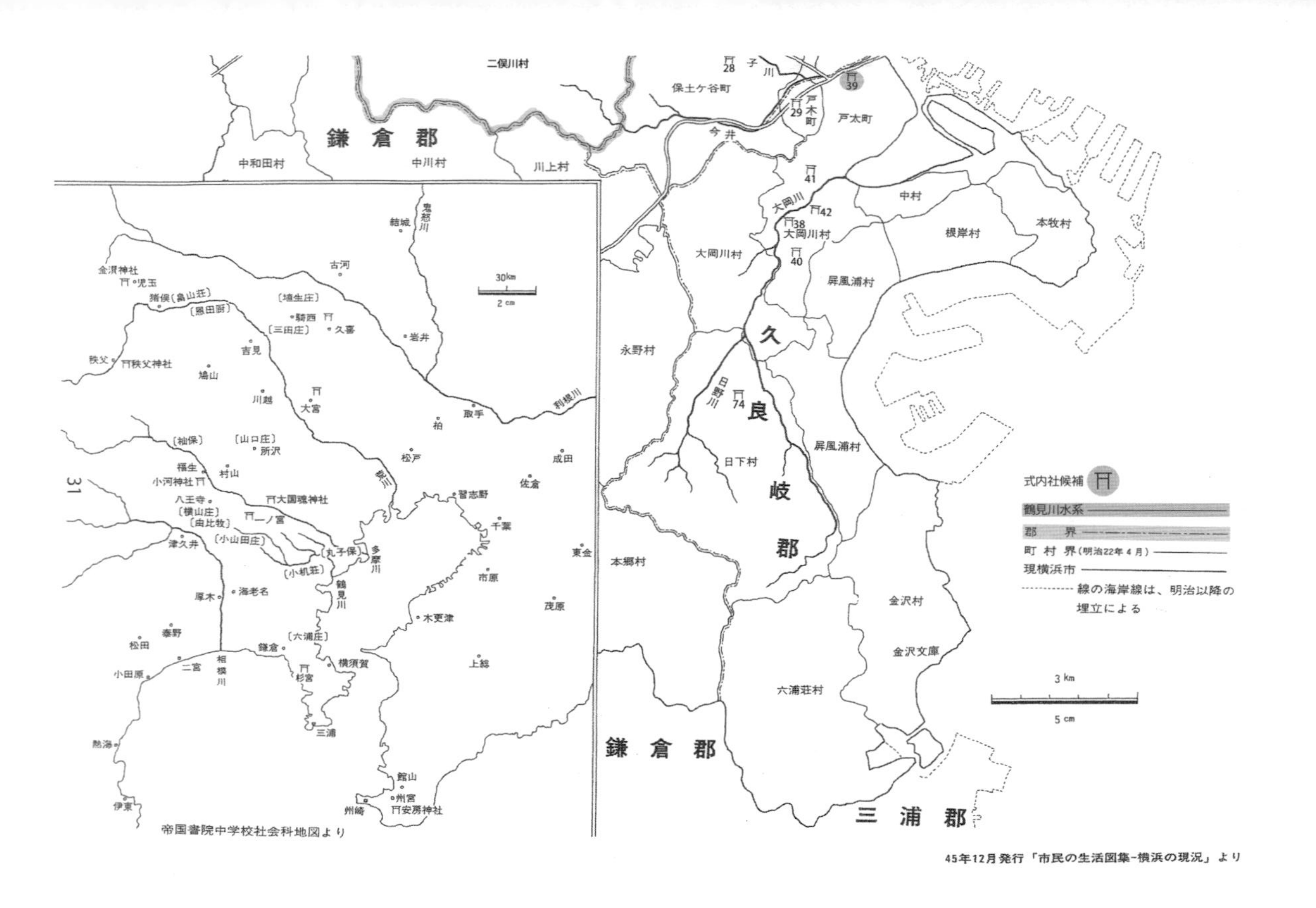
二俣川村
保土ケ谷町
鎌倉郡
中和田村
中川村
川上村
戸木町
戸太町
今井
大岡川
大岡川村
大岡川村
中村
根岸村
本牧村
屏風浦村
久
良
岐
郡
日野川
永野村
屏風浦村
日下村
本郷村
式内社候補
鶴見川水系
郡界
町村界（明治22年4月）
現横浜市
線の海岸線は、明治以降の埋立による
金沢村
金沢文庫
六浦荘村
3 km
5 cm
鎌倉郡
三浦郡
45年12月発行「市民の生活図集-横浜の現況」より
30km
2 cm
金鑚神社
児玉
猪俣（島山荘）
（恩田郡）
秩父
秩父神社
結城
鬼怒川
古河
（埼生庄）
騎西
久喜
（三田庄）
岩井
吉見
鳩山
川越
大宮
取手
利根川
柏
（袖保）
（山口庄）
所沢
松戸
成田
福生
村山
小河神社
佐倉
八王寺
大国魂神社
習志野
（横山庄）
一ノ宮
千葉
（由比牧）
（小山田庄）
（丸子保）
多摩川
東金
津久井
（小机荘）
鶴見川
市原
厚木
海老名
木更津
茂原
秦野
松田
（六浦庄）
鎌倉
上総
小田原
二宮
相模川
杉宮
横須賀
三浦
熱海
館山
州宮
州崎
安房神社
伊東
帝国書院中学校社会科地図より

杉山神社研究の主要文献一覧

2019年８月23日改訂

	論文名・書名	著者・編者	出版	成立又は刊行
杉山神社関係				
	神道集（巻第三、十五者武蔵六所明神事）	未詳	（神道大系編纂会『神道大系文学編一』所収）	文和・延文年間（1352～61）
	武蔵演路	大橋方長	（『新編埼玉県史』資料編10所収）	安永9年（1780）序、文化期まで加筆
	新編武蔵風土記稿	昌平坂学問所地理局	雄山閣、1996年	1810～30（文化７～文政13）
	新撰総社伝記考証	猿渡盛章	『武蔵総社大国魂神社史料１』1944年	1828（文政11）～1848頃
	江戸名所図会（巻二）	斎藤幸雄・幸孝・幸成	角川書店（新版 全3巻)、1975年	1834年（天保5）
	大棚根元考紀録	栗原恵吉	（『昭和53年度港北ニュータウン地域内歴史民俗調査報告書』所収、横浜市都市整備局港北ニュータウン建設部）	1854年（嘉永7）正月
	漫遊雑記	猿渡盛章	（府中市郷土資料集4『猿渡盛章紀行文集』所収、府中市教育委員会）	1859年（安政6）正月
	杉山神社神寿歌（『墨水鈔』一）	黒川春村	明治期版本（1896年「杉山神社神寿歌釈」として『神道叢書』巻の二に収録）	不詳（著者は慶応2年没）
	武蔵総社誌	猿渡容盛	『武蔵総社大国魂神社史料１』1944年	1868年（慶応4）5月
	杉山神社考（さつき叢書5、都筑の丘に拾ふ第三編）	戸倉英太郎	自費出版	1956年5月
	平安時代の動き、鎌倉時代における横浜市域の社会と経済（『横浜市史』第1巻』）	和島誠一、岡田清子、鈴木良一	横浜市	1958年3月
	武蔵の古社　歴史と風土7	菱沼勇	有峰書店	1972年3月10日
	杉山神社（『式内社調査報告第11巻東海道6』）	三橋健著、式内社研究会編	皇学館大学出版部	1976年9月10日
	式内社杉山神社はどこか（『県央史談』16号）	鈴村茂著、権守・高梨編	県央史談会	1977年12月1日
	杉山神社考	戸倉英太郎著・緑区郷土史研究会編	緑区郷土史研究会	1978年9月25日
	三保町杉山神社誌	苅谷定吉	苅谷定吉	1978年11月3日序（1984年『都筑文化』4号に一部再録）
	杉山神社についての一考察（『地域研究論文集』）	歴史研究部	法政大学第二高等学校歴史研究部	1981年3月3日
	杉山神社信仰者集団（『川崎地域史研究会紀要』創刊号）	渡辺賢二著、川崎地域史研究会編	川崎地域史研究会	1981年8月15日
	杉山神社についての一考察（『早渕川の流れは永遠に』）	安藤由喜夫著・『戸倉英太郎さん生誕百年を記念する会』実行委員会編	『戸倉英太郎さん生誕百年を記念する会』実行委員会	1982年11月3日
	三保町杉山神社誌（『都筑文化』4号）	苅谷定吉著、緑区郷土史研究会編	緑区郷土史研究会	1984年5月25日
	杉山神社について（『都筑文化』4号）	小股昭著、緑区郷土史研究会編	緑区郷土史研究会	1984年5月25日
	杉山神社について（『港北区史』）	安藤由喜夫著・港北区郷土史編さん刊行委員会編	港北区郷土史編さん刊行委員会	1986年3月31日
	杉山神社（『小中学生のための港北の歴史　上』）	横浜市港北図書館編	横浜市港北図書館	1986年3月31日
	式内杉山神社の探求	菱沼勇	有峰書店新社	1989年
	杉山神社（『都筑の民俗』）	港北ニュータウン郷土誌編纂委員会	港北ニュータウン郷土誌編纂委員会	1989年5月15日

	社殿改築御遷宮記念（勝田杉山神社）	建設委員会	勝田杉山神社	1992年10月17日
	杉山神社（『緑区史』通史編）	中西望介著、緑区史編集委員会編	緑区史刊行委員会	1993年2月28日
	大棚中川杉山神社　社殿改築御遷宮記念		大棚・中川杉山神社建設委員会	1995年10月15日
	杉山神社と栗原恵吉（『大棚昔話（全）』）	吉野孝三郎	吉野孝三郎	1998年9月
	三保杉山神社造営記念誌	三保杉山神社造営記念誌編集委員会編	三保杉山神社建設委員会	2000年12月31日
	杉山神社の記録ー横浜市緑区三保町鎮座ー	相澤雅雄	相澤雅雄	2002年5月16日
	鶴見川と杉山神社（『鶴見川流域誌』流域編）	鶴見川流域誌編集委員会	国土交通省関東地方整備局京浜河川事務所	2003年7月31日
	なぞの杉山神社（『鶴見川流域の考古学』）	坂本彰	白水社	2005年1月20日
	府中六所宮と六宮・杉山神社（『府中郷土の森博物館紀要』20号）	小野一之著、府中市郷土の森博物館編	府中市郷土の森博物館	2007年3月9日
	古代の杉山神社に関する基礎的検討（『横浜市歴史博物館調査報告』4～6号）	平野卓治著、横浜市歴史博物館編	横浜市歴史博物館	2008年3月～2010年3月
	杉山神社を探そう、杉山神社の有力候補、港北区内の杉山神社（『わがまち港北』）	平井誠二	『わがまち港北』出版グループ	2009年7月7日
	私説杉山神社考	飯田俊郎	飯田俊郎	2009年8月12日
	青葉区の杉山神社（『山内つづきの会定例会　平成25年6月』）	八十川迪夫	山内つづきの会	2013年6月19日
	杉山神社と法性寺	鈴木政治	（鈴木政治）	2014年4月1日
	杉山神社フォーラムⅠ　資料集	平野卓治、大塚文夫、中西望介、金子和夫、、篠原城と緑を守る会、吉川英男	篠原城と緑を守る会	2016年10月22日
	杉山神社フォーラムⅡ　資料集	石川正人、小股昭、伊藤宏見、鈴木富雄	篠原城と緑を守る会	2018年3月3日
	杉山神社フォーラムⅢ　資料集	森本昌広、馬淵隆、濵田正二、金子和夫	篠原城と緑を守る会	2019年3月2日
	杉山神社を考えるー過去30年の研究業績の紹介ー（『大倉山論集』65）	小股昭	大倉精神文化研究所	2019年3月1日
	市内のいたるところに存在する杉山神社。その謎に迫る！	千場安曇	はまれぽ.com	
	横浜市内に点在する杉山神社を全社制覇！ Vol.1～4（未完）	千場安曇	はまれぽ.com	
忌部氏関係				
	古語拾遺の研究（『日本古典の研究』下）	津田左右吉	岩波書店	1950年2月20日
	忌部の職能（『日本古代国家論究』）	上田政昭	塙書房	1968年11月30日
	忌部の研究（『古代王権と宗教的部民』）	井上辰雄	柏書房	1980年6月21日
	新撰姓氏録の研究　考証篇第三	佐伯有清	吉川弘文館	1982年7月10日
	『古語拾遺』の忌部と安房郡、『古語拾遺』（『千葉県史』通史編　古代2）	吉井哲著、千葉県史料研究財団編	千葉県	2001年3月25日
	古代神祇祭祀制度の形成過程と宗像社（『「宗像・沖ノ島と関連遺産群」研究報告Ⅰ』）	加瀬直弥	「宗像・沖ノ島と関連遺産群」世界遺産推進会議	2011年3月31日

（『昭和53年度港北ニュータウン地域内歴史民俗調査報告（港北区中川町）』横浜市都市整備局港北ニュータウン建設部、1979年より）

栗原恵吉『大棚根元考紀録』（現代語訳）

（嘉永7年（1854）正月、栗原恵吉の自序あり）

杉　山　神　社

そもそも大棚郷に鎮座する杉山神社というのは、『延喜式』（50巻、藤原忠平撰、延長5年(927)成立）に所載されている武蔵国44座の内、都筑1郡の総社であり、杉山大明神の本宮である。

数百年の歳月を経る間に、地域の住民は式内社の尊号を忘れてしまい、後年に遷座した新宮と同様に、杉山大明神とのみ唱えて、式内社の尊号はいつの間にか絶えてしまい、一度はその本所が分からなくなってしまった。

その隙を突いて、最近では都筑郡の内で、そこかしこで式内社の由を申し立てて、（京都の）神祇官の家に訴え出ることもあった。しかし、**証拠が無い**ので、神社号はどこの神社にも免許されなかった。

それでも、式内本宮の由を3ヵ所の神社が主張している。それだけではなく、偽りを書いた書物など、虚実が入り交じって、真偽が分からなくなってしまったちょうどその時、関東の旧跡調査が行われて、文化13年（1816）3月19日、巡見役の内山清蔵・石川礼助（湯島聖堂の役人衆）が当所へ来て、種々調査をした際に、杉山明神のことも詳しく尋ねられた。しかし、その頃由緒を記した証拠も無く、ただ天正の水帳に、字「稲荷の前」という所に、上田4反56歩の年貢免除地の記載があった。しかし、文禄の検地の時に免田は没収されて、今は無い。文禄の水帳を所蔵してきた名主（仙助とか六郎左衛門を通り名とする、自分の祖父である）は、その水張を提出しようとしたが、同役の内（名主10人）より制止されて、記録から漏れたと聞き及んでいる。

『武蔵演路』巻3には、「茂仲曰く、**杉山大明神は八朔村の杉山明神が本社のようだ**、古来より朱印状も所有している。それに加えて、八朔は古来の親郷だからである。およそ都筑郡内の村々は、たいてい杉山大明神を鎮守として祀っている。**私（茂仲）が本社と思う杉山神社は、大棚村、勝田村、吉田村、茅ヶ崎村の杉山神社である**。新羽村に

もあるらしい。だから、小机の杉山神社とする説は誤りである。」と書いている。

八朔村の杉山明神の朱印状は、久世大和守の領地だった時に、大和守の推挙によって、三代将軍家光公の御代、慶安4年（1651）の朱印状なので、天正の水帳に記されている神領とは関係性を論じることが出来ない。記録が忘れられて空しく時が過ぎたが、神徳は未だ尽きていない。

天保5年（1834）7月、大棚村杉山神社の別当龍福寺の住職が昔の神璽を探し出して、神祇管領白川伯王へ訴状を差し出して、神社号を願い出たところ、間違いないと公文所の決定があった。

かたじけなくも、禁裏の内侍所において、案上（机の上）の神祭式（明神祭式か）が執り行われ、神職を派遣されて、神祇伯雅寿王（文政2年～天保5年8月16日）自筆による「杉山神社」の4字の額を賜った。さらに永世のために数通の添え状を渡された。伝聞によると、古来の社は後山に在ったが、一度火災を受けて、今の場所に移したという。このように、本来の鎮座地を捨てたことは、その当時の神職の不覚により生じたことで、如何ともし難い。旧社の跡と言い伝えている場所が、山の中腹にあるが、自然に崩れていき、あまり平らでは無くなり、やつと場所が分かる程度である。今では他人の持ち山となって、社地もすべて減少して、神領も失われてしまったが、昔日のように神社号を賜ったことは、とても有り難い事である。（中略）

神官より賜った宝品
一、御神璽　箱入り
一、奉幣
一、額　杉山神社
同裏書き　天保5年7月 神祇伯雅寿王謹書
一、幅翰　立紙（竪紙）　并連名書　横折
一、額字副翰　横折
一、籍証　同　延喜式旧社の御文なり、
一、鎮祭祀　同
一、鎮拝式　同
外に

一、横掛物　　　和歌一軸

神祇伯資延王殿御筆

一、白川殿御用絵府　　一枚并人馬帳印鑑

一、同　　御用提灯　　一張

一、達書　右の免状なり、

子二月

追副の品

一、円鏡　護持院大僧正　初め智積院の随高房と云よし、柳沢の史記に出る。実は隆高房。　所持

栗原六郎左衛門　寄付

評

一説によると、少し昔に、**吉田村稲坂の杉山神社**が式内社の本宮であるとの由を、吉田家の関東役所に訴え出て、神社号を願ったことがある。

また、文化年間（1804～18）に**茅ヶ崎村の杉山神社**を、下総国小松川（東京）の神主の取り次ぎにより、同様の事を吉田家に願い出て、この時は願主に神主を免許し烏帽子と直垂を拝領したという。

また、**八朔村の杉山神社**は朱印状を持っているので、別当の極楽寺が同様の事を願い出たが、証拠が無くて、神社号は茅ヶ崎にも八朔にも免許されなかった。

前述の吉田村から願い出た時のことであろうか、神社の絵図や、「神社帳」(「場所書帳」）と名付けてお宮毎に本地仏と所在地を書いて出す人があり、（式内社を）吉田村と載せている。

『延喜式』巻90「神名帳」にある3,132座は、日本中の大小の神様の総数であり、延喜年間（901～23）よりすでに900年以上もの歳月を経て、本来の鎮座地が分からなくなった神社は、武蔵国に限らず、どの国でも同じような事である。

ところが、関八州にせよ武蔵国にせよ、たくさんの式内社の所在地を一ヵ所も漏らさず書き記しているのは、後世の人のしたことで、とても信じがたい。世の中に流布している版本では無くて、写本である。これは少し昔に作られたもので、神社参りをするために、氷川神社より出されたという。

今見聞するに、土地の人はこれを信じて、大棚の杉山神社に疑念を

持っているので、**証拠を確かめて真偽を考察しなければならないことをここに主張する**。

『延喜式』「神名帳」には、武蔵国44座大2座、小42座と記している。

荏原郡稗田神社を武蔵国の初筆に掲げている。しかし、一度本当の場所が分からなくなり、下総国宮田氏の「旧祠記」に書かれている所は、六郷領八幡塚村の八幡宮としている神領18石。あるいは鵜木村の百姓の屋敷地の中にあるとも言われている。またかの「場所書帳」(「神社帳」)には、江戸芝三田田町7町目八幡社と記している。かつて文化年中に内山氏・石川氏が調査に来た時は、蒲田村の八幡社昔神領20石があったが今は無い。昔行方弾正が没落した時に没収されたという。が本宮だろうとの考えを言われ、土地の人はこの八幡宮を大いに尊敬して、吉田役所へ願い出て、神社号を賜ったという。

このように、稗田神社と称する社は、荏原郡の中に4ヵ所ある。この内、蒲田と三田は昔の親郷(本村のこと⇔枝村)である。『和名類聚鈔』に、荏原9郷の内、蒲田・御田とあるのがこれだと言われている。しかしながら、稗田神社は蒲田郷の神社が本所である。その理由は、『日本三代実録』巻5、貞観6年8月……(中略)、また『新編武蔵風土記稿』に曰く、「貞観6年8月、武蔵国従五位下蒲田の列官社を、延喜式の頭書に蒲を当てて稗と作ったと見える。ここから考えるに、蒲を稗としたなら蒲田の神社とも言うべきことである。」そうすると、稗田神社は今の蒲田の八幡社に限定することは出来ないだろう。それなのに、八幡塚とか、鵜木とか、三田などと後世の人が書いているのは、大いに怪しい。日本の大記録である『日本三代実録』(割り注略)以下の書物に逆らっている。かの「神社帳」などというものも、信用しがたい。

多摩郡8座の内、小野神社は『地名考』に「府中六所の宮なるべし」としている。『旧祠記』には、「小野大明神なり」としている。これは一之宮村という。かの「場所書帳」には本宿村と書いている。

同郡、大麻止乃豆乃天神社は、今の八王子北野村天神である。人々が誤って菅神(菅原道真)と言っていると『武蔵演路』巻二に書いてある。「場所書帳」には、御嶽山と書いている、ことに参詣の順路として、武蔵国44座の筆頭に記している。

同郡、阿豆佐味天神社は、殿ヶ谷村、岸村、鷺宮村ともいわれてい

る。「場所書帳」には、この内の殿ヶ谷村と記している。

同郡、虎柏神社は、『武蔵演路』には佐津村、「場所書帳」には根ヶ布村とある。

また、阿伎留神社も3ヵ所にあって、ことに大嶽山には長年扁額を掲げてあったが、少し以前に訴訟があって、八王子の五日市になったという。

秩父郡2座の内、秩父神社は大宮妙見尊の祠だといわれ、あるいは三峰山という説もある。

この他に、神名が失われたり、あるいは天神などに名称が変わってしまったものも数多くある。こうした疑惑についても、『武蔵演路』にははっきりと書いてある。

とりわけ、杉山神社は、その頃までも本所（式内社）が分からなくなっていて、都筑郡の部に神名を出して、場所は特定せず、大棚、勝田、吉田、茅ヶ崎、八朔などの説があって、その中でも八朔村の杉山明神が正しいようだとの意見書が付けられているのみである。

すなわち、**文化年間（1804～18）には天下の役人が心血を注いで調査しても既に（式内社の場所は）分からなくなっていた**ということである。かの「場所書帳」が証拠となるのならば、その様なことは無かったはずである。したがって当然のことながら「場所書帳」は信用できない。後世の人は、なお考察を加えて欲しい。

碑　銘

神宝の古い証拠は、弘化2年（1845）に別当寺で紛失した。また天正、文禄の2冊の水帳（検地帳）はいずれも料紙に欠損がある。郷の証拠が失われるのは風前の灯火のごとくである。しかし今なお現存しているので、私（栗原恵吉）が願っていることは、今の内に儒学者に（説明の）文章を書いてもらって、神前に石碑を建てれば将来の役に立つと思う。

すでにその事を相談しており、嘉永3年（1850）春頃に趣意書を作り人々に見せて、同意を得られたので、同年7月5日林大学頭の屋敷を訪ねて碑文を依頼した。学頭河田氏の家で子細を尋ねられたので、趣旨を伝えた。そうしたところ、証拠史料を使って書くと言われた。そ

こでそのことを氏子中で相談したのだが、意見が錯綜して決まらなかったので、神官の副書と水帳を携えて8月19日に学頭の所へ行き、その旨を説明した。（学頭河田氏から）許しは得られたが、きちんと話し合いをして趣意書を出しなさと言われた。しかしあれこれあってしばらく時間を要したが、翌（嘉永）4年正月下旬に話がまとまった。これにより、総鎮守の社伝に関することなので、氏子中より金を集めて石碑を立てようと計画し、人々の難儀にならないようにと、1軒毎に8銭を月掛けにして5年間で500文とした。ただし、小さい家はそれより減額して出しても良いことにして毎月集めることにした。私（栗原恵吉）が最初から氏子中に約束したことなので今年（嘉永4年）2月より始めた。しかし、（この奉加金に）参加しない者が二人あったので、これは名主が保証することになった。こうして、同年（嘉永4年）4月6日に趣意書を学頭の所へ出した。

　『延喜式』兵部省には武蔵国に四駅あってその一つであり、『和名類聚抄』の都筑郡7郷の内、綴喜店屋郷、後大店となり、また大棚郷ともいう天正文禄。共に地図に書かれている。『武蔵演路』は、当地の駅路と宿根入は昔の店屋であると言っている。そこから東の鵜目にかけて連山の峰と北野の荒原に古道のくぼ地がある。鎌倉街道と称しており、野畠から古瓦が出土する。当郷に鎮座する杉山神社は日本武尊を祭っている。（ここが）式内社当国（武蔵国）44座の内、当郡（都筑郡）の総社であり、杉山大明神の本宮である。『続日本後記』に曰く、都筑郡の杉山神社に官幣を奉る、霊験があるからである。仁明天皇の承和5年（838）2月、武蔵国無位杉山名神に従五位下を授ける。醍醐天皇の延喜5年（905）に神宣を定められて、「神名式（じんみょうしき）」都筑郡1座 小 杉山神社云々とした。

　伝承によると、古い社殿は当社の後ろの山にあった。火災により今のところに移転したと伝えられている。天正19年（1591）に作られた地図には、稲荷ノ前に4段56歩の免田が記されている。文禄3年（1594）の検地でこの免田は没収され、旧地もある人の持山となってしまった。こうして、延喜から900年を経て伝承は途絶え、名跡も失われてしまった。

天保5年（1834）の初秋（7月）、別当龍福寺の住職は古伝を再興しようと考えて、神祇官総司神祇伯王へ、神社に古くから伝わる神璽の書類を携えて願い出た。公文所の議事が定まり、遂に天皇にも伝えられ、神官と雅寿王尊筆の神社号の額を賜り、式内社の元宮であると認められた。

林家の学頭による撰文は（嘉永4年）8月までと約束していたが、忙しくて、翌嘉永5年（1852）4月になり草稿が出来上がった。（私は）その文章に色々と加除したりして、再提出した。その年（嘉永5年）の冬、11月に修正文が出来たが、まだ納得できないことが多かったので、さらに何度か出向いて由緒を説明し直して、7回もの改定を経て文章は完成した。その後嘉永6年12月下旬に請書を出し、嘉永7年正月26日に（正式な文章を）賜った。（割り注省略）

杉山祠碑銘　本書は27文字で1行と定めて、総数381文字である。また篆額（石碑上部の題字）は「杉山神祠出碑」とある。

武蔵国都筑郡大棚の郷杉山の祠（神社）は、日本武尊を祭っている。『延喜式』所謂四十四座の一にして、これが杉山明神の本祠である。おそらく大棚の郷というのは『和名称』に載る都筑七郷の内綴喜（ツヽキ）店屋の郷、後に大店となし、また大棚郷と称した。実に『（延喜）式』の兵部省に謂うところの武蔵国四駅の一であり、郷中に古道の跡が有る。今尚その通りに宿根入と称する地が有るので尋ねてみなさい。『武蔵演路』はそこを駅趾としており、また荒原ではしばしば文字の刻まれた古瓦を出土する。村人はそれを古駅の徴しと言っている。『続日本後記』に曰く、「承和5年2月武蔵国無位杉山明神に従五位下を授く」。まさしくこの神社をいうのだ。また昔は神社は後山にあったと聞く。いったん災害に遭ってそのために山下にこれを遷した。天正19年に作られた税籍（水帳）には祭田4段56歩と載せている。文禄3年に至り代官は遂に祭田を没収するところとなった。ところが最近はぐずぐずと誤りを伝えて郷名を村名として、社殿もまたほとんど廃れてしまった。天保5年、別当龍福寺の住職長伝は神社の衰退を深く嘆いて、神社に伝わる神璽（の書類）を携え、白川（白河）神祇官の長官に

願い出て「杉山神社」の4字の扁額を賜った。なんと神祇伯雅寿王が自ら書かれたもので、社殿の前にこれを掲げた。村民栗原恵吉等は相談して、その顛末を書き将来に伝えるために石碑を建てようとして、私（河田興）に文章を依頼した。そこで、その説明を書き碑文とした。

白鳥の神（祭神の日本武尊）、英武の質、西伐東討偉の功比べるもののない杉山の古祠が久しく忘れ去られていたが、文章を書いて神威をここに述べる。

嘉永5年（1852）歳次壬子嘉平月（12月）

　　林司成家塾の都講（とこう、塾頭）河田興撰び并に書す

（注）太字とカッコ内の注記は、引用者による。

（『猿渡盛章紀行文集』府中市教育委員会、1980年より）

猿渡盛章『漫遊雑記』（現代語訳）

安政6年（1859）

晦日（1860年1月22日）、荏田を出て半里ばかり（行った所）に**大棚村**がある。ここの村長吉野栄次郎という人より、去年（安政5年、1858）の冬、新田の主計へ伝言して、この里（大棚村）にある杉山神社は都筑郡の実蹟（本当の史跡、式内社）に決まったので、その旨をあなた（猿渡盛章）にもお伝えしてください、とあったと聞いたので、以前から数年間実蹟を定められなくて心苦しく思い悩んでいたところ、良い知らせを受けたので、栄次郎の家を訪ねた。

この神社（杉山神社）のことで、自分（猿渡盛章）が何年間も必死で考えたことは、杉山神社は、大国魂神社の六所宮の第六の宮であり、その外の五所は本宮の遺跡もはっきり分かっていて疑いがないが、この杉山神社のみは実蹟がはっきりしない事はかえすがえすも残念なことであって、文政10年（1827）に『総社伝記考証』を書き始めた頃に、この辺りの地理に詳しい教子（弟子）を伴って、都筑郡の内はほぼ全てを探索したことがある。詳しくは『総社伝記考証』に書き記した所であるが、この度『杉山の考』を書くに際してその時のことも書き記した。

さて、都筑郡の村々をくまなく訪ね歩いてみると、郡内の村々には杉山神社を祭らない所はほとんど無く、市ヶ尾、谷本、西八朔、青砥、佐江戸、池辺、吉田、勝田、大棚、茅ヶ崎、上星川、川島、恩田、久保、中山などという村々は、どこもこの杉山神社があった。なお、この外にも有るという。また橘樹郡、久良岐郡の内にも数多くあって、合計25、6ヶ所に及ぶという。しかし**どれも同じような社殿であって、ここが実蹟（式内社）だと確定する証拠もない**。その中において、茅ヶ崎と吉田の杉山神社は、他よりは多少由緒があるように思われた。

まず**茅ヶ崎村**の杉山神社は別当寺を自性院といい、神社の鍵を預かっている者は鎮座場所の山本にある農家で、その頃の当主は源五郎といった。かの『武蔵演路』には、神主北村玄蕃と記しているのはこ

の家のことである。神社は山上にあって、石段を上ることおよそ10間（18メートル）程のところに鎮座しているが、社地はとても狭く、式内社が衰退した様子とは思えない。別当寺を訪ねたが、本地は不動尊というばかりで、その他のことは何も知らなかった。かの源五郎家へ行き、質問したところ、かの玄蕃という者は近年死亡して、40歳ばかりの女と20歳程の男子がいたが、何も知らなかった。ただ、武蔵国三ノ宮と言い伝えてきていると言っていた。

また彼女が言うには、葛西郡東小松川に住む杉山三右衛門という者は、元はこの玄蕃家より出た者で、天正期に小田原北条家に仕えて、小田原没落の時に、葛西に蟄居した。その子孫とのことである。およそ30年程前、あちこちを訪ね廻って、その時にこの茅ヶ崎杉山神社にも「杉山神社の実跡」という旨の標柱を立てた。しかし、今ではそれさえも朽ち果てて読めなくなってしまった。もし訪ねることがあれば、かの小松川の三右衛門が一番良く知っていると言っていた。その後、天保4年(1833)の春偶然にも杉山三右衛門が杉山神社の社伝を持参して私（猿渡盛章）に見せてくれた。そこには、「本宮は高御産巣日大神（たかみむすびのかみ）、一緒に祀られているのは天日和志命（あめのひわしのみこと）と、由布津主命（ゆふつぬしのみこと）、合わせて3柱の神であり、天武天皇の御代白鳳3年(674)9月、忌部勝麻呂が神宣によって武蔵国杉山の岡に初めて神籬（ひもろぎ、神を祀る場所）を建てた。**今の茅ヶ崎村本宮がこれである**」とのことであった。**この説は真実であろうか。（猿渡）盛章は未だこれを信じていない。**

吉田村（新吉田）の杉山神社も山上に鎮座している。ここは、石段が15、6間程もある。茅ヶ崎村のお宮と同じ程の規模の神社である。前方には水田が広がり、南の方の山間に「杉山」という小地名があって、これが『式社記』（著作不詳、延喜式神名帳に関するものか）に書かれている神社である。別当寺は正福寺という。住職は外出中で、12、3歳と思われる僧侶が一人で留守番をしていたので、いろいろと尋ねたのだが、ただ「杉山明神の実跡」と言うばかりで、証拠とすべきものも無かった。本地仏はこの寺に安置されていた。留守番の僧侶が案内して見せてくれたが、とても古い不動尊であった。

この2社に続いては、谷本、佐江戸に鎮座の杉山神社も同様に由緒有り気に思われるが、すべて証拠が無くて、どことは決めがたい。**『武蔵演路』『式社記』などに記してあるのは、何を証拠として確定しているのか分からない。**

ただ**西八朔村**の杉山神社は、**未だ誰一人として実跡ととなえる人はいないが、私（猿渡盛章）が考えるに「なかなかに茅ヶ崎、吉田などの杉山神社にまさるほど由緒があると思われる**」。この神社は、今は極楽寺という真言密教寺の境内にあって、式内社が衰微したものとは言い難いけれども、詳しく尋ねてみると、元は今の社地よりおよそ3町（約327メートル）程西北の方角に鎮座していて、その跡地を今でも「大明神山」という。また、20町ほど東方の小山村に「鳥居土」という小地名があって、昔、この杉山神社の一の鳥居を建てていたと里人が語り継いでいるということである。さて社領などはどうなっているのかと尋ねると、代々の御朱印に5石6斗杉山明神領とあるとのことであった。棟札などの古い物はないかと尋ねたところ、出して見せてくれたが、さほど古い物ではなかった。杉山明神には八幡宮が相殿に鎮座している。本地仏はここも不動尊であった。この物語の神聖さ（立派さ）に、案内役の子供を雇って、「大明神山」を尋ねて行ったところ、その山裾続きの所、およそ2丁余り、高さ20間ばかりありそうな、山の形がよくて、南の方のふもとに7、8尺ばかりの崖があって、7、8間許りの平らな土地で芝生が残っていた。今では次第に田に鋤（す）かれて、このようにわずかになっているが、元はこの水田の辺りまで全て小高い平地であったような面影が見える。水田に掻き取ったので崖のような形に残ったようだ。そのように見ると、後ろに山を背負って、前方の小高い平地に、南向きに社殿が建っていたと思われる。さて、20町ほど隔てて、「鳥居土」という所があるが鳥居土は「鳥居所」ということで、この神社の鳥居を建てるのに地理的にはとても良く、式内社が衰微した様子ともいえよう。さて、八朔は、『和名抄』に、「都筑郡針折ハ罰佐久（はつさく）」と記されている郷なので、古い土地であることは間違いない。また僅かであるが社領などを給わっているのも、かつて社領があったことによって給わっているものであり、他の神社と同列には出来ない。あれこれと考え合わせると、私（猿渡盛章）はこの神社に心を引かれたのである。しかしこれは自分の考えの1つにしただけで、確実にここが実跡（式内社）だと確定したわけでは無い。また近ごろ世上に流布している『**江戸名所図会**』6巻に「杉山神社新町より8町ほど北の方の**下星川村**にあり、延喜式内の神社であって霊跡に間違いな

い。今は日蓮宗の法性寺が別当寺であり、釈迦如来を本地仏としている」とある。**私（猿渡盛章）が考えるに、『江戸名所図会』の作者がここを杉山神社の実蹟（式内社）と考えたのはどのような考証をしたのかよく分からない。本地仏も、郡中の数ヵ所（の杉山神社）が不動であるのに、釈迦如来というのも納得できない。**

さて、栄次郎はとても喜んで、あちこちへ人を使わして証拠となるべき書物などを取り集めてくれた。この辺りに**栗原恵吉**という者がいて、このようなことを好んで、杉山神社のことも色々と研究して『**大棚根元考紏録**』1巻を書き著した。好古の志が深い男である。この人も喜んで間もなくやって来た。神社の考証を順次尋ねたところ、根拠のない説ではなかった。この大棚村は、『和名類聚抄』に「武蔵国都筑郡店屋（たなや）」とある所で、後に大店郷と書いたのをさらに大棚と書き改めたという言い伝えがあり、兵部式（『延喜兵部省式』）に、武蔵国に4駅あって店屋、小高、大井、豊島と見える。（栗原恵吉は、）今も、鎌倉街道という古道の遺跡があちこちに残っている。これは、古代の東海道を鎌倉が繁栄した頃から鎌倉街道と称するようになったものである。大棚村の北野という辺りは、『夫木集』（ふぼくしゅう、「夫木和歌抄」の異称）や『千五百番歌合』などに「都筑ノ原」「都筑ノ岡」などと詠んでいるのはこの地であろうと話した。

また、村には天正19年（1591）9月に豊臣家から検地を受けた古い水帳（検地帳）があり、「武州都筑郡師岡ノ庄大棚ノ郷 御縄打水帳」と題している。これは、小田原北条家滅亡後に豊臣秀吉が関東の国々を検地して、神君（徳川家康）に支配させた時のことである。その後、文禄3年（1594）8月に再び江戸幕府の検地があった。水帳には「武州都筑ノ郡師岡ノ庄小机ノ庄大棚ノ郷御縄打水帳」と書かれている。その後は様々な私領に分かれて、分村となり遂に郷名も失い、村名となった。杉山神社の社領は、天保の古水帳に、字稲荷ノ前という所に上田4段56歩、隼人分、という免田がある。文禄検地の時に没収されて、無禄の祠となり、昔の由緒も失い、実蹟（式内社）であることを知る人も無くなった。ところが近ごろ、天保5年（1834）7月ここの別当大杉山龍福寺の住職長伝栗原恵吉の説によると、山号は大杉山とも霊芝山とも言うそうである。は、本地仏不動尊の仏龕（ぶつがん、厨子）の中に秘蔵していた延喜時代の神璽（しんじ、神器）というものを発見して、神祇伯の白河家へ願い出て、神社号を懇願した。朝廷での議論が定まって後、内侍所において伯王殿（雅寿王、同年8月16日辞）が自ら案上（あんじょう、案上幣帛）の神祭式を行われて、さらに後世の証拠として、神祇伯雅寿王染筆の

「杉山ノ神社」の額を賜り、数通の副翰（添え状）を賜ったということである。これらの証書類を見たところ偽文書ではない。私（猿渡盛章）は疑問に思って聞いた。**「延喜の時代の神霊（神璽の誤リカ）というのはどのような物なのか**、願わくば拝見して疑念を晴らしたい」と言ったところ、「それがいかなる物か、今では見て知っている人はいない」と言う。**「別当龍福寺には必ず秘蔵しているはずでは」と問えば、「弘化2年頃、龍福寺で紛失した」と言う**。とても残念なことである。その後、村人栗原恵吉は深く憂慮して、なんとか石碑を建てて古蹟（式内社）の証しを後世に残したいと考え、同志の村民に相談して、嘉永3年（1850）7月5日林祭酒（林述斎か、天保12年没）に碑文の撰文を懇願した。（昌平坂学問所の）学頭河田興（八之助、迪斎）は古伝を細かく問い尋ねて引き受けた。その後5年を経て嘉永7年（1854）正月26日に石碑の文章が完成した。

杉山ノ祠碑銘

武蔵国都筑郡大棚郷杉山祠、日本武尊を祭っている。延喜式所謂四十四座の一にして、これが杉山明神の本祠である。蓋し大棚の郷たるは『和名称』に載る都筑七郷の内綴喜店屋の郷、後に大店と為し又大棚郷と称す。実に式の兵部省に謂うところの武蔵国四駅の一である。郷中に古道跡有り。今尚寂然、宿根入と称する地が有るので尋ねてみなさい。『武蔵演路』は以て駅址と為し、又荒原は往往有文の古瓦を出土している。郷人は以て古駅の徴としている。『続日本後記』に曰く、承和三年二月武蔵国無位杉山名神に従五位下を授く。まさしく此の祠をいうのだ。また昔は祠は後山にあったと聞く。いったん災害に遭ってそのために山下にこれを遷した。天正19年に作られた税籍には祭田四百五拾六歩と載せている。文禄3年に至り代官は遂に祭殿を没収するところとなった。そして今では郷名を村名とした。社殿もまたほとんど廃れてしまった。天保5年、別當龍福寺の住職長伝は社殿の衰退を深く嘆いて、神社に伝わる神璽を携え、白川（白河）神祇官の長官に願い出て「杉山神社」の4字の扁額を賜った。なんと神祇伯雅寿王が自ら書かれたもので、社殿の前にこれを掲げた。村民栗原恵吉等は相談して、その顛末を書き将来に伝えるために石碑を建てようとして、私（河田興）に文章を依頼した。そこで、その説明を書き碑文とした。

白鳥の神、英武の質、西伐東討偉功比べるもののない杉山の古祠が久しく忘れ去られていたが、文章を書いて神威をここに述べる。

嘉永5年（1852）歳次壬子嘉平月（12月）

林司成家塾の都講（とこう、塾頭）河田興撰文并に書す
尋問したところ、あらましはこのような事であった。なお良く考えなくてはならない事である。邑正（村長）の案内で杉山神社を参拝し、かの石碑の銘も詳しく読んで詠じた歌

埋（うず）もれて 世をすき山の 宮柱 ふとしきたらむ 時ハ来にけり

私（猿渡盛章）は近年この神社のことに心血を注いで来たが、未だ実蹟（式内社）を知り得なくて、残念でならなくてこのように詠んだのである。

うつもれし 跡も千年を すき山の 名のミつゝきの 岡のしめ縄

村長の家で酒や料理でもてなしを受けた時に、栗原恵吉やその外の人々も集って昼食を食べた。時刻も過ぎたので、またの再会を約束して（後略）

（注）太字とカッコ内の注記は、引用者による。

(『墨水鈔』巻之一、伊賀国上野御分霊御文庫、幕末頃より)

黒川春村『杉山神社神寿（かみほぎの）歌釈』(現代語訳)

黒川春村草す(原稿を書く)

武蔵国橘樹郡鶴見村に鎮座している杉山大明神は、祭神は五十猛（いそたける）命で、合祀されている神様(相殿神)は牛頭天王である。祢宜（ねぎ）や祝（はふり）(神職)等も奉仕しておらず、別当の最勝寺があるのだが、この寺も無住であり、同村(鶴見村)の天王院が兼帯しているらしい（両寺共に天台宗である）。

さて、この神社には、毎年正月16日にとても珍しい神事がある。その次第は、当日酉の上刻(17時頃)に村民12人が社頭に会して、一緒に歌を唄い、一年間の耕作の所作を真似る。その12家の村民の中で、特別に由緒ある者が3家ある。1人目は村長の佐久間権蔵（先祖の名は伊織という）。2人目は塩田九左衛門（先祖の名は外記という）。3人目は塩田五左衛門という。この三家が代わる代わる、その年の頭屋(とうや、神事の主宰者)を勤める。この他に、平野弥市を初めとして旧家の者が9人いる。これらの人達が、6人ずつ左右に列立して興行する。この内、佐久間は蟇目（ひきめ）の役(鏑矢を射る)、平野弥市は稲人（いなんど）の役、その他に小女2人を植女（うえめ）とし、小童2人を牛馬代とする。また種々（くさぐさ）の執物（とりもの）(神事で手に取り持つ道具)がある。(中略)

そもそもこの神社は、『延喜の神名帳』に、「都筑の郡一座、小、杉山神社(古い鈔本は椕山と書く)」と見え、『続日本後紀』巻五に「承和五年(838)二月庚戌(22日)、武蔵国都筑郡椕(杉)山神社、これを官幣に預からしむ、霊験あるを以てなり」、同巻十八に「承和十五年(848)五月庚辰(22日)、武蔵国の无(無)位杉山の明神に従五位下を授け奉る」と書かれている。

今は武蔵国中の各所にこの神社が鎮座しているので、どれが本宮なのか決めがたい。

そのお奉りしている所は、都筑郡**久保村**（東海道神奈川の駅より西北の方2里許り、十日市場村の東南にあり）、同郡**西八朔村**（十日市場村の北にあり、和名鈔に針析罰佐久とある是なり、別当極楽寺は真言宗という）、同郡**吉田村**（郡中東南の際にあ

り、川を隔てて東南は橘樹郡なり、武蔵国式内四十四座命附に、祭神五十猛命とあり、橘樹郡小机荘**小机村**当村は郡中西際に在り、ただし『武蔵演路』に、都筑の小机の荘茅ヶ崎村とあるも同処と考えるべきである、同郡**下星川村**東海道新町の駅より北の方8町許りにあり、別当法性寺は日蓮宗なり、按ずるに、この社地は橘樹郡であるが、上星川村は都筑郡に属している、同郡**斎藤分**神奈川駅より西方8町許りにあり、按ずるにこの地名小田原北条家所領役帳にも見えるなどが知られているが、なおこれ以外にも多いとか後でまた言及するのを見なさい。

また府中六所宮の第六宮も同じ神社といわれている。

このように諸村に鎮座しているその中でも、もしかすると久保村のが本宮（もとつみや）（式内社）かもしれない。そう考える理由は、『江戸名所図会』に「杉山明神社は、相州厚木街道溝ノ口駅より左に入って16町許り南の方、久本村にあり。上宮（かみのみや）と称するのは、別当龍台寺天台宗深大寺に属す、毘沙門堂の本尊は慈覚大師の作である。の西の山続きにあって、その間は1町許りを隔てている。下宮（しものみや）も同寺のお堂の左方、石段の上にある。祭神はよく分からないという。祭礼は9月29日である。この神社に触穢の者（ケガレに触れた人）が詣ると必ず災いがあるといって、地元の人は怖がっている」と書かれていることによる。考えるに、社頭の地勢といい、霊験といい、いかにも旧社であるように思われる。

また八朔村のが本宮であろうという説もある。それは『新撰総社伝記考証』府中六所宮の神主猿渡盛章撰、巻二に、「安居院作の『神道集』に、六の宮椙山大明神と言うのは本地大聖不動明王これなり云々、（中略）」。この神社は都筑郡小机庄茅か崎村にあることが『武蔵演路』に見え、『武蔵式社記』には都筑郡吉田村に杉山という小地名があってそこだと言うが、共に定かでない。祭神は五十猛命（いそたけるのみこと）と同書に書いているが、例のごとく未だ考えていない五十猛命は、この世界に樹木の種をまいて山林を作られた功績を持つ神様であることが、『神代紀』に記されていることから、杉山という地名にこじつけた、この本の作者の説と思われる。（中略）この郡中の村々の中にこの神社をあがめ祀らない村は無く、市ヶ尾、谷本、西八朔、青砥、佐江戸、池辺、吉田、勝田、大棚、茅が崎、上星川、川島、恩田、久保、中山などという村々は、どこでもこの神社がある。これは各地で聞いたままに書き付けたものである。なおこの外にもあるということだ。また橘樹郡、久良岐郡の中にもたくさんあって、全部で25、6ヵ所に及ぶということだ。自分は都筑郡の中はあまねく廻って探し歩いたが、どこの神社も同じ程度の造作で、ここが実蹟であると確定すべき証拠もない。その中で、茅が崎と吉田の神社は、幾つかの書物が実蹟であると認めた程であって、他所より

はいささか物々しく、由緒があるように思われる。まず**茅ヶ崎村**の杉山神社は、別当寺を自性院といい、神社の鍵を預かる者は鎮座場所の山本にある農家で、今の当主は源五郎という。かの『武蔵演路』に、神主北村玄蕃と記しているのはこの家のことである。神社は山上にある。石段を上ることおよそ10間（18メートル）程で、鎮座しているが、社地は狭くて、式内社が衰退した様子とは思えない。別当寺を訪ねたが、本地は不動尊というばかりで、その他のことは何も知らなかった。かの源五郎家へ行き、質問したところ、かの玄蕃という者は近年死亡して、40歳ばかりの女と20歳程の男子がいたが、何も知らなかった。ただ、武蔵国三ノ宮と言い伝えてきていると言っていた。また彼女が言うには、葛西郡東小杉川（東小松川カ）に住む杉山三右衛門という者は、元はこの玄蕃家より出た者で、天正期に小田原北条家に仕えて、小田原没落の時に、葛西に蟄居した。その子孫とのことである。およそ30年程前、あちこちを訪ね廻って、この茅ヶ崎杉山神社にも「杉山神社の実跡」という標柱を立てた。しかし、今ではそれさえも朽ち果てて読めなくなってしまった。もし訪ねることがあれば、かの三右衛門が一番良く知っていると言っていた。その後、偶然にも三右衛門が杉山神社の社伝を持参して見せてくれた。そこには、「本宮は高御産巣日大神、一緒に祀られているのは天日和志命と、由布津主命、合わせて3柱の神である。天武天皇の白鳳3年（674）9月、忌部勝麿が神宣によって武蔵国杉山の岡に初めて神離（神籬、ひもろぎ、神を祀る場所）を建てた。今の茅が崎村本宮がこれである」とのことであった。この説は真実であろうか。猿渡盛章は未だこれを信じていない。また、**吉田村**の山上にも杉山神社が鎮座している。ここは、石段が15、6間程もある。茅が崎のお宮と同じ程の規模の神社である。前方には水田が広がり、田の南の山間に「杉山」という小地名があると里人が言っていた。これが『式社記』（著作不詳、延喜式神名帳に関するものか）に書かれている神社である。別当寺は正福寺という。住職は外出中で、12、3歳と思われる僧侶が一人で留守番をしていたので、いろいろと尋ねたのだが、「杉山明神実跡」と言うばかりで、証拠とすべきものも無かった。本地仏はこの寺に安置されていた。留守番の僧侶が案内して見せてくれたところでは、とても古い不動尊であった。この2社に続いては、**谷本、佐江戸**に鎮座の杉山神社も同様に由緒有り気に思われるが、すべて証拠が無くて、どことは決めがたい。『武蔵演路』『式社記』などに記してあるのは、何を証拠として確定しているのか分からない。ただ**西八朔村**の杉山神社は、未だ誰一人として実跡ととなえる人はいないが、猿渡盛章の考えでは「なかなかに茅が崎、吉田などの杉山神社にまさるほど由緒があると思われる」。この神社は、今は極楽寺という真言密教寺の境内にあって、茅が崎や吉田の杉山神社と同じような社殿で、式内社が衰微したものとは言い難いけれども、詳しく尋ねてみると、元は今の社地よりおよそ3町（約327メートル）程西北の地に鎮座していて、その跡地を今でも「大明神山」という。また、20町ほど東方の小山村に「鳥居土」という小地名がある。むかし、この杉山神社の一の鳥居を建てていたことから、里人が語り継いでいるということである。社領などはいかにと問えば、徳川家代々の御朱印状に5石6斗杉山神領と書かれているという。棟札などの古い物はないかと尋ねたところ、出して見せてくれたが、さほど古い物ではなかった。相殿に、八幡宮が鎮座している。本地仏はここも不動尊であった。この物語の神聖さ（立派さ）に、案内役の子供を雇って、「大明神山」を尋ねて行ったところ、その山裾続きの所、およそ2町余り、高さ20間ばかり、山の形がよくて、南の方のふもとに7、8尺ばかりの崖があって、8間許りの平らな土地で芝生が残っていた。今では次第に田に鋤かれて、このように狭くなっているが、元はこの水田の辺りまで全て小高い土地であったような面影が見える。水田に掻き取ったので崖のような形に残ったようだ。そのように見ると、後ろに山を背負って、前方の小高い平地に、南向きに社殿が建っていたと思われる。さて、20町ほど隔てて、「鳥居土」という所があるのも、「鳥居所」ということで、この神社の鳥居があっても地理的にはとても良く、この神社が衰微した様子ともいえよう。八朔は、『和名抄』に、「都筑郡針折罰佐久」と見えたる郷なので、古い土地であることは間違いない。また僅かであるが御朱印地を給わっているのも、かつて社領があったことによって給わっている

ものであり、他の神社と同列には出来ない。いろいろと考え合わせて、猿渡盛章はこの神社に心を引かれたのである。しかしこれは自分の考えの1つにしただけで、確実にここが実跡（式内社）だと確定したわけでは無い。なおよく考える必要がある。と書いている。

このように、諸説がまちまちなので、久保、茅が崎、吉田、西八朔の4社の内でどれが本宮（式内社）なのか、なお時間があれば実地調査をして、確かな旧記をも調べて、確証を得たいものである。『武蔵志料』神社一に、「杉山大明神は稲毛領の内、所々にこの神社あり。祭神未だ詳かならず、地域に伝えられていることは、鎌倉の杉山左兵衛の霊であるということである」と見えるのは、国史（続日本後紀）、神名帳（延喜式）等にも載せられた旧社とは知らないで唱えられている説であり、言うにも足らない俗説である。

ちなみに、古鈔本の『神名帳』や、刊本の『続日本後紀』などに、「杉山」を「枌山」と書いてあるのは、「杉」の字の草書体が「枌」に近いことから混同されたもののようで、そうは言っても、昔からのことである。『神名帳』能登国鳳至郡神杉神社とあるのも、古本には神枌と書いている。

（中略）

以上のようなことなので、**鶴見村の杉山神社は本宮（もとつみや）（式内社）ではないけれども、そうは言っても神寿（かみほぎ）のうたい物がとても古く見えるのを考えると、ある程度古い神社ではあろう**。

さて、この唱歌に解釈しがたいところがあって、質問されるので、それではと、いささか注釈を加えてみた。それは、かの佐久間家と平野家の2家の本をあわせて、その異同を校訂したのであるが、なお誤りも多いであろう。

またかつて文化6年（1809）に、佐久間氏の要請により、最勝寺八世亮宣法印に代わって、藤原教豊という人が、この唱歌の略註を書いたものがある。これはただ見合せてその取るべき説をところどころに書き加えて、この唱歌を全三段としたものである。（後略）

（注）太字とカッコ内の注記は、引用者による。また、明らかな誤字は訂正した。

付録４　小机城の歴史と魅力を語る

平井 誠二

本稿は、（平成30年〔2018〕３月４日、小机城址まつり実行委員会主催、於小机城郷地区センター）の配布資料に、一部修正を加えたものです。

はじめに

（１）小机城の魅力

①続日本百名城の１つ
②駅から近くて、城内を安全に歩ける
③太田道灌伝説の舞台
④横浜の戦国時代の幕開けとなった城
⑤小田原北条氏の南関東支配の拠点
⑥周辺に支城がいくつもある
⑦城としての保存状態がかなり良い
丘（城山）全体が城であり、建物以外はかなり良く原形をとどめている
⑧ほぼ未発掘であり、今後の調査で新たな発見が期待される

（２）2017年４月６日（しろ）、続日本100名城に選定された（**125番は順位では無い**）

小机活性化のチャンスであり、全国のマニア・専門家から注目されるピンチでもある

（３）正確な歴史は分からない……典拠不明の情報が氾濫しているから分かる事と、分からない事を整理してみよう！

１、築城

（１）名前は３通りある

①小机城

最も一般的、小机の地名から付けられた

②根古屋城

古い地名から付けられた
「小机根古屋村」（土井谷戸の庚申塔銘）
「小机根古屋郷」（『神奈川県史 資料編８』）

「小机庄根古屋郷臥龍山雲松院」（雲松院鐘銘）
・ねこや……小机城入り口の道標
・ねごや……平凡社『神奈川県の地名』210頁ルビ

③飯田城（いいだ）

飯田とは何か、飯田道が先か、飯田城が先か、江戸時代に出来た名前か？

・此城一名を飯田城ともいひし歟、隣村下菅田村に飯田道とよぶ往還あり、此城へ通ふ故なりと土人いへり（『新編武蔵風土記稿』）
・飯田道と呼ぶ往還は、飯田城蹟へ通じているからである（『風土記稿』下菅田村）
・飯田町、ここより郡中小机の辺へ通ず、小机の城を飯田の城とも呼ぶ、故にこの名あり（『風土記稿』神奈川町）

（2）築城年代

①鎌倉時代説

論拠……・鳥山の佐々木高綱屋敷、『吾妻鏡』延応元年（1239）2月14日条に小机郷鳥山等の開発記事などからの推測
・小机城から鎌倉道が出ている図あり　←鎌倉道は特定できない

鎌倉時代とするなら誰が築いたのか……佐々木高綱、佐々木泰綱等か？

②室町時代説

・応永23年（1416）11月21日、上杉禅秀の乱で足利持仲等が「小机辺迄出張す」（『鎌倉大草紙』）　⇒　この頃すでに城があったのか？
・永享の乱（1438～39）の頃に関東管領上杉氏によって築城されたとされるが、正確な築城年代は分かっていない（Wikipedia）

（3）場所の選定理由

・陸路と水路の合流点　場所と目的は連動している
・支配の要、領域の拡大へ向けて

２、太田道灌時代

（1）城の正確な場所と縄張りは不明

小机城と小机要害（後出）は同じか？

・「城のある丘陵は東・北・西の三方を鶴見川の氾濫原に囲まれており、四周の眺望にもすぐれた要害の地となっている」（『神奈川中世城郭図鑑』）

・「城跡と谷戸を隔てて南側に連なる丘陵を出丸や古城と見る説もあり、発掘調査でも中世の屋敷らしい遺構が見つかっているが、小机城との関係については慎重に検討する必要がある」（『神奈川中世城郭図鑑』）

（2）城主は？

①矢野兵庫助「太田道灌状」（東京大学史料編纂所蔵写本）の、矢野兵庫助の注記に「小机城主」とある。写本の注記であり、道灌が書いたのではない。詳細は不詳の人物。

②長尾氏―成田三河守……長尾氏の城代である成田三河守が守っていた小机城（『戦国の城〈上〉』）

「稲付静勝寺什物(いなつけじょうしょうじじゅうもつ)道灌略譜」には、此年２月成田某が守所の小机塞(とりで)を道灌攻しとあり（『風土記稿』）

③小机弾正……矢野兵庫助と共に小机城に籠もったというが、何者か？

（3）長尾景春の乱（文明８～12年〔1476～80〕）

「**太田道灌状**」に詳しい……（文明12年）11月28日の状、写しのみが現存、一時は偽文書説もあった

①（武蔵国小机城に在陣していた景春方の）矢野兵庫助らは、（扇谷方の）川越城の動きを押さえるため（武蔵国）苦林(にがばやし)に向かって陣を張ったため、河越城の留守衆は（文明９年）４月10日に城から打って出て、矢野らの軍勢を蹴散らし……（太田道灌状口語訳、『図説太田道灌』）

・文明９年４月10日、矢野兵庫助其外小机衆、勝原(すぐろはら)と云所馳出して合戦しける、敵は矢野を初めとして皆悉打負深手を負て引退

（『鎌倉大草紙』）

②（道灌勢が）敵に向かって押し寄せたところ、（豊島は武蔵国）**小机要害**に逃げ籠もったので、そのまま詰め寄り、２月６日に（小机城）近くに陣を張った（太田道灌状口語訳、太字は原文のまま）

「小机要害」……文明10年（1478）２月９日付けの足利成氏書状（県史資料編３）

・文明10年１月25日、豊島勘解由左衛門、（両上杉軍に攻られて）丸子城小机城に楯籠む（「鎌倉大草紙」）⇒　豊島は小机に来なかったとの説もある

③（景春は）小机陣への援軍をする計略であったところ……（太田道灌状口語訳、『図説太田道灌』）

長尾景春等は（道灌軍を挟み撃ちにしようとして）「二宮の城（あきる野市）へ着陣して、小机の城の後詰めせんとす」（「鎌倉大草紙」）

④文明10年３月19日、小机の陣より太田図書助資忠（道灌の弟）の軍勢を河越へ移動させた（「太田道灌状」「鎌倉大草紙」）⇒弟の資忠に景春の動きを牽制させて、景春を退かせた

⑤小机城は４月10日に没落した（太田道灌状口語訳、『図説太田道灌』）

＊道灌状は写しなので、落城を４月11日（12日？）と書いてあるものもある

（4）城攻めの経緯

歌と逸話

・「諸家系図」及び「太田家伝」等の書には、道灌幼少より……初め小机城を攻しとき、敵は多勢にして寄手は小勢なりければ、家人等小を以て大に勝がたからんといへりしを、道灌さとして曰、善く兵を用るもの軍兵の多少によらず、勢に乗るにはしかず、吾誹諧の歌を以て士卒をすすめんとて、**小机は先手習の初にて、いろはにほへとちりちりになる**とよみしかば、士卒是に機を得てわれ先にと進み戦しかば、遂に城を攻おとせしといへり（『風土記

稿』）

道灌已五十歳に及べる頃なり、さるを初陣のやうにいひ、又手習のはじめなどよむべからず……（『風土記稿』）

◎風土記稿より少し前に編纂された随筆「耳嚢（みみぶくろ）」にも記されているが、結句（けっく）が「ちりぢりにせん」となっている。江戸時代を遡らない創作か？

太田持資の十三歳なる時、初陣に武州小机の城を攻めしとき詠める由

小机はまず手習の初めにて　いろはにほへとちりぢりにせん

・（Wikipedia）この時道灌は近くの集落の松の大木の下に腰掛け、「小机は…」と歌を詠んで見方を鼓舞しした。程なく、鶴見川対岸の亀の甲山に陣をとり、約２か月をかけて落城させたとされる。　←　亀甲山陣地の方が先ではないか？

◎「勝負田について」「硯松」（『新横浜50年の軌跡』新横浜町内会、2014年）

◎「横浜の戦国時代は、太田道灌が小机城を攻めた文明10年（1478）から始まるとも言われている」（下山治久『横浜の戦国武士たち』）

3、落城後の様子は？

①文明10年（1478）に太田道灌が攻め落としたのだから、文明18年（1486）に暗殺されるまで道灌が支配していたのか？

②長尾忠景……長尾忠春の乱の後、神奈川を治めた長尾忠景、長尾忠景はしばらくの間小机城に在陣して執務にあたっていたようで、矢野憲信も伴っていたと考えられよう（『開港150周年記念横浜の歴史と文化』）

③永正13年（1516）まで一時は三浦氏の支配下に置かれていたのか？

・「永正13年〔1516〕三浦道寸（どうすん）が滅んだ後は小田原北条氏の城となり」（平凡社『神奈川県の地名』）

④大永４年（1524）北条氏綱が小机の城を普請

・『小田原記』に「大永４年〔1524〕正月13日、北条氏綱、上杉朝（とも）

興(おき)を攻め落とし、帰陣の後、小机の城を普請あり」(『江戸名所図会』)

・『諸国廃城考』云、大永年中北条氏綱此城を築て、笠原越前守をして居らしむと、是は新に築きしにはあらで、此頃は廃城なりしを興せしなるべし(『風土記稿』)

⑤享禄2年(1529)小机城代笠原信為の寄進状が雲松院にあり(『戦国の城〈上〉』)

4、小田原北条時代

(1)北条氏の改築(場所が違えば新築か?)

・城の様子

西郭(本丸?異説あり)……東西40メートル×南北40メートルの正方形

西郭の東南に櫓台あり

東郭(二の丸?異説あり)……東西45メートル×南北70メートルの楕円形

東郭の西南に櫓台あり

つなぎの郭

西郭と東郭の間は東西22メートル×南北20メートルの帯郭があり、西郭と土橋で結ばれている

◎「後北条氏が対豊臣戦に備えて拠点城郭の改修に乗りだした天正14年以降にこうした改修が行われ、最終的に、現在見る縄張りが成立したのではなかろうか」(『神奈川中世城郭図鑑』)

(2)城主と城代

・大永享禄の頃小田原北条家の侍、笠原越前守信為世々領してしかも在城せし(『風土記稿』)

・笠原氏は城代として居城、のち北条氏秀・氏堯(うじたか)が入城している(平凡社『神奈川県の地名』)

・「中葉諸城主」及び「関東古戦録」等の書には、北条左衛門佐氏堯も当城に在城せし如くしるせり(『風土記稿』)

（3）小机衆

『小田原衆所領役帳』（永禄２年〔1559〕奥書）

①三郎殿、②神田次郎左衛門、③曽祢外記、④曽祢采女助、⑤二宮播磨、⑥吉田、

⑦市野助太郎、⑧市野四郎左衛門、⑨市野弥次郎、⑩田中、⑪福田、⑫笠原弥十郎、⑬高田玄蕃助、⑭高田寄子、⑮猿渡、⑯座間、⑰石原、⑱堂村、⑲岩本和泉、⑳中田加賀守、㉑岩本右近、㉒沼上、㉓長谷川、㉔同（長谷川）弥五郎、㉕座間新左衛門、㉖村嶋豊左衛門、㉗上田左近、㉘笠原平左衛門、㉙増田

・橘樹、都筑両郡を支配したとみられる（平凡社『神奈川県の地名』）

（Wikipedia）小田原衆所領役帳による主な家臣団は以下。

⑫か㉘？笠原氏、③曽弥外記、②神田次郎左衛門、⑦野助太郎、㉙？増田満栄、⑯か㉕？座間豊後、㉖村嶋豊左衛門、⑤？二宮義忠、⑲岩本和泉、⑬高田玄蕃、⑳中田加賀、㉓か㉔？長谷川為久、㉒沼上出羽、⑰？石原靫負、？大曾根飛騨守

⇒・典拠とした『小田原衆所領役帳』が異なっているのか？

・誤記か？

・大曽根飛騨守は、小田原北条氏の家臣で寺家・鴨志田を支配していたが、小机衆では無いはずだが

（4）小机城の役割

・「玉縄・河越・八王子を結ぶつなぎの城として、武蔵・相模の交通の要衝を固める拠点となっている」（平凡社『神奈川県の地名』）

・小田原北条氏の領域が拡大するに連れ、戦略的役割は低下していった

（5）支城

大曽根城（砦）、篠原城、大豆戸城、矢上城（中田加賀守館）、加瀬城、井田城、山田城、茅ヶ崎城、池辺城、佐江戸城、川和城、久保城、恩田城など

（6）廃城についての２説

①小田原攻めの時、小机城では戦闘は行われず無傷のまま開城し、徳川家康の関東入府のときに廃城となった（通説）

②天正18年（1590）の豊臣秀吉の小田原攻めの頃にはすでに放棄されていたとみられ、北条家人数覚書・関東八州諸城覚書に城名はみえない（平凡社『神奈川県の地名』）

５、江戸時代の小机城址

・村の中央よりすこし西の方によりてあり、今は御林山となれり（『風土記稿』）

・今は官林となっている（『江戸名所図会』）

・東の方大手の跡と云所は、今も打ひらけたる地なり（『風土記稿』）

・搦手の跡には土人城坂と呼ぶ坂あり（『風土記稿』）

・城坂（しろさかorしろざか）を２町ばかり（約220メートル）登ると城跡がある（『江戸名所図会』）

◎昭和38年に第三京浜国道が西曲輪の空堀と土塁、搦手坂を破壊してつくられた。著者らは現場に赴いて、削られた土塁斜面から、ジグザクに折れ曲がる屏風折塀の柱穴群を検出調査した（『戦国の城〈上〉』）

・中央の平地はわずかに100歩ばかりで、畠になっている（『江戸名所図会』）

・堀は６、７丈あまり（約18～21メートル）（『江戸名所図会』）

現在は12メートル程か　⇒　本来は24メートル？

＊篠原城では、約半分の深さが埋まっていた

・鐘つき櫓（やぐら）の跡なりとて高き台あり、此所は本丸の郭外なりと云（『風土記稿』）

・本丸の内と云所に井戸の跡もあり、今は埋みたれども猶其形は明らかに見ゆ（『風土記稿』）

⇒西曲輪内南東には井戸が残っていたが、整地された今は跡形もない（昭和63年度小机城公園整備改修工事中、西曲輪をブル

ドーザで整備『戦国の城〈上〉』）

◎この公園整備により虎口前方にS字状に残っていた土橋は直線となり、馬出状の土橋外形の地形もかなり変形してしまった（『戦国の城〈上〉』）

- **白山社**　古城跡御林の内にあり、土俗に御林守白山と号す、昔笠原平左衛門が当所に在城せし頃の鎮守なりと云、（中略）社地は古城跡の本丸の跡と云所よりは南にあたれりれも成就院の持なり（『風土記稿』）　⇒かつて城を守っていた守護神
- 白山権現が城山の東の端にあるが、昔の鎮守だと言い伝えられている（『江戸名所図会』）
- **百姓九兵衛、沼上を氏とす**、笠原美作守が家人、沼上出羽守が子孫なりと云（中略）されど旧記古器等今伝ふることなし（『風土記稿』）
- 笠原の臣、沼上（ぬまかみ）出羽の子孫が住んでおり、家には刀剣の類を所持している（『江戸名所図会』）
  『北条家分限帳』に小机の内井田（いだ）の地を領するよし注せし（『江戸名所図会』）
- 百姓の加左衛門（**鈴木**）・十右衛門（野呂、**野口**か）・六右衛門（**藤井**）・七兵衛（**酒輪**）、４人の先祖を「**四人衆**」といって、北条家分国の頃に土着した侍であると言われている、『小田原衆所領役帳』にも名前が見える、天正18年小田原陣の時に豊臣秀吉から与えられた朱印状や古文書を所蔵しているし、どの家も先祖の佩刀であると言って古刀一腰を所蔵している（『風土記稿』）

おわりに

◇小 机 城 年 表◇

1171～74　承安年間　源頼朝の命で佐々木高綱が三会寺を字馬場に創建、これ以前に鳥山八幡の西に高綱の屋敷あり

1239　延応元　2.14　執権北条泰時、佐々木泰綱に小机郷鳥山等の開発を命じる（小机地名の初出、吾妻鏡）

1416　応永23　11.21　足利持仲等、上杉禅秀の乱で小机辺迄出張す（鎌倉大草紙）

1438～39　永享10～11　永享の乱、この頃上杉氏が小机城を築城か（Wikipedia）

1476～80　文明8～12　長尾景春の乱

1477　文明9　4/10　矢野兵庫助その他小机衆、勝原で合戦し敗退する（鎌倉大草紙）

1478　文明10　1.25　豊島勘解由左衛門、丸子城・小机城に立て籠もる（小机城の初出、鎌倉大草紙、道灌状は26日「小机要害」に立て籠もる）

2. 6　太田道灌、小机城近く（亀甲山か）に陣を張る（太田道灌状）

3.19　太田道灌、弟資忠を小机から河越へ移動させる（太田道灌状）

4.10（4.11）　小机城、太田道灌に攻め落とされる（太田道灌状）＊西暦5月22日

1480　文明12　11.28　太田道灌状が成立か？

1486　文明18　10月　道興准后、新羽から小机（？）を抜けて保土ヶ谷から鎌倉へ歩く

1516　永正13　三浦道寸没

1524　大永4　1.13北条氏綱が小机の城を普請（小田原記）

1525　大永5　笠原信為、雲松院を開基（永正13と言われてきたが、お寺と確認したとのこと）

1590　天正18　小田原北条氏滅亡

1600　慶長5　徳川家康、三会寺の弥勒堂を建てる

1828　文政11　『新編武蔵風土記稿』完成、1830年将軍へ献上

1834～36　天保5～7　『江戸名所図会』刊行、小机城址、雲松院、泉谷寺の挿絵を掲載

1963　昭和38　第三京浜の工事で、小机城の西曲輪の空堀と土塁、搦手坂を破壊

1964　昭和39　学習院大学輔仁会史学部が発掘調査を実施

1977　昭和52　10.1　小机城址が市民の森に指定される

1988　昭和63年度　小机城公園整備改修工事で西曲輪をブルドーザで整備

◇主 要 参 考 文 献◇

『新編武蔵風土記稿』（1810～28年、雄山閣本あり）

『江戸名所図会』（1834～36年、角川文庫本・ちくま文庫本あり）

『神奈川県の地名』日本歴史地名大系14、平凡社、1984年

『小机城址と雲松院』臥竜山雲松院、1987年

『歴史群像シリーズデラックス版①、戦国の城〈上〉関東編』学研、1992年

『緑区史 通史編』緑区史刊行委員会、1993年

『小田原衆所領役帳』佐脇栄智校注、東京堂出版、1998年

『開港150周年記念　横浜　歴史と文化』横浜市ふるさと歴史財団、有隣堂、2009年

『図説 太田道灌』黒田基樹、戎光祥出版、2009年

『横浜の戦国武士たち』下山治久、有隣新書、2012年

『神奈川 中世城郭図鑑』西股・松岡・田嶌、戎光祥出版、2015年

「小机城」相澤雅雄（季刊誌『横濱』Vol.52、2016年）

『太田道灌公五百三十回忌記念誌 太田道灌』NPO法人、太田道灌顕彰会編、2016年

『首都圏発 戦国の城の歩きかた』西股総生、KKベストセラーズ、2017年